"十二五"职业教育国家规划教材
经全国职业教育教材审定委员会审定

21 世纪立体化高职高专规划教材 · 财经系列

新编电子商务概论

（第 2 版）

孟泽云 主 编

電子工業出版社
Publishing House of Electronics Industry
北京 · BEIJING

内 容 简 介

本书以互联网环境下的商务活动过程为主线，全面阐述了电子商务的基本理论和各方面内容，重点介绍了电子商务的实用方法，突出了商务活动实际应用。

本书包括10个学习情境：走进电子商务、识别电子商务交易模式、构建电子商务的技术基础、建立电子商务网站和网店、有效开展网络营销、网上支付、电子商务物流、电子商务的应用、电子商务安全和电子商务法律法规。

本书既可作为高职院校电子商务类课程的教材，也可作为企业开展电子商务的实用指导书，以及电子商务理论学习和电子商务创业实践的入门参考书。

图书在版编目（CIP）数据

新编电子商务概论 / 孟泽云主编．—2版．—北京：电子工业出版社，2015.2
21世纪立体化高职高专规划教材．财经系列
ISBN 978-7-121-23832-1

Ⅰ．①新…　Ⅱ．①孟…　Ⅲ．①电子商务－高等职业教育－教材　Ⅳ．①F713．36

中国版本图书馆CIP数据核字（2014）第157000号

策划编辑：贾瑞敏　张思博
责任编辑：贾瑞敏　　　　特约编辑：许振伍　苗丽敏
印　　刷：北京虎彩文化传播有限公司
装　　订：北京虎彩文化传播有限公司
出版发行：电子工业出版社
　　　　　北京市海淀区万寿路173信箱　邮编100036
开　　本：787×1 092　1/16　印张：17.25　字数：475千字
版　　次：2010年7月第1版
　　　　　2015年2月第2版
印　　次：2019年1月第5次印刷
定　　价：37.00元

凡所购买电子工业出版社图书有缺损问题，请向购买书店调换。若书店售缺，请与本社发行部联系，联系及邮购电话：（010）88254888。

质量投诉请发邮件至zlts@phei.com.cn，盗版侵权举报请发邮件至dbqq@phei.com.cn。

服务热线：（010）88258888。

第2版前言

电子商务作为因特网的新的主要应用领域，正以极高的速度发展，并影响和改变着社会经济生活的各个方面。本书是了解、认识、学习电子商务的入门书，在编写上有以下5个特点。

第一，本书以互联网环境下的商务活动过程为主线，对电子商务活动中的营销、支付、配送及相关技术、安全与法律保障等内容进行科学合理的组织，让学生在学习情境中学习电子商务的基本知识，了解电子商务的应用。

第二，本书在对其他电子商务概论教材进行广泛调研的基础上，参考多种教材与教学资料，密切结合电子商务发展的实际和前沿问题，紧紧围绕“基于互联网环境下的商务活动过程”来选择和组织教材内容。

第三，在编写过程中坚持“理论以必需、够用为度”的原则，从学生的实际情况出发，深入浅出地阐述电子商务的方法和原理。

第四，全书贯穿了大量的、典型的电子商务案例，既有利于学生理解相关知识和概念，也有利于通过案例教学提高学生分析、解决实际问题的能力。

第五，在每个学习情境后都精心设计了技能训练，通过实际操作使学生切实掌握电子商务的交易过程，从而培养学生的电子商务实际应用和动手能力。

本书由孟泽云担任主编，周惠担任副主编。孟泽云进行总体设计、修改和统稿。参与编写的人员来自5所高职院校，均为电子商务教学第一线的教师。学习情境一、二、六、八、十由天津科技大学孟泽云编写，学习情境三、四由湖南电气职业技术学院周惠编写，学习情境五由天津滨海职业学院王砚侠编写，学习情境七由江苏省苏州市工业园区工业技术学校江婷编写，学习情境九由黑龙江商业职业学院于震编写。

由于编者学识水平有限，加之时间仓促，难免有疏漏之处，恳请读者批评指正。

编　者

请注意：本书有配套的教学资源，为保证教学秩序，选用本教材的学校，请仔细阅读书后所附教学资源索取表；通过网站和书店零购的读者，请提供购书发票、购买地点等信息索取。

第1版前言

电子商务是因特网技术发展日益成熟的直接结果，是网络技术发展的新方向。作为商务领域的一场信息革命，电子商务对我们的思维方式、对人类的经济活动、对人类的工作方式和生活方式都产生了根本性的影响。

本书是了解、认识、学习电子商务的入门书，在编写上有3个特点：第一，本书以互联网环境下商务活动过程为主线，对电子商务活动中的营销、支付、配送以及相关技术、安全与法律保障等内容进行科学合理的组织，让学生在学习情境中学习电子商务的基本知识，了解电子商务的应用；第二，本书在对其他电子商务概论教材进行广泛调研的基础上，参考多种教材与教学资料，密切结合电子商务发展的实际和前沿问题，紧紧围绕“基于互联网环境下商务活动过程”这一主题来选择和组织内容；第三，在编写过程中坚持“理论以必需、够用为度”的原则，从学生的实际情况出发，由浅入深；注重“案例分析”和“实训”，通过案例教学提高学生分析、解决实际问题的能力，通过实际操作使学生切实掌握电子商务的交易过程，从而培养学生的电子商务实际应用能力和动手能力。

本书由孟泽云、李爱红担任主编，黄亚静、于翠萍、杨卫明担任副主编。孟泽云负责本书结构和内容的总体设计，并与黄亚静对书稿进行修改、统稿，参与编写的人员来自6所高等职业院校，均为电子商务教学第一线的教师。学习情境一由河南财政税务高等专科学校的李爱红编写；学习情境二由金肯职业技术学院的于翠萍编写；学习情境三由河北软件职业技术学院的杨卫明编写；学习情境四、九、十由天津开发区职业技术学院的黄亚静编写；学习情境五由许昌职业技术学院的胡淑芳编写；学习情境六由天津开发区职业技术学院的王静编写；学习情境七由天津开发区职业技术学院的孟泽云编写；学习情境八由江苏省苏州市工业园区工业技术学校的周恕编写。

本书在编写过程中参阅了大量资料，并吸收了一些同类教材的成果，在此向其作者表示感谢。

由于作者的能力和水平所限，书中难免有疏漏之处，敬请各位专家、读者批评指正，我们将进一步修改与完善。

编　者

目　录

学习情境一

走进电子商务

学习目标

知识目标

认识企业电子商务的一般框架；理解电子商务的含义、分类、特点和功能；了解电子商务的影响、优势和发展。

技能目标

能够在网上熟练地搜索信息和选购商品。

情境任务一　了解电子商务的产生与发展

情境引例

电子商务的先驱——亚马逊

因特网上有这么一家书店，如果按传统书店所需的营业面积来计算的话，它的占地面积约十几平方千米。它有 310 万种以上的图书供用户选购，得开着汽车才能游览完它所提供的书目。这就是亚马逊网络书店(amazon.com)。

1994 年，当时担任华尔街金融分析师的贝索斯敏感地意识到网络将成为一种崭新的商业工具，它开始设想在网上销售产品，列出了 20 种在网上销售的产品，经研究他最后将图书列于榜首。虽然他没有任何图书销售的经验，但他认为图书是小额商品，并且邮寄费用比较低，顾客不需要亲手翻阅就可能下单，在网上可以列出几百万的书目，而一家零售书店可能最多只有 20 万册书。1995 年，贝索斯用 30 万美元启动资金，在西雅图郊区租来的一间车库中，创建了全美第一家网络零售公司——亚马逊公司。1995 年 8 月，亚马逊卖出了第一本书。3 年以后，亚马逊被《福布斯》杂志称为世界上最大的网上书店。4 年后，这家公司拥有了 1 310 万名顾客，书目数据库中含有 300 万种图书，超过世界上任何一家书店，成为全球最大的网络书店。

最早亚马逊只能算是个网络书店，贝索斯看到了网络的前景，逐渐由小型的网络书店转变为有相当规模的新型网络购物场所——网络商店。到了 2000 年底，顾客已覆盖了 160 多个国家和地区，成为了世界上销售量最大的网上商店。

看亚马逊过去的销售额：1996 年 0.158 亿美元，1997 年 1.478 亿美元，1998 年 6.1 亿美元，1999 年超过 80 亿美元。1999 年贝索斯当选美国《时代》周刊本年度风云人物，这位年轻的企业家对一家网络大书店的远见,掀起了全球网上购物的革命。

从最初的网上书店,就在几乎谁都没有搞清它的店面在哪里的时候,它用短短的几年时间,一举超过无数百年老店而成为世界上最大的书店,其市值更是远远超过了售书业务的本身。通过亚马逊的网站,用户在购书时可以享受到很大的便利。比如要在数以百万种书中查找一本书,传统的方法可能要跑上几个书店,花费很多的时间。但在亚马逊,用户可以通过检索功能,只需点击几下鼠标,不久就会有人把想要的书送到家里。亚马逊另一个吸引人的方面是提供了很多的增值服务,包括提供了众多的书籍评论和介绍。而在传统销售方式下,这些增值服务会变得非常昂贵。在"成功"地将自己发展成超越传统书店的世界最大规模书店之后,今天的亚马逊已经将其产品种类扩大至音像制品、数码家电、家居用品、服装服饰等,并提供拍卖及问候卡片等服务,它正成为全球最大的网上零售商。

思考:依托于互联网建立的亚马逊网上书店的成功,让人们认识了一种新的商业模式——电子商务,那么什么是电子商务?电子商务是在什么背景与条件下产生的?电子商务与传统商务相比有何特点和优势呢?

情境认知

一、电子商务产生与发展的背景

从技术的角度来看,人类利用电子通信的方式进行贸易活动已有几十年的历史了。早在20世纪60年代,人们就开始使用电报发送商务文件;70年代人们开始使用传真机来替代电报传递和管理信息。但是由于传真不能将信息直接转入到信息系统中,人们开始尝试在贸易伙伴之间的计算机上实现数据自动交换,以避免数据转入的错误,提高工作效率,于是EDI(电子数据交换)应运而生。EDI是指将商业文件(订单、发票、货运单、报关单和进出口许可证等)按一个公认的标准从一台计算机传输到另一台计算机的电子传输方法。由于EDI大大减少了纸质票据,所以,人们形象地称之为"无纸贸易"或"无纸交易"。EDI的出现和进入商业应用就是电子商务的雏形。由于EDI不通过因特网(Internet),而是通过租用的计算机传输线在专用网络(增值网,Value Added Network,VAN)上实现,因此使用EDI的费用很高,只有大型企业才会将其用于发送和接受订单、交货信息和支付信息等,这也限制了基于EDI的电子商务应用范围的扩大。20世纪90年代中期以后,因特网迅速普及,逐步从大学、科研机构走进企业和家庭,其功能也已从信息共享演变为一种大众化的信息传播工具。从1991年起,因特网进入商业应用,电子商务一跃成为互联网应用的最大热点。因特网覆盖面广,费用不到增值网络的1/4,降低了成本,中小企业也可以承受,基于因特网的电子商务应用得到迅速发展。

美国是世界最早发展电子商务的国家,同时也是电子商务发展最为成熟的国家,一直引领着全球电子商务的发展,是全球电子商务的成熟地区。欧盟电子商务的起步较美国晚,但发展速度快,成为全球电子商务较为领先的地区。

欧美国家电子商务发展迅速的原因有这样几点:一是欧美国家拥有计算机的家庭、企业众多,网民人数占总人口的2/3以上,尤其是青少年,几乎都是网民,优裕的经济条件和庞大的网民群体为电子商务的发展创造了良好的环境;二是欧美国家普遍实行信用卡消费制度,建立了一整套完善的信用保障体系,解决了电子商务的网上支付问题;三是欧美国家的物流配送体系相当完善、正规,不同地区的众多网民,往往能在确认购物的当天或第二天就收到产品。

二、我国电子商务的发展

我国电子商务起步虽晚，但是发展很快。我国电子商务起源于20世纪70年代EDI的应用，电子商务迅速发展源于因特网进入商业应用。我国政府20世纪90年代初建设了中国的四金工程，即“金桥”（国家信息化建设）、“金卡”（国家金融信息化建设）、“金关”（国家外贸处理信息化建设）、“金税”（国家税务信息化建设）工程。后来又相继实施了金税、金企、金农等系列金字工程。这些工程及相继建成的覆盖全国的四大主干网络都为我国企业实施电子商务提供了良好的基础设施。1997年推出了中国商品订货系统，建立了中国商品交易中心，9月20日第1封电子邮件越过长城，发向世界，揭开了中国使用互联网的序幕；1998年“首都电子商务工程”的开展及1999年“8848网上超市”的出现，标志着我国电子商务进入快速发展时期。目前，电子商务已经广泛渗透到我国社会经济生活的各个领域，成为企业开拓国内外市场、降低运营成本、提高流通效率的新渠道，消费者便利消费的新选择，以及政府部门拉动内需、发展经济、优化产业结构的新抓手。

具体来讲：

（一）电子商务在各个领域的应用不断得到拓展，应用水平不断提高

电子商务市场高速稳定增长。电子商务在工业、农业、商贸流通、交通运输、金融、旅游和城乡消费等各个领域的应用不断得到拓展，应用水平不断提高，正在形成与实体经济深入融合的发展态势，成为企业与消费者日常商务与生活的重要组成部分。

以淘宝、天猫为代表的电子商务在过去的10年间发展势头迅猛，年销售总额屡创新高，已达到万亿元以上。这种网购型的消费方式也极大地改变了中国消费者的购物习惯和偏好。电子商务不再简单的是一个对实体消费的补充，反而逐渐占据了主导地位。近年来，消费领域的这场变革之风也延伸到了互联网金融领域。特别是阿里巴巴推出了余额宝产品之后，各大互联网巨头纷纷加入这场金融冲击波之中。可以说，互联网将越来越多的“线下”行业带入了“线上”。互联网教育、互联网医疗、互联网旅游、互联网餐饮等都在中国的互联网行业中实现了。

（二）电子商务支撑水平快速提高

电子商务平台服务、信用服务、电子支付、现代物流和电子认证等支撑体系加快完善。电子商务信息、交易和技术等的服务企业不断涌现。电子商务信息和交易平台正在向专业化和集成化的方向发展。社会信用环境不断改善，为电子商务的诚信交易创造了有利条件。网上支付、移动支付、电话支付等新兴支付服务发展迅猛，2013年中国第三方互联网支付市场交易规模达53 729.8亿，2013年第三方移动支付市场交易规模达12 197.4亿。现代物流业快速发展，对电子商务的支撑能力不断增强，特别是网络零售带动了快递服务的迅速发展。据国家邮政局相关数据显示，2013年全国规模以上快递服务企业业务量累计完成91.9亿件，同比增长61.6%；业务收入累计完成1 441.7亿元，同比增长36.6%。全国规模以上快递企业，50%的业务量都是来自网络零售的配送需求。截至2013年2月28日，有效电子认证证书持有量合计116 02万张，电子证书正在电子商务中得到广泛应用。通信运营商、软硬件及服务提供商等纷纷涉足电子商务，为用户提供相关服务。

（三）电子商务发展环境不断改善

我国网络基础设施不断改善，用户规模快速增长。根据CNNIC（中国互联网信息中心）第34

次中国互联网络发展状况的调查报告统计，截至2014年6月底，我国网民规模已经达到6.32亿人，互联网普及率为46.9%，其中手机上网人数为5.27亿。2013年我国电子商务总的交易额已经超过10万亿元，5年来翻了两番；移动电话用户数超过11亿人，其中3G用户数达到4 705万人。网络服务能力不断提升，资费水平不断降低。全社会电子商务应用意识不断增强，应用技能得到有效提高。电子商务国际交流与合作日益广泛，相关部门协同推进电子商务发展的工作机制初步建立，围绕促进发展、电子认证、网络购物、网上交易和支付服务等主题，出台了一系列政策、规章和标准规范，为构建适合我国国情和发展规律的电子商务制度环境进行了积极探索。

2013年5月，我国颁布了《2006—2020年国家信息化发展战略》，强调要大力发展电子商务，降低物流成本和交易成本。战略提出要制订电子商务行动计划，并从政策、法规、安全、支付、物流等层面加大推进力度，将大大促进我国电子商务的发展。

三、电子商务发展的条件

综上所述，电子商务最早产生于20世纪60年代，发展于20世纪90年代。其产生和发展的重要条件如下。

（一）计算机的广泛应用

计算机的处理速度越来越快，处理能力越来越强，价格越来越低，应用越来越广泛，这为电子商务的应用奠定了基础。

（二）网络的普及和成熟

由于因特网逐渐成为全球通信与交易的媒体，全球上网用户快速增长，快捷、安全、低成本的特点为电子商务的发展提供了应用条件。

（三）信用卡的普及应用

信用卡成为人们消费支付的重要手段，并由此形成了完善的全球性信用卡计算机网络支付与结算系统，使“一卡在手，走遍全球”成为可能，同时也为电子商务中的网上支付提供了重要的手段。

（四）电子安全交易协议的制定

1997年5月31日，由美国VISA和Mastercard国际组织等联合制定的电子安全交易协议（Secure Electronic Transfer protocol，SET）出台，该协议得到大多数厂商的认可和支持，为电子商务的应用提供了一个关键的安全环境。

（五）政府的支持与推动

自1997年欧盟发布了欧洲电子商务协议，美国随后发布全球电子商务纲要以后，电子商务受到了世界各国政府的重视，许多国家的政府开始尝试网上采购，积极推动和有力支持了电子商务的发展。

情境任务二　认知电子商务的含义和功能

什么是电子商务，用简单的话来讲，就是交易双方通过网络无须面对面就可以进行交易。交易双方可以是同地，也可以是来自全球范围的任何地方。

一、电子商务的定义

电子商务正在以难以置信的速度渗透到人们的工作与生活中，但是至今也没有一个统一的定义。国内外不同的图书、机构等对电子商务的定义都有差异，电子商务研究者从不同角度给出了众多电子商务定义，我们从中摘录部分比较有影响的说法。

（一）世界电子商务大会的定义

1997年11月6日至7日，国际商会在法国首都巴黎举行了世界电子商务会议，全世界各国商业、信息技术、法律等领域的专家和政府部门的代表参加了这次会议，其中有一项重要内容是共同探讨电子商务的概念问题。大会结束时发布的电子商务权威性的定义如下。

电子商务（Electronic Commerce）指整个贸易活动实现电子化。它涵盖的范围可以定义为：交易各方以电子贸易的方式而不是通过当面交换或直接面谈方式进行的任何形式的商业交易活动。从技术方面可以定义为：电子商务是一种多技术应用的集合体，包括交换数据（如EDI、电子邮件）、获得数据（如共享数据库、电子公告牌）及自动捕获数据（如条形码、IC卡应用等）。

（二）经济合作与发展组织（OECD）的定义

电子商务是发生在开放网络上的包含企业之间（Business to Business）、企业与消费者之间（Business to Consumer）的产品或服务的买卖活动。买卖的产品或服务是通过网络安排的，至于支付和产品或服务的最终交付则既可以在网上完成，也可以在网下完成。

（三）欧洲议会的定义

电子商务是通过电子方式进行的商务活动。它通过电子方式处理和传递数据，包括文本、声音和图像。它涉及多方面的活动，包括货物电子贸易和服务、在线数据传递、电子资金划拨、电子证券交易、电子货运单证、商业拍卖、合作设计和工程、在线资料、公共产品获得等。它包括了产品（如消费品、专门设备）和服务（如信息服务、金融和法律服务）、传统活动（如健身、教育）和信息活动（如虚拟购物、虚拟训练）。

（四）世界贸易组织的定义

世界贸易组织（WTO）在其电子商务专题报告中，对电子商务的定义是：电子商务是通过电信网络进行的生产、营销、销售和流通活动。它不仅指基于因特网的交易活动，而且指所有利用电子信息技术（IT）来解决问题、降低成本、增加价值和创造商业与贸易机会的商业活动，包括通过网络实现从原材料查询、采购、产品展示、订购到出品、储运和电子支付等一系列的贸易活动。

（五）美国政府的定义

美国政府在其全球电子商务纲要中比较笼统地指出：电子商务是通过因特网进行的各项商务活动，包括广告、交易、支付服务等活动，全球电子商务将会涉及全球各个国家和地区。

（六）国际著名IT公司的定义

IBM公司一直是电子商务的积极倡导者，它提出了一个电子商务的定义公式，电子商务 = Web + IT，它所强调的是在网络环境下的商业化应用，是把买方、卖方、厂商及其合作伙伴在因特网、内联网和外联网结合起来的应用。

Intel公司的定义是：电子商务 = 电子化的市场 + 电子化的交易 + 电子化的服务。

HP公司的定义是：通过电子化手段来完成商业贸易活动的一种方式，电子商务使人们能够以电子交易为手段完成物品和服务等的交换，是商家和客户之间的联系纽带。它包括两种基本形式，商家之间的电子商务以及商家与最终消费者之间的电子商务。

从以上各家公司对于电子商务的不同定义来看，电子商务可以从广义和狭义两个角度加以理解。广义的电子商务定义为一切利用电子手段进行的商务活动，既包括电话、电报等初级电子工具，也包括因特网等高级电子工具。按照广义的理解，电话购物、电视购物、POS联机销售都可以归入电子商务。狭义的电子商务特指通过因特网进行的商品交易及与商品交易相关的商务活动。按照狭义的理解，电话购物、电视购物、POS联机销售都不能归入电子商务。

不同的电子商务的定义，产生于不同的角度。从商业的角度，电子商务是指实现整个贸易活动的电子化；从涵盖范围的角度，电子商务是交易各方以电子交易方式进行的任何形式的商业交易；从技术的角度，电子商务是一种多技术的集合体，包括交换数据、获得数据及自动捕获数据等。从贸易活动的角度分析，电子商务可以在多个环节实现，由此也可以将电子商务分为2个层次，较低层次的电子商务，如电子商情、电子广告、电子合同等；最完整的也是最高级的电子商务是利用因特网能够进行全部的贸易活动，即在网上将信息流、商流、资金流和部分的物流完整地实现。也就是说，从寻找客户开始，一直到洽谈、订货、在线付（收）款、开具电子发票直至电子报关、电子纳税等通过因特网一气呵成。

综上所述，电子商务是企业利用计算机技术、网络技术和远程通信技术，实现整个商务（买卖）过程中的电子化、数字化和网络化。人们不再是面对面的、看着实实在在的货物、靠纸介质单据（包括现金）进行买卖交易；而是互不见面，通过网上提供的商品信息、完善的物流配送系统和方便安全的资金结算系统进行交易。电子商务离不开外部环境的支撑，支撑电子商务的外部环境主要包括安全认证、物流配送、信用体系、技术标准、支付体系等。电子商务的整体运行概念如图如1.1所示。

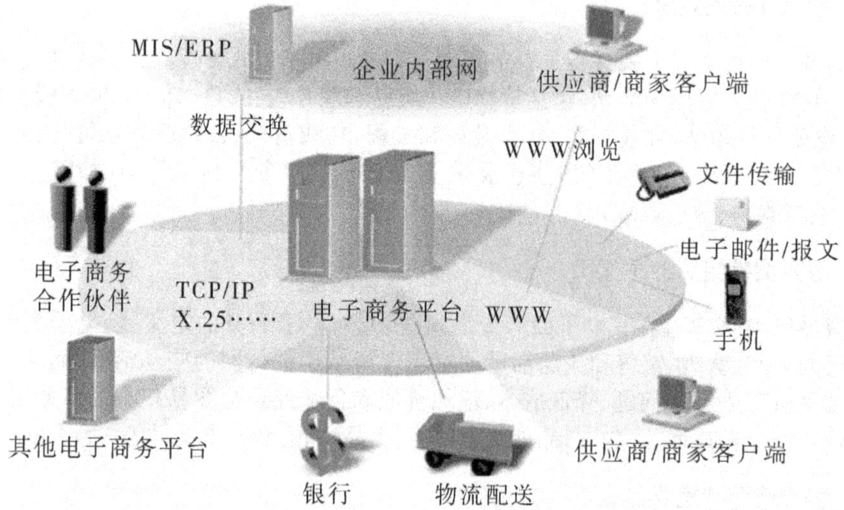

图1.1　电子商务的整体运行

二、电子商务的特点

拓展案例

企业投1元回报达234元

在2008年贸易萎缩、消费收紧的大环境中，电子商务在中国却反向"逆市扩张"。全球最大的分析公司IDC在一份名为《电子商务服务业的社会经济影响》的报告指出，以阿里巴巴为代表的第三方电子商务平台有力地带动了中小企业电子商务的发展。有25.04%的中小企业表示，在阿里巴巴这样的电子商务平台上每投入1元钱，可带来平均234元的交易额回报。该报告作者、IDC高级分析师黄涌涛研究发现，"以2008年上半年全国各地区的房屋店面租赁价格和运营费用为基准，网上店铺为卖家节约实体店面成本达人民币4.45亿元/月；而网商通过和物流公司合作降低了60%的运输成本和30%的运输时间；基于网络的综合营销成本相比传统线下店铺降低了约55%。经过研究发现，与传统线下销售相比较，电子商务约可以降低47%的渠道成本"。

案例思考：电子商务与传统商务相比具有什么特点？

电子商务作为一种新型的交易方式，将生产企业、流通企业以及消费者和政府带入了一个网络经济、数字化生存的新天地。电子商务综合运用信息技术，以提高贸易伙伴间商业运作效率为目标，将一次交易全过程中的数据和资料用电子方式实现，在商业的整个运作过程中实现交易无纸化、直接化。电子商务可以使贸易环节中各个商家和厂家更紧密地联系，更快地满足需求，在全球范围内选择贸易伙伴，以最小的投入获得最大的利润。

电子商务与传统的商务活动方式相比，具有以下几个特点。

（一）交易虚拟化

通过因特网为代表的计算机互联网络进行的贸易，交易双方从磋商、签订合同到支付等，无须当面进行，均通过互联网完成，整个交易完全虚拟化。例如，保险公司通过因特网为客户提供有关保险产品和服务的信息，进行营销促销、广告宣传、市场调查、网上咨询、网上投保、核保、签单、理赔等，整个交易都在网络这个虚拟的环境中进行。

（二）交易成本低

电子商务使买卖双方的交易成本大大降低，具体表现在以下几个方面。

① 距离越远，网络上进行信息传递的成本相对于信件、电话、传真的成本而言就越低。此外，缩短时间及减少重复的数据输入也降低了信息成本。

② 买卖双方通过互联网进行商务活动，无须中介参与，减少了交易的有关环节，从而降低了成本。例如，北美汽车商通过因特网推销汽车，每年可节约10亿美元；美国机场售票有1/3通过因特网，每张票的手续费仅1美元。

③ 卖方通过互联网进行产品介绍、宣传，相比做广告、发印刷品等传统方式费用大大降低。

④ 电子商务实行"无纸贸易"，可减少大约90%的文件处理费用。

⑤ 互联网使买卖双方即时沟通供需信息，使无库存生产和无库存销售成为可能，从而使库

存成本降为零。

⑥ 传统的贸易平台是实体店铺,新的电子商务贸易平台只是网吧或办公室,降低了店铺的租赁、维护等费用。

(三) 交易效率高

由于互联网将贸易中的商业报文标准化,商业报文能在世界各地瞬间完成传递与计算机自动处理,原料采购、产品生产、需求与销售、银行汇兑、保险、货物托运及申报等过程无须人员干预就可在最短的时间内完成。传统贸易方式中,用信件、电话和传真传递信息,必须有人的参与,每个环节都要花不少时间。有时由于人员合作和工作时间的问题,会延误传输时间,失去最佳商机。电子商务克服了传统贸易方式费用高、易出错、处理速度慢等缺点,极大地缩短了交易时间,使整个交易非常快捷与方便。

(四) 交易透明化

买卖双方从交易的洽谈、签约及货款的支付、交货通知等整个交易过程都在网络上进行。畅通、快捷的信息传输可以保证各种信息之间互相核对,防止伪造信息的流通。例如,在典型的许可证 EDI 系统中,由于加强了发证单位和验证单位的通信、核对,所以假的许可证就不易漏网。海关 EDI 可以帮助杜绝边境的假出口、兜圈子、骗退税等行径。

三、电子商务的功能

拓展案例

戴尔的网上商店

戴尔公司是1984年由迈克尔·戴尔创立的计算机公司。戴尔在1994年推出了网站并在1996年加入了电子商务功能。戴尔的理念非常简单:按照客户要求制造计算机,并向客户直接发货,使戴尔公司能够最有效和明确地了解客户需求,继而迅速做出回应。这个直接的商业模式消除了中间商,这样就减少了不必要的成本和时间,让戴尔公司更好地理解客户的需要。

戴尔公司通过首创的革命性"直线订购模式",与大型跨国企业、政府部门、教育机构、中小型企业以及个人消费者建立直接联系,从每天与众多客户的直接洽谈中,戴尔公司掌握了针对客户需要的第一手资料。顾客登录戴尔的网站,除了能查看不同型号的电脑和配件资料、价格外,还可以网上订购,并即时追踪所订购货物的生产或送货情况。戴尔的客户关系管理系统是围绕着"以客户为中心"的主导思想建立的,即顾客自选电脑配件、付费方式,网上获取产品信息、故障诊断和技术支持的客户数据管理。戴尔公司建立了一个全面的知识数据库,里面包含戴尔公司提供的硬件和软件中可能出现的问题和解决方法,同时还有处理回信、交易和备份零件运输等的处理程序和系统。所有这些基础结构——用户数据库、产品信息和帮助知识数据库都在戴尔公司的网站上得到很好的运行。

20多年以来,戴尔公司革命性地改变了整个行业,使全球的客户包括商业、组织机构和个人消费者都能接触到计算机产品。由于被业界接受的戴尔直接模式,信息技术变得更加强大，易于使用，价格更能被接受，从而为客户提供充分利用这些强大的、全新工具的机会，以改善他们的工作和生活。戴尔致力于倾听客户需求，提供客户所信赖和注重的创新技术与服务。受益于独特的直接经营模式，戴尔在全球的产品销量高于任一家计算机厂商，并因此在财富500强中名列第25位。戴尔之所以能够不断巩固其市场领先地位，是因为其一贯坚持直接销售基于标准的计算机产品和服务，并提供最佳的客户体验。

案例思考：通过戴尔的例子，你认为电子商务具有哪些具体的功能？

电子商务通过因特网可提供在网上交易和管理的全过程的服务，具有对企业和商品进行广告宣传、咨询洽谈、网上订购、网上支付、电子账户、服务传递、征询意见、管理交易过程等各项功能。

（1）广告宣传

电子商务使企业可以通过自己的Web服务器、网络主页和电子邮件在全球范围内进行广告宣传，在因特网上宣传企业形象和发布各种商品信息，客户用网络浏览器可以迅速找到所需的商品信息。与其他各种广告形式相比，在网上的广告成本最为低廉，而给顾客的信息量却最为丰富。

（2）咨询洽谈

电子商务使企业可借助非实时的电子邮件、新闻组和实时的讨论组来了解市场和商品信息、洽谈交易事务，如有进一步的需求，还可用网上的白板会议（whiteboard conference）、电子公告板（BBS）来交流即时的信息。在网上的咨询和洽谈能超越人们面对面洽谈的限制、提供多种方便的异地交谈形式。

（3）网上订购

企业的网上订购系统通常都是在商品的介绍页面上提供十分友好的订购提示信息和订购交互表格，当客户填完订单提交后，系统会回复确认信息单，表示订购信息已收悉。电子商务客户的订购信息采用加密的方式使客户和商家的商业信息不会泄露。

（4）网上支付

网上支付是电子商务交易过程中的重要环节，客户和商家之间可采用信用卡、电子钱包、电子支票和电子现金等多种电子支付方式进行网上支付。网上支付可以降低交易费用，对于网上支付的安全问题现在已有相关的技术来保证。

（5）电子账户

电子账户管理是由银行、信用卡公司及保险公司等金融单位提供的有关网上支付中的一种金融服务。客户的信用卡号或银行账号是电子账户的标志，它是客户所拥有金融资产的标识代码。电子账户通过客户认证、数字签名、数据加密等技术措施的应用保证电子账户操作的安全性。

（6）服务传递

电子商务通过服务传递系统将客户所订购的商品尽快地传递到已订货并付款的客户手中。对于有形的商品，服务传递系统可以通过网络对在本地或异地的仓库或配送中心的商品进行调配，并通过物流公司完成商品的传送；对于无形的信息产品，如软件、电子读物、信息等，则可以立即从电子仓库中提取并通过网络直接传递到客户端。

（7）意见征询

企业的电子商务系统可以采用网页上的“选择”、“填空”等形式及时收集客户对商品和销售服务的反馈意见，这些反馈意见能提高网上、网下交易的服务水平，使企业获得改进产品、发现新市场的商业机会，使企业的市场运作形成一个良性的封闭回路。

(8) 交易管理

电子商务的交易管理系统可以借助网络快速、准确地收集到大量数据信息，利用计算机系统强大的处理能力，针对与网上交易活动相关的人、财、物、客户及本企业内部事务等各方面进行及时、科学、合理的协调和管理。

电子商务的上述功能，对网上交易提供了一个良好的交易服务和实施管理的环境，使电子商务的交易过程得以顺利和安全地完成，并可以使电子商务获得更广泛的应用。

情境任务三　认知企业电子商务的基本框架

一、电子商务的外部条件

电子商务的外部条件包括：要有政府的推动与支持；企业信息化要达到一定的广度与深度；银行电子化、金融电子化能满足网上支付与结算的要求；要为电子商务提供完备的网络设施；建立一套与电子商务相适应的标准规范和政策法规。目前，我国开展电子商务的外部环境存在十大问题，主要包括：①税收和关税；②信用问题；③知识产权保护；④个人隐私保护；⑤电子商务安全；⑥电子商务法律和规则；⑦信息内容管理；⑧技术标准建立；⑨信息基础设施的配合；⑩认识与观念的转变。

二、电子商务的内部条件

（一）电子商务理念的更新

进入20世纪90年代，随着Web技术的发展，尤其是在1995年Java出现以后，许多机构开始采用Web应用系统来支持电子商务。电子商务是这样的一个机构，它通过内部网、外部网和Web将关键业务系统直接连接到客户、员工、供应商和业务伙伴。一个机构转型为电子商务，就要使用因特网技术转变关键的业务过程，如客户关系管理、电子商贸、供应链管理和企业内部管理。这个转变过程也是一个综合使用因特网技术、信息技术、商务技术转变业务方式的过程。然而，电子商务不仅仅是技术更新，更重要的是电子商务理念的更新。

电子商务的开展对企业运营提出了挑战：其一是电子商务对企业生存环境和生存方式的影响；其二是电子商务对企业经营理念的挑战；其三是与电子商务互相联系，企业运营的流程需要加以再造。

（二）电子商务技术的应用

电子商务技术是计算机软件技术、硬件技术、通信技术、数据库技术和信息安全技术的综合应用技术。

1. 软件技术

软件技术就是软件开发和应用。软件开发的过程就是人们使用各种计算机语言将人们关心的现实世界映射到计算机世界的过程。

软件系统（Software System）是指由系统软件、支撑软件和应用软件组成的计算机软件，它是计算机系统中由软件组成的部分，包括操作系统、语言处理系统、数据库系统、分布式软件系统和人机交互系统等。

2. 硬件技术

电子商务依托于计算机网络来开展各项商务活动，从这点出发，电子商务硬件技术主要指的是网络硬件技术。换句话说，就是要讨论企业开展电子商务从无到有这一过程所要涉及的主要网络方面的相关网络硬件设施及相关的各种技术。

3. 通信技术

通信技术是研究如何将信息源产生的信息，通过传输媒介，高效、安全、迅速、准确地传送到受信者的技术。通常，根据传输介质的不同，通信技术可分为有线通信技术和无线通信技术两大类；根据传输信号类型的不同，通信技术可分为模拟通信技术和数字通信技术两类。

4. 数据库技术

数据库技术是一种计算机辅助管理数据的方法，它研究如何组织和存储数据，如何高效地获取和处理数据。数据管理是指对数据的组织、编码、分类、存储、检索和维护，是数据处理的中心问题。数据管理方法根据数据管理的特点，其发展可划分为 3 个阶段：人工管理阶段、文件管理阶段和数据库系统阶段。一个完整的数据库系统由计算机软件、硬件系统，数据库，数据库管理系统，应用程序和数据库管理员 5 个方面组成，其核心是数据库管理系统（DBMS）。

5. 信息安全技术

随着信息技术在经济社会领域应用的不断深化，信息技术对生产力以至于人类文明发展的巨大作用越来越明显。日新月异的信息技术呈现新的发展趋势，各类信息技术加快了相互融合和渗透的步伐，信息技术与其他技术的结合更加紧密，信息技术应用的深度、广度和专业化程度不断提高。

信息安全技术包括密码技术、访问控制技术、入侵检测与安全审计、黑客与病毒防范技术、操作系统安全技术、数据库系统安全技术、数据安全技术和 Web 安全技术。

三、电子商务的一般框架结构

电子商务的一般框架结构是指实现电子商务从技术到一般服务层所应具备的完整的运作基础，也指实现电子商务的技术保证和电子商务的应用所涉及的领域。它在一定程度上改变了市场的基本结构，而且它不是一个孤立的系统，需要和外界进行信息交流。

电子商务的外部和内部条件共同构成了电子商务的框架。从图 1.2 可知，电子商务的一般框架由两大支柱、3 个层次构成。两大支柱分别是有关电子商务的国家政策、法律法规，以及各种技术标准和安全网络协议；3 个层次是网络层、多媒体消息/信息发布层和一般业务服务层。

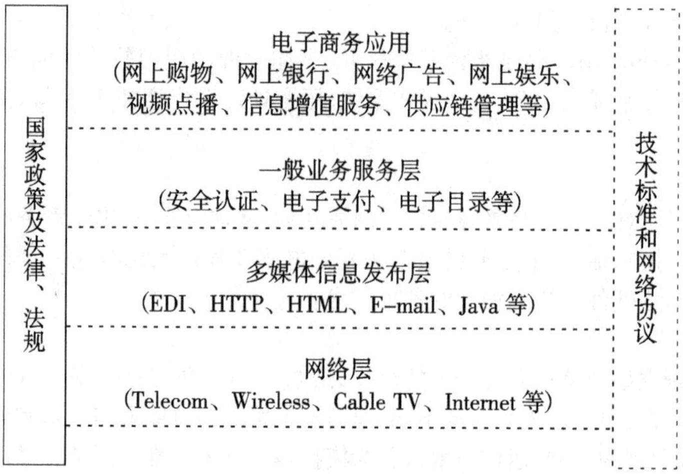

图 1.2　电子商务的一般框架结构

在两大支柱和 3 个层次支持下，电子商务的应用领域涉及方方面面，如网上购物、网上银行、网络广告、网上娱乐、视频点播、信息增值服务和供应链管理等。

（一）网络基础设计层

网络层是电子商务的网络基础设施，是信息传输系统。主要包括远程通信网（Telecom）、有线电视网（Cable TV）、无线通信网（Wireless）和因特网（Internet）。

远程通信网包括公用交换电话网（PSTN）、公用数据网（PDN）和综合业务数据网（ISDN）等；无线通信网包括移动通信系统、微波通信系统和卫星通信系统。这些不同的网络都提供了电子商务信息传输的线路，但是大部分的电子商务应用还是基于因特网。

因特网是当今世界上最大的、开放的国际性计算机数字通信网络。它是一个由各种不同类型和规模的独立运行和管理的计算机网络组成的全球性计算机网络。也就是说，它是由一系列更小的网络组合而成的，并非一个单独的网络。组成因特网的计算机网络包括小规模的局域网（Local Area Network，LAN）、城市规模的城域网（Metropolitan Area Network，MAN）及大规模的广域网（Wide Area Network，WAN）等。这些网络通过普通电话线、高速率专用线路、卫星、微波和光缆等线路把不同国家或地区的大学、公司、科研部门和政府部门等组织的网络连接起来，实现网络资源的共享。

因特网网络互联采用的协议是 TCP/IP（Transfer Control Protocol/Internet Protocol）。因特网包括的主要硬件设备有数字交换机、路由器（Router）、集线器（Hub）、调制解调器（Modem）、IP 电话设备、有线电视机顶盒（Set Top Box）等。经营计算机网络服务的是因特网服务提供商（Internet Service Provider，ISP）。

（二）多媒体信息发布层

网络层提供了信息传输的线路，那么在因特网上如何传递信息和传递何种信息呢？

目前，网上最流行的发布信息的方式是以 HTML（超文本链接语言）的形式将信息发布在 WWW（万维网）上。网络上传播的信息包括文本、图片、声音、图像等内容，HTML 将这些多媒体信息组织得易于检索和富有表现力，应用 Java（因特网的环境编程语言）能更方便地使这些传播适用于各种网络（有线、无线、光纤、卫星通信）、各种设备（PC、工作站、各种大中型计算机）和各种操作系统（Windows、UNIX）等。

因特网上的信息传播工具提供了两种主要的交流方式：一种是面向人的非格式化的数据交流，如用电子邮件和文件传输服务（FTP）来传递消息；另一种是面向机器的格式化的数据交流，如EDI系统就是典型代表，其传递和处理过程是自动化的，无须人的干涉。商务贸易中的订单、发票、装运单等都比较适合格式化的数据交流。HTTP（超文本传输协议）是因特网上通用的消息传播工具。它以统一的显示方式，在多种环境下显示非格式化的多媒体信息。目前，大量的因特网使用者在各种终端和操作系统下通过HTTP使用统一资源定位器（URL）查找所需要的信息。

（三）电子商务的一般业务层

这一层实现的是为了方便交易所提供的通用业务服务，是所有企业、个人在网上进行交易时都会用到的服务。它主要包括保证商业信息安全传输的方法、买卖双方合法性的认证、电子支付工具与商品目录服务等。

在进行一笔网上交易时，买方发出一笔电子付款（以电子支票或电子现金形式），并随之发出一个付款通知给卖方，卖方通过金融机构对这笔付款进行认证并接收，同时发出货物，最后当买方收到所购的货物时，这笔交易才算完成。对于电子商务来说，最关键的是电子支付的安全性。为了保证网上支付的安全，就必须保证交易是保密的、真实的、完整的和不可抵赖的。目前的做法是采用信息加密技术（非对称密钥加密、对称密钥加密等）、安全认证技术（数字签名、数字证书、CA认证等）和安全交易协议（SET、SSL等）来提供端到端的安全保障。

商品目录服务是将信息妥善组织，使之能方便地增、删、改，并建立标准的商品目录/价格表。目录服务还支持市场调研、咨询服务、商品购买指南等，是电子交易的基础，是客户关系管理（CRM）解决方案的一部分。

在上述基础上，可以一步一步地建设实际的电子商务应用，如网上购物、网上银行、网络广告、网上娱乐、视频点播、信息增值服务和供应链管理等。

四、电子商务框架支柱

（一）国家政策及法律、法规

电子商务的产生和发展不仅改变了传统的交易模式，而且也给传统的法律、法规带来了新的挑战。电子商务的特点是信息数字化和网络化，如何保证这些信息的安全并使其具有证据效力是必须解决的问题。网络购物的便捷性在给消费者带来便利的同时，也带来诸如欺诈、仿冒商品、产品质量问题等烦恼。

围绕电子商务的税收制度、信息的定价、信息访问的收费、信息传输成本、隐私保护等一系列问题，需要政府制定政策。其中如何制定税务制度是一个至关重要的问题，如对于咨询信息、电子图书、软件等无形商品是否征税，如何征税；对于汽车、服装等有形商品如何通过海关，如何征税；税收制度是否应与国际惯例接轨，如何接轨；等等。知识产权问题在电子商务活动中尤为突出。如何保证授权商品的交易顺利进行，如何有效地遏制侵权商品或仿冒商品的销售，如何打击侵权行为，这些都是应该考虑的问题。如果处理得不好，将严重制约电子商务的发展。

电子商务是建立在跨国界的信息网络之上的贸易方式，相关政策法规必须与此保持一致。但是各国国情不同，电子商务的共同要求和各国具体情况间往往会发生冲突，需要国际社会协调解决。此外，由于各国的道德规范不同，也必然会存在大量需要协调的问题。目前，在我国的电子商务应用方面,政府已开始关注电子商务立法,但针对电子商务的法律法规还有待健全。

(二) 各种技术标准和网络协议

技术标准定义了用户接口、通信协议、信息发布标准、安全协议等技术细节。它是信息发布、传递的基础,是网络信息一致性的保证。

就整个网络环境来说,技术标准对于保证各种硬件设备和应用软件的兼容性与通用性是十分重要的。正如在交通方面,有的国家是左行制,有的国家是右行制,如果不加以协调,就会给交通运输带来混乱;不同国家 110 V 和 220 V 的电器供电标准也给家电使用带来麻烦。在电子商务中也会遇到类似问题,而且电子商务的全球性,非国际化的技术标准将带来更为严重的问题。目前,许多企业、厂商和国际组织都意识到了技术标准的重要性,正致力于联合开发统一的国际技术标准,如 EDI 标准、TCP/IP 协议、HTTP 协议、SSL 协议、SET 协议等。

情境任务四　电子商务的影响和优势

情境引例

电子商务的影响

英国电信公司的总裁莫凯特对电子商务有自己的看法,他说:“我们认识到互联网的价值是可以很快地处理交易,同时向顾客提供大量信息。目前有的公司与顾客的交易 75% 是在个人计算机上进行,10% 通过电话,另外 15% 通过面对面处理。而我们公司目前面对面处理交易过程的情况还很多,我们要进行某些改变。互联网并没有让我们减少总的成本,而是改变了成本的构成,减少了其他方面的费用,增加了与顾客联系的成本,我们把更多的钱花在了吸引和留住客户上,这对我们来说整体是非常有利的。因此,我想互联网不仅是一种销售渠道,而且是改变公司业务流程和企业文化的一种工具,从根本上改变了公司经营方式。”

福特汽车公司内部有完善的内联网,每天有 80% 的雇员上内联网。内联网成为他们更好工作的工具。每一种小轿车和卡车都有自己的内部网址跟踪设计、生产、质量控制和交付程序。但引起人们兴趣的是福特汽车公司与微软刚刚成立的合资企业 Car Point。福特的总裁杰克·纳赛尔在演讲中开门见山地指出,福特汽车公司要转变成直接面向消费者的公司,公司与微软公司成立的 Car Point,就是为消费者创造一个更趋简单、完善的网上服务方式。消费者可以随时设计、订购让自己满意的汽车。这个合资企业是世界上第一个在线凭单生产系统,它能够把消费者的设计、订货方案直接和制造商的生产、供货、运输系统联系在一起。消费者得到了想要的产品,而制造商也得到了实地实时的市场信息。福特公司目前是“生产线”和“网上在线”两条腿走路。

互联网是否让福特公司卖出了更多的汽车?福特汽车公司的总裁说:“我们并不是特别看重互联网能否让我们卖出更多的汽车,而是互联网能让我们更快地对顾客的需求做出反应。”

思考:电子商务给企业带来了什么影响?给我们的生活、学习、工作方式、购物习惯和购物方式又将带来哪些变化?

情境认知

一、电子商务对社会的影响

（一）电子商务改变了商务活动的方式

电子商务改变了商务活动的方式，传统营销模式下推销员“说破了嘴、跑断了腿”推销产品，消费者奔波在各家商场中精疲力尽地搜索自己所需的商品，常常要花费很多时间。如今只要上网动动鼠标就可以买到自己喜爱的商品，而且还能获得在线服务。不仅能够购买物理产品，如汽车、电视机和录音机，也能购买数字类产品，如信息、录像、录音、数据库、软件及各类知识产品。此外还能获得各类服务，如安排旅游行程、网上医疗诊断和远程教育。电子商务不仅为企业节省了推销成本，也方便了消费者，节省了购买时间。

（二）电子商务改变了人们的消费方式

网上购物的最大特征是消费者的主导性，购物意愿掌握在消费者手中；消费者不受时间、空间的限制，不受传统购物模式的诸多限制，足不出户，就可货比三家，随时随地在网上购物，还能够以一种轻松自由的自我服务的方式来完成交易。消费者主权可以在网络购物中充分体现出来。

（三）电子商务改变了企业的生产方式

由于电子商务是一种快捷、方便的购物手段，消费者的个性化、特殊化需要可以完全通过网络展示在生产厂商面前。为了取悦顾客，突出产品的设计风格，制造业中的许多企业纷纷发展和普及电子商务，如福特汽车公司在1998年3月将分布在全世界的12万个计算机工作站与公司的内部网连接起来，并将全世界1.5万个经销商纳入内部网，最终实现按照用户的不同要求按需供应汽车。

（四）电子商务给传统行业带来了一场革命

电子商务在商务活动的全过程中，通过人与电子通信方式的结合，极大地提高商务活动的效率，减少不必要的中间环节，传统的制造业借此进入小批量、多品种的时代，“零库存”成为可能；传统的零售业和批发业开创了“无店铺”、“网上营销”的新模式；各种线上服务为传统服务业提供了全新的服务方式。

（五）电子商务带来了一个全新的金融业

由于在线电子支付是电子商务的关键环节，也是电子商务得以顺利发展的基础条件，随着电子商务在电子交易环节上的突破，网上银行、银行卡支付网络、银行电子支付系统及电子支票、电子现金等服务，将传统的金融业带入一个全新的领域。1995年10月，全球第一家网上银行安全第一网络银行（Security First Network Bank）在美国诞生，这家银行没有建筑物，没有地址，营业厅就是首页画面，员工只有10人，与总资产超过2 000亿美元的美国花旗银行相比，安全第一网络银行简直是微不足道。但与花旗银行不同的是，该银行所有交易都通过互联网进行，第一年年存款金额就达到 1 400 万美元，4 年后达到 4 亿美元。

（六）电子商务转变了政府的行为

政府承担着大量的社会、经济、文化的管理和服务的功能，尤其作为"看得见的手"，在调节市场经济运行、防止市场失灵带来的不足方面有着很大的作用。在电子商务时代，企业应用电子商务进行生产经营，银行金融电子化，以及消费者实现网上消费的同时，将同样对政府管理行为提出新的要求，电子政府或称网上政府，将随着电子商务发展而成为一个重要的社会角色。

总而言之，作为一种商务活动过程，电子商务将带来一场史无前例的革命，其对社会经济的影响会远远超过商务本身。除了上述这些影响外，还将对就业、法律制度及文化教育等带来巨大的影响。

二、电子商务对企业的影响

电子商务对企业的影响主要有这样几个方面：降低企业的交易成本；减少企业的库存；缩短企业的生产周期；增加企业的交易机会；满足客户的个性化需求。

（一）降低企业的交易成本

电子商务对企业最大的影响就是降低企业的交易成本，主要表现在以下几个方面。

1. 降低的促销成本

尽管创立和维护企业的网站需要一定的投资，但与其他的销售渠道相比，使用因特网的成本已经大大地降低了。依据国际数据公司的调查：利用因特网作为广告媒体，进行网上促销活动，结果是销售额增加 10 倍的同时，费用只是传统广告的 1/10。一般而言，采用网上促销的成本只是邮寄广告的 1/10。例如，美国宾夕法尼亚的安普公司（AMP International of Harrisburg）曾经花费 800 万美元印刷产品目录，而现在将其销售的 7 万种产品目录做成数据库的形式在因特网上展示，不仅成本大大降低，而且销售额大大地增加。除此以外，精心制作的数据库网页将方便客户准确及时地查找到所需要的设备情况，而纸张印刷品却无法做到这一点。

2. 降低客户服务成本

随着企业电子商务的展开，网络客户支持系统的使用受到厂家和客户的欢迎。企业提供有效的网上客户支持活动，可以大大地降低电话咨询的次数。例如，美国联邦捷运公司（Federal Express）通过设立网上咨询服务系统，使客户可以随时跟踪快递包裹的运输情况，客户每次查询只需花费公司 0.1 美元，而用传统的咨询方式却要花费 7 美元。由此可见，网上技术支持服务的费用大大少于电话咨询的费用。

3. 降低采购成本

传统的原材料采购是一个程序烦琐的过程。通过因特网的电子商务活动，企业可以加强与主要供应商之间的协作，将原材料的采购和产品的制造过程有机地结合起来，形成一体化的信息传递和处理系统。目前，许多大公司纷纷通过电子商务增值战略方案，采用一体化的电子采购系统，降低了劳动力、打印和邮寄成本。采购人员也有更多的时间致力于合同条款的谈判，并注重和供应商创立稳固的供销关系。例如，美国通用电气公司的照明部自从由手工采购转向采用电子商务采购系统后，产生了积极的效应，既改善了服务，又节省了劳动力与原材料成本。该公司以往的采购程序是：照明部每天对一些低值零件向公司的采购资源部发送几百份询价申请，而且，每一份申请必须附有设计图纸（而设计图纸是从技术资料档案中调出来复印后再装入信封的)，上述过程一般要7天的时间才能完成。由于工作烦琐，公司的采购资源部只能将招标文件邮寄给3家供货商。1996年公司采用了网上在线采购系统后，采购资源部只要从内部客户中通过网络接受询价申请，并通过因特网向全球的供货商发出招标文件，该系统就能够准确地自动检索出设计图纸，并附在电子询价单上。在2小时内，全球的供货商们就可以在收到报价的当天完成评估工作，并确定最终的中标者。通用电气公司的发言人说：自从采用电子商务采购系统后，公司的采购费用降低了30%。

（二）减少企业的库存

产品的生命周期越长，企业就需要越多的库存来对付可能出现的交货延迟，面对市场的反应也就越慢。而且，库存增多也会相应增加运营成本，降低企业的利润。何况，高库存量也不能保证向客户提供最佳的服务。因此，适当的库存容量不仅可以让客户得到满意的服务，而且可以尽量地为企业减少运营成本。电子商务的应用有利于达到上述目标，如IBM个人系统集团公司从1996年开始应用电子商务高级计划系统。零售商和供应商都通过电子商务系统将一系列相关产品的最新预测发送出去，连接在互联网上的计算机在收到最新预测后，对大家的预测进行对比，并标出最大的差异。该差异将由零售商和供应商的计划人员重新调整。为了避免操作复杂，软件设计公司将该软件设计成针对具体的交易情况可自动处理和调整的方式。这样，生产商就可以准确地依据销售商的需求生产，使库存保持在适当的容量，从而降低库存成本。

（三）缩短企业的生产周期

产品的生产成本都涉及固定成本的支出。固定成本并不随着生产数量的变化而变化，而与产品的生产周期有关。电子商务的应用可以缩短产品的生产周期，从而降低企业的生产成本。

电子商务的应用为产品的开发与设计提供了快捷的方式。第一，开发者可以利用网络进行快速市场调研，了解最新的市场需求；第二，开发者可以利用信息的传播速度，很快地了解到产品的市场反馈，对正在开发的产品进行再改良；开发者可以利用网络技术了解到竞争对手的最新情况，从而可以对自己的产品进行适当的调整，以取得竞争优势。而这一过程，在传统生产中要经过一个漫长的过程，使生产周期大大延长，从而提高了生产成本。而现在，电子商务改变了这一切。

（四）增加企业的交易机会

由于网络的开放性和全球性，基于网络的电子商务没有时间和空间的限制。这样，企业必须不断地为世界各地的客户进行技术支持和销售服务。而一周7天，24小时不间断的运作给企业增加了许多商机。

（五）满足顾客个性化需求

牛仔裤领导厂商Levis通过调查发现，许多客户对现有的牛仔裤合身程度并不完全满意，所以该公司便在网站上推出了提供标准的规格，并提供客户自行量身，再为其修改的服务。由于迎合了个性化的需求而大受市场欢迎，Levis公司也因减少了储运成本，而且采取预收款制度及收取较高服务费等方式，使公司大赚其钱。

拓展案例

新经济下的海尔

2000 年 3 月 10 日，海尔投资成立电子商务有限公司。4 月 18 日海尔电子商务平台开始试运行，6 月份正式运营。同年年底，海尔的网上采购额已达到 77.8 亿元，网上的销售额已达到 608 万元。现在更以惊人的速度递增。

海尔的电子商务为什么魅力四射，用户为什么会有如此大的热情，可以看这样几个场景。

场景一：我要一台自己的冰箱

青岛用户徐先生是一位艺术家，家里的摆设都非常富有艺术气息。徐先生一直想买台冰箱，他想，要是有一台表面看起来像一件艺术品且又实用的冰箱就好了。徐先生从网上看到“用户定制”模块，随即设计了一款自己的冰箱。他的杰作很快得到了海尔的回音：一周内把货送到。

场景二：从网上给亲人送台冰箱

北京消费者吴先生的弟弟下个月结婚，吴先生打算买一台冰箱表达当哥哥的情意。可是弟弟住在市郊，要买大件送上门，还真不太方便。得知在海尔网站可以订购的信息后，吴先生兴冲冲地上网下了一张订单，弟弟在当天就收到了冰箱。弟弟高兴地打来电话说，他们家住 6 楼，又没有电梯，但送货人员却把这么大的冰箱送到了家里，太方便了，今后他买家电也不用跑商场了，就在海尔网站上买！

场景三：网上采购

海尔共有冰箱、空调、洗衣机等 58 个门类的上万个基本产品类型，这些基本产品类型，需要采购 26 万余种物料。

一位供应商在通过因特网与海尔开展了业务活动后给海尔来了一封信：我是一家国际公司的中国业务代表，以前我每周都要到海尔，既要落实订单，还要每天向总部汇报工作进展，非常忙碌。有时候根本顾不上拓展新的业务。自从海尔启用电子商务采购系统后，可以在网上参加招投标、查订单、跟踪订单等工作，大大节省了人力、物力、财力，这真是一个公开、公平、高效的平台。而且我也有更多的时间来了解海尔的需求，并为公司又谈下了一笔大生意，得到了公司的表扬。更重要的是，我作为中国人也为海尔而自豪，我们总部也刚刚采用类似的系统，而在中国海尔已经运作起来了，与海尔合作体现了国际的先进手段和效率！

案例思考：海尔涉足电子商务为其带来了哪些好处？

三、电子商务的优势

网络经济有着不同于传统经济的规律与模式，电子商务不是传统商务活动在网络上的翻版。电子商务自身所具有的特点决定了其优于传统商务，具体表现在以下几个方面。

（一）广域性

电子商务不受时间、空间、地域的限制，为客户提供全程、全天候的优质服务。互联网跨越国界，穿越时空，在网上这个世界将会变得很小，一个商家可以面对全球的消费者。而一个消费者无论身处何地,也无论白天与黑夜,都可以在全球的任何一家商家购物。

(二) 即时性

21 世纪是信息社会,信息就是财富,而信息传递速度的快慢对于企业而言可说是生死攸关。互联网以其传递信息速度的快捷性而备受青睐。可以说,北半球刚刚发生的事情,南半球的人们便可在十几分钟、几分钟时间内通过网络获知。互联网真正使整个地球变成了一个地球村。使企业能以一种快捷方便的方式提供企业及其产品的信息以及客户所需的服务。

(三) 虚拟性

互联网使得传统的空间概念发生变化,出现了有别于实际地理空间的虚拟空间或虚拟社会。处于世界任何角落的个人、公司或机构,都可以通过互联网紧密地联系在一起,建立虚拟社区、虚拟公司、虚拟政府、虚拟商场、虚拟大学和虚拟研究所等,以达到信息共享、资源共享、智力共享。

(四) 互动性

通过互联网,商家之间可以直接交流、谈判、签合同,消费者也可以把自己的反馈意见反映到企业或商家的网站,使商家能及时得到市场反馈,改进自身的工作。

电子商务是在商务的基础上,运用信息及信息技术,改变了商务的交易方式、沟通方式,拓展了商务活动的边界,改变了人们对商务的认识,形成了新的商务思维方式和新的商业生态文明,也改变了人们对客观世界的认识。

技能训练

1. 上网搜索第 34 次中国互联网发展状况调查报告,了解网民对各项网络应用的使用程度。

2. 登录苏宁易购选购一件需要的电器产品,比较网上购物与传统购物各自存在的优势和劣势。

3. 访问世界著名 IT 公司的电子商务网站(IBM、HP、GE、Intel),观察他们网站的布局和特色,并分析他们提供了哪些服务。

学习情境二

识别电子商务交易模式

学习目标

知识目标

理解几种典型的电子商务交易模式;认识一些有代表性的电子商务网站;掌握电子商务的一般流程。

技能目标

能够分析一个网站的电子商务交易模式和运作模式。

情境任务一　识别电子商务的交易模式

情境引例

苏宁易购是建立在苏宁电器强大后台基础上的电子商务平台,作为实体零售的辅助,苏宁易购旨在利用苏宁既有优势,通过自主采购、独立运营,将虚拟经济和实体销售模式相结合,配合苏宁电器集团打造虚实结合的新型家电连锁模式。

目前,苏宁易购网站以通讯、电脑、数码、厨卫、生活电器为主。与此同时,苏宁易购也不拘泥于家电零售,在快速消费品、百货产品、家居产品、娱乐产品等领域全面布局,利用网络平台便捷的优势,实现由家电3C零售商向综合产品零售商的转型。在区域覆盖上,苏宁易购将会依托中国香港、日本的平台,利用网购领域无国界的特点,借助强大的管理后台、技术平台,同步进军国际电子商务市场,并向东南亚地区实现渗透。

思考:苏宁是传统的电器零售商,现又发展网上零售,其网上零售属于哪种交易模式?其电子商务运作流程是怎样的呢?

情境认知

一、电子商务交易的主要参与者

在电子商务的交易过程中,需要很多角色参与,这其中除了作为交易主体的企业和消费者之外，为了保证电子商务的顺利进行，还需要为电子商务交易提供服务的其他相关机构，如政府机构、中介机构和认证机构、银行等。

（一）企业

企业是电子商务系统交易的主要参与者。电子商务环境中的企业是指利用电子商务系统进行采购或销售的企业。在 B2C 电子商务中，它们是零售商；在 B2B 电子商务中，它们是批发商或采购商。它们通过电子商务系统完成电子订货、电子采购、电子支付和商品出售。企业利用电子商务系统开展商务活动，可以通过面对全球的广告、便利的电子手段和高效的通信能力，用最直接的流通方式、最少的流通环节、最低的库存和最快的流通速度来降低企业的成本，缩短企业的生产周期，增加企业的盈利，从而使企业获得最大的经济效益。

（二）消费者

电子商务中的消费者是指利用电子商务交易系统进行消费的个人，即利用 B2C 或 C2C 电子商务交易系统进行消费的个人。电子商务交易中，消费者的数量反映了电子商务应用和发展的繁荣程度，消费者越多电子商务就越发达，否则就越不发达。但是，消费者数量的增加受到诸如观念、网络普及程度、安全和法律等很多因素的影响。由此可见，电子商务的发展是一个系统工程，需要方方面面的支持。

（三）政府

电子商务的顺利进行离不开政府的支持和保障，政府在电子商务交易中发挥着巨大的作用。

首先，政府是电子商务发展规划的设计者，应当发挥政策的宏观指导作用，从战略高度重视电子商务对未来经济发展的重要推动作用，制定电子商务发展的宏观战略和规划。因为电子商务是将高新技术与商务活动相结合的具体应用，涉及各行业和社会的方方面面，所以在政策的制订过程中，应当加强行业之间、政府与企业之间的相互沟通和对话，增强政策广泛性和透明度，确保电子商务发展政策的宏观指导性、连续性、示范性和引导作用，克服“政出多门”，避免“多头管理”的现象。

其次，政府是电子商务发展环境的营造者，电子商务作为一种新型的交易手段和商业运作模式，其成长不仅取决于计算机和网络技术的发展和成熟，而且在很大程度上取决于政府能否营造一种有利于电子商务发展的适宜环境。电子商务交易涉及法律、工商、税务、银行、运输、商检、海关、外汇、保险、电信、认证等部门，以及商家、企业、客户等单位，要使它们按照一定规范与程序相互配合、相互衔接、相互协调，共同完成有关电子商务活动，政府就要为它们营造一个公正的法律环境、公平的竞争环境及完善的市场环境。

（四）认证机构

在电子商务系统中，为了保证交易信息的传输安全，除了在通信传输中采用更强的加密算法之外，电子商务系统中的各参与方还必须有一个可以被验证的标志，这就是数字证书。数字证书必须符合一定的标准，并且其来源必须是可靠的，这就意味着应该有一个网上各参与方都信任的机构，专门负责数字证书的颁发和管理，这个机构就是认证机构。

认证机构，即认证中心（Certificate Authority，CA），它是采用 PKI（Public Key Infrastructure）公开密钥基础架构技术，专门提供网络身份认证服务，负责签发和管理数字证书，且具有权威性和公正性的第三方信任机构。它的作用就像现实生活中颁发证件的机构，如身份证颁发机构、护照办理机构等。目前,CA认证中心主要分为根认证中心、品牌认证中心和区域性认证中心。

目前,CA认证中心主要由3部分组成:在客户端面向证书用户的数字证书申请、查询和下载系统;在RA端由RA管理员对证书申请进行审批的证书授权系统;在CA控制台签发用户证书的证书签发系统。

目前,CA认证中心提供的数字证书业务主要包括数字证书的申请、签发和发布;证书的查询、作废、更新和存档,有时还提供OCSP(在线证书状态查询)服务;密钥的管理,主要是密钥的产生、存储、更新、备份和恢复。

(五) 中介机构

电子商务环境中的中介机构是指为完成一笔交易,在买方和卖方之间起桥梁作用的各种经济代理实体。它是最具电子商务特色的一个重要参与者——大部分的金融性服务行业,如银行、保险公司、信用卡公司都属于中介机构;其他的如经纪人、代理人、仲裁机构等也都是中介机构。

大致来说,电子商务环境中的中介机构可以分为3类:第1类是为商品所有权的转移过程(即支付机制)服务的,如金融机构;第2类是提供电子商务软硬件服务和通信服务的各种厂商,如IBM、HP、微软等软硬件和解决方案提供商;第3类是Yahoo、Google、百度等提供信息搜索服务的信息服务增值商。

二、电子商务交易模式的分类

拓展案例

阿里巴巴和淘宝

阿里巴巴(alibaba.com)是全球企业间电子商务的著名品牌,是目前全球最大的网上交易市场和商务交流社区之一。阿里巴巴成立于1998年年末,总部设在杭州市区,并在海外设立美国硅谷、伦敦等分支机构。良好的定位、稳固的构成、优秀的服务使阿里巴巴成为全球首家拥有220万商人的电子商务网站,成为全球商人网络推广的第一网站,曾被商人们评为“最受欢迎的企业间网站”。

淘宝网是亚洲最大的网络零售商圈,致力于打造全球首选网络零售商圈,由阿里巴巴集团于2003年5月10日投资创办。淘宝网目前的业务跨越个人对个人、商家对个人两大部分。

案例思考:阿里巴巴和淘宝网同属于一家阿里巴巴集团,二者的运作模式有何不同?

情境认知

电子商务有多种分类方式,按照不同的标准,电子商务可划分为不同的类型。

(一) 按交易主体分类

1. B2B电子商务模式

B2B(Business to Business),是指企业与企业间的电子商务,即企业与企业之间使用因特网进行交易和合作等商务活动。通俗来讲就是指进行电子商务交易的供需双方都是商家(或企业、公司),他们使用了因特网技术或各种商务网络平台,完成商务交易的过程。其特点是交易次数少,交易金额大;交易对象广泛;交易操作规范。传统的企业间的交易往往要耗费企业大量的资源和时间,无论销售、分销还是采购都要占用产品成本。通过 B2B 交易方式,买卖双方能够在网上完成从订货到结算的全部交易过程,从建立最初印象到货比三家,再到讨价还价、签单和付款交货,最后到客户服务。B2B 使企业之间的交易减少了许多事务性的工作流程和管理费用,降低了企业经营成本。网络的便利性及延伸性使企业扩大了活动范围,企业发展跨地区甚至跨国界更方便,成本更低廉。

2013 年中国 B2B 电子商务市场交易额达 8.2 万亿元,同比增长 31.2%。中国电子商务研究中心(100EC.CN)监测数据显示,2013 年 B2B 电子商务服务商营业收入(包括线下服务收入)份额中,阿里巴巴继续排名首位,市场份额为 44.5%。接下来的排名分别为上海钢联(我的钢铁网)、环球资源、慧聪网、焦点科技(中国制造网)、环球市场、网盛生意宝分别位列 2 ~7 位,分别占比 10.6%、7.1%、3.6%、2.4%、1.7%、1.3%。

2. B2C 电子商务模式

B2C(Business to Consumer),是指企业与个人间的电子商务,即企业通过互联网直接向个人消费者销售产品和提供服务。此模式是我国最早产生的电子商务模式,以 8848 网上商城正式运营为标志。B2C 的典型代表有天猫、京东商城、当当网、亚马逊中国等。

截至 2013 年 12 月,中国电子商务研究中心(100EC.CN)监测数据显示,中国 B2C 网络零售市场(包括平台式与自主销售式),排名第一的是天猫商城,占 50.1%;京东名列第二,占据 22.4%;位于第三位的是苏宁易购,达到 4.9%,后续 4 ~10 位排名依次为腾讯电商(3.1%)、亚马逊中国(2.7%)、1 号店(2.6%)、唯品会(2.3%)、当当网(1.4%)、国美在线(0.4%)、凡客诚品(0.2%)。

3. C2C 电子商务模式

C2C(Consumer to Consumer),是指个人与个人间的电子商务,即个人之间通过网络平台进行产品与服务的小额交易。例如,一个消费者利用一台旧计算机,通过网络发布信息,寻找买方,把它出售给另一消费者,此种交易类型就称为 C2C 电子商务。

中国的 C2C 网络交易服务平台主要有淘宝网、易趣网和拍拍网 3 家。截至 2013 年 12 月淘宝网占全部的 96.5%,拍拍网占 3.4%,易趣网占 0.1%。

B2C 模式是机构与个体消费者之间的网上交易,在网络平台上购物像是在逛商场;C2C 模式则是个人与个人之间的网上交易,在 C2C 网站上购物更像是逛市场,网站只是为大家提供了一个交易的场所。中国电子商务研究中心(100EC.CN)监测数据显示,截至 2013 年 12 月,中国网络零售市场交易规模达 18 851 亿元,较 2012 年的 13 205 亿元同比增长 42.8%。网络零售市场规模占社会消费品零售总额比例:截至 2013 年 12 月,中国网络零售市场交易规模占社会消费品零售总额的 8.04%,而该值在 2012 年仅为 6.3%。

4. B2G 电子商务模式

B2G(Business to Government),是指企业与政府间的电子商务。这种模式目前存在以下两种。

(1) 网络政府

政府的主要职能在于经济管理、市场监管、社会管理和公共服务。而电子政务就是要将这四大职能电子化、网络化,电子政务将政务工作变得更有效、更精简、更公开、更透明。政府通过网络来为企业服务,如网上办公、网上报税、网上报关、网上审批等。例如,吉林省长春市建立的“长春市工商企业网络管理服务中心”，为长春市政府和工商企业提供了一套完整的全网检索系统，全球源源不断地信息都将通过网格平台提供给政府和企业使用，政府在工商企业管理模式上有一个质的飞跃，对提高工商管理部门办事效率、促进政府机关勤政廉政建设、维护消费者的权益具有不可替代的重要作用。

（2）阳光采购

政府上网采购，为企业提供了大量商机。政府采购是指各级政府为了开展日常政务活动或为公众提供公共服务的需要，在财政的监督下，以法定的形式、方法及程序，从市场上为政府部门和所属公共部门购买商品和服务。我国政府原先在采购物品时，财政部门每年要根据预算和各预算单位的用款，层层下拨经费，由各直属单位根据需要自行购买。由于采购资金脱离财政监督，出现了盲目采购、重复采购、随意采购、不公平竞争等现象，购买质次价高的商品以致被欺骗的现象也时有发生，导致公共开支浪费和资金使用效率下降，同时也为腐败的产生创造了条件。政府采购是一个透明度高的政府所必然采取的消费方式。而电子商务的产生，尤其是“电子招标”这种新型商务活动方式的出现，为政府采购创造了条件。通过在网上公布政府采购信息，使符合条件的企业、商家在网上公开投标竞价，从而更好地减少原有形式的缺陷。2003 年，全国第一个政府采购网在南宁建成，这个政府采购网最终建成了中国第一个实现 B2G 的全国性政府采购应用功能的电子商务平台。政府与企业的交易方式不同，不是公司坐等政府上网购物，而是政府在网上发布信息，企业网上竞标。

5. G2C 电子商务模式

G2C（Government to Consumer），是指政府与消费者间的电子商务模式。政府与消费者之间的电子商务可以包括居民登记、户籍管理、养老金发放、福利发放、社区服务、政策发布、申报纳税等。老百姓足不出户，便可与政府有关职能部门取得联系，获得政府提供的服务并监督政府部门的工作。

6. G2G 电子商务模式

G2G（Goverment to Goverment），是指政府与政府间的电子商务模式。世界各国都维持着一个庞大的政府以行使社会综合管理职能，如税收、国防、外交、公安、海关、统计、邮政、铁路、航空等复杂的管理。通过政府对政府的电子商务，可以对政府内部管理工作程序进行网络和计算机管理，以提高工作效率、降低开支，减轻社会负担。各级政府机构之间可以利用因特网实现政府应用系统的互联，从而使政府各职能部门紧密结合，并形成相互协作、相互制约的关系。

（二）按照交易对象分类

电子商务交易涉及的商品有两种：一种是有形商品；另一种是无形商品。由此划分出两种商业模式：一种是直接电子商务；另一种是间接电子商务。

直接电子商务（direct electronic commerce）交易的是无形商品和服务，如计算机软件、音像制品、网上订票、网上参团旅游或娱乐、网上咨询服务及网上银行、网上证券交易等。商家将无形商品和服务产品内容数字化，不需要某种物质形式和特定的包装，直接在网上以电子形式传送给消费者，收取费用。直接电子商务可以通过网络完成商品的完整交易过程。

间接电子商务（indirect electronic commerce）交易的是有形的实物商品，如书、鲜花礼品、计算机及零配件、家用电器等。在网上进行的交易环节只能是订货、支付和部分的售后服务，而商品的配送还需交由现代物流配送公司或专业的服务机构去完成。间接电子商务不能通过网络完成商品的完整交易过程。

(三) 按照网络类型分类

按照使用网络的类型来分类,电子商务目前主要分为:基于 EDI 网络的电子商务,基于因特网的电子商务,基于企业内部网(intranet)的电子商务,以及基于移动互联网的电子商务。

1. 基于 EDI 网络的电子商务

20 世纪 60 年代末,EDI 产生于美国。当时的贸易商们在使用计算机处理各类商务文件时发现,由人工输入到一台计算机中的数据 70% 来源于另一台计算机输出的文件,由于过多的人为因素影响了数据的准确性和工作效率的提高,人们开始尝试在贸易伙伴之间的计算机上使数据能够自动交换,EDI 应运而生。

EDI 是将贸易、生产、运输、保险、金融和海关等事务文件,通过电子邮箱按各有关部门或公司企业之间的标准格式进行数据交换,并按国际统一的语法规则对报文进行处理,是一种利用计算机进行事务处理的新业务。在国际、国内贸易活动中使用 EDI 业务,取消了传统的纸面贸易文件(如订单、发货单、发票等),代之以电子资料交换,双方使用统一的国际标准格式编写文件资料,利用电子方式将贸易资料由一方传递到另一方,处理迅速准确。由于 EDI 大大减少了纸张票据,因此,人们形象地称之为"无纸贸易"或"无纸交易"。

EDI 以其高效、快捷和准确的特点得到国际大型企业的重视,但是应用成本、专业性问题一直是中、小企业和个人采用 EDI 的主要障碍。由于使用 VAN 的费用很高,仅大型企业才会使用,因此限制了基于 EDI 的电子商务应用范围的扩大。

2. 基于因特网的电子商务

基于因特网的电子商务,就是利用因特网进行电子交易。因特网是一种采用 TCP/IP 协议组织起来的松散的、独立国际合作的互联网络。因特网商务是国际现代商务的最新形式,以计算机、通信、多媒体、数据库技术为基础,通过因特网在网上实现营销、购物服务。

3. 基于企业内部网(intranet)的电子商务

基于企业内部网(intranet)的电子商务,就是利用企业内部网络进行电子交易。企业内部网是在因特网基础上发展起来的,是在原有局域网上附加一些特定的软件,将局域网与因特网连接起来,从而形成的企业内部的虚拟网络。企业内部网与因特网之间的最主要的区别在于,企业内部网中的敏感或享有产权的信息受到企业防火墙安全网点的保护,它允许有授权者介入内部 Web 网点,外部人员只有在许可条件下才可进入企业的内部网。

4. 基于移动互联网的电子商务

移动互联网就是将移动通信和互联网二者结合起来,成为一体。基于移动互联网的电子商务,就是利用移动互联网进行电子交易。据中国电子商务研究中心(100EC. CN)监测数据显示,截至 2013 年 12 月,中国移动电子商务市场交易规模达到 2 325 亿元,同比增长 141%。从 2014 年初微信红包的火爆登场,到快的打车与滴滴打车之间大战,再到来往上线,移动电子商务市场竞争非常激烈,移动互联网已经成为电子商务新的增长点。

(四) 其他模式

1. B2T 电子商务模式

B2T(Business To Team),是指一个团队与商家间的电子商务,简称网络团购。B2T 是继 B2B、B2C、C2C 后的又一电子商务模式,使互不认识的消费者,借助互联网的"网聚人的力量"来聚集资金,加大与商家的谈判能力,以求得最优的价格。

2. BBC 电子商务模式

BBC(Business,Bank,Customer)模式定位于网上商家和消费者之间,提供电子商务的中介服务。它可以简化消费者网上购物程序,并且使他们从网上购物中得到更多的便利和实惠。

BBC 电子商务中介模式可以简单地分为两类:一种是价格比较购物形式,就是将众多网上商家销售产品的价格进行综合比较,使消费者通过对比找到最低价格的产品;另一种是网站比较购物形式,即 BBC 网站经过筛选信誉良好的网上商家向消费者推荐,消费者通过 BBC 网站到各个商家购物时可以得到现金返还。两种 BBC 网站的侧重点是有所不同的。前者更注重价格比较,而后者则倾向于比较商家的品牌和服务。

3. O2O 电子商务模式

O2O(Online To Offline),泛指通过有线或无线互联网提供商家的销售信息,聚集有效的购买群体,并在线支付相应的费用,再凭各种形式的凭据,去线下,也就是现实世界的商品或服务供应商那里完成消费,让互联网成为线下交易的前台。当消费者因实体商城的价格而蹙眉,因线上消费的虚拟而不安,O2O 模式脱颖而出,成为连接线上与线下的一个桥梁。线下零售的优势有实体商品的体验性,商品立即可得性,刺激冲动性购买,店员近距离服务等。电子商务的优势有低成本,海量顾客信息以助精准化营销,口碑营销传播的速度和广度,以及不受地域、时间和货架空间的限制等。未来线上和线下零售将会互补互通,充分利用双方的特有优势。如亚马逊跟 7 - 11 便利店合作,易趣在英国开线下体验店等都是先例。中国首个大学生网购服务平台大树网开发的社交体系,可以让大学生在线上互相交流、认识。然后在线下,通过大树网或学生自发组织的一些活动进行当面的沟通,从而扩大自己的交际圈,从校园开始累积人脉。大树网 O2O 模式最大量地发挥了互联网信息量庞大,不受地域限制、选择方便等优势,又将线下的体验、交流和放心的要素涵盖了进去,很好地将线上和线下做了结合。

情境任务二　B2B 电子商务交易模式

一、B2B 电子商务交易模式

(一) 概述

B2B 是指采购商与供应商在因特网上进行谈判、订货、签约、接受发票和付款,以及进行索赔处理、商品发送管理和运输跟踪。通过增值网络运行的电子数据交换,已使此类电子商务得到了很大发展。B2B 的本质就是用电子交易完成商务活动,使企业的效益最大化。

中国电子商务研究中心发布《2013 年度中国电子商务市场数据监测报告》显示,截至 2013 年底,中国电子商务市场交易规模达 10. 2 万亿,同比增长 29. 9%。其中,B2B 电子商务市场交易额达 8. 2 万亿元,同比增长 31. 2%。B2B 市场交易额占中国整体电子商务市场规模的 80. 4%。因此,可以看出企业之间的电子商务有巨大的需求和旺盛的生命力,是电子商务的主体。

B2B 电子商务模式是未来电子商务发展的主流,具有巨大的发展潜力。这是因为企业之间的交易规模大,一般是大宗交易,同时企业与企业之间开展电子商务的条件也日益成熟,而且企业也是电子商务最热心的推动者和实践者。

（二）B2B 电子商务的优势

企业电子商务的最大意义在于它的应用可以为企业带来巨大的效益。与传统商务活动相比，B2B 电子商务的优势主要表现在以下几点。

① 促进企业间的信息交流。企业电子商务可以通过 Web 超文本（包括图像、声音、文本等）传输信息，特点是实效性更强，信息交流更加快捷，成本更加低廉。

② 优化企业的库存。通过网络买卖双方可以及时沟通供求信息，使无库存生产、销售成为可能。

③ 缩短企业的生产销售周期。通过电子商务可以改变过去由于信息交流手段落后而产生的信息滞后和差错等现象，从而加快企业现金和物资的流动，大大缩短企业的整个生产销售周期。

④ 增加了无限的商机。基于因特网的电子商务一周 7 天、一天 24 小时无间断地运作，为企业增加了无限的商机。

⑤ 降低企业间的交易成本。电子商务实行无纸化贸易，可减少文件处理费用；通过互联网进行产品介绍、宣传、避免了在传统方式下做广告、发印刷品的投入；通过网络进行商务活动，无须中介者参与，减少了交易的有关环节。

（三）B2B 电子商务的基本运作模式

根据网站构建主体的不同分为基于企业 B2B 网站的运作模式和基于中介 B2B 网站的运作模式。其中基于企业 B2B 网站的运作模式又分为基于卖方市场的运作模式和基于买方市场的运作模式。

1. 基于企业 B2B 网络的运作模式

（1）基于卖方市场的运作模式

这是一种最普遍的企业电子商务模式，是指一个卖方与多个买方之间的交易模式，如戴尔的电子商务销售平台。在这种模式中，提供产品或服务的企业即卖方企业占主动地位，卖方发布欲销售的产品信息，如产品名称、规格、数量、交货期和参与价格等，吸引买方前来认购，然后等待买方企业上网洽谈、交易。

目前，许多公司正在使用这个模式，只要卖方拥有良好的市场声誉和大批忠实的顾客，市场还是很有发展前景的。如 Cisco 公司是全球最大的互联网连接设备提供商，早在 1991 年开始采用 Pre－Web 系统，借助互联网提供电子支持服务，1996 年 7 月，经过重新改造、设计的 Cisco 网站实现了客户通过网络直接订货。这种 B2B 网站给 Cisco 公司带来了极大的利润和竞争力，估计在线销售每年可以节省 3.63 亿美元，而 Cisco 公司的网上销售额每年增长可高达 60% 以上。

基于卖方市场的运作模式可以加快企业产品的销售过程，特别有利于新产品的推广，在降低销售成本的同时拓展卖方渠道。基于卖方市场的运作模式结构图如图 2.1 所示。

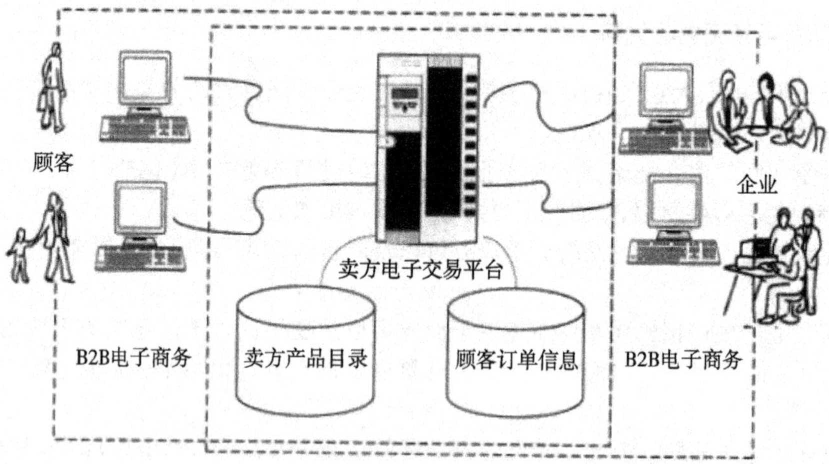

图 2.1 基于卖方市场的运作模式

（2）基于买方市场的运作模式

它是指一个买方与多个卖方之间的交易模式。在这种模式中，买方利用因特网发布需求信息，如需要的产品名称、规格、数量和交货期等，供应商利用采购方提供的采购平台输入自己产品的供应信息，供采购方评估，并通过买方的网站双方进行报价、洽谈等进一步的信息沟通，完成采购业务的全过程。对于有许多供应商且采购数量特别大的购买者可以建立自己的网站，如海尔的供应商网站。基于买方市场的运作模式结构图如图 2.2 所示。

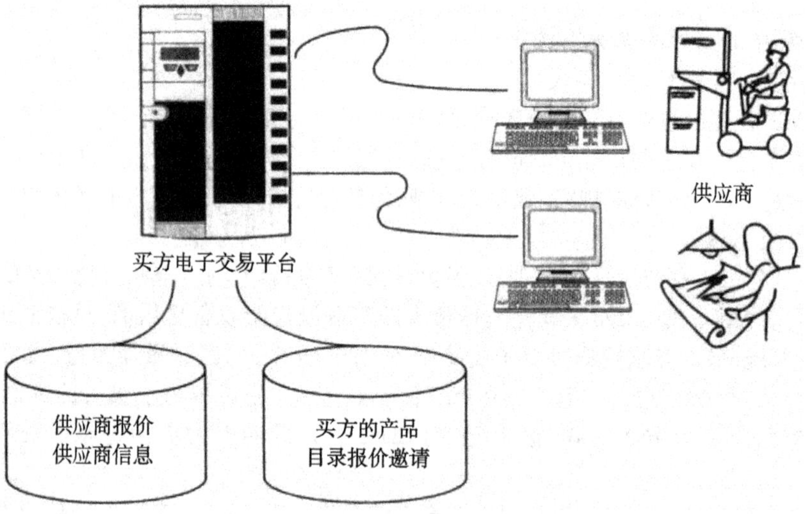

图 2.2 基于买方市场的运作模式

在这种模式中买方承担了建立、维护和更新产品目录的工作。虽然这样花费较多，但采购方可以更紧密地控制整个采购流程，可以限定目录中所需产品的种类和规格，可以根据需要设置采购权限和数量，可以方便快捷地对多家供应商及产品信息、价格进行综合比较；同时，买家绕过了分销商和代理商，缩短了采购时间，提高了工作效率。

目前企业的电子采购一般都是买方模式，特别是在由少数大型购买方主导的制造业和零售业中，如汽车、航天、家电等行业。

拓展案例

北京铁路局的网上采购

北京铁路局成立于1953年1月1日,承担着全国铁路约1/3的煤运量、1/4的货运量、1/5的运输进款收入、1/6的换算周转量、1/7的客运量。在1994年全国500家最大服务行业企业排序中,名列交通邮电业之首。截至1999年底,全局固定资产原值735.26亿元,固定资产净值526.6亿元,铁路营业里程全长7 432.2千米。

自2000年以来,通过全面贯彻落实《北京铁路局采购管理办法》和《北京铁路局物资价格管理办法》等文件,完善了采购组织机构,建立了物资计划、渠道、价格和采购四权分离、相互制约的采购机制,实现了采购渠道、采购价格、采购程序和服务承诺"四公开",集中计划形成批量,进行招(邀、议)标和比质比价采购,确保采购物资质量,降低采购成本。

北京铁路物资工业处负责北京铁路局的整体物资采购,是北京铁路局的重要职能部门,也是网上采购平台的承办者和运营者。物资工业处年采购额达到几十亿元,采购品种上万种,其中金属、油品和机电设备及配件是其主要采购品种。随着业务的发展,企业化运作的深入,以及外界经营环境的变化,采用信息技术和电子商务来提高效率、降低成本、规范管理,得到了领导的高度重视,把实施信息化和电子商务放在一个非常重要的位置。局领导认为,利用电子商务来重新整合资源,规范业务流程,促进业务发展是北京铁路物资工业处实现又一次飞跃的良好契机。经过认真详细的市场调研和多次评估,北京铁路局物资工业处最终确定了采用中华商务网所提供的网上采购解决方案。经过中华商务网56个工作日的努力及北京铁路局物资工业处工作人员的积极配合,如期完成了采购平台的建设。

北京铁路局网上采购平台主要有如下几个功能。

1. 用户注册认证功能。每个用户有唯一的ID和口令,经过系统安全认证,合法用户可以通过互联网随时快捷地进入本采购中心。提供单一用户独享进入认证,保证每个ID同时只能有一个用户进入。

2. 用户管理功能。通过对系统业务逻辑和流程的分析,为系统中的不同用户分配角色和权限。系统用户即为系统管理员;买方用户包括买方管理员、比价采购员、招标采购员、审批人、专家管理员、监察人员及评标专家;卖方用户包括卖方管理员、卖方业务联系人。

3. 产品目录管理功能。创建产品目录,管理产品数据。产品目录具有如下特点:产品目录格式是符合铁路部标准的;产品目录可以进行查询和维护。系统管理员可以对系统的标准产品库进行查询和增加、删除、修改等维护。

4. 广告发布管理功能。首页推荐支持动态发布与管理推荐企业和推荐产品;加强平台与供应渠道之间的互动联系。

5. 信息管理功能。可以通过浏览器实时在线对政策法规进行信息维护,使信息维护工作变得轻松、高效、方便。

6. 网上服务。可以根据网上留言板、网上调查等进行客户意见收集;网站还开辟了网上论坛(BBS),会员可以提出问题在论坛中发布,征询各种解决办法或针对专业性问题进行讨论。网站还提供供求资讯发布栏使采购双方及时了解物资供求动态。

案例思考:登录北京铁路局物资采购平台,了解其采购平台的运作模式。

资料来源:http://www.yesky.com/20020419/1607729.shtml.

2. 基于中介 B2B 网站的运作模式

是指由买方、卖方之外的第三方平台提供买卖多方参与的竞价撮合模式。第三方平台是为买卖双方提供信息发布平台,促成交易机会。如美国“快速配对”(Fast Parts)公司是一个专门交易积压电子元件的网上市场,它拥有大量的供应商和购买者的信息。该公司通过网上市场对不愿透露公司名称的企业的积压电子元件进行拍卖,这种方式使卖方获得了比传统经销商出价更高的销售价,买方则以市场价迅速获得了它需要的电子元件,更重要的是,“快速配对”公司检验了这些产品,并给予这些产品以可靠的质量保证,“快速配对”公司则提取 8% 的佣金,这是一个三方皆赢的市场。

中介 B2B 网站分为垂直 B2B 网站和水平 B2B 网站。垂直 B2B 网站是定位在某个行业内企业间电子商务的网站,也被称为垂直门户或者行业门户网站,其特点是专业性强,并通常拥有该行业资源的背景,更容易集中行业资源,吸引行业生态系统内多数成员的参与,同时也容易引起国际采购商和大宗买主的关注。中国化工网、我的钢铁网、中国水泥网、中国服装网、中国食品产业网、全球纺织网就是垂直 B2B。

水平 B2B 是将各个行业中相近的交易过程集中到一个场所,为企业采购方和供应方的汇集提供一个交易的机会,如阿里巴巴、中国商品交易中心、中国商品交易市场(中国诚商网)、环球资源网等。

拓展案例

水平 B2B 网站——阿里巴巴

阿里巴巴网站成立于 1999 年 3 月,是因特网上的一个国际贸易平台。美国权威财经杂志《福布斯》公布的该杂志评选 2004 年度全球最佳 B2B 网站名单中,阿里巴巴名列第一,它不仅是中国唯一入选网站,而且是全球唯一连续 5 年当选的最佳网站。它是全球著名的企业间电子商务公司(B2B),管理着全球领先的网上贸易市场和商人社区,为来自 220 多个国家和地区的 1 200 多万个企业和商人提供网上商务服务,是全球首家拥有百万商人的商务网站。

阿里巴巴是典型的水平 B2B 模式。它实际上主要是面向中小企业的电子市场(中介网),由中介机构即阿里巴巴建立,主要为中小企业提供产品的采购、信息和销售等方面的服务。它还可以协助企业采购人员和供应商直接见面,并能够跟踪供应商品的种类和价格变化,从而极大地简化了企业间的业务流程。阿里巴巴的 B2B 模式突破了地域的局限,拉近了买卖双方的距离,并极大地减少了传统商务模式下产品营销过程中的耗费。同时,客户管理成本的降低和采购决策方面参考资料的充分更可以为企业带来长期效益,它可以把企业及供应商、制造商和分销商紧密地联系在一起。

情境任务三 B2C 电子商务交易模式

一、B2C 电子商务概述

B2C 电子商务是以因特网为主要手段,由商家或企业通过网站向消费者提供商品和服务的一种模式。目前,在因特网上遍布各种类型的 B2C 网站,提供从鲜花、图书到计算机、汽车等各种消费品和服务。这种模式基本上等同于电子化的零售,随着万维网的出现而迅速发展起来。目前,各类企业在因特网上纷纷建立网上虚拟商店,从事网上零售业务。

在中国,商务网站中以网上购物类数量为最多,占商务网站总数的六成左右。在 B2C 网站中不仅有商品种类齐全的综合类网上购物商城,还出现了许多销售某类产品的网上专卖店,如专门销售图书音像商品的卓越网(现在已属亚马逊旗下)、当当网,专门销售鲜花礼品的玫瑰花城,专门销售 IT 产品的中关村在线等。目前网上商店所销售的商品种类集中在计算机软硬件、图书、音像制品、家用电器、通信器材、礼品、服装服饰等。不过在我国 B2C 电子商务的发展过程中仍然存在着许多问题,如观念偏颇、配送和支付滞后、网上商品有待优化等问题。

二、B2C 电子商务运作模式

1. 无形产品和劳务的电子商务运作模式

无形产品和劳务的电子商务运作模式主要有 4 种:网上订阅模式、付费浏览模式、广告支持模式和网上赠予模式。

(1) 网上订阅模式

网上订阅模式是指企业通过网页安排向消费者提供网上直接订阅,消费者直接浏览信息的电子商务模式。网上订阅模式主要被商业在线机构用来销售报纸杂志、有线电视节目等。网上订阅模式又可分为以下两种。

① 在线服务模式。在线服务模式是指在线经营商通过每月向消费者收取固定的费用而提供各种形式的在线信息服务模式。例如,美国在线(AOL)和微软网络(Microsoft Network)等在线服务商都使用这种形式,让订阅者每月支付固定的订阅费用以享受所提供的各种信息服务。

② 在线出版模式。在线出版模式是指出版商通过因特网向消费者提供除传统纸面出版物之外的电子刊物。它发展于 20 世纪 60 年代晚期,用于提供在线参考文献,并出售存储于网络数据库中的知识。

(2) 付费浏览模式

付费浏览模式是指企业通过网页安排向消费者提供计次收费性网上信息浏览和信息下载的电子商务模式。付费浏览模式让消费者根据自己的需要,在网址上有选择地购买想要的东西。例如,网上专业数据库(万方数据、中国期刊网等)一直就是提供付费订阅的。另外,一次性付费参与游戏、娱乐将会是很流行的付费浏览方式之一。

(3) 广告支持模式

广告支持模式是指在线服务商免费向消费者或用户提供信息在线服务,而营业活动全部由广告收入支持。此模式是目前成功的电子商务模式之一。

(4) 网上赠予模式

网上赠予模式是指企业借助于因特网用户遍及全球的优势,向因特网用户赠送软件产品,以提高企业的知名度,扩大企业的市场份额的商业运作模式。企业通过让消费者使用该产品,使消费者下载一个新版本的软件或购买另外一个相关的软件。由于所赠送的是无形的计算机软件产品,而用户是通过因特网自行下载的,因此企业所投入的成本很低。因此,如果软件的确有其实用的特点,是很容易被消费者接受的。采用网上赠予模式的企业主要有两类:一类是软件公司;另一类是出版商。在这方面做得很成功的是网景公司。网景公司较早地运用了这一电子商务模式,将其因特网浏览器在网上无偿赠予,以此推动该网络浏览器新版本的销售。

2. 实体商品的电子商务运作模式

实体商品指的是传统的有形商品，这种商品的交付不是通过计算机的信息载体，而是通过传统的方式实现。一般在线销售实体商品按企业类型不同分为4种基本模式。

（1）传统零售商建立网站直接销售模式

传统零售商建立网站直接销售模式，即实体商店与网上商店并存，如苏宁易购、屈臣氏。传统零售商转型电商初期，缺乏互联网基因，IT平台能力弱。但发展至今，技术问题已不再是制约传统企业发展电商的瓶颈。传统零售商最大的优势是可以线上和线下结合，如苏宁易购利用实体门店自提，突破了物流短板。

（2）电子零售商在网上设立独立的虚拟店铺直接销售模式

网上销售是该模式唯一的销售方式，如京东商城、当当网、1号店。具有自己的采购和物流、仓储系统，使自己直接销售的商品尽量多而全，有足够的能力从上游供应商拿到很低的供货价格，甚至可以向上游供应商定制产品。

（3）电子零售商提供交易平台的销售模式

电子零售商提供稳定的交易平台，有完备的支付体系，诚信安全体系，让无数中小企业或个体商户有个方便地“扎堆”上网卖东西的地方，如天猫商城。天猫商城自己是不卖东西的，只是提供完备的销售配套。

（4）制造商网上直销的模式

制造商如宝洁、海尔、戴尔建立网站销售本企业的产品。

3. 综合模式

实际上，多数企业进行网上销售并不仅仅采用一种电子商务模式，而往往采用综合模式，即将各种模式结合起来实施电子商务。例如，Golf Web是一家有3 500页有关高尔夫球信息的网站，采用的就是综合模式。其中，40%的收入来自订阅费和服务费，35%的收入来自广告，还有25%的收入是该网站专业零售点的销售收入。该网站已经吸引了许多大公司的广告，如美洲银行、美国电报电话公司等，专业零售点开始两个月的收入就高达10万美元。

拓展案例

网上超市——京东商城

京东商城的模式就类似于现实生活中沃尔玛、乐购、家乐福类的大型超市，引进各种货源进行自主经营。京东先向各厂商进货，然后在自己的商城上销售，消费者可以在这里一站式采购。京东自己负责经营这么庞大的网络商城，盈亏都看京东自己的经营能力。消费者购买时出现问题，直接找京东解决。

这种模式的优点在于他经营的产品多样，综合利润高。商城可以根据市场情况、根据企业战略对自己销售的产品做出整体调整。商城握有经营权，内部竞争小，对外高度统一。缺点在于内部机构庞大，市场反应较慢，竞争对手较多，产品种类扩充不灵活，容易与供货商发生矛盾。

网上商城——天猫

天猫商城的模式是做网络销售平台，卖家可以通过这个平台销售各种商品。这种模式类似于现实生活中的购物商场，主要是提供商家卖东西的平台。天猫商城不直接参与销售任何商品，但是商家在做生意的时候要遵守天猫商城的规定，不能违规，否则会遭到处罚。

这种模式的优势是其平台足够大，想卖什么就卖什么，前提是没有违法违规。商城负责维护这个平台的建立，而商户只管做自己的生意，盈亏要自负，与商城没有关系。不过不管生意如何都要交一定的场地费。如果想做推广可以在商城内做做广告、搞搞促销活动，这些都是商户自愿的经营行为。商城负责竖立好自己的形象，能吸引足够多的消费者就够了，收入稳定。而商家想卖什么都可以（不违法违规），盈亏自负。这种模式的优势在于可以随着市场变动，商户自行对市场做出反应，不需要商城去担忧。市场自由，没有太多条件限制，扩充性强。这种模式对于商城与商户都很稳定，除了一些管理上的纠纷，市场经营方面都是各顾各的，不发生利益冲突。总的来说，这种模式的优点在于收入稳定，市场灵活，商城不用花太多心思去管理各种产品的经营；而缺点在于盈利可能偏低，商城的战略变动可能会有商城内部商户的抵制，内部纠纷会比较多。不过这种模式更被商户们喜爱，因为他们可以在这个平台上获得利润，而京东的模式却是这些商户的敌人。

案例思考：分析京东商城和天猫的共同点和不同点。

情境任务四　C2C 电子商务交易模式

一、C2C 概述

C2C 电子商务模式是消费者之间在网上进行的小额交易活动，实际上是由第三方在网上为消费者提供了一个“个人对个人”的交易平台，给买卖双方提供了一个交易的场所，使每个人都有参与电子商务的机会。网上的二手住房、二手汽车交易、网上商品求购、网上拍卖竞标都属于 C2C 的具体应用。

我国 C2C 电子商务的产生以 1999 年易趣网成立为标志。目前采用 C2C 模式的主要有易趣网、淘宝网、拍拍网等。目前 C2C 电子商务企业采用的运作模式是通过为买卖双方搭建拍卖平台，按比例收取交易费用，或者提供平台方便个人开店铺，以会员制的方式收费。虽然我国网民已经突破了 5 亿人，市场规模巨大，但由于受一些条件的制约，我国的 C2C 电子商务尚未形成成熟的营利模式。零售电子商务的 3 个基本要素是信息流、物流与资金流，C2C 已经基本解决，目前真正的难点在于交易信用与风险控制。因特网突破了地域的局限，把全球变成一个巨大的“地摊”，而因特网的虚拟性决定了 C2C 的交易风险更加难以控制。这时，交易集市的提供者必须处于主导地位，建立起一套合理的交易机制，一套有利于交易在线达成的机制。

实际上，C2C 电子商务能够为用户带来真正的实惠。与传统的交易方式不同，拍卖网站的出现，使得消费者也有决定产品价格的权力，并且可以通过消费者相互之间的竞价，使价格更有弹性。因此，通过这种网上竞拍，消费者在掌握了议价的主动权后，当然增加了其获得实惠的机会。

我国发展 C2C 电子商务前景广阔，但是不可忽视的是同时也面临着许多问题，制约着 C2C 模式在我国电子商务领域的发展，如诚信问题、物流问题等。

二、网上拍卖

网上拍卖是 C2C 的一种主要类型，网易拍卖网站是国内首家拍卖网站，之后相继出现了易趣、淘宝等。下面就以网上拍卖来介绍 C2C 这种模式。

（一）网上拍卖的定义

网上拍卖也称在线拍卖，是指一方当事人利用因特网技术，借助于因特网平台通过计算机显示屏上不断变换的标价向购买者销售产品的行为。通过因特网将过去少数人才能参与的贵族式的物品交换形式，变成每一位网民都可以加入其中的平民化交易方式。网上拍卖不仅是网络时代消费者定价原则的体现，更重要的是拍卖网站营造了一个供需有效集结的市场，成为消费者和生产商各取所需的场所，是一种典型的中介型电子商务形式。

（二）拍卖的种类

今天的商业活动中有 6 种拍卖方式使用得最普遍，表 2.1 总结了主要的拍卖类型及基本特点。

表 2.1 主要的拍卖类型及基本特点

拍卖类型	基本特点
英式拍卖	从低价开始，出价增加到没有出价人愿意出更高的价格为止
荷兰式拍卖	从高价开始，出价自动降低，直到有出价人接受这个价格为止
密封递价最高价拍卖	密封递价过程，出价最高的人按最高出价付款
密封递价次高价拍卖	密封递价过程，出价最高的人按次高出价付款
开放出价双重拍卖	买家和卖家同时递交价格和数量，拍卖人把卖家的要约（从最低到最高）和买家的要约（从最高到最低）匹配，买家和卖家可以从其他出价中获得的消息来修改出价
密封递价双重拍卖	买家和卖家同时递交价格和数量，拍卖人（拍卖专家）把卖家的要约（从最低到最高）和买家的要约（从最高到最低）匹配，买家和卖家不可以修改出价

（三）网上拍卖的优势

网上拍卖是在传统拍卖的基础上发展起来的，并未改变拍卖活动进行的目的、原则和基本的竞价方式，但借助现代化的信息沟通方式和因特网技术，为拍卖活动营造了一个更为广泛、更加快捷、更趋准确的拍卖环境。网上拍卖的优势可归结为以下几个方面。

1. 传播性好，保密性好

网上拍卖改变了传统拍卖活动中现场实物展示拍卖标的物的方法，而将拍卖物的图片、价格评估、历史资料等信息搬到因特网上，从而达到广而告之的目的。这种信息传播方式，既保证了机密贵重拍卖物的安全，又方便了竞买者在第一时间了解拍卖实物的资料，进行更充分的竞买准备。

2. 使远程交易成为可能

网上拍卖改变了以往所有拍卖人、竞买人围坐一起举牌竞价、一锤定音的竞价方式，利用先进的信息技术提供的网上身份认证和信息加密传送技术，将竞价环节和场所移至因特网上。这种虚拟的竞价场所，使得拍卖活动不受时间和地域（包括天气、交通、距离等因素）的限制，买卖双方足不出户便可参与整个拍卖过程。

3. 大大降低了拍卖活动的成本

参加传统拍卖活动，对于所有拍卖人和竞买人而言，都是不小的负担，车马劳顿、住宿费高不算，还要承担高额的中介手续费。网上拍卖则不然，拍卖各方只要通过鼠标、键盘输入信息，即可参与拍卖活动，而中介费用也更为低廉。

4. 使传统拍卖活动中委托人的职能弱化

在传统拍卖活动中，委托人不仅承担中间公证人和担保人的职能，同时承担拍卖召集人、拍卖物报关人、拍卖活动组织人等职能。而网上进行的拍卖活动，委托人除需保证活动的公正、公平、公开外，其他职能相对弱化。

5. 最大限度地加快了拍卖活动的节奏

网上拍卖的一切信息传递均在网上进行，速度快，传达准确。

6. 扩大了适合拍卖的物品范围

由于传统的拍卖费力费钱，低价值的商品往往难登拍卖行的“大雅之堂”。而网上拍卖使拍卖活动更加平民化，各种形式、价钱不等的商品都有了被拍卖和选择的机会。例如，网上跳蚤市场，其中大多是手机、CD 机、装饰品等小件物品。

7. 由网上拍卖衍生出新的拍卖方式

网上拍卖除可以采用传统英式拍卖、荷兰式拍卖等方式外，还变化出更多简易、方便的竞价方式。例如，在规定时段内，竞买者增价叫价，以结束时最好的竞买价成交等。

8. 网上拍卖为广告主开辟了新大陆

由于拍卖网站必须吸引足够的买家和卖家形成足够物品的拍卖市场，所以成功的拍卖网站往往拥有大量的访问者和点击率。那些对特定物品的交易有兴趣的人群成了广告主愿意支付额外费用去接触的细分市场。

情境任务五 熟悉电子商务的业务流程

情境引例

戴尔开发了一整套的网上营业工具，可以方便用户在网上购买其产品。这些工具包括网上商店、定制与购买、昼夜服务等。消费者登录戴尔的网站以后，可以随时调查戴尔的产品与服务，对最新的价格和配置做比较，也可以在几秒内定制和购买需要的系统。其步骤如下。

1）填写选购意向表。消费者填写并保存自己的选购意向表，供日后提交或把保存的意向表和他人共享。意向表可以保存 7 天并制定一个索引编号。

2）跟踪订单的状态。消费者通过网上“订单状态”可以实时跟踪订单在戴尔工厂的整个过程。

3）申请销售帮助。消费者使用选购意向表告诉戴尔其感兴趣的产品，如果需要戴尔做些什么来帮助填写订单，则可以申请销售帮助，戴尔会做出及时反馈。

4）协助改善网站服务。戴尔不断地完善自己的网上商店，以便于使用。公司把商店和网上产品目录更好地结合在一起，使消费者在选购时能了解更多的产品细节。此外，他们还提供 E-Value编码查询，以方便消费者在线了解他们从其他媒介中看到的戴尔产品的相关资料。

5）选择付款方式。戴尔提供一系列可选的付款方式，方便消费者网上购物。其中包括信用卡、电汇、支票/银行汇票，还可致电安排付款等。

6）交货方式。戴尔认识到加速即期递送的重要性，并采取了各种措施使消费者订购的机器能尽快组装完毕待运。

7）商店安全措施。为消费者提供安全的网上服务是戴尔优先考虑的事项之一。戴尔认识到消费者隐私权和个人资料的安全是至关重要的,因此做了大量的努力以确保消费者的资料得到保护。

思考:引例是关于戴尔公司网上销售产品的步骤,你对不同领域电子商务应用的流程了解多少?

情境认知

一、电子商务系统的流通体系

一个商务系统的流通体系一般包含购买者、金融服务商、供应商与物流服务商 4 个主体,它们与信息流、商流、资金流和物流构成了商务系统流程的要素,为分析因特网电子商务系统奠定了基础(见图 2. 3)。

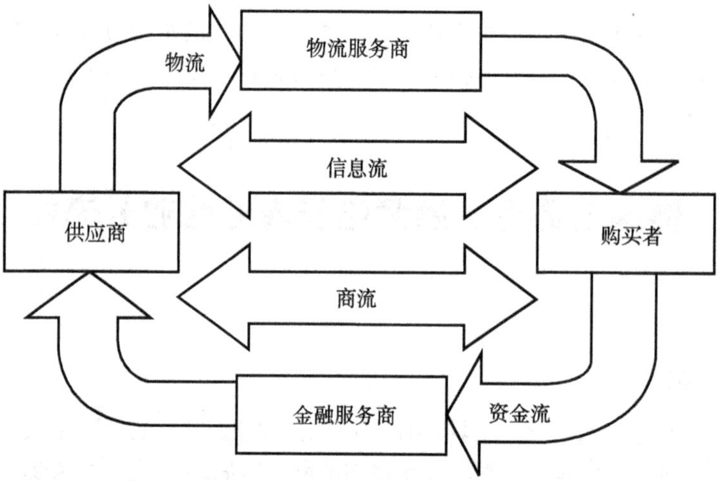

图 2. 3　商务系统流程

人类的商业活动是由简单的物物交换开始的。在原始的物物交换中,并没有信息流、商流和资金流。在物质实体所有权转移的过程中,仅仅出现了物流。后来作为一般等价物的货币出现了,货币也开始在交易过程中流通,但是在交易的过程中仍是一同流动的。直到各种信用机构产生,资金流才先于或稍后于物流发生,这时物流和资金流才相分离。伴随着物流与货币流的分离,商业模式也开始多样化发展,出现了多种支付形式,于是商品所有权的转移与物流不再同步,商流与物流也相互独立了。

这些流通要素的相互分离,在提高交易效率、扩大交易范围的同时,也带来了新的风险——物流、商流与资金流可能不相吻合。为了规避这一风险,获取尽可能多的信息成为必需,于是信息流的重要性就凸显出来了。

二、电子商务的流程

电子商务流程是指从消费者在其客户端上网寻找产品或服务信息开始，到售后服务与支持为止所经过的全部历程。

（一）电子商务的一般流程

电子商务中的任何一笔交易都包含着4种基本的“流”，即商流、物流、资金流和信息流。随着网络技术和电子技术的发展，信息流、资金流与商流都不同程度地实现了电子化，可以通过各种通信网络传递，而物流仍然必须通过物理系统进行。

电子商务交易过程大致可以分为交易前的准备、交易谈判和签订合同、办理交易进行前的手续及交易合同的履行和索赔4个阶段，如图2.4所示。

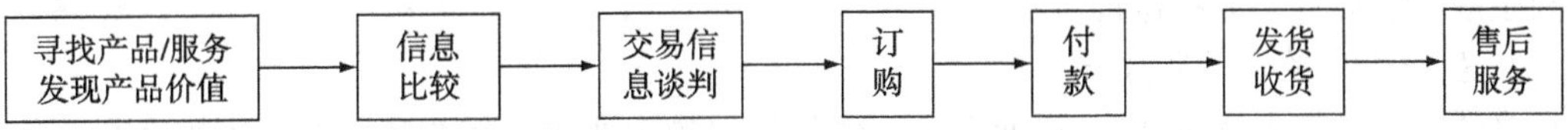

图2.4　电子商务的一般流程

在网络环境下虽然交易的一般程序并没有改变，即包括交易前、交易中和交易后的几个阶段，但进行交易和联络的工具变了，要处理的信息形式变了，如从前的纸面单证变为现在的电子单证。这个阶段的一个重要特点就是信息流发生了变化（电子化），它的作用更大了。信息流贯穿商品交易过程的始终，在一个更高的位置对商品流通的整个过程进行控制，记录整个商品活动过程，成为分析物流、资金流，进行经营决策的重要依据。

1. 交易前的准备

这主要是指买卖双方和参加交易各方在签约前的准备活动。买方根据自己要买的商品，准备购货款，制订购货计划，进行市场调查和市场分析，反复进行市场查询，了解各项贸易政策，反复修改购货计划和进货计划，确定和审批购货计划。再按计划确定购买商品的种类数量、规格、价格、购货地点和交易方式等，尤其要通过因特网和各种电子商务网络寻找自己满意的商品和商家。卖方根据自己所销售的商品，召开商品新闻发布会，制作广告进行宣传，全面进行市场调查和市场分析，制定各种销售策略和销售方式，了解各个买方国家的贸易政策，利用因特网和各种电子商务网络发布商品广告，寻找贸易伙伴和交易机会，扩大贸易范围和商品所占市场的份额。其他参加交易各方，如中介方、银行金融机构、信用卡公司、海关系统、商检系统、保险公司、税务系统、运输公司等也都要为进行电子商务交易做好准备。

2. 交易谈判和签订合同

这主要是指买卖双方通过网上信息沟通的方式对所有交易细节进行谈判，将双方磋商的结果以文件的形式确定下来，即以书面文件形式和电子文件形式签订贸易合同。电子商务的特点是可以签订电子贸易合同。电子贸易合同包括了商品的种类、数量、价格、交货地点、付款方式、交易方式、运输方式及违约和索赔等条款，合同双方利用EDI签约，通过数字签名的方式使电子合同具备法律效力。

3. 办理交易手续

这主要是指买卖双方签订合同后到合同开始履行之前为保证贸易的正常进行办理各种手续的过程，也是双方贸易前的交易准备过程。交易中要涉及有关各方，即可能要涉及中介方、银行金融机构、海关系统、商检系统、保险公司、税务系统、运输公司等。买卖双方要利用EDI与有关各方进行各种电子票据和电子单证的交换，直到办理完可将所购商品从卖方按合同规定开始向买方发货的一切手续为止。

4. 交易合同的履行和索赔

这一阶段是从买卖双方办完所有手续之后开始的。卖方要备货、组货，同时办理报关、保险、取证、信誉证评估等手续，然后将所购商品交付给运输公司包装、起运、发货。买卖双方可以通过电子商务服务器跟踪发出的货物；银行和金融机构也可按照合同处理双方收付款，进行结算，出具相应的银行单据等。直到买方收到货物并验收无误后，就完成了整个交易过程。索赔是在买卖双方交易过程中出现违约时，需要进行违约处理的工作。受损方要向违约方索赔。

（二）电子商务主体的运行流程

因特网的发展使得各种商务活动都在逐步电子化和网络化。电子商务的不同主体参与商务活动的方式、环节各有不同。因此，考察电子商务的运作流程，不仅要了解电子商务的通用流程，更要了解电子商务主体的运行流程。

1. 生产企业的电子商务流程

当今激烈的市场竞争环境，迫使企业运作从过去的企业主导转为市场主导。很多企业为了规避市场风险，生产适销对路的产品，以提高经济效益，开始在生产、制造领域运用电子商务。通过考察，我们将未引入电子商务的生产型企业的业务过程描述为：需求调查→材料采购→组织生产→商品销售→收款→资金结算→商品交割。在引入电子商务之后，这个过程可以重新描述为：以电子查询的形式进行需求调查→以电子单证的形式调查原材料信息，确定采购方案→生产→通过电子广告促进商品销售→以电子货币的形式进行资金接收→同电子银行进行货币结算→电子交割。生产型企业的电子商务流程如图2.5所示。

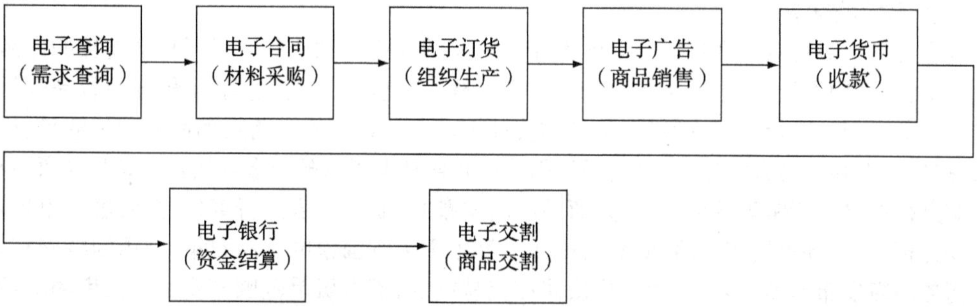

图2.5 生产型企业的电子商务流程

2. 商贸企业的电子商务流程

在市场经济体制下，商品流通成为国民经济的中心环节，是经济增长率最高的部分。商贸企业必须非常审慎地根据市场的需求来组织进货，然后进行批发和零售。其流程可以表示为：需求→交换→采购，即根据市场需求决定商品采购，向生产商订货，然后进行批发和零售。从商贸企业商务过程来看，可以分为这些环节：市场需求统计→制订商品采购计划，实现商品采购→商品库存→商品配送到商场（店）→商品销售→售后跟踪（或服务）等环节。在这一系列过程中，电子工具与人的结合几乎可以在每个环节发挥积极的作用。商贸企业的电子商务流程如图2.6所示。

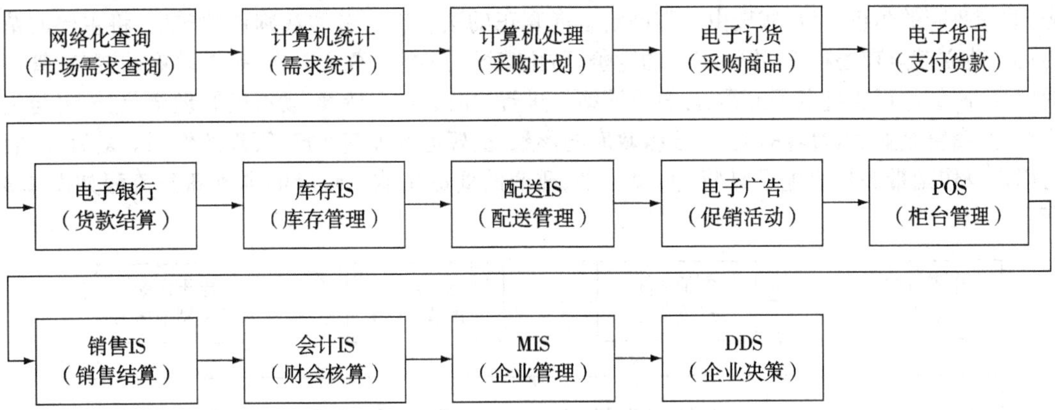

图 2.6　商贸企业的电子商务流程

从图 2.6 中可以看出，由于商贸企业没有生产环节，因此商贸企业的电子商务活动几乎覆盖了企业整个经营、管理活动，是利用电子商务最多的企业。

通过电子商务，商贸企业可以更及时地获取消费者信息，更准确地订货，并通过电子网络促进销售，从而提高效率，降低成本，获得更大效益。在当今社会，如果不采用电子商务，商贸企业将很难参与竞争，甚至很难生存。

3. 消费者的电子商务流程

消费者是商品（服务）流动的最后环节，没有消费就没有生产，更谈不上流通了。一般来说，消费者的商务活动可以概括为：对所需商品的查询→发表对某种商品的质量、性能、外观等的改进意见→准备购买某种商品→正式购买商品→收到商品→获得售后服务等。

消费者的电子商务流程如图 2.7 所示。

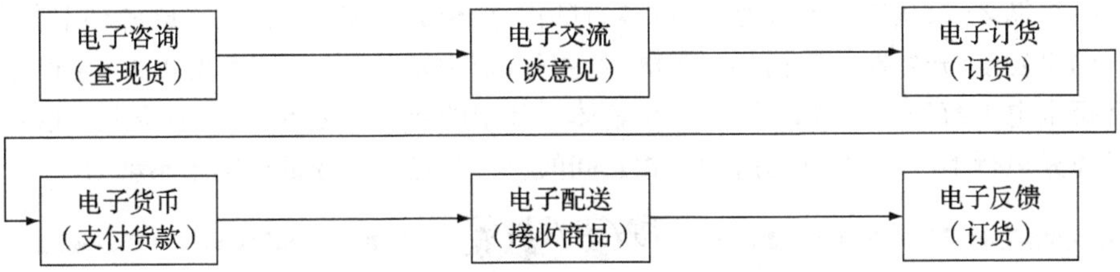

图 2.7　消费者的电子商务流程

图 2.7 表明，消费者足不出户就能货比三家，然后用电子货币支付，结算所购商品的货款。如果购买的是电子商品，就可以利用计算机网络直接收货。消费者还可以利用网络接受售后服务或发出商品的使用咨询。

通过对消费者消费行为的观察，可以得知：随着生产力水平、生活水平的提高，消费者的物质、文化商品需求越来越千姿百态，多样化、个性化的商品成为消费者最青睐的商品，而这些商品都是多品种、小批量的。在这样的情况下，唯有电子商务系统才能适应商品需求的发展，才能及时收集用户意见，才能既充分满足消费者的需求，又尽可能地节约物质资源和能量资源。

4. 政府的电子商务流程

在市场经济环境下，政府部门的电子化及因特网的普及，使老百姓足不出户便能与有关职能部门取得联系，获得政府提供的服务并监督政府部门的工作。政府还可以将电子商务扩大到发放福利费、自我估税和征收个税、政府采购等方面。

中央政府或地方政府通过电子商务管理和参与经济活动，可以更好地发挥政府的作用。首先，改变政府的角色定位，实现由计划制定者向真正的法规制定者和裁判员的转变，将主要的精力用于建立健全市场秩序，维护正常的竞争，防止市场失灵等方面。其次，提高政府的调节、管理效率，政府部门可通过电子工具、计算机网络等进行及时、全面、持续、动态的管理调节，改善与生产企业、商贸企业、消费者的关系，改善政府的形象，更好地发挥其调控、管理的作用。最后，政府可以以身作则带头从事电子订货，实现公平、透明的商品采购。政府的电子商务流程如图 2.8 所示。

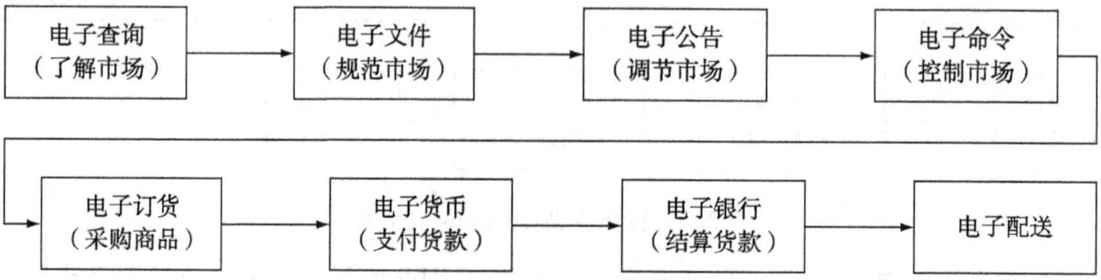

图 2.8 政府的电子商务流程

从上述分析中可以看出：第一，政府既是电子商务市场的管理者，又是电子商务活动的参与者；第二，政府采取电子商务管理可以方便地从真实市场中抽样调查、统计现有商品的各方面情况；第三，通过电子文件可以规范、约束市场，形成良好的市场秩序；第四，通过电子公告可以调节、引导市场的商品供求；第五，通过电子命令可以控制市场失灵，如对高能耗、高费材的商品生产，对不利于生态平衡、环境保护的商品的生产都可以及时发出电子禁令加以控制，有利于节约资源，保护环境和生态。

从对电子商务主体运行流程的分析可以看出，由于各主体在电子商务活动中的地位与角色不同，其运行是各有特点又相互区别的，它们之间又是相互联系与相互依存的。首先，各主体的运行都是一个循环链，从某一点开始，经过各自的内在环节，环环相扣，在完成各环节任务后，又回到原来的出发点，开始新一轮循环。其次，各主体间构成一个相互依存的整体，生产企业与消费者的运行是电子商务运行的支柱，是这个整体循环中的起点和终点，而商贸企业与政府的运行则是电子商务运行不可缺少的中介，四者相互间的合力是电子商务运行的根本动力。

技能训练

1. 登录京东商城（http://www.jd.com/），选购一件需要的商品，体验其购物流程和购物的操作方法。

2. 登录淘宝网站（http://www.taobao.com/），体验 C2C 网上开店和网上购物流程。

3. 联系一家企业，帮助该企业在阿里巴巴网站（http://www.1688.com/）上发布采购信息或供应信息。

4. 登录中国商务部网站（http://www.mofcom.gov.cn/），查询其为企业提供了哪些服务。

学习情境三

构建电子商务的技术基础

学习目标

知识目标

了解计算机网络的定义、组成和分类；熟悉 TCP/IP 协议、OSI 参考模型及 TCP/IP 参考模型；掌握 IP 地址、寻址与域名；了解因特网接入技术；熟悉电子商务框架体系和电子商务系统组建技术。

技能目标

通过实际操作掌握 IP 地址的分配；查询网站域名及 IP 地址；掌握绘制小型拓扑结构图。

情境任务一　认知计算机网络

情境引例

因特网是世界上覆盖面最广、规模最大、信息资源最丰富的计算机信息网络。它的由来可以说是美苏冷战的产物。当时，美国国防部为了保证美国本土防卫力量和海外防御武装在受到前苏联第一次核打击以后仍然具有一定的生存和反击能力，认为有必要设计出一种分散的指挥系统：它由一个个分散的指挥点组成，当部分指挥点被摧毁后，其他点仍能正常工作，并且这些点之间，能够绕过那些已被摧毁的指挥点而继续保持联系。为了对这一构思进行验证，1969 年，美国国防部国防高级研究计划署（DoD/DARPA）资助建立了一个名为 ARPANet（即“阿帕网”）的网络，这个由 4 个节点连接的网络最初是用来验证计算机联网的不同方式，当时的网络传输能力只有 50kb/s，仅限于军事用途，是第一个简单的纯文字系统的因特网。

阿帕网诞生、运行后，才发现各个“接口信号处理机”（IMP）连接的时候，需要考虑用各种电脑都认可的信号来打开通信管道，数据通过后还要关闭通道。否则这些 IMP 不会知道什么时候应该接收信号，什么时候该结束，这就是通信“协议”的概念。1970 年 12 月制定出了最初的通信协议——由卡恩开发、瑟夫参与的“网络控制协议”（NCP）。它允许计算机相互交流，但目的地之外的网络和计算机却不分配地址，从而限制了未来增长的机会。1972 年卡恩提出了开放式网络框架，并在自己研究的基础上认识到只有深入理解各种操作系统的细节才能建立一种对各种操作系统普适的协议。1973 年卡恩请瑟夫一起考虑这个协议的各个细节，他们这次合作的结果产生了现在大家熟知的 TCP/IP（传输控制协议/网际协议）。1974 年 12 月，卡恩、瑟夫的第一份 TCP 协议详细说明正式发表。当时做了一个试验，将信息包通过点对点的卫星网络，通过陆地电缆，通过卫星网络，再由地面传输，贯串欧洲和美国，经过各种电脑系统，全程 9.4 万千米竟然没有丢失一个数据位，远距离的可靠数据传输证明了 TCP/IP 协议的成功。

1983 年 1 月 1 日，运行较长时期被人们习惯了的 NCP 被停止使用，所有连入 ARPANet 的主机实现了从 NCP 向 TCP/IP 协议的转换。同在一时间段，ARPANet 中分成了军事专用的 MILNet 和研究用途的 ARPANet。

20 世纪 80 年代中期，为了满足各大学及政府机构为促进其研究工作的迫切要求，美国国家科学基金会（NSF）在全美国建立了 6 个超级计算机中心。1986 年 7 月，NSF 资助了一个直接连接这些中心的主干网络，并且允许研究人员对因特网进行访问，以使他们能够共享研究成果并查找信息。最初，这个 NSF 主干采用的是 56 kb/s 的线路，到 1988 年 7 月，它便升级到 1.5 Mb/s 线路。这个主干网络就是 NSFNet。NSFNet 将美国各地的科研人员连接到分布在美国不同地区的超级计算机中心，并将按地区划分的计算机广域网与超级计算机中心相连（实际上它是一个三级计算机网络，分为主干网、地区网和校园网，覆盖了全美国主要的大学和研究所）。后来，NSFNet 所覆盖的范围逐渐扩大到全美各大学和科研机构，NSFNet 和 ARPANet 就是美国乃至世界因特网的基础。

当免费的在线服务和商业的在线服务兴起后，当 NSFNet 成为因特网中枢后，NSFNet 逐渐取代了 ARPANet 在因特网的地位，到了 1990 年，鉴于 ARPANet 的实验任务已经完成，在历史上起过重要作用的 ARPANet 正式宣布关闭。

当美国在发展 NSFNet 时，其他一些国家的大学和科研机构也在建设自己的广域网络，这些网络都是和 NSFNet 兼容的，它们最终构成因特网在各地的基础。

在中国，1994 年中国科学技术网 CSTNet 首次实现和因特网直接连接，同时建立了我国最高域名——CN 服务器，标志着我国正式接入因特网。接着，相继又建立了中国教育科研网（CERNET）、计算机互联网（ChinaNet）和中国金桥网（GENET），从此中国用户日益熟悉并开始使用因特网。

因特网的迅猛发展始于 20 世纪 90 年代。由欧洲原子核研究组织（CERN）开发的万维网 WWW 被广泛使用在因特网上，特别是 Web 浏览器的普遍应用，大大方便了广大非网络专业人员对网络的使用，成为因特网发展指数级增长的主要驱动力。WWW 的站点数目也急剧增长，1993 年底只有 627 个，1994 年年底就超过 1 万个，1997 年年底超过 160 万个，而我国截至 2013 年 6 月底，网站总数达到了 294 万个，网民规模达到 5.91 亿。

思考：通过引例，我们了解了因特网的发展历程，你知道万维网、互联网、因特网之间的区别吗？

情境认知

一、计算机网络的定义和组成

（一）计算机网络的定义

计算机网络是指把若干台地理位置不同，且具有独立功能的计算机，用传输线路和通信设备互相连接起来，实现彼此之间信息交换和资源共享的系统。

（二）计算机网络的组成

计算机网络由资源子网和通信子网构成。资源子网负责信息处理，通信子网负责网中的信息传递。计算机网络的组成如图3.1所示。

资源子网由主机、终端、终端控制器、联网外设、各种软件资源与信息资源组成。资源子网负责全网的数据处理业务，向网络用户提供各种网络资源与网络服务。

通信子网由通信控制处理机、通信线路与其他通信设备组成，完成网络数据传输、转发等通信处理任务。

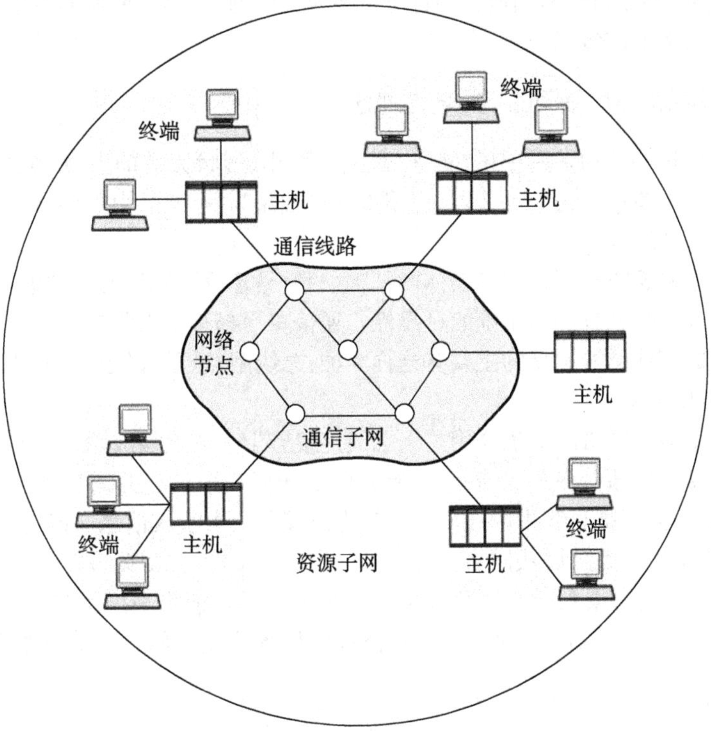

图3.1　计算机网络的组成

二、计算机网络的分类

计算机网络可按不同的标准进行分类。

（一）按计算机网络的地理分布范围划分

按计算机网络的地理分布范围划分可分成局域网、城域网和广域网。

1. 局域网

局域网（Local Area Network，LAN）通常安装在一个建筑物或校园（园区）中，覆盖的地理范围从几十米至数千米，如一个实验室、一栋大楼、一个校园或一个单位。LAN是计算机通过高速线路相连组成的网络，网上传输速率较高，从10 Mb/s到100 Mb/s甚至1 000 Mb/s。通过LAN，各种计算机可以共享资源，如共享打印机和数据库。

2. 城域网

城域网（Metropolitan Area Network，MAN）规模局限在一座城市的范围内，覆盖的地理范围从几千米至数百千米。它的传输媒介主要采用光缆，传输速率在100 Mb/s以上。MAN的一个重要用途是用作骨干网，通过它将位于同一城市内不同地点的主机、数据库，以及LAN等互相连接起来，是对局域网的延伸。

3. 广域网

广域网（Wide Area Network，WAN）覆盖的地理范围从数百千米至数千千米，甚至上万千米，可以是一个地区或一个国家，甚至世界几大洲，故称远程网。在WAN中，通常利用邮电部门提供的各种公用交换网，将分布在不同地区的计算机系统互联起来，达到资源共享的目的。因特网是一个遍布全球的最大的广域网。

（二）按计算机网络所采用的拓扑结构划分

计算机网络的拓扑结构是引用拓扑学中研究与大小、形状无关的点、线关系的方法，把网络中的计算机和通信设备抽象为一个节点，把传输介质抽象为一条线，由点和线组成的几何图形就是计算机网络的拓扑结构。

网络的拓扑结构反映出网络中各实体的结构关系，是建设计算机网络的第一步，是实现各种网络协议的基础，对网络的性能、系统的可靠性与通信费用都有重大影响。

计算机网络的拓扑结构常见的主要有这样6种：总线型、星形、树形、环形、网状形和混合型。

1. 总线型拓扑结构

总线型拓扑结构的网络由一条公用主干总线连接若干个节点构成网络。网络中所有的节点通过总线进行信息的传输。在总线结构中，所有网上任何一个节点的信息都可以沿着总线向两个方向传输扩散，并且能被总线中的任何一个节点所接收。由于其信息向四周传播，类似于广播电台，故总线网络也被称为广播式网络。总线有一定的负载能力，因此，总线长度有一定限制，一条总线也只能连接一定数量的节点。总线型网络结构是目前使用最广泛的结构，也是最传统的一种主流网络结构，适合于信息管理系统、办公自动化系统领域的应用。总线型拓扑结构如图3.2所示。

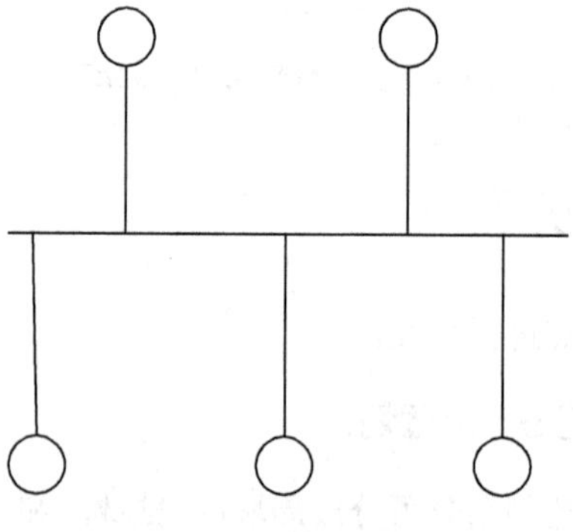

图3.2　总线型拓扑结构

优点：①结构简单，易于扩充，需要铺设的线缆最短；②有较高的可靠性，网络响应速度快；③设备量小，成本低，安装方便；④共享资源能力强，非常便于广播式工作，即一个节点发送所有节点都可接收。

缺点：①传输距离有限，通信范围受到限制；②故障诊断和隔离困难；③分布式协议不保证信息及时传送，不具实时功能。

2. 星形拓扑结构

星形拓扑结构是一种以中央节点为中心，把若干外围节点连接起来的辐射式互联结构，各节点与中央节点通过点与点方式连接，中央节点执行集中式通信控制策略。星形拓扑结构如图3.3所示。

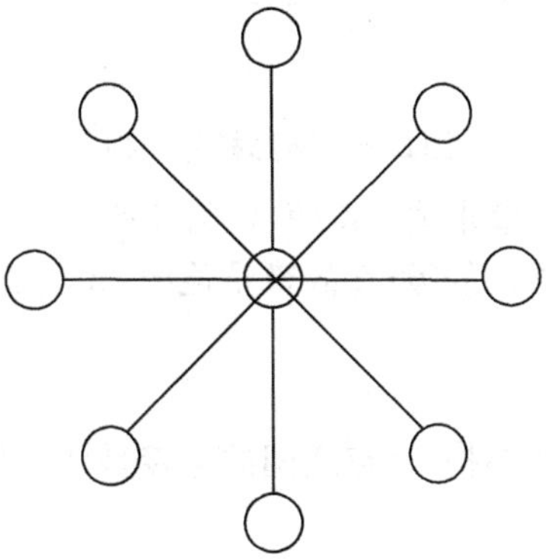

图3.3　星形拓扑结构

优点：①控制简单；②故障诊断和隔离容易；③方便服务。

缺点：中央节点负担较重，形成瓶颈，一旦中心节点有故障会引起整个网络瘫痪。

3. 树形拓扑结构

树形拓扑结构从总线型拓扑演变而来，像一棵倒置的树，顶端是树根，树根以下带分支，每个分支还可带子分支，网络中的各节点形成了一个层次化的结构。树根接收各站点发送的数据，然后广播发送到全网。树形拓扑结构如图3.4所示。

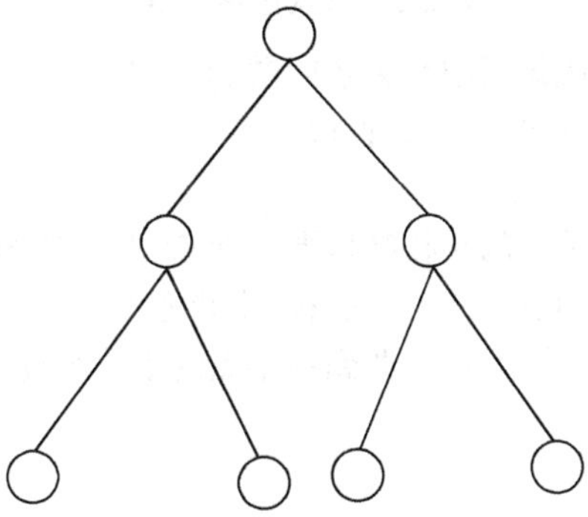

图3.4　树形拓扑结构

优点：①扩充方便灵活，寻找链路路径比较方便；②结构比较简单，成本低；③网络中任意两个节点之间不产生回路，故障隔离较容易。

缺点：节点对根依赖性太大，如果根发生故障，那么全网不能正常工作。

4. 环形拓扑结构

环形拓扑结构中节点通过点到点通信线路连接成闭合环路。环中数据传送是单向的，即沿一个方向从一个节点传到另一个节点。环形拓扑结构如图3.5所示。

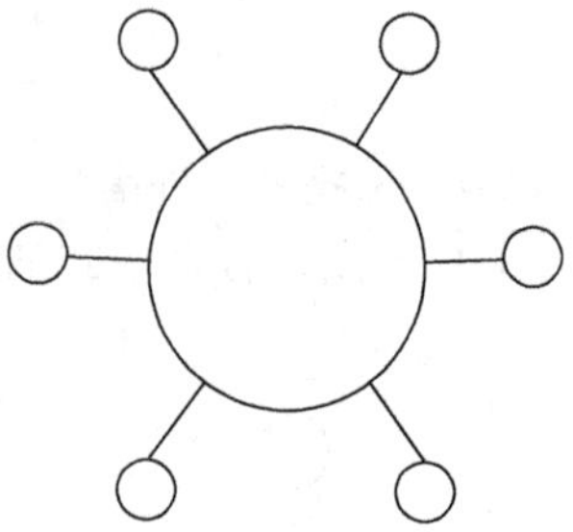

图 3.5　环形拓扑结构

优点：①结构简单，便于管理；②电缆长度短，建网容易。

缺点：①节点故障会引起全网的故障；②故障难检测；③当节点过多时，将影响传输效率，不利于扩充。

5. 网状形拓扑结构

网状形拓扑结构，又称无规则结构，节点之间的连接是任意的，没有规律的。网状形拓扑结构如图 3.6 所示。

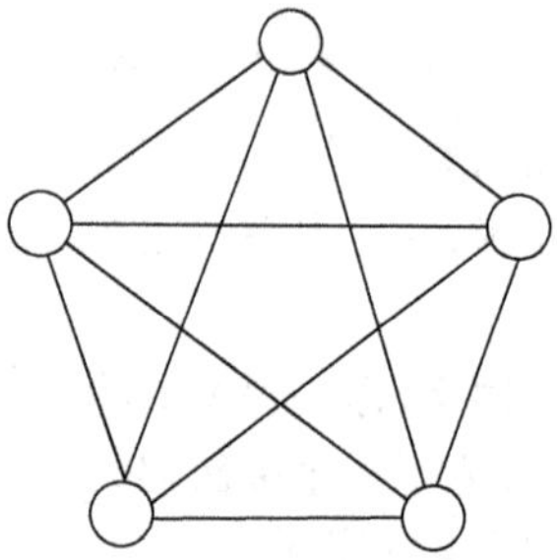

图 3.6　网状形拓扑结构

优点：①可靠性高；②不受瓶颈问题和失效问题的影响。

缺点：结构较复杂，网络协议也复杂，建设成本高。

6. 混合型拓扑结构

混合型拓扑结构是将两种单一的拓扑结构混合起来，取二者的优点构成的拓扑结构。

优点：①故障诊断和隔离方便；②易于扩展；③安装方便。

缺点：①需用带智能的集中器；②集中器到各站点的电缆长度会增加。

（三）其他分类方式

除了上述分类方式外，对计算机网络还可以采用以下的分类方式。

(1) 按传输介质划分，可分为有线网络和无线网络，而且两者还可细分。

(2) 按网络的带宽和传输能力划分，可分为基带（窄带）低速网和宽带高速网等。低速网络的数据传输速率在 1.5 Mb/s 以下、中速网络的数据传输速率在 50 Mb/s 以下、高速网络的数据传输速率在 50 Mb/s 以上。

(3) 按使用范围的大小划分，可分为公用网络和专用网络。其中专用网络根据网络环境又可细分为部门网络、企业网络、校园网络 3 种。

(4) 按数据交换方式划分，可分为线路交换网络、报文交换网络、分组交换网络。

(5) 按传输的信号划分，可分为数字网和模拟网。

(6) 按通信传输方式划分，可分为广播式网络、点到点网络。

拓展案例

中小企业网络拓扑与互联网的应用

当电子商务如火如荼地进行，当知识经济的步伐越来越要求中小企业提高自身竞争力时，当PC服务器、工作站、网络设备、软件产品和因特网（专线）收费大幅度降价以后，市场已经使中小企业在面向Internet & intranet的电子商务时与大型集团化企业有可能站在相近的起跑线上。此时，图3.7所示的网络方式对中小企业也逐渐变得适用了。

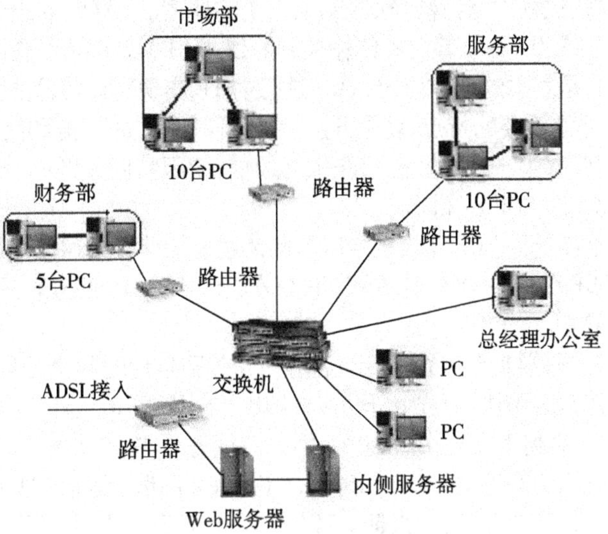

图3.7　中小企业网络拓扑结构

在国内，中小企业的办公人员一般不是很多，主要的职能部门大体包括开发部、销售部、行政部和财务部等。为了便于各部门间的信息沟通和资源共享，企业需要通过统一的内部网将各部门连成一体。但中小企业一般用于这方面的投资并不多，同时比较缺乏专业的管理维护人员。针对这种情况和需求，需要一个实用的解决方案。

ADSL＋VLAN方案成为建立中小企业网络的一种主流形式，这种实用的方案需要具备3个基本功能：一是让企业内所有的办公计算机都具有连接因特网、收发E-mail和访问企业级应用服务器的功能；二是从企业运作安全性方面考虑，使各职能部门都有独立、安全的子网系统，并且互不侵扰；三是还能将各部门的部分计算机根据职能要求设置成可访问其他子网系统的服务器，实现办公资源的共享。

情境任务二　因特网技术基础

情境引例

20世纪60年代末，美苏正处于冷战时期。当时美国军方为了自己的计算机网络在受到袭击时,即使部分网络被摧毁,其余部分仍能保持通信联系,便由美国国防部高级研究计划署(ARPA)建设了一个军用网,叫作“阿帕网”(ARPANet)。阿帕网于 1969 年正式启用,当时仅连接了 4 台计算机,供科学家们进行计算机联网实验用。这就是因特网的前身。

到 20 世纪 70 年代,ARPANet 已经有了几十个计算机网络,但是每个网络只能在网络内部的计算机之间互联通信,不同计算机网络之间仍然不能互通。为此,ARPA 又设立了新的研究项目,支持学术界和工业界进行有关的研究。研究的主要内容就是用一种新的方法将不同的计算机局域网互联,形成“互联网”。研究人员称之为 Internetwork,简称因特网。这个名词就一直沿用到现在。

在研究实现互联的过程中,计算机软件起了主要的作用。1974 年,出现了连接分组网络的协议,其中就包括了 TCP/IP——著名的传输控制协议(TCP)和网际互联协议(IP)。这两个协议相互配合,其中,IP 是基本的通信协议,TCP 是帮助 IP 实现可靠传输的协议。

TCP/IP 有一个非常重要的特点,就是开放性,即 TCP/IP 的规范和因特网的技术都是公开的。目的就是使任何厂家生产的计算机都能相互通信,使因特网成为一个开放的系统。这正是后来因特网得到飞速发展的重要原因。

ARPA 在 1982 年接受了 TCP/IP,选定因特网为主要的计算机通信系统,并把其他的军用计算机网络都转换到 TCP/IP。1983 年,ARPANet 分成两部分:一部分军用,称为 MILNet;另一部分民用,仍称 ARPANet。

1986 年,美国国家科学基金组织(NSF)将分布在美国各地的 5 个为科研教育服务的超级计算机中心互联,并支持地区网络,形成 NSFNet。1988 年,NSFNet 替代 ARPAnet 成为因特网的主干网。NSFNet 主干网利用了在 ARPANet 中已证明是非常成功的 TCP/IP 技术,准许各大学、政府或私人科研机构的网络加入。1989 年,ARPANet 解散,因特网从军用转向民用。

因特网的发展引起了商家的极大兴趣。1992 年,美国 IBM、MCI、MERIT 共 3 家公司联合组建了一个高级网络服务公司(ANS),建立了一个新的网络,叫作 ANSNet,成为因特网的另一个主干网。它与 NSFNet 不同,NSFNet 是由国家出资建立的,而 ANSNet 则是 ANS 公司所有,从而使因特网开始走向商业化。

1995 年 4 月 30 日,NSFNet 正式宣布停止运作。而此时因特网的骨干网已经覆盖了全球 91 个国家,主机已超过 400 万台。在最近几年,因特网更以惊人的速度向前发展,很快就达到了今天的规模。

思考:通过引例,我们了解了因特网的发展历程,其中 TCP/IP 协议对互联网的发展起到了重要的作用。你了解 TCP/IP 协议吗?你对因特网技术又了解多少?

情境认知

一、因特网概述

(一) 因特网的定义与特点

Internet,中文正式译名为因特网,又叫做国际互联网。它是由那些使用公用语言互相通信的计算机连接而成的全球网络。一旦用户连接到它的任何一个节点上,就意味着用户的计算机已经连入因特网。因特网目前的用户已经遍及全球,有超过几亿人在使用因特网,并且它的用户数还在以等比级数上升。

1. 运营产业化

以因特网运营为产业的企业迅速崛起,从1995年5月开始,多年资助因特网研究开发的美国科学基金会(NSF)退出因特网,把NFSNet的经营权转交给美国3家最大的私营电信公司(即Sprint、MCI和ANS),这是因特网发展史上的重大转折。

2. 应用商业化

随着因特网对商业应用的开放,它已成为一种十分出色的电子化商业媒介。众多公司、企业不仅把它作为市场销售和客户支持的重要手段,而且把它作为传真、快递及其他通信手段的廉价替代品,借以形成与全球客户保持联系和降低日常的运营成本。例如,电子邮件、IP电话、网络传真、VPN和电子商务等日渐受到人们的重视便是最好例证。

3. 互联全球化

因特网虽然已有30多年的发展历史,但早期主要是限于美国国内的科研机构、政府机构和它的盟国范围内使用。现在不一样了,随着各国纷纷提出适合本国国情的信息高速公路计划,已迅速形成了世界性的信息高速公路建设热潮,各个国家都在以最快的速度接入因特网。

4. 互联宽带化

随着网络基础的改善、用户接入方面新技术的采用、接入方式的多样化和运营商服务能力的提高,接入网速率慢形成的瓶颈问题将会得到进一步改善,上网速度将会更快,带宽瓶颈约束将会消除,互联必然宽带化,从而促进更多的应用在网上实现,并能满足用户多方面的网络需求。

5. 多业务综合平台化、智能化

随着信息技术的发展,互联网将成为图像、话音和数据"三网合一"的多媒体业务综合平台,并与电子商务、电子政务、电子公务、电子医务、电子教学等交叉融合。10到20年内,互联网将超过报刊、广播和电视的影响力,逐渐形成"第四媒体"。

(二)因特网功能及服务

电子邮件服务(E-mail):这是目前使用最广泛的系统,每天都有几千万封信件飞往世界各地,它们有家信、朋友问候,以及商务公函等。电子世界的邮递系统与现实生活中的邮递系统十分相似。

文件传输(FTP):FTP是因特网中最早的成员之一。因特网的全部目的就是把文件从一处传输到另一处,多少年来,FTP就是干着这种差事。FTP还提供了包含许多十分实用的免费工具程序的软件宝库。

远程登录(Telnet):只有很少用户使用Telnet,但它使用起来很方便。Telnet为用户提供了一种登录因特网其他计算机的途径。一旦登录成功,用户可能会用到那台计算机上的陌生命令,或者文本式菜单系统,也可能玩一种叫作MUD的虚拟游戏。

万维网(World Wide Web):这个"蜘蛛网"在因特网越张越大,使因特网变得很美妙。在万维网中,能看到图画,听到声音,也能看到电影。万维网是一个巨大的超文本系统,其中的文档一个一个互相链接在一起。点击文档中的一个词,如澳大利亚的悉尼(当然也可以是中国的北京),则这个美丽城市的导游文档就会马上呈现在屏幕上。

新闻组(News Group/Usenet)和电子公告板(BBS):新闻组就是专题讨论组。想了解当前的国际形势?想学习某种特别的风筝放飞技术?等等,无论想了解什么内容,都能在此找到满意的答案。电子公告板与新闻组的功能相仿。电子公告板的工作方式与现实生活中的布告栏(带图钉的木板)非常类似,是一种计算机化的供公共或私人所用的留言系统,其他计算机用户可以从中看到你的信息,你也可以看到别人的留言。

聊天系统(Chat):主要提供基于互联网的客户端进行实时语音、文字传输。

二、TCP/IP 协议

(一) TCP/IP 协议及其特点

网络协议,即网络中(包括互联网)传递、管理信息的一些规范。和人与人之间相互交流需要遵循一定的规矩一样,计算机之间的相互通信也要共同遵守一定的规则,这些规则就称为网络协议。

TCP/IP(Transmission Control Protocol /Internet Protocol)是一种网络通信协议,它规范了网络上所有的通信设备,尤其是一个主机与另一个主机之间的数据往来格式及传送方式。TCP/IP 是一个网络协议簇,其中,IP(网络之间互联的协议)和 TCP(传输控制协议)是最核心的两个协议。因特网的其他网络协议都要用到这两个协议提供的功能,因此,整个因特网协议簇称为 TCP/IP 协议簇,简称 TCP/IP 协议。

TCP/IP 协议的特点如下。

① 开放的协议标准,可以免费使用,并且独立于特定的计算机硬件与操作系统。

② 独立于特定的网络硬件,可以运行在局域网、广域网,也可以适用于因特网中。

③ 统一的网络地址分配方案,使得整个 TCP/IP 设备在网中都具有唯一的 IP 地址。

④ 标准化的高层协议,可以提供多种可靠的用户服务。

(二) 常用的 TCP/IP 协议

TCP/IP 协议中,IP 负责分组数据的传输;TCP 负责数据的可靠传输。TCP/IP 协议簇应用层中的几个常用协议如下。

① 远程登录协议 Telnet(Remote Login)。它为用户提供了在本地计算机上完成远程主机工作的能力。

② 文件传输协议(FTP)。将文件从一台计算机传送到另一台计算机的协议。

③ 简单邮件传输协议(SMTP)。它是一种提供可靠且有效电子邮件传输的协议。

④ 第三代邮局协议(POP3)。它是规定个人计算机如何连接到互联网上的邮件服务器进行收发邮件的协议。

⑤ 超文本传输协议(HTTP)。它是用于从 WWW 服务器传输超文本到本地浏览器的传送协议。

⑥ 网络新闻传输协议(NNTP)。这是一个主要用于阅读和张贴新闻文章(俗称为“帖子”,比较正式的是“新闻组邮件”)到 Usenet 上的因特网应用协议,也负责新闻在服务器间的传送。

⑦ 动态主机配置协议(DHCP)。它是用来自动给客户机分配 TCP/IP 信息的网络协议。每个 DHCP 客户都连接到中央位置的 DHCP 服务器,该服务器会返回包括 IP 地址、网关和 DNS 服务器信息的客户网络配置。

三、OSI 参考模型

(一) OSI 参考模型的层次

OSI(Open System Interconnection)意为开放式系统互联参考模型。OSI 参考模型(见图 3.8)是一种框架性的设计方法,通过 7 个层次化的结构模型使不同的系统、不同的网络之间实现可靠的通信。因此,其最主要的功能就是帮助不同类型的主机实现数据传输。

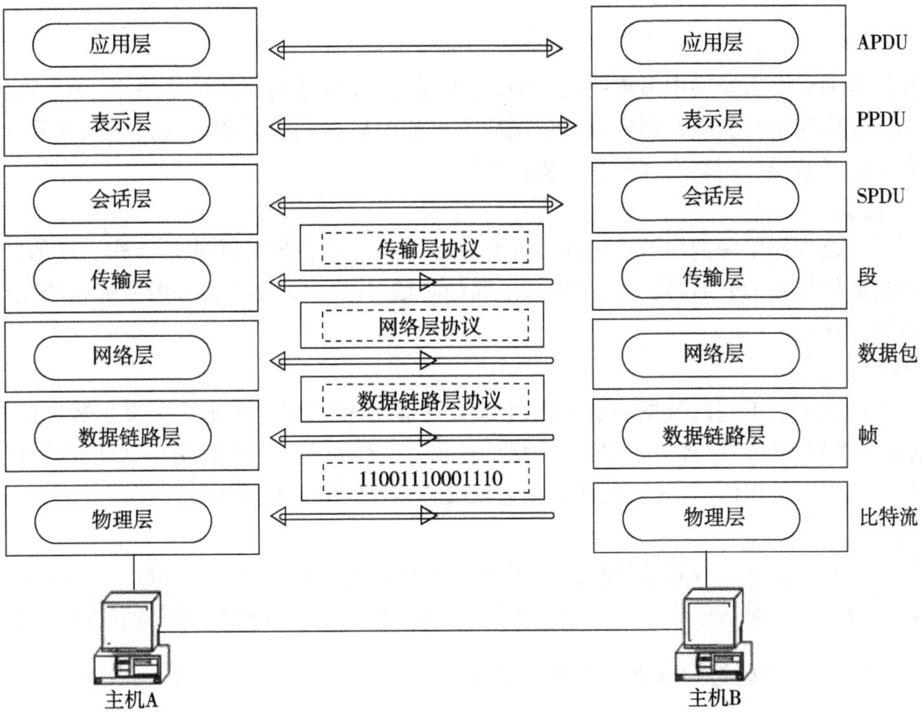

图 3.8 OSI 参考模型

OSI 参考模型层与层之间的联系是通过各层之间的接口来进行的,上层通过接口向下层提出服务请求,而下层通过接口向上层提供服务。不同主机之间的相同层次称为对等层,如主机 A 中的表示层和主机 B 中的表示层互为对等层。两个主机通过网络进行通信时,除物理层之外,其余各对等层之间均不存在直接的通信关系,而是通过各对等层的协议来进行通信。这个模型的下 3 层协议实现通信子网的功能,负责网络数据传输,提供点到点的服务,通常以硬件和软件相结合的方式来实现。第 4 层及以上各层为高层协议,实现资源子网的功能,负责主机之间的数据传输,提供端到端的服务,通常以软件方式来实现。

1. 物理层

物理层是 OSI 参考模型的最底层,其任务就是提供网络的物理连接。因此,物理层是建立在物理介质上,为上层协议提供一个传输数据的物理媒体。物理层主要包括中继器、集线器等设备及网线、物理端口和附属设备。

2. 数据链路层

数据链路层是 OSI 模型的第 2 层,控制着网络层与物理层之间的通信。它的主要功能是在不可靠的物理线路上进行数据的可靠传递。为了保证传输,从网络层接收到的数据被分割成特定的可被物理层传输的帧。帧是用来移动数据的结构包。它不仅包括原始数据,还包括发送方和接收方的网络地址及纠错和控制信息。其中的地址确定了帧将发送到何处,而纠错和控制信息则确保帧无差错到达。数据链路层主要设备是二层交换机和网桥等。

3. 网络层

网络层解决的是网络与网络之间,即网际的通信问题,而不是同一网段内部的问题。网络层的主要功能是提供路由,即选择到达目标主机的最佳路径,并沿该路径传送数据包。除此之外,网络层还要消除网络拥挤,具备流量控制和拥挤控制的能力。主要设备是路由器和三层交换机等。

4. 传输层

传输层是 OSI 参考模型中最重要的一层,提供端到端(最终用户到最终用户)的数据传输服务。传输协议同时进行流量控制或是基于接收方可接收数据的快慢程度规定适当的发送速率。传输层解决的是数据在网络之间的传输质量问题。

5. 会话层

会话层负责在网络中的两节点之间建立和维持通信。会话层的功能包括建立通信链接,保持会话过程通信链接的畅通,同步两个节点之间的对话,决定通信是否被中断及通信中断时决定从何处重新发送。

6. 表示层

如果通信双方用不同的数据表示方法,它们就不能互相理解。表示层定义了数据的格式和结构,确保发送的数据能够被对方识别。因此,表示层被称为应用程序和网络之间的翻译官。表示层的功能主要有数据语法转换、语法表示、表示连接管理、数据加密和数据压缩。

7. 应用层

应用层是 OSI 参考模型的最高层,直接面对用户的具体应用,为用户的应用程序提供网络服务。应用层包含用户应用程序执行通信任务所需要的协议和功能,如电子邮件和文件传输等。

(二) TCP/IP 模型与 OSI 参考模型的比较

ISO 制定的 OSI 参考模型分为 7 层,过于庞大、复杂。TCP/IP 参考模型仅分为 4 个层次:应用层、传输层、网络互联层和网络接口层,此模型将 OSI 参考模型中的会话层和表示层的功能合并到应用层实现,同时将 OSI 参考模型中的数据链路层和物理层合并为网络接口层,如表 3.1 所示。

表 3.1　TCP/IP 四层模型和 OSI 七层模型对应表

OSI 七层网络模型	TCP/IP 四层概念模型	对应网络协议
应用层(Application)	应用层	TFTP,FTP,NFS,WAIS
表示层(Presentation)		Telnet,Rlogin,SNMP,Gopher
会话层(Session)		SMTP,DNS
传输层(Transport)	传输层	TCP,UDP
网络层(Network)	网络互联层	IP,ICMP,ARP,RARP,AKP,UUCP
数据链路层(Data Link)	网络接口	FDDI,Ethernet,Arpanet,PDN,SLIP,PPP
物理层(Physical)		IEEE 802.1A,IEEE 802.2 到 IEEE 802.11

由表 3.1 可看出,TCP/IP 的多数应用协议将 OSI 应用层、表示层、会话层的功能合在一起,构成其应用层;TCP/UDP 协议对应 OSI 的传输层,提供上层数据传输保障;IP 协议对应 OSI 的网络层,它定义了众所周知的 IP 地址格式,作为网间网中查找路径的依据;TCP/IP 的最底层功能由网络接口层实现,相当于 OSI 的物理层和数据链路层,实际上 TCP/IP 对该层并未做严格定义,而是应用已有的底层网络实现传输,这就是其得以广泛应用的原因。

从 TCP/IP 模型与 OSI 参考模型的比较中可知,OSI 的七层结构既复杂又不实用,但概念清楚,体系结构理论较完整。TCP/IP 协议现在得到了广泛应用,但并没有一个明确的体系结构。

四、IP 地址与域名

拓展案例

域名注册与域名投资

域名是企业在互联网上的电子商标，具有唯一性，也是计算机处理过程中 IP 地址的助记符。域名是企业开展电子商务必不可少的要素，企业没有域名，就像房子没有门牌号码一样，在互联网中没有人可以找到你，也就难以建立起良好的企业形象。在如今科技信息时代的浪潮中注册企业自己的域名，可以保护企业的无形资产，树立良好的企业形象。

在域名注册领域有许多域名投资的经典事件，也为互联网电子商务领域开创了另外一种营利渠道。

一、从 0 美元升值到 3 800 万美元的域名 cool. com

当 Tim Lee 在 1995 年注册 cool.com 时，他还是华盛顿大学的一名大四学生。1995 年 8 月以前可以免费注册域名，当时他的行为遭到了他的朋友的嘲笑。

他们不明白 Tim Lee 为什么需要域名，当时 Tim Lee 只想挣足够的钱来付清学费贷款和房子。后来 Lim Lee 回忆说：“我差一点把它以低于 1 万美元卖了。”到了 1996 年的时候，Tim Lee 每周平均要接到两个要购买 cool.com 的电话，但是他没有舍得卖掉。在潜在的买主中，包括美国大陆航空公司。

最近，纽约一位律师告诉 Tim Lee，他的一个客户愿意出 300 万美元现金购买 cool.com，该家公司为著名消费品生产商，因为 Tim Lee 发现了域名的商机，一直和这家公司进行洽谈协商，后来这家公司将价格升到 3 800 万美元，其中 800 万美元为现金，3 000 万美元为公司股票。一个 0 价值的域名最后竟然以 3 800 万美元卖出。

二、从 60 元人民币升值到 2 000 万美元的域名 g. cn

在我国也不乏域名投资者，据不明网友透露，包括从 b.cn 到 z.cn 在内的 23 个域名均被一位郑姓个人注册。2005 年，郑先生将 b.cn、g.cn、y.cn 等 13 个单字母的 CN 域名进行转让，每个转让价为 5 万 ~10 万元人民币，其中 g.cn 落入域名投资大鳄蔡文胜之手。之后的 2007 年，Google 在收购方案中将 g.cn 和 265.com 等域名一并从蔡文胜手中收购，据传总价值为 2 000 万美元。

案例思考：从技术上讲，域名是因特网中用于解决地址对应问题的一种方法；从社会科学的角度看，域名已成为了因特网文化的组成部分；从商界的角度看，域名已被誉为“企业的网上商标”。那么什么是域名？域名为什么具有这些价值呢？

（一）IP 地址的定义和格式

互联网上连接了无数的服务器和主机，但它们并不是处于杂乱无章的无序状态，而是每一个主机都有唯一的地址，作为该主机在因特网上的唯一标志，我们称之为 IP 地址（Internet Protocol Address）。

IP 地址由 32 位二进制数组成，为了表示方便，一般写成由 4 个十进制数构成，每个十进制数取值为 0 ~ 255，每个十进制数之间以句点“. ”相隔，如 127. 11. 3. 31 即表示一个 IP 地址。通过 IP

地址，就可以准确地找到连接在因特网上的某台计算机。

（二）IP 寻址

如果连接的网络类型和网络数量比较多，单纯的协议转换会相对比较困难。因此，规定所有的设备都遵循网络层 IP 协议，并且附加上网络层的 IP 地址。网络层的这种协议与通过该协议赋予的 IP 地址和网络硬件无关，协议本身不依赖硬件，这就使每台计算机都按照网络层 IP 协议的标准编定一个唯一的地址，这样就实现了对一个网络内某个设备 IP 地址的定位。

自动 IP 寻址技术是在没有动态主机配置协议（DHCP）服务器或其他 IP 地址分配机构的参与下，一种由设备自动获取有效 IP 地址的技术。采用这项技术，设备可以从预留的 IP 地址集中随机选取一个 IP 地址，向本地网络发出询问，确定该地址是否正在被其他客户机使用。

（三）域名

1. 域名的含义和结构

由于 IP 地址是一串数字，不易记忆和书写，所以有必要用简单易记的字符来代替数字型的 IP 地址。这个与网络上的数字型 IP 地址相对应的字符型地址就被称为域名。从技术上讲，域名只是一个因特网中用于解决地址对应问题的方法；从商业角度看，域名已被誉为“企业的网上商标”，成为信息时代企业竞争的武器。

网站的 IP 地址和域名示例如表 3.2 所示。

表 3.2 网站的 IP 地址和域名示例

网站	IP 地址	域名
淘宝	218. 108. 233. 135	taobao. com
网易	220. 181. 28. 52	163. com

域名由主体和后缀组成，之间用英文的句号“. ”来分隔，如 taobao. com，taobao 是主体，com 是后缀。

2. 域名的分类与等级

域名分为国际域名和国内域名。国际域名以 . com、. net、. org 等为后缀；国内域名以 . cn 为后缀。域名分为三级：顶级域名、二级域名、三级域名，顶级域名又进一步分为国际通用顶级域名和国家/地区顶级域名，如表 3.3 所示。

表 3.3 域名等级

域名等级	域名	
顶级域名	国际通用顶级域名	. com、. net、. org
	国家/地区顶级域名	. cn、. jp、. us
二级域名	taobao. com、google. cn	
三级域名	icbc. com. cn、sina. com. jp	

后缀 . com、. gov、. org 分别代表商业公司、政府、非营利机构；后缀 . cn、. jp、. us 分别代表中国、日本、美国。

3. 域名解析

由于计算机只能识别 IP 地址，因此域名必须转换成 IP 地址才能被识别。它们之间的转换工作称为域名解析，需由专门的域名解析系统来完成。

五、因特网接入技术

公用电信网络在传统上被划分为3个部分，即长途网、中继网、用户接入网（端局与用户之间的部分）。长途网和中继网在一起称为核心网，将余下部分称为接入网或用户环路，即交换局到用户终端之间的所有机线设备，主要用来完成用户接入核心网的任务，如图3.9所示。

接入网根据使用媒体的不同可以分为有线接入网和无线接入网两大类。

图3.9　接入网示意

因特网接入方式的结构，统称为因特网接入技术，其发生在连接网络与用户的最后一段路程。

接入因特网的方式很多，除了最常见的拨号接入外，目前正广泛兴起的宽带网接入相对于传统的窄带接入而言显示了其不可比拟的优势和强劲的生命力。为了适应新的形式和需要，出现了多种宽带接入网技术。宽带是一个相对于窄带而言的电信术语，为动态指标，用于度量用户享用的业务带宽，目前国际还没有统一的定义。一般而论，宽带是指用户接入传输速率达到2 Mb/s及以上，可以提供24小时在线的网络基础设备和服务。宽带接入技术主要包括以现有电话网铜线为基础的xDSL接入技术、以电缆电视为基础的混合光纤同轴接入技术、以太网接入技术、光纤接入技术等多种有线接入技术及无线接入技术。下面将一一介绍这些因特网接入方式。

（一）有线接入方式

1. 公用电话交换网接入

公用电话交换网(Published Switched Telephone Network，PSTN)接入技术是利用PSTN通过调制解调器拨号实现用户接入的方式。这种接入方式是个人用户接入因特网最早使用的方式，也是目前为止我国个人用户接入因特网使用最广泛的方式。它是将用户计算机通过电话网接入因特网，接入非常简单，只需一个调制解调器(Modem)、一根电话线即可，但速度很慢，理论上只能提供33.6 kb/s的上行速率和56 kb/s的下行速率，已经达到香农定理确定的信道容量极限，这种速率远远不能满足宽带多媒体信息的传输需求。随着宽带的发展和普及，这种接入方式将被淘汰。

2. 综合业务数字网接入技术

综合业务数字网(Integrated Service Digital Network，ISDN)接入技术俗称"一线通"。它采用数字传输和数字交换技术，将电话、传真、数据、图像等多种业务综合在一个统一的数字网络中进行传输和处理。用户利用一条ISDN用户线路，可以在上网的同时拨打电话、收发传真，就像两条电话线一样。ISDN的极限带宽为128 kb/s，各种测试数据表明，双线上网速度并不能翻番，从发展趋势来看，窄带ISDN也不能满足高质量的VOD等宽带应用。

3. xDSL

xDSL是DSL(Digital Subscriber Line)的统称,意即数字用户线路,是以普通电话线为传输介质,点对点传输的宽带接入技术。其最大的优势在于可以利用现有的电话网络架构,不需要对现有接入系统进行改造,就可方便地开通宽带业务,被认为是解决“最后一千米”问题的最佳选择。它是各种类型DSL的总称,包括ADSL、VDSL、RADSL、SDSL、IDSL和HDSL等。目前主要流行的是ADSL和VDSL。

ADSL(Asymmetrical Digital Subscriber Line,非对称数字用户环路)是一种能够通过普通电话线提供宽带数据业务的技术,也是目前极具发展前景的一种接入技术。ADSL素有“网络快车”之美誉,因其下行速率高、频带宽、性能优、安装方便、不需交纳电话费等特点而深受广大用户喜爱,成为继Modem、ISDN之后的又一种全新的高效接入方式。ADSL方案的最大特点是不需要改造信号传输线路,完全可以利用普通铜质电话线作为传输介质,配上专用的Modem即可实现数据高速传输。ADSL支持上行速率640 kb/s~1 Mb/s,下行速率1 Mb/s~8 Mb/s,其有效的传输距离在3~5千米。在ADSL接入方案中,每个用户都有一条单独的线路与ADSL局端相连,它的结构可以看作星型结构,数据传输带宽是由每一个用户独享的。

VDSL比ADSL还要快。使用VDSL,短距离内的最大下传速率可达55 Mb/s,上传速率可达2.3 Mb/s(将来可达19.2 Mb/s,甚至更高)。VDSL使用的介质是一对铜线,有效传输距离可超过1 000米。但VDSL技术仍处于发展初期,长距离应用仍需测试,端点设备的普及也需要时间。

4. HFC

光纤同轴电缆混合网(Hybrid Fiber Coaxial,HFC)是一种新型的宽带网络,也可以说是有线电视(CATV)网的延伸。它采用光纤从交换局到服务区,而在接入用户终端的“最后1千米”时采用有线电视网同轴电缆。用户终端通过Cable Modem(电缆调制解调器)利用有线电视网访问因特网。以这种方式接入因特网可以实现10 Mb/s~40 Mb/s的带宽,用户可享受的平均速度是200 kb/s~500 kb/s,最快可达1 500kb/s。

采用Cable-Modem上网的缺点是Cable Modem模式采用的是相对落后的总线型网络结构,这就意味着网络用户共同分享有限带宽;另外,购买Cable Modem和初装费也都不便宜,这些都阻碍了Cable Modem接入方式在国内的普及。但是,它的市场潜力很大,毕竟中国CATV网已成为世界第一大有线电视网。

5. 光纤接入技术

光纤接入技术就是在接入网中全部或部分采用光纤传输介质,构成光纤用户环路(Fiber In The Loop,FITL),实现用户高性能宽带接入的一种方案。光纤接入网(Optical Access Network,OAN)是指在接入网中用光纤作为主要传输媒介来实现信息传输的网络形式。

从网络结构看,按接入网室外传输设施中是否含有源设备,光纤接入网可划分为有源光网络(Active Optical Network,AON)和无源光网络(Passive Optical Network,PON),前者采用电复用器分路,后者采用光分路器分路,二者均在发展。

（二）无线接入方式

无线接入技术是指从业务节点到用户终端之间的全部或部分传输设施采用无线手段,向用户提供固定和移动接入服务的技术。无线接入按接入方式和终端特征通常分为固定接入和移动接入两大类。固定接入是指从业务节点到固定用户终端采用无线技术的接入方式,用户终端不含或仅含有限的移动性。移动接入是指用户终端移动时的接入,是当前接入研究和应用中很活跃的一个领域。

1. 本地多点分配业务接入

本地多点分配业务(Local Multipoint Distribution Services,LMDS)是一种微波的宽带技术,可在较近的距离实现双向传输话音、数据图像、视频等宽带业务。LMDS 采用一种类似蜂窝的服务区结构,将一个需要提供业务的地区划分为若干服务区,每个服务区内设基站,基站设备经点到多点无线链路与服务区内的用户端通信。每个服务区覆盖范围为几千米至十几千米,并可相互重叠。作为一种新兴的宽带无线接入技术,LMDS 兼有无线通信经济和易于实施等优点,为交互式多媒体应用及大量电信服务提供经济和简便的解决方案,并且可以提供高速因特网接入、远程教育、远程计算、远程医疗和局域网互联等,是"最后一千米"光纤的灵活替代技术。

2. 数字直播卫星接入

数字直播卫星(Direct Broadcasting Satellite,DBS)接入技术也叫 DBS 技术,该技术利用位于地球同步轨道的通信卫星将高速广播数据送到用户的接收天线,所以一般也称为高轨卫星通信。其特点是通信距离远,费用与距离无关,覆盖面积大且不受地理条件限制,频带宽,容量大,适用于多业务传输,可为全球用户提供大跨度、大范围、远距离的漫游和机动灵活的移动通信服务等。

3. 无线应用协议

无线应用协议(Wireless Application Protocol,WAP)是由 WAP 论坛制定的一套全球化无线应用协议标准。它基于已有的因特网标准,并针对无线网络的特点进行了优化,使得因特网的内容和各种增值服务适用于手机用户和各种无线设备用户。WAP 独立于底层的承载网络,可以运行于多种不同的无线网络之上。

4. 蓝牙

蓝牙技术是由移动通信公司与移动计算公司联合起来开发的传输范围约为 10 米的短距离无线通信标准,用来设计在便携式计算机、移动电话及其他的移动设备之间建立起一种小型、经济、短距离的无线链路。蓝牙协议能使包括蜂窝电话、掌上计算机、笔记本式计算机、相关外设和家庭 Hub 等包括家庭 RF 在内的众多设备之间进行信息交换。蓝牙应用于手机与计算机的相连,可节省手机费用,实现数据共享、因特网接入、无线免提、同步资料和影像传递等。

5. 无线局域网

无线局域网(Wireless LAN,WLAN)是计算机网络与无线通信技术相结合的产物。它不受电缆束缚,可移动,能解决因有线网布线困难等带来的问题,并且组网灵活,扩容方便,可与多种网络标准兼容,应用广泛。WLAN 既可满足各类便携机的入网要求,也可实现计算机局域网远端接入、图文传真、电子邮件等多种功能。

Wi－Fi(Wireless Fidelity)技术与蓝牙技术一样,同属于在办公室和家庭中使用的短距离无线技术。该技术使用空闲的 2.4 GHz 附近的频段,是由 AP(Access Point)和无线网卡组成的无线网络,最大数据传输速率为 11 Mb/s。AP 一般称为网络桥接器或接入点,是传统的有线局域网络与无线局域网络之间的桥梁。因此,任何一台装有无线网卡的 PC 均可通过 AP 去分享有线局域网络甚至广域网络的资源,其工作原理相当于一个内置无线发射器的 HUB 或是路由,而无线网卡则是负责接收由 AP 所发射信号的客户端设备,无须直线传播,传输范围为室外最大 300 米,室内有障碍的情况下最大 100 米。Wi－Fi 最主要的优势在于不需布线,可以不受布线条件的限制,所以非常适合移动办公用户的需要,家庭和小型办公网络用户对移动连接的需求使无线局域网市场增长有力,且具有广阔市场前景。

6. 移动蜂窝接入

移动蜂窝接入主要包括基于第一代模拟蜂窝系统的 CDPD 技术,基于第二代数字蜂窝系统的 GSM 和 GPRS,以及在此基础上的 EDGE(Enhanced Datarate for GSM Evolution,改进数据率 GSM

服务）技术，第三代系统（the third Generation，3G）。目前，正向第四代系统（the fourth Generation，4G）发展。

4G是第四代移动通信及其技术的简称，是集3G与WLAN于一体并能够传输高质量视频图像且图像传输质量与高清晰度电视不相上下的技术产品。4G系统能够以100 Mb/s的速度下载，比拨号上网快2 000倍，上传的速度能达到20 Mb/s，并能够满足大多数用户对于无线服务的要求。而在用户最为关注的价格方面，4G与固定宽带网络不相上下，并且计费方式更加灵活机动，用户完全可以根据自身的需求确定所需的服务。很明显，4G有着不可比拟的优越性，未来的4G通信将给人们带来真正的沟通自由。

情境任务三　电子商务系统组建技术

电子商务活动离不开技术支撑，电子商务系统的技术架构由基础设施平台、软件开发平台、商业服务平台和商务应用平台组成，如图3.10所示。

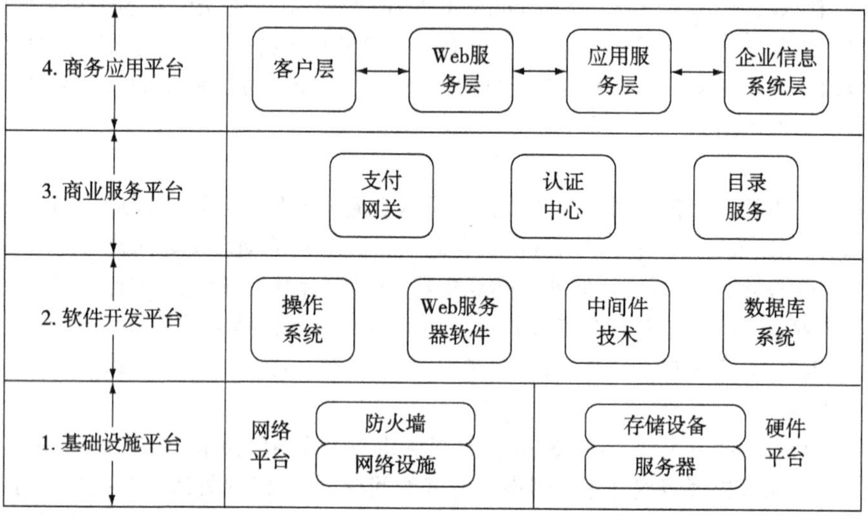

图3.10　电子商务系统的技术架构

一、电子商务系统的基础设施平台

基础设施平台包括网络平台和硬件平台。

（一）电子商务系统的网络平台

电子商务活动是在网络环境上开展的先进的交易方式，参与交易的各方，如买卖双方、银行或金融机构及其他合作伙伴，都必须通过因特网、企业内部网及外部网紧密结合起来。防火墙是放在两个网之间用于提高网络安全的软、硬件系统的集合，基本原理如图3.11所示。防火墙的属性有：所有从内到外的通信流量都必须通过它；仅仅被本地安全策略定义且被授权的通信量允许通过；系统对外部攻击具有高抵抗力。

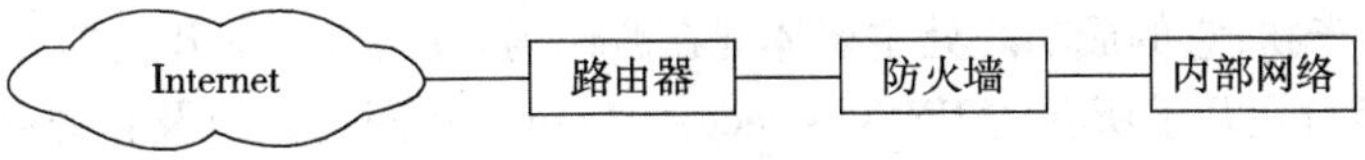

图 3.11　防火墙的基本原理

（二）电子商务系统的硬件平台

电子商务系统的硬件平台主要有服务器和数据存储设备。

1. 服务器

Web 服务器也称为 WWW(World Wide Web)服务器，主要功能是提供网上信息浏览服务。Web 服务器传送页面使浏览器可以浏览，然而应用程序服务器提供的是客户端应用程序可以调用(call)的方法(methods)。确切一点来讲：Web 服务器是专门处理 HTTP 请求(request)的，但是应用程序服务器是通过很多协议来为应用程序提供(serves)商业逻辑(business logic)的。

在 UNIX 和 Linux 平台下使用最广泛的免费 HTTP 服务器是 W3C、NCSA 和 Apache 服务器，而 Windows NT/2000/2003 平台使用 IIS 的 Web 服务器。在选择使用 Web 服务器时应考虑的本身特性因素有性能、安全性、日志和统计、虚拟主机、代理服务器、缓冲服务和集成应用程序等。现介绍在电子商务网站建设中常用的两种 Web 服务器。

① Microsoft IIS。Microsoft 的 Web 服务器产品为 Internet Information Server (IIS)，如图 3.12 所示。IIS 是指允许在企业内部网或因特网上发布信息的 Web 服务器。IIS 是目前最流行的 Web 服务器产品，很多著名的网站都建立在 IIS 的平台上。IIS 提供了一个图形界面的管理工具，称为因特网服务管理器，可用于监视配置和控制因特网服务。

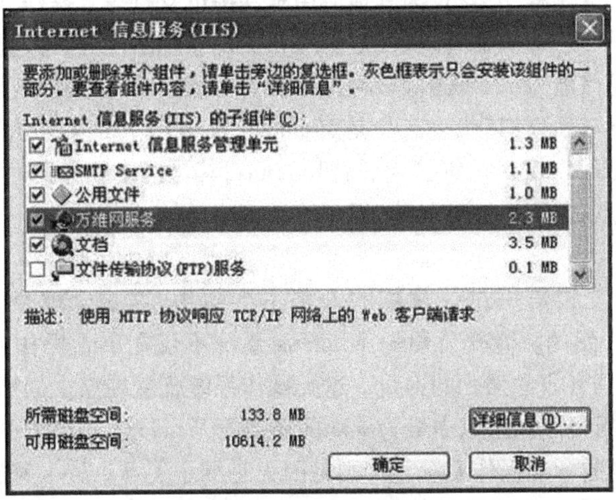

图 3.12　因特网信息服务(IIS)

IIS 是一种 Web 服务组件，其中包括 Web 服务器、FTP 服务器、NNTP 服务器和 SMTP 服务器，分别用于网页浏览、文件传输、新闻服务和邮件发送等方面。它使在网络(包括互联网和局域网)上发布信息成了一件容易的事。它提供 ISAPI(Intranet Server API)作为扩展 Web 服务器功能的编程接口；同时，还提供了一个因特网数据库连接器，可以实现对数据库的查询和更新。

② Apache。Apache 仍然是世界上用得最多的 Web 服务器，市场占有率达 60% 左右。它源于 NCSAhttpd 服务器，当 NCSA WWW 服务器项目停止后，那些使用 NCSA WWW 服务器的人们开始交换用于此服务器的补丁，这也是 Apache 名称的由来(pache，补丁)。世界上很多著名的网

站都是 Apache 的产物,它的成功之处主要体现在源代码开放、有一支开放的开发队伍、支持跨平台的应用(可以运行在几乎所有的 UNIX、Windows、Linux 系统平台上)及它的可移植性等方面。

2. 数据存储设备

数据存储设备有内置存储设备、外置存储子系统和网络存储子系统。

内置存储设备是各种工作站和低端服务器普遍采用的存储形式,主要的存储介质包括硬盘驱动器、光盘驱动器等。

外置存储子系统使存储有了充分扩展的余地,在保证主机系统不变的情况下动态增加存储系统以满足不断增长的数据空间。存储子系统主要包括磁盘子系统、光盘库等,磁盘库内配置多个驱动器和大量磁带或盘片,并以自动伺服机械装置代替人工操作。对于外置存储子系统的管理一般称为分级存储管理,它是将硬盘驱动器和光驱组合起来的自动存储系统。

网络存储子系统是随着光纤通道技术的出现而产生的新一代磁盘共享系统,类似于普通局域网的一种高速存储网络,可以在存储单元和服务器或客户机之间建立直接连接,互联时能够使用类似局域网或广域网的互联技术。

二、电子商务系统的软件开发平台

(一) 操作系统

操作系统是管理计算机硬件与软件资源的程序,用来管理计算机系统的全部硬件资源包括软件资源及数据资源,控制程序运行,为其他应用软件提供支持等。操作系统除了具有通常操作系统应具有的处理机管理、存储器管理、设备管理和文件管理功能外,还应具有两大功能:一是提供高效、可靠的网络通信能力;二是提供多种网络服务功能。目前,服务器操作系统主要有三大类:第一大类是 Windows 系列,其代表产品是 Windows Server 2003;第二大类是 UNIX 系列,其代表产品包括 HP - UX、IBM AIX 等;第三大类就是 Linux,其是网络服务器的后起之秀,具有开放性和高性价比等显著特点,近年来发展迅速,用户数量迅速增长。

1. Windows 类

对于这类操作系统相信用过计算机的人都不会陌生,这是全球最大的软件开发商——Microsoft(微软)公司开发的。微软公司的 Windows 系统不仅在个人操作系统中占有绝对优势,在网络操作系统中也具有非常强劲的力量。这类操作系统配置在整个局域网配置中最常见。

在整个 Windows 网络操作系统中最为成功的还要算 Windows NT 4.0 这一套系统。它几乎成为中、小型企业局域网的标准操作系统。一则是因为它继承了 Windows 家族统一的界面,使用户学习、使用起来更加容易;二则是因为它的功能的确比较强大,基本上能满足所有中、小型企业的各项网络需求。相比 Windows 2000/2003 Server 系统来说,虽然在功能上要逊色许多,但其对服务器的硬件配置要求要低许多,可以更大程度上满足许多中、小企业的 PC 服务器配置需求。

2. UNIX 系统

目前常用的 UNIX 系统版本主要有 UNIX SUR 4.0、HP - UX 11.0、SUN 的 Solaris 8.0 等。支持网络文件系统服务,提供数据等应用,功能强大,由 AT&T 和 SCO 公司推出。这种网络操作系统稳定、安全性能非常好,但由于其多数是以命令方式来进行操作的,不容易掌握,特别是初级用户。正因如此,小型局域网基本不使用 UNIX 作为网络操作系统。UNIX 一般用于大型的网站或大型的企、事业局域网中。

3. Linux

这是一种新型的网络操作系统，其最大的特点就是源代码开放，可以免费得到许多应用程序。目前，中文版本的 Linux，如 Red Hat（红帽子）、Linux 红旗等，在国内得到了用户的充分肯定。这主要体现在安全性和稳定性方面。它与 UNIX 有许多类似之处，但目前这类操作系统主要应用于中、高档服务器中。

总的来说，对特定计算环境的支持使得每一个操作系统都有适合于自己的工作场合，这就是系统对特定计算环境的支持。例如，Windows 2000 Professional 适用于桌面计算机，Linux 目前较适用于小型的网络，而 Windows 2000 Server 和 UNIX 则适用于大型服务器应用程序。因此，对于不同的网络应用，需要有目的地选择合适的网络操作系统。

（二）Web 服务器软件

Web 服务器软件是安装在 Web 服务器上提供 Web 服务的软件，主要功能是提供网上信息浏览服务。当 Web 浏览器（客户端）连到服务器并请求文件时，服务器将处理该请求并将文件发送到浏览器上，附带的信息会告诉浏览器如何查看该文件（即文件类型）。服务器使用 HTTP 进行信息交流。Web 服务器不仅能存储信息，还能在用户通过 Web 浏览器提供信息的基础上运行脚本和程序。在 Web 上的大多数表单和搜索引擎上都使用了该技术。几种常用的大型 Web 服务器有 Microsoft IIS、Apache、Web Sphere 和 Web Logic。在选择使用 Web 服务器时应考虑的特性因素有性能、安全性、日志和统计、虚拟主机、代理服务器、缓冲服务和集成应用程序等。

（三）中间件

中间件作为前端客户机和后端服务器之间的一个中间层，为应用程序处理提供了接收客户端的应用请求，对请求做出响应处理后将请求交给后端服务器，再将服务器的处理结果返回给客户端等功能。

（四）数据库

数据库是按照数据结构来组织、存储和管理数据的仓库。数据库中的数据按一定的数据模型组织、描述和存储，具有较小的冗余度、较高的数据独立性和易扩展性，并可为各种用户共享。与数据文件管理方式相比，数据库管理具有查询迅速、准确，数据结构化且统一管理等显著的优越性。现在常用的数据库有 SQL Server、MySQL、Oracle 和 Access 数据库等。接下来将对这几种常用的网络数据库进行简单介绍。

1. SQL Server

SQL Server 是美国 Microsoft 公司推出的一种关系型数据库系统。SQL Server 是一个可扩展、高性能、为分布式客户机/服务器计算所设计的数据库管理系统，实现了与 Windows NT 的有机结合，提供了基于事务的企业级信息管理系统方案。

SQL Server 具有高性能设计的特点，可充分利用 Windows NT 的优势；系统管理先进，支持 Windows 图形化管理工具，支持本地和远程系统管理和配置；具有强大的事务处理功能，采用各种方法保证数据的完整性；支持对称多处理器结构、存储过程、ODBC，并具有自主的 SQL 语言。

SQL Server 以其内置的数据复制功能、强大的管理工具、与因特网的紧密集成和开放的系统结构为广大的用户、开发人员和系统集成商提供了一个出色的数据库平台。

2. MySQL

MySQL 是一个小型关系型数据库管理系统，是当今 UNIX 或 Linux 类服务器上广泛使用的

Web数据库系统。它于1996年诞生于瑞典的MySQL AB公司，支持大部分的操作系统平台。目前，MySQL广泛地应用于因特网上的中小型网站中。由于其体积小、速度快、总体拥有成本低，尤其是源码开放这一特点，许多中小型网站为了降低网站总体拥有成本而选择了MySQL作为网站数据库。

与其他的大型数据库如Oracle、DB2、SQL Server等相比，MySQL有其自身的不足之处，如规模小、功能有限等，但是这丝毫没有减少其受欢迎的程度。目前，因特网上流行的网站构架方式是LAMP（Linux + Apache + MySQL + PHP），即使用Linux作为操作系统，Apache作为Web服务器，MySQL作为数据库，PHP作为服务器端脚本解释器。由于这4个软件都是遵循GPL的开放源码软件，因此使用这种方式可以建立起一个稳定、免费的网站系统。

3. Oracle

Oracle是美国Oracle公司研制的一种RDBMS（关系型数据库管理系统），是一个协调服务器和用于支持任务决定型应用程序的开放型RDBMS。它可以支持多种不同的硬件和操作系统平台，从台式机到大型和超级计算机，为各种硬件结构提供高度的可伸缩性，支持对称多处理器、群集多处理器、大规模处理器等，并提供广泛的国际语言支持。

Oracle是一个多用户系统，能自动从批处理或在线环境的系统故障中恢复运行。系统提供了一个完整的软件开发工具Developer 2000，包括交互式应用程序生成器、报表打印软件、字处理软件及集中式数据字典，用户可以利用这些工具生成自己的应用程序。Oracle以二维表的形式表示数据，并提供了SQL（结构式查询语言），可完成数据查询、操作、定义和控制等基本数据库管理功能。Oracle具有很好的可移植性，通过它的通信功能，微型计算机上的程序可以同小型乃至大型计算机上的Oracle相互传递数据。

另外，Oracle还具有与C语言的调用接口，允许通过通用的编程语言进行数据库的访问，并提供了与Oracle数据库间进行数据互传的电子表格和图形处理等软件的接口。Oracle属于大型数据库系统，主要适用于大、中小型应用系统，或者作为客户机/服务器系统中服务器端的数据库系统。Oracle是一种面向网络计算机并支持对象关系模型的数据库产品，是目前流行的客户机/服务器体系机构的数据库之一。目前广泛使用的版本是Oracle 8i。

4. Access

Access数据库是一个文件型数据库管理系统，由单个或多个文件组成，是Office办公套件中一个极为重要的组成部分。自从1992年开始销售以来，Access已经卖出了超过6 000万份，现在已经成为世界上最流行的桌面数据库管理系统。后来微软公司通过大量的改进，将Access的新版本功能变得更加强大。不管是处理公司的客户订单数据，管理自己的个人通讯录，还是大量科研数据的记录和处理，人们都可以利用它来解决大量数据的管理工作。Access之所以被集成到Office而不是Visual Studio中，是因为它与其他的数据库管理系统（如Visual FoxPro）相比更加简单易学，一个普通的计算机用户即可掌握并使用。而且最重要的一点是，Access的功能足够强大，足以应付一般的数据管理及处理需要。当然，配上合适的数据访问手段，它也能多用户、多线程地访问。Access对于访问量及数据量不是太大的系统，尤其是桌面数据库系统的开发很具优势，而且从它升级到SQL Server（微软的另一专业数据库产品）也比较容易。

三、电子商务系统的商业服务平台

1. 支付网关

支付网关在整个电子商务活动中起着非常关键的作用。它一方面支持业务单位和商家通过互联网进行安全的网上交易，另一方面又通过安全通道保证与维护金融网络的工作安全，是连接商家和金融网络的通信和交易桥梁。

2. CA 认证中心

CA 认证中心，又称证书授证中心，是在电子商务交易中专门提供网络身份认证服务，负责签发和管理数字证书，且具有权威性和公正性的第三方信任机构。它的作用就像颁发证件的公司，如护照办理机构。目前，国内的 CA 认证中心主要分为区域性 CA 认证中心和行业性 CA 认证中心。

四、电子商务系统商务应用平台体系结构

1. C/S 结构

C/S(Client/Server,C/S)结构是以客户机/服务器为核心的软件体系结构。在 C/S 结构中，客户机负责信息系统的图形显示、数据输入、业务处理等，服务器主要负责对数据的存储和管理。C/S 结构实现了分布式计算，降低了服务器端的负载，并有助于在企业范围内实现对业务数据的集中式管理。其主要缺点是开发的中心集中在客户端（即所谓的“胖客户端”），造成软件维护和管理的困难。

2. B/W/D 层结构

B/W/D 层结构（Browser/Web Server/Database Server）是一种基于 Web 的软件体系结构。其中，Browser 是指用户界面，是通过软件展示给终端用户的方式，一般来说就是浏览器；Web Server 是 Web 服务器，存储展示页面的服务器；Database Server 是数据库服务器，存储各种数据的地方，如用户注册信息、商家信息之类的。B/W/D 结构的主要特点是“瘦客户端”，即客户端（典型情况下是一个浏览器）只负担很少一部分处理功能，主要负责与用户的交互，而信息系统的绝大部分处理功能都放在中间层（即 Web 层）上。

3. 多层体系结构

多层结构将传统的中间层细分成 Web 服务层和应用服务层，前者负责信息系统的表示逻辑，后者负责信息系统的业务逻辑。此外，在客户层与 Web 服务层之间、应用服务层与数据库层之间都可以插入一个中间件层，以优化整个系统的性能，提高系统的并发处理能力。电子商务系统多层体系结构具有可实现高度的可扩展性，可提高系统的灵活性，便于分配适合的开发人员以完成相应的开发任务，可实现高度的代码重用等优点。电子商务系统多层体系结构如图 3.13 所示。

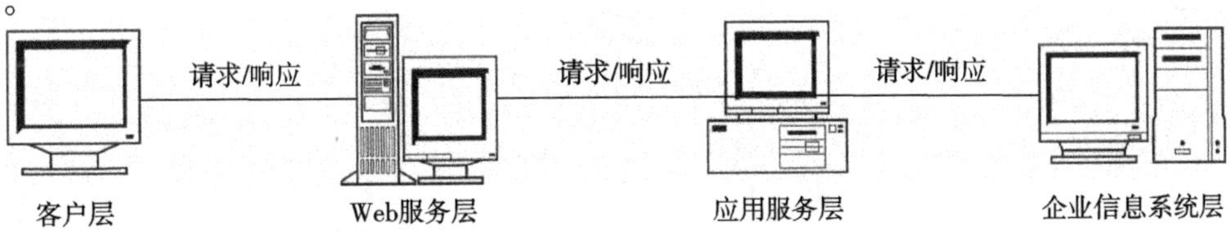

图 3.13　电子商务系统多层体系结构

技能训练

1. 在学校机房中查询本机的 IP 地址，掌握 IP 地址的分配规律。

2. 为机房的每一台计算机配置 IP 地址参数，并使其能够连接到因特网。

3. 搜索中小企业网络拓扑结构，并结合所在学校的具体情况，绘出一个小型局域网的拓扑结构图。

学习情境四

建立电子商务网站和网店

学习目标

知识目标

了解电子商务网站的类型和一般功能；熟悉建立电子商务网站的流程；了解各种网上交易平台；掌握在网上交易平台建立商店的过程。

技能目标

通过实际操作学会分析网站的组成元素；掌握域名的设计与查询，申请域名、网站空间租用或服务器托管的过程；掌握淘宝网上开店、宝贝分类管理及简单装修的技能。

情境任务一　建立电子商务网站

情境引例

戴尔计算机公司是世界上最大的计算机制造商之一。戴尔由于成功地将其直接面向最终用户的销售策略推向因特网而广为人知。戴尔公司称其网上商店为“戴尔皇冠上点缀的珠宝”。通过戴尔公司的网上商店，顾客可以在网上组装、定制并购买电脑。

戴尔公司注册了域名 www.dell.com，在网站设计上采用了分布式方案，将流入的访问需求分别由许多前端的 Power Edge 服务器中的一台来处理，由此在网站上平衡负载。同时保证客户以最少的等候时间尽快得到他们正在查找的数据，如价格和样品。

硬件上，戴尔公司前端使用它自己的基于 Intel Pentium Pro 处理器的 Power Edge 4100 服务器。大部分的前端服务器存放的是 html 格式的静态页面。前端服务器将顾客的需求流入不同的应用服务器以处理不同的任务。这其中包括戴尔的 Premier 页面(SM)服务。Premier 页面是为公司客户设计的专用 extranet 页面，上面包括订购信息、订购历史、已经被公司客户认可的系统配置，甚至账户信息。

戴尔公司选用 Microsoft Sile Server、Commerce Edition 为网站的商业引擎，它是网站的核心。为了处理数据库管理业务，戴尔公司采用 Microsoft SQL Server 6.5 作为数据库引擎。

因特网为戴尔公司的直销方法提供了重大的机会。戴尔公司的网址每周被顾客访问的次数超过 80 万次，戴尔公司因此而每天获得平均超过 400 万美元的收入。

思考：戴尔公司建立了网站来销售产品，什么是电子商务网站？它具有什么功能？如何建立电子商务网站呢？

情境认知

一、电子商务网站的含义

现在，网络的发展已呈现商业化、全民化、全球化的趋势。目前，世界上绝大多数的公司无论大小都在利用网络传递商业信息，进行商业活动。从宣传企业、发布产品、招聘雇员到拓展市场、网上销售等，无所不能。如今网络已成为企业进行竞争的有力武器。

电子商务网站是指通过网站技术发布、展示商品信息，实现电子交易，开展与商务活动有关的各种售前和售后的服务，实现电子商务功能的网站。

网站是企业开展网络营销活动的基础设施，是企业在互联网上的名片，为企业提供一个展示自己的舞台，为顾客创造一个了解企业的捷径。通过网站，公司可以实行全天候销售服务，借助网络推广企业的形象、宣传企业的产品、发布公司新闻。同时通过信息反馈使公司更加了解顾客的心理和需求，网站虚拟公司与实体公司的经营运作有机结合，有利于拓展公司产品的销售渠道并节省大量的广告宣传和经营运营成本，更好地把握商机。

电子商务网站是一个虚拟空间，使得公司或企业不分大小，也不管位于何处，在网上都不过是一个拥有 IP 地址或域名的 Web 站点。因而在因特网中，企业的竞争力不再由规模、人数、业绩、信誉和历史等决定，而逐渐被一套新的规则替代。这些新的规则包括网站的规范性、快捷性、方便性、亲切感和美感、个性化选择和交互式使用等。大批中小企业与大型企业将处于同一个起跑线上。电子商务网站改变了企业的竞争格局，帮助各类企业扩大竞争领域。

二、电子商务网站的类型

电子商务网站按照不同的分类方法可分为不同的类型。

（一）按照商务目的和业务功能分类

1. 信息发布型电子商务网站

信息发布型电子商务网站是企业基本信息的载体，主要定位于企业信息发布，包括公司新闻、产品信息、采购信息、招聘信息等用户、销售商和供应商所关心的内容，多用于产品和品牌推广及与用户之间的沟通，因而无须具备完善的网上订单跟踪处理功能。

信息发布型电子商务网站是大多数中小企业网站的主流形式，如湖南省粉师傅机械科技股份有限公司网站（http://www.fenshifu.com/）即属于这种类型，如图4.1所示。

图 4.1　湖南省粉师傅机械科技股份有限公司网站

2. 产品销售型电子商务网站

产品销售型电子商务网站不仅能向网民提供企业有关信息,实现信息的互联,还可以在网站上进行在线交易,开展电子商务活动。交易网站模式提供商品展示、支付结算、物流配送等功能,并提供交易安全认证和保证机制。例如,戴尔中国网站(http://www.dell.com.cn/)是一个典型的产品销售型网站,除了包括产品介绍、焦点新闻和公司简介等内容,还有销售订购的功能,如图 4.2 所示。

图 4.2　戴尔中国网站

3. 综合型电子商务网站

综合型电子商务网站是电子商务网站的高级形态,不仅将信息发布到互联网上,也不仅用来销售产品,而且是集成了包括供应链管理在内的整个企业业务流程一体化的信息处理系统。在这一方面,亚马逊网站堪称典范。

2000 年 3 月海尔集团投资成立海尔电子商务有限公司,2000 年 4 月海尔电子商务平台(海尔商城)开始试运行,全面展示海尔的在销产品,提供灵活多样的查询手段。方便的支付方式和完善的物流配送,使客户真正体验到网络消费的便捷和实惠。海尔商城首页(http://www.ehaier.com/)如图 4.3 所示。

图 4.3 海尔商城首页

(二) 按构建网站的主体分

1. 行业型电子商务网站

行业型电子商务网站是以行业为主体构建的电子商务网站。这类网站专业性很强,旨在为行业内的企业和部门进行电子化贸易提供信息发布、商品交易、客户交流等活动平台,如中国化工网(http://china.chemnet.com/)。

2. 企业型电子商务网站

企业型电子商务网站以企业为构建主体,旨在为企业的产品和服务提供商务平台,如丝塔芙官方网站(http://www.cetaphil.com.cn/)。

3. 政府型电子商务网站

政府型电子商务网站以政府机构为构建主体来实现电子商务活动,为政府税收和政府公共服务提供网络化交流的平台,如海南省人民政府网(http://www.hainan.gov.cn/)。

4. 服务机构电子商务网站

服务机构电子商务网站一般是建立一个交易平台,让其他企业或个人到网站进行交易,收取中介或服务器租赁费等服务费用,如淘宝网。

(三) 按商务网站开办者分类

1. 流通型电子商务网站

流通型电子商务网站由流通企业建立,旨在宣传和推广其产品与服务,使顾客更好地了解产品的性能和用途,促使顾客进行在线购买,如苏宁易购网(http://www.suning.com/)。

2. 生产型电子商务网站

生产型电子商务网站由生产产品和提供服务的企业来提供,旨在推广、宣传其产品和服务,实现在线产品销售和在线技术支持等商务功能，如海尔商城（http://www.ehaier.com/）。

（四）按网站运作广度和深度分类

1. 水平型电子商务网站

水平型电子商务网站是提供综合产品的网站。这种类型的网站聚集了各行各业的大量产品，类似于网上购物中心，旨在为用户提供产品线宽、可比性强的商业服务，如淘宝网。

2. 垂直型电子商务网站

垂直型电子商务网站提供某一类产品及其相关产品的一系列服务，像提供销售汽车、汽车零配件、汽车装饰品、汽车保险等产品的服务，如汽车之家（http://www.autohome.com.cn/）。

3. 专门型电子商务网站

专门型电子商务网站提供某类产品的最优服务，类似于专卖店，通常提供品牌知名度高、品质优良、价格合理的产品的销售，如聚美优品网（http://www.jumei.com/）。

4. 公司型电子商务网站

公司型电子商务网站是指以本公司产品或服务为主的网站，相当于公司的网上店面，以销售本公司产品或服务为主，如小米网（http://www.xiaomi.com/）。

三、电子商务网站的一般功能

由于在网上开展的电子商务业务不尽相同，所以每一个电子商务网站在具体实施功能上也不相同。一般来说，电子商务网站的主要功能有以下8种。

（一）信息发布

在电子商务中，商业信息发布的实时性和方便性是传统媒体所无法企及的。信息查询技术的发展，以及多媒体的广泛使用都使得这些信息比过去更加精彩，更加吸引人。网络广告宣传、用户在线查询和浏览、网络会议等具体发布形式更让人眼花缭乱。而这一切的效用成本比值要比通过传统媒体实现经济得多。

（二）形象宣传

网站的形象代表着企业的网上品牌形象，人们在网上了解一个企业的主要方式就是访问该公司的网站，网站建设得专业化与否不仅影响企业的网络品牌形象，同时还对网站的其他功能产生直接影响。电子商务网站为企业和公司提供了一种不受时间、空间约束的，面向全球客户全面展示其产品和服务的模拟空间。由于其受众面广，所以起到了提高企业知名度、树立新的企业形象、增强企业信誉的作用。

（三）产品/服务展示

顾客访问网站主要是为了对公司的产品和服务进行深入了解，企业网站的主要价值也就在于灵活地向用户展示产品说明、图片资料甚至多媒体信息，即使一个功能简单的网站也应相当于一本方便、省钱、可以随时更新的产品宣传资料。

（四）商品和服务订购

网站本身就是一个销售渠道。企业利用自己的网站，可以更生动、更直观、更方便地向更广范围内的其他企业和个人推销产品和提供服务，完成在线预定、订单确认、网上支付等功能，并且这种方式24小时不间断地进行。

（五）咨询洽谈

电子商务网站可以为顾客提供各种在线服务和帮助信息，如常见问题解答（FAQ）、在线填写寻求帮助的表单、通过即时通信工具实时回答顾客的咨询等。

（六）信息搜索与查询

电子商务网站提供信息搜索与查询功能，可以使客户在电子商务数据库中轻松而快捷地找到所需要的信息。这是电子商务网站能否使客户久留的重要原因，体现了网站的信息组织能力和拓展信息交流与传递途径的功能。

（七）客户信息管理

通过网站，企业或商家可以全天候跨地区为客户服务。商务网站还能方便地把来访的客户信息记录下来，实现有效的客户关系管理，以便与客户保持联系并能更好地为其服务。

（八）销售业务信息管理

电子商务网站还提供销售业务信息管理功能，从而使企业能够及时地接受、处理、传递与利用相关的数据资料，并使这些信息有序而有效地流动起来，为组织内部的ERP、DSS或MIS等管理信息系统提供信息支持。

四、建立电子商务网站的流程

电子商务网站的建立流程主要包括总体规划→网站软硬件环境建设→网站内容建设→网站测试和发布→网站维护→网站推广等，其中每个流程又包括若干细节。

（一）总体规划

总体规划是指网站建立之前进行市场分析，确定网站建设的功能和定位，根据需要对网站的内容、网站建设中使用的技术和费用，以及网站运营和维护等做出规划，并进行可行性分析。网站规划对网站建设发挥指导作用。具体包括以下几个方面。

1. 确定网站建设的目的

市场分析是网站建立的第一阶段，总的目的是根据调查分析，明确建立电子商务网站的目的与内容。市场分析主要包括企业需求分析、目标客户调查与分析、竞争对手调查分析、市场定位分析等。

2. 规划网站内容

① 理顺构造和层次。确定建站目的和客户群体后，下一步就是目标细化，构架网站内容框架，主要包含网站核心内容、主要信息和服务项目等，再就是勾画网站的构造图。画出构造图的目的，一方面便于有逻辑地组织站点和连接，同时也便于网站制作人员进行分工和协作，及时查漏补缺。

② 搜集信息。在制作网页之前，要尽可能多地收集与网站相关的素材（文字、图像、多媒体等）。资料的搜集工作的内容包括企业的标志、文字性说明、新闻报道、发展简介、技术手册、图片

和动画等。将信息按类型和功能生成一个目录结构,保持信息结构的灵活性,以便日后的更新和维护。

③ 栏目设定。一般电子商务网站应包括企业新闻、企业简介、产品展示、在线下单、客户案例、联系方式、会员中心、售后服务等栏目。栏目设定是否合理关系到浏览者的兴趣与方便,而且影响到网站以后的维护与管理。栏目实质上是一个突出显示网站主体的大纲索引,一般做法是将网站内容按一定方法分类,并将其作为网站的主栏目。如果网站栏目层次较多,又没有站内搜索引擎,建议设置一个本站指南之类的栏目;另外还可以设置双向交流类的栏目,如在线咨询、留言板等。

3. 网站技术解决方案

规划网站建设中所使用的技术方案,如建站是使用自建服务器还是租用虚拟主机,采用系统性的解决方案还是自己开发,网站设计使用哪些相关程序进行开发,网络安全采用哪些技术措施等。

4. 网站测试规划

对网站测试的环节进行规划,明确网站测试的内容,以保证正常的浏览和使用。

5. 网站的维护和更新规划

明确网站维护和更新的内容,并制定相关网站维护更新的规定,使其制度化、规范化。

6. 网站建设进度规划

规划各项任务的开始和结束时间,使网站建设工作能够按部就班地完成。

7. 费用明细

在网站建设中所涉及的各项费用情况规划,包括各种设备的费用,为传输信息所付的通信费,经营者为了购买或生产信息所付出的信息费、维护费等。

电子商务网站规划涉及的内容很多,而网站规划的最终结果是形成一份切实可行、高质量的网站规划书,从而为后续的网站设计和网站建设起到很好的指导作用。

(二) 网站软硬件环境建设

1. 选择网络服务方式

① 虚拟主机模式。对于电子商务发展初期的企业,由于网站主要用来发布企业产品信息,一般采用租用虚拟主机的方式。虚拟主机是使用特殊的软硬件技术,把一台完整的真实主机的硬盘空间分成若干份,每一个被分割的硬盘称为一台虚拟主机。每一台虚拟主机都具有独立的域名和 IP 地址(或共享的 IP 地址),具有完整的因特网服务器功能。虚拟主机之间完全独立,在外界看来,每一台虚拟主机和一台独立的主机完全一样。

由于多台虚拟主机共享一台真实主机的资源,每个用户承受的硬件费用、网络维护费用、通信线路费用均大幅度降低,而且虚拟主机服务提供者的服务器硬件构成的性能比较高,通信线路也比较通畅,可以达到非常高的数据传输速度,为用户提供了一个良好的外部环境。这样不仅大大节省了购买机器和租用专线的费用,同时也不必为使用和维护服务器的技术问题担心,更不必聘用专门的管理人员。但一台服务器主机只能支持一定数量的虚拟主机,当超过这个数量时,用户会感到性能急剧下降。

虚拟主机的拓扑结构如图 4.4 所示。虚拟主机都具有独立的域名和 IP 地址,但共享真实主机的 CPU、RAM、操作系统和应用软件等。

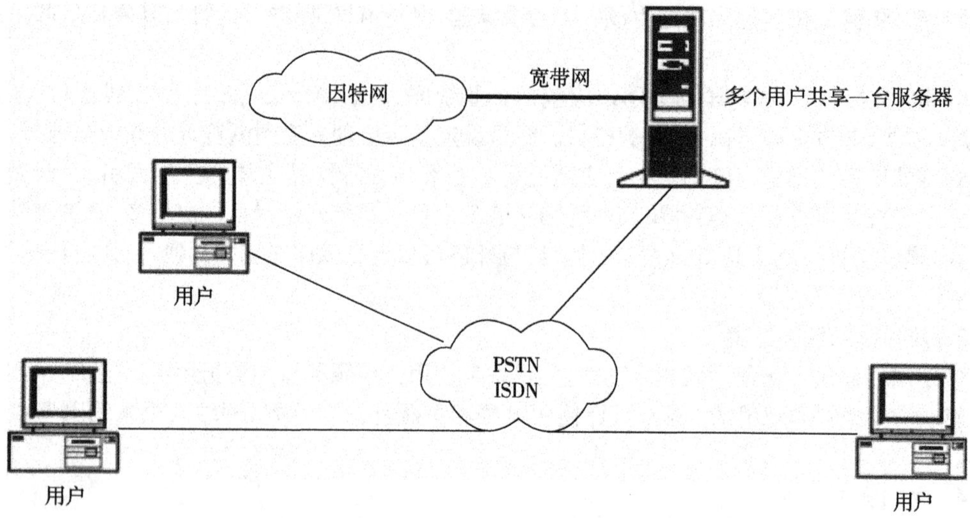

图 4.4　虚拟主机的拓扑结构

情境小知识

网站建设如何选择虚拟主机

网站建设选择虚拟主机考虑的因素包括虚拟主机的网络空间大小、操作系统、对一些特殊功能如数据库等是否支持，虚拟主机的稳定性和速度，虚拟主机服务商的专业水平等。通常需要考虑的内容如下。

① 虚拟主机服务商的专业水平和服务质量。这是选择虚拟主机的第一要素。如果选择了质量比较低下的虚拟主机服务商，很可能会在网站运营中遇到各种问题，甚至经常出现网站无法正常访问的情况，或者遇到问题时很难得到及时的解决，这样都会严重影响网络营销工作的开展。

② 虚拟主机的网络空间大小，操作系统，对一些特殊功能如数据库等是否支持。可根据网站程序所占用的空间，以及预计以后运营中所增加的空间来选择虚拟主机的空间大小，应该留有足够的余量，以免影响网站正常运行。一般说来，虚拟主机空间越大价格也相应较高，因此需在一定范围内权衡，也没有必要购买过大的空间。虚拟主机可能有多种不同的配置，如操作系统和数据库配置等，要根据自己网站的功能来选择，如果可能，最好在网站开发之前就先了解一下虚拟主机产品的情况，以免在网站开发之后找不到合适的虚拟主机提供商。

③ 虚拟主机的稳定性和速度等。这些因素都影响网站的正常运作，需要有一定的了解。如果可能，在正式购买之前，先了解一下同一台服务器上其他网站的运行情况。

④ 虚拟主机的价格。现在提供虚拟主机服务的服务商很多，质量和服务也千差万别，价格同样有很大差异。一般来说，著名的大型服务商的虚拟主机产品价格要贵一些，而一些小型公司可能价格比较便宜，可根据网站的重要程度来决定选择哪种层次的虚拟主机提供商。

资料来源：千龙企业网，网站建设.

② 服务器托管模式。服务器托管模式是指用户将自己的独立服务器寄放在因特网服务商的机房，即租用 ISP 机架位置，由 ISP 提供必要的维护工作，由用户自己进行主机内部的系统维护

及数据的更新，从而实现其与因特网的连接，省去了自行申请专线连接到因特网。它摆脱了虚拟主机受制于软硬件资源的限制，能够提供高性能的处理能力，同时有效降低了维护费用和机房设备投入、线路租用等高额费用。用户可远程维护服务器中的信息。主机托管不会因为共享主机而引起主机负载过重导致服务器性能下降或瘫痪。在独立主机的环境下，可对自己的行为和程序严密把关、精密测试，将服务器的稳定性提升到最高。用户对设备拥有所有权和配置权，并可要求预留足够的扩展空间。这种方式特别适用于有大量数据需要通过因特网进行传递，以及有大量信息需要发布的用户。服务器托管的拓扑结构如图 4.5 所示。

图 4.5　服务器托管的拓扑结构

虚拟主机、服务器托管模式性价比高，投入较少。企业只需交较少的服务费，就能解决机房条件、网站空间和软件环境等问题。同时，企业也不需要信息技术专业人才，无须掌握太多硬件设备、网络控制及安全方面的技术。

情境小知识

服务器托管和虚拟主机的区别

① 服务器托管是用户独享一台服务器，而虚拟主机是多个用户共享一台服务器。

② 服务器托管用户可以自行选择操作系统，而虚拟主机用户只能选择指定范围内的操作系统。

③ 服务器托管用户可以自己设置硬盘，创造数 10 GB 以上的空间，而虚拟主机空间则相对狭小；服务器托管业务主要针对 ICP 和企业用户，它们有能力管理自己的服务器，提供诸如 Web、E-mail、数据库等服务。但是它们需要借助 IDC 提升网络性能，而不必建立自己的高速骨干网的连接。

拓展案例

上海电信互联网数据中心简介

上海电信 IDC（Internet Data Center，互联网数据中心，网址 www.163date.com）是由上海市长途电信局的直属企业上海长信信息服务有限公司经营和管理，为各大、中型企事业单位及 ICP 用户所提供的电信级网络信息平台。它依托中国电信 ChinaNet 骨干网得天独厚的网络优势，提供以主机托管及租赁为主的服务。上海电信 IDC 以其设施一流的电信级标准机房、高速稳定的接入带宽、强大迅速的技术支撑、安全稳定的保障措施、贴心全面的优质服务而成为上海和华东地区首屈一指的主机托管网络服务中心。

上海电信 IDC 以千兆级高速物理光纤直接接入 ChinaNet 骨干网的路由交换机，并以冗余线路结构保证高速可靠的干线连接。上海电信 IDC 的托管机房是上海市长途电信局标准的电信机房，提供托管用户恒温恒湿的标准电信级的机房设施、充足的不间断的通信电源、24 小时技术人员值班维护。企业用户的主机通过上海电信IDC的托管机房上网,实际上就是直接接入到中国电信的ChinaNet的骨干网上,而ChinaNet骨干网国际出口带宽已达1GB。因此,用户主机(及主机群)能享受到比较好的带宽速率、服务质量和技术支持。典型用户有东方网、亿唐、易趣网、阿里巴巴、索易及广州的网易等。上海电信IDC主机托管服务的结构如图4.6所示。

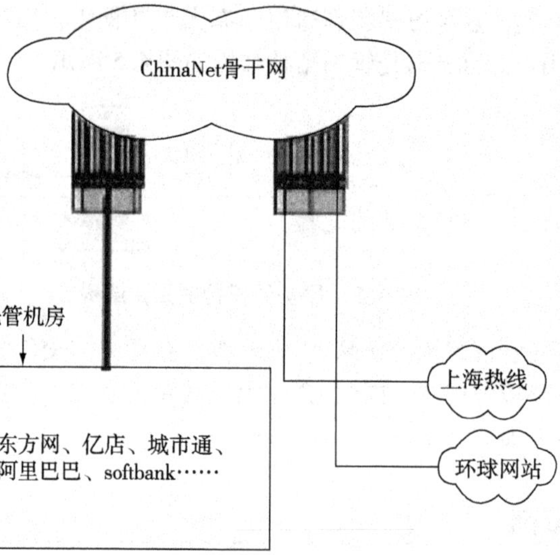

图4.6　上海电信IDC主机托管服务的结构

资料来源:宋文官.电子商务实用教程[M].北京:高等教育出版社.

③ 自建服务器(专线接入)模式。自建服务器(专线接入)模式是指用户的服务器从因特网接入到维护管理完全由自己操作。这种模式能提供高性能的点到点通信,通信保密性强,传输质量高,网络时延小,并且系统、数据的安全程度都可以自己调控;但是企业自己建立服务器要考虑硬件、系统平台、接入方式、防火墙、数据库、人员配备等多方面的内容,还要面对设备淘汰、应用需求、安全等更多难以确定的因素。这种模式投入的费用高,而且需要掌握硬件设备、网络控制及安全方面的专业技术专业人才,因此,如果不是真有需求和很有实力的企业,完全没有必要采用这种模式。自建服务器的拓扑结构如图4.7所示。

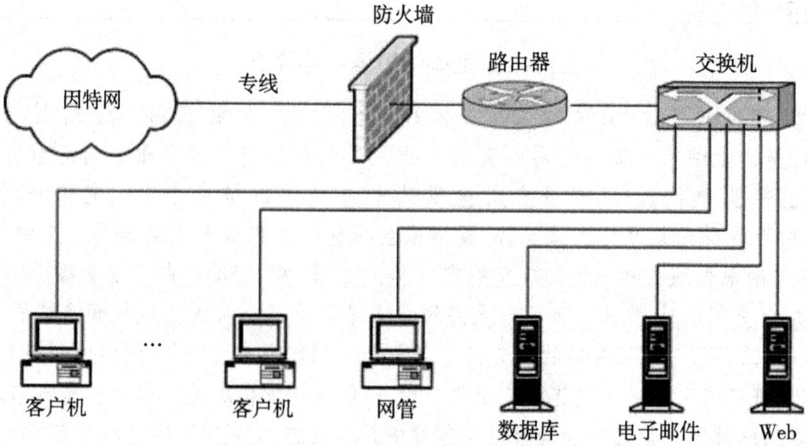

图4.7　自建服务器的拓扑结构

2. 硬件选择

① 网络设备。网络设备中的关键设备是路由器、交换机和安全设备。网络设备的选择应考虑到技术上可行、经济上合理。

② 服务器设备。服务器的选型应充分考虑到站点可能的信息容量、提供的服务种类、每日的点击率及站点发展的需求。

3. 选择软件

（1）选择 Web 服务器软件

Web 服务器软件也称为 WWW（World Wide Web）服务器，是驻留于因特网上某计算机内的程序，主要功能是提供网上信息浏览服务。当 Web 浏览器（客户端）连到服务器并请求文件时，服务器将处理该请求并将文件发送到该浏览器上，附带的信息会告诉浏览器如何查看该文件（即文件类型）。服务器使用 HTTP（超文本传输协议）进行信息交流。Web 服务器不仅能存储信息，还能在 Web 浏览器提供的信息的基础上运行脚本和程序。几种常用的大型 Web 服务器有 Microsoft IIS、IBM Web Sphere、BEA Web Logic 和 Apache。在选择服务器软件时，要考虑以下因素。

① 与操作系统的配合。在 UNIX 和 Linux 平台下使用最广泛的是 Apache 服务器，而Windows 平台 NT/2000/2003 使用 IIS 的 Web 服务器。

② 响应能力。考虑单位时间内支持的访问量和对用户要求的响应速度。

③ 管理的难易程度。一是管理服务器简单易行；二是利用 Web 接口进行管理比较方便。

④ 稳定可靠性。Web 服务器的性能和运行稳定，不易发生故障。

⑤ 安全性。一是考虑防止机密信息泄露；二是考虑防止黑客攻击。

（2）选择操作系统

操作系统是管理电脑硬件与软件资源的程序，用来管理计算机系统的全部资源包括软硬件资源及数据资源，控制程序运行，为其他应用软件提供支持等。

目前，系统平台的产品主要有 Windows NT、UNIX、Netware 和 Linux 等。Windows NT 是 Microsoft开发的网络操作系统，系统较为稳定，并且软、硬件的花费比较低。UNIX 是一个具有不同硬件平台的多用户操作系统，具有多种不同的版本，其结构和 MS－DOS 的结构很相似，可提供除 Web 服务以外的访问，但费用较高。Linux 是基于 Intel－PC 机的一种很流行的 UNIX 版本，性能稳定、技术先进，是目前流行的微机操作系统之一。

（3）选择网络数据库

网络数据库是在网络上运行的数据库，数据存储量大、修改方便，能够进行动态数据组合，为电子商务网站提供交互式服务的主要手段。当前比较流行的 Web 数据库主要有 SQL Server、MySQL、Oracle 和 Access。这 4 种数据库适应性强，性能优异，容易使用，在国内得到了广泛的应用。选择一个好的数据库管理系统，是电子商务网站建设十分关键的步骤。选择的总原则是从实际需求出发，具体来说可从以下几个方面考虑。

① 从易用性看，Access 是最易学的数据库管理系统，SQL Server 则次之，MySQL 相对有一定难度，而 Oracle 则是这几种中最难学的。SQL Server、Access 都拥有图形化界面，操作十分简单。Oracle 则操作起来比较复杂。因此，在一些中小型电子商务网站系统中，SQL Server、Access 使用得极其普遍。

② 从安全性角度看，Oracle 的安全性最好，SQL Server 次之，Access 安全性最差。

③ 从开放性角度看，Oracle 是所有数据库管理系统中开放性最好的，能在 UNIX、Linux、Windows 等所有主流平台上运行。Oracle 采用了完全开放策略，而 SQL Server、Access 则遵循了微软一贯的封闭政策，只能在 Windows 平台上运行，没有丝毫的开放性。

一般在中小型电子商务网站应用中,Oracle、SQL Server、Access 性能基本相同,没有太大差异。但在多用户时 Access 性能不佳,SQL Server 性能一般,而 Oracle 性能最好。选择数据库平台时,如果用于个人网站,由于其一般对数据库应用性能要求不高,可选择简便易用、好学易懂的 Access;而中小型企业网站,则可选择相对易学易用、性能适中的 SQL Server;大型电子商务网站,一般要选择 Oracle。

4. 网站安全建设

(1) 系统安全建设

从技术层面上讲,网站的安全问题可以归结为网络安全和数据安全。

网络安全是指网络系统的安全,包括组成网络硬件的安全和防止非法用户进入网络;数据安全是指对存放在网络中的数据的安全保护。常用的数据保护技术包括身份验证、权限控制、数据加密、病毒防范等。此外,为保证数据的绝对安全,还应配备数据备份和恢复处理设备,如双硬盘、镜像站点等。

对于网站的整体安全性,要定期地进行危险性与脆弱性分析,在危险性评估的基础上,改进网站的安全建设。

(2) 安全管理制度

网站安全保护是一个系统工程,既涉及技术问题,又涉及管理问题。企业在网站开始建立时,就应当高度重视安全管理制度的建设。从电子商务运作的情况看,70% ~ 90% 的安全问题来自内部管理的漏洞。因此,加强网站安全管理制度的建设,加强对网站工作人员的监督,对于保证网站高效、正常地运作具有极为重要的意义。

网站安全管理制度应包括网站工作人员管理制度,保密制度,跟踪、审计、稽核制度,网站日常维护制度,用户管理制度,病毒防范制度,应急措施等内容。

(三) 网站内容建设

1. 设计网站结构,生成目录

设计网站的结构时,首先要将所有要应用到网站上的素材资料列举出来,根据内容设计一个结构蓝图。例如,网站的主页是什么,网站有哪些栏目,要划分几个板块,怎么设置各栏目或各网页之间的链接等。如果内容过多,还可以绘制一个导航图。

将信息按类型和功能生成一个目录结构。一个优秀的网站在目录结构的建立方面一般遵循以下几个原则。

① 按栏目内容建立子目录。首先按主菜单栏目建立子目录;其他的次要栏目,如果需要经常更新可以建立独立的子目录;而一些相关性强、不需要经常更新的栏目,可以合并放在一个统一目录下;所有程序一般都存放在特定目录中。

② 在每个主栏目目录下都建立独立的 images 目录。为每个主栏目建立一个独立的 images 目录是最方便管理的;而根目录下的 images 目录只用来放首页和一些次要栏目的图片。

③ 目录的层次不要太深。目录的层次建议不要超过 3 层,维护管理方便。

④ 不使用中文目录和名字过长的目录。

2. 网页设计

(1) 网站的总体风格

网页要根据网站制作的目标和内容设计出相应的风格。为了使整个网站看起来很协调,不会让浏览者产生混乱迷惑的感觉,网站中的各种元素,如网站中的名称、网站的徽标、有代表性的图形和动画、主色调、字体的风格及导航条的设置等均要一致。

(2) 网页布局

网页布局大体可分为头部、体部、尾部三大板块。其中，头部内容包括标题、网站标志、广告条、分类导航(Menu)与检索；体部内容包括用户注册与登录、各类栏目、相关站点链接；尾部内容包括版权声明、管理入口、联系方式等。

常见的网页布局结构有"国"字形布局、"匡"字形布局、"三"字形布局、"川"字形布局、封面型布局、Flash 布局、标题文本型布局、框架型布局和变化型布局等。

(3) 版面设计

网页中内容元素合理的排版设计很重要，应该重点突出、层次分明、井井有条，要利用有限的空间，将各种文字和图片有效地组合在一起。版面设计时应注意：页面中的构成要素要有大中小的区别；画面中的色彩要有明暗、色相和纯度的变化；层次不要过多，因为人的注意力有限，在同一时间内视觉感受力一般都不超过三大层次。因此，在网页设计中，即使是内容繁杂的网站也要有意识地组织成三大层次，或以形态分，或以色彩分，或以疏密结构分。

(4) 页面内容

网页内容一定要充实，且尽量使用高质量的原创内容，并保持内容的持续更新，这是网站的根本。网站的结构应当层次清晰，减少目录深度，尽可能把重要页面的链接和栏目放置到首页，将重要信息放在突出醒目的位置上，并把第二、三层的栏目标题抽取到首页。网页设计中，HTML代码、文本是主体。图片既要美观、符合网站的内容，又要少而精，放在最需要的地方，并增加图像的文本描述。同时，网站建立站点地图会有利于爬行机器人的爬行索引，让搜索引擎知道哪些页面修改过、各页面的重要程度、自定义更新频率等，从而提高索引网站内容的效率和准确度。

(5) 网页的色彩

打开一个网站，给用户留下第一印象的既不是网站丰富的内容，也不是网站合理的版面布局，而是网站的色彩。在网页中，色彩的冲击力是最强的，很容易给用户留下深刻的印象。因此，创建网站应确定网站的基本色彩。网站的色彩不宜太多，一般一个网页中标准色原则上不得超过 3 种，不然会给人以杂乱的感觉，影响来访者的情绪。标准色彩应该用于网站的标志、标题、主菜单和主色块，以给人整体统一的感觉，其他的色彩只作为点缀和衬托，绝不可喧宾夺主。

(6) 网站的优化

网站进行优化就是对网站的关键词、网站结构、网站内容、链接等方面进行优化，从而提高网站在搜索引擎的排名，增加网站的访问量，扩大网站的影响力。

投入大量人力物力建成的网站，如果没有什么人访问，很快就变成了一个"信息孤岛"，逐渐失去建站的意义。造成这种现象的主要原因是，很多网站只注意了网页设计的美观，而没有考虑到网站做好之后，除了给浏览者看之外，还要让搜索引擎有效收录和排名。在海量的网络信息资源面前，搜索引擎已经成为人们不可或缺的上网工具。然而，在使用搜索引擎时，人们往往只关心前几页的检索结果，而排名在后的检索结果被关注的概率微乎其微。因此，通过搜索引擎优化来提高网站排名，进而增加网站流量就显得至关重要。

(7) 网站开发语言

HTML(Hyper Text Mark-up Language)即超文本标记语言，是 WWW 的描述语言。它通过标记符号来标记要显示的网页中的各个部分。网页文件本身是一种文本文件，通过在文本文件中添加标记符，可以告诉浏览器如何显示其中的内容(如文字如何处理，画面如何安排，图片如何显示等)。浏览器按顺序阅读网页文件，然后根据标记符解释和显示其标记的内容，如文字、图形、动画、声音、表格、链接等。标准的 HTML 语言文件都具有一个基本的整体结构，包括头部(head)、主体(body)两大部分，其中头部提供关于网页的信息，主体部分提供网页的具体内容。

标记符中的标记元素用尖括号括起来，大多数标记符需成对使用（部分标记除外，如
），许多标记元素具有属性说明，可用参数对元素做进一步的限定。HTML 语言只是一种标记性语言，只能实现静态的页面。

现在的电子商务网站都是动态 Web 网站，商家和用户能够动态地进行信息交流。但需要用脚本语言编程才能实现其动态交互功能，而且必须能够支持数据库操作，以及对会员、商品和交易进行数据库管理，实现网站的数据库化。目前，最流行、应用最广泛的动态 Web 网站开发技术有 JSP、ASP、PHP 等。这些技术都是在静态的 HTML 中嵌入了脚本语言来实现动态 Web 网站的，它们都能方便地与标准的 HTML 网页集成。

ASP 是 Active Server Page 的缩写，意为动态服务器页面。ASP 是微软公司开发的代替 CGI 脚本程序的一种应用，可以与数据库和其他程序交互，是一种简单、方便的编程工具。ASP 的网页文件格式是 . asp，现在常用于各种动态网站中。ASP 是一种服务器端脚本编写环境，可以用来创建和运行动态网页或 Web 应用程序。ASP 网页可以包含 HTML 标记、普通文本、脚本命令，以及 COM 组件等。利用 ASP 可以向网页中添加交互式内容（如在线表单），也可以创建使用 HTML 网页作为用户界面的 Web 应用程序。运行 ASP 需要安装微软的 IIS 服务器。ASP 的脚本语言有 VBScript 和 JavaScript 两种。

ASP. net 不仅仅是 Active Server Page（ASP）的下一个版本，而且是一种建立在通用语言上的程序构架，能被用于只用一台 Web 服务器来建立强大的 Web 应用程序。ASP. net 提供许多比现在的 Web 开发模式强大的功能，执行效率大幅提高。ASP. net 的网站或应用程序通常使用微软公司的IDE（集成开发环境）产品 Visual Studio 进行开发。在开发过程中可以进行 WYSIWYG（What You See Is What You Get，所见即所得）的编辑。

PHP 是 Hypertext PreProcessor 的缩写，意为超级文本预处理语言。PHP 是一种 HTML 内嵌式的语言，是一种在服务器端执行的嵌入 HTML 文档的脚本语言，语言的风格类似于 C 语言，现在被网站编程人员广泛运用。PHP 独特的语法混合了 C、Java、Perl 及 PHP 自创新的语法，可以比 CGI 或 Perl 更快速地执行动态网页。与其他的编程语言相比，用 PHP 做出的动态页面是将程序嵌入到HTML 文档中去执行，执行效率比完全生成 HTML 标记的 CGI 要高许多；与同样是嵌入 HTML 文档的脚本语言 JavaScript 相比，PHP 在服务器端执行，充分利用了服务器的性能；PHP 执行引擎还会将用户经常访问的 PHP 程序驻留在内存中，其他用户再一次访问这个程序时就不需要重新编译程序，只要直接执行内存中的代码就可以了，这也是 PHP 高效率的体现之一。PHP 具有非常强大的功能，能实现 CGI 或 JavaScript 所有的功能，而且支持流行的数据库及操作系统。

JSP 是 Java Server Pages 的缩写，是由 Sun Microsystems 公司倡导、许多公司参与一起建立的一种动态网页技术标准。JSP 技术有点类似 ASP 技术，是在传统的 HTML 网页文件中插入 Java 程序段和 JSP 标记从而形成 JSP 文件。用 JSP 开发的 Web 应用是跨平台的，既能在 Linux 下运行，也能在其他操作系统上运行。JSP 将网页逻辑与网页设计和显示分离，支持可重用的基于组件的设计，使基于 Web 应用程序的开发变得迅速和容易。自从 Sun 正式发布 JSP 之后，这种新的 Web 应用程序开发技术很快便成为市场瞩目的对象，以其强大的功能、稳定的性能、高可靠安全性和平台可移植性成为 Microsoft ASP 技术的强劲竞争者。

（8） *网页设计常用工具*

工欲善其事，必先利其器。制作网页首先要选定网页制作软件。虽然用记事本、Word 也能做出网页，但网页上的许多效果是做不出来的。常用的网页制作工具如下。

Flash、Dreamweaver、Fireworks 合在一起被称为网页制作三剑客。这 3 种软件相辅相成，是制作网页的首选。其中，Dreamweaver 主要用来制作网页文件，制作效率高，制作出来的网页兼容性好;Flash 以制作网上动画为特长,做出的动画效果都是其他软件无法比的;Fireworks 以处理网页图片为特长,而且可以轻松制作 GIF 动画。

FrontPage 是一款优秀的网页制作与开发工具,本身也是 Office 中的一个重要软件,采用了与 Office 其他软件一致的界面和操作方式。只要使用过 Office 软件,就可以轻松掌握 FrontPage 的用法。

Photoshop 是 Adobe 公司的王牌产品,无论是在平面广告设计、室内装潢,还是处理个人数码照片方面,Photoshop 都已经成为不可或缺的工具。在网页制作方面,它多姿多彩的滤镜和功能强大的选择工具可以做出各种各样的文字效果。

（四）网站测试与发布

1. 网站测试

网站测试的目的是保证客户正常浏览和使用,贯穿了网站的各个开发阶段。对网站的测试应从用户界面、功能、兼容性、性能和安全几方面综合考虑,并借助自动测试工具提高效率。基于 Web 的系统测试不但要检查和验证是否按照设计的要求运行,还要评价系统在不同用户浏览器端的显示是否合适。更为重要的是,还要从最终用户的角度进行安全性和可用性测试。

一个网站基本完工后,先对网站的页面和程序在本地计算机上进行全面的测试,然后将网站发布到服务器之后进行测试。这主要是为了防止环境不同导致的错误。测试的主要内容有功能测试、性能测试、稳定性测试、兼容性测试、链接测试、代码测试、脚本和程序测试、安全性测试等。

2. 网站发布

首先,网站发布要有域名与空间;然后,通过域名解析,在空间绑定域名;最后,利用 FTP 上传网站到空间中。

域名是一个网站的入口,也是一个网站对外的口号宣传。选择一个好的域名,可以让网站成长得更快、更好,是一个网站成功的基础之一。域名命名时应简洁明了,易于记忆,内涵丰富,有吸引力,与公司名称、商标或核心业务相关,尽量避免文化冲突。

域名注册的过程并不复杂,一般程序为:选择域名注册服务商→查询自己希望的域名是否已经被注册→注册用户信息→支付域名注册服务费→提交注册表单→域名注册完成。

图 4.8 ~ 图 4.12 是在中域互联申请域名的流程。

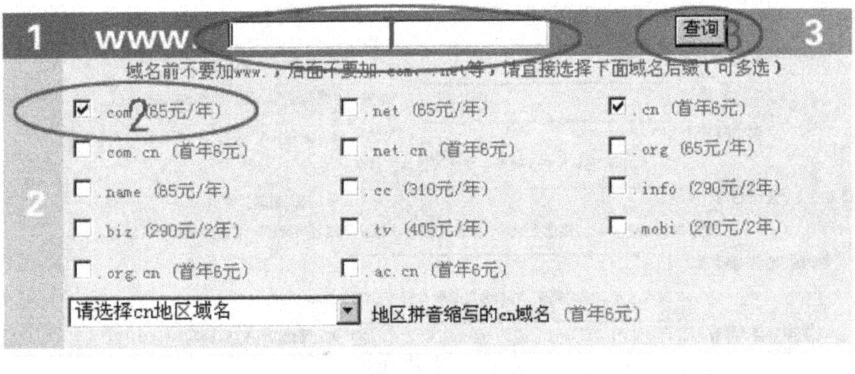

图 4.8　填写域名

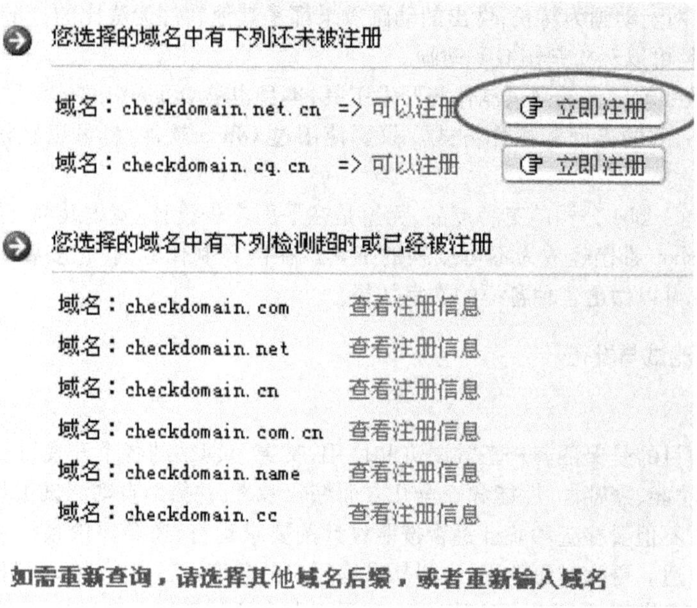

图 4.9　注册域名

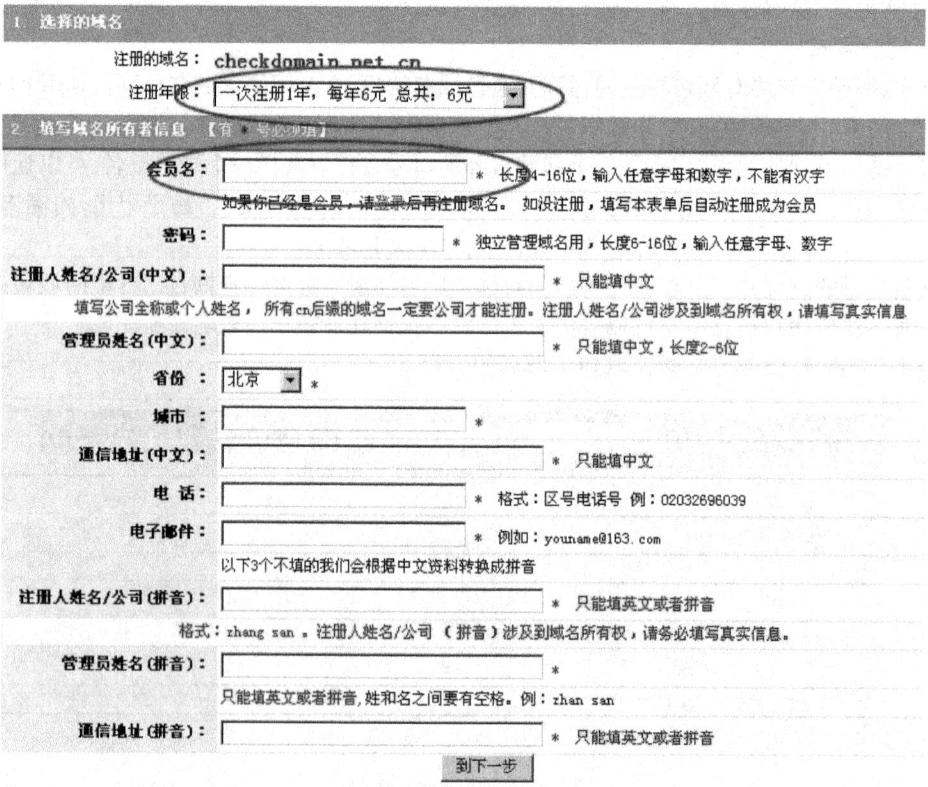

图 4.10　准备填写注册信息

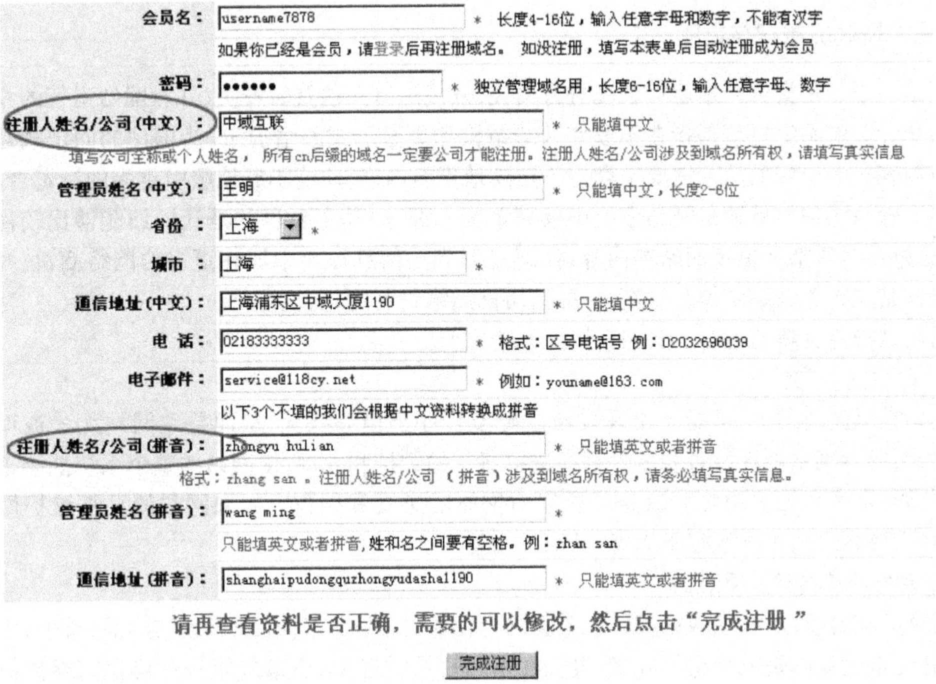

图 4.11　填写注册信息

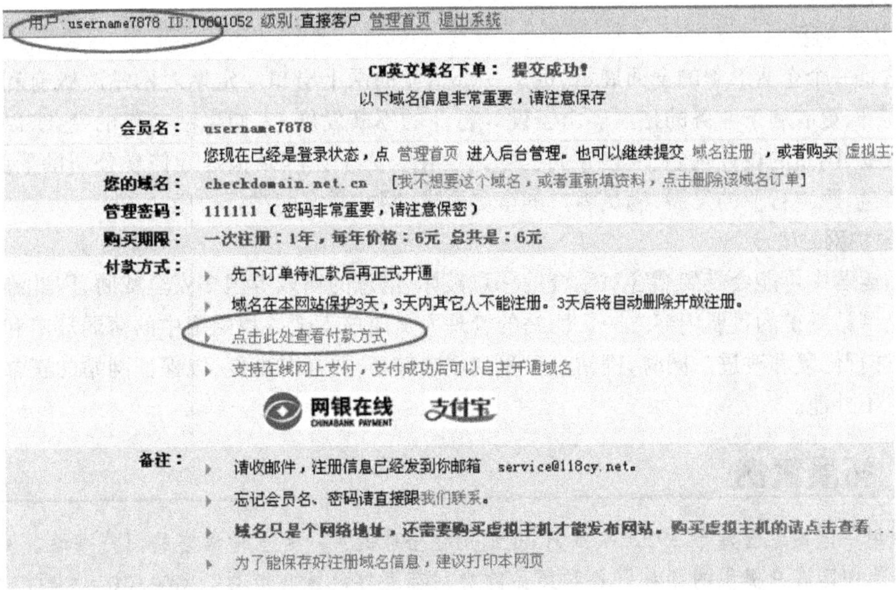

图 4.12　支付服务费

企业建立网站要有自己的空间,也就是要选择合适的服务器。空间的大小主要根据企业的规模、大小来选择。一般情况下,大型企业实力雄厚,而且基于企业自身庞大的数据库及安全方面的考虑,选择自己架设服务器为最佳;中型企业比较乐于选择服务器托管服务,这样就可以省去管理、维护服务器的大笔费用;小型企业可与人共同分享虚拟主机,即空间租赁。

(五)网站的维护与更新

网站的维护是指对网站运行状况进行监控,发现运行问题及时解决,并对网站运行的相关情况进行统计。网站的更新是指在不改变网站结构和页面形式的情况下,为网站的固定栏目增加或修改内容。一个好的网站需要定期或不定期地更新内容,才能不断地吸引更多的浏览者,增加访问量。网站维护与更新是网站建设中极其重要的部分,其主要目的是让网站能够比较稳定地运行,通过及时调整和更新网站的内容,在瞬息万变的信息社会中抓住更多的网络商机。因此,企业应该制定相关网站维护和更新的规定,将网站维护制度化、规范化。

网站维护与更新的内容主要包括以下几个方面。

1. 网站的日常维护

网站在运营过程中,可能会出现设备故障或程序出错等状况,从而导致网站无法被正常访问。因此,要对网站硬件设备和软件程序进行日常的维护和管理,使网站的整个系统能够正常运行。网站日常运营维护的好坏决定了顾客对网站的感受和印象。如果网站的日常维护做得不好,会导致顾客对网站的运营不满意,从而失去客户。

2. 网站内容的维护和更新

信息具有时效性,必须跟踪和研究最新的变化情况,及时发布企业最新的产品、价格、服务等信息,并经常更新网站上的图片、广告等。在网站栏目设置上,也最好将一些可以定期更新的栏目放在首页,使首页的更新频率更高。网站信息只有不断更新,才会吸引浏览者访问,加强顾客对网站的忠诚度。

3. 定期改版

网站是一个企业形象的全面展示,也是一个企业的网上窗口。定期对网站改版有利于企业品牌的提升,更有利于业务的拓展。由于设计行业的不断发展,人们生活节奏的变化,以及审美观点的改变,网站的设计理念、风格布局也随之变化。为了让网站很好地体现公司的形象,展示业务的特色,跟随行业的发展,满足客户的审美要求,网站要定期进行改版。

4. 维护网站安全

网站运营中可能会受到黑客对系统的恶意破坏、信息的窃取等很多安全威胁,因此维护网站的安全是网站维护的重要内容之一。网站的管理人员应该不断寻找网络中的薄弱环节和安全漏洞,及时进行修复和改进。同时,网站一旦受到攻击破坏,要及时恢复,以保证网站的正常运行和商务信息不外泄。

拓展案例

通用中国网站首建于1999年8月,是通用在全球的第一个当地语言的门户网站。网站将通用能为中国客户提供的各种服务和产品的类别都直接放置在首页。www.ge-china.com作为展现通用公司形象的一个重要窗口,通用十分重视其日常的维护工作。通用电气(中国)有限公司相关人士表示:“www.ge-china.com作为通用在中国的门户网站,具有很多功能,而要让所有的功能都得到充分的显现,其日常的维护工作无疑非常重要和繁重。”为了能使这家多元化企业的各业务集团的电子商务服务都能更快、更好地延伸到中国的客户和供应商,通用将其中文门户网站的日常维护工作全权委托给专业的网络应用技术服务商——上海火速网络信息有限公司来办理。

网站维护工作主要体现在以下几个方面。

首先，通用电气公司原有网站在设计上比较粗糙，网站结构布局、色彩搭配都不尽如人意。上海火速公司为通用进行了网站改版，通用新网站重新创意了网站的设计风格，以充分体现通用的整体形象，重新规划网站的功能，使供应商登录、诚信投诉、新闻查找更加快捷方便。

第二，通用中国网站原来构建在Linux平台下，接入带宽为10 Mb/s，为保证网站安全、稳定的运行，上海火速公司为通用中国网站制订了服务器更换平台计划，实现零间断的无缝转移，服务器接入将由10 Mb/s升级到100 Mb/s，并且将以前在Linux平台下开发的部分程序在Windows 2000平台下重新开发了一遍。通用中国网站硬件升级之后，网站访问性能显著提高，能够更加有效地为网站访问提供服务。

第三，网站维护更新。上海火速公司为通用中国网站进行维护更新服务，从做好域名管理服务开始，在每个域名到期前的一个月，提醒对域名进行续费。从明确通用网站规范（网站CSS、目录结构等）开始，到每周WWA报告（网站访问统计报告）发送给通用中国网站，通用中国的新闻页面制作同步发布到互联网上，定期发送网站维护工作报告等，上海火速公司均为通用中国网站进行周到服务，确保网站维护更新的及时性和有效性。

第四，在通用中国网站的正常运营中，根据实际工作需要会要求开发一些新的网站栏目或系统功能。像通用中国网站中的供应商表单管理、期刊订阅的管理等，均为上海火速公司为网站进行规划后新增的内容。此外，通用中国网站供应商档案系统是火速为通用中国网站规划开发的新增内容之一，其主要作用在于记录供应商在线登记的信息，方便管理人员查找、联系供应商。同时，上海火速在网站维护的工作中，根据实际需要，主动为通用中国网站提供了新闻搜索引擎系统。新闻搜索引擎系统对新闻稿、公司动态、媒体素材、公司简要、公司大事记、公司排名、通用字典、演讲稿、访谈录、深度报道等内容提供了关键字搜索功能，访问者可按照新闻内容的发生时间、发生地点、内容关键词来查询，极大地方便了访客在通用中国网站进行信息查询浏览。

案例思考：通用公司的网站维护为什么外包给专业的网络公司？网站的维护工作包括哪些内容？公司自己进行网站维护，需要具备什么条件？外包给专业公司需要注意什么问题？

（六）网站的推广

网站的推广方法有很多种，现介绍几种有效的方法。

1. 搜索引擎推广

搜索引擎推广是常用的网站推广方法之一，是指利用搜索引擎、分类目录等具有在线检索信息功能的网络工具进行网站推广。搜索引擎推广的方法可以分为多种不同的形式，常见的有登录免费分类目录、登录付费分类目录、搜索引擎优化、关键词广告、关键词竞价排名和网页内容定位广告等。

2. 网络广告推广

网络广告是常用的网络营销策略之一，在网络品牌、产品促销、网站推广等方面均有明显作用。网络广告常见的形式包括BANNER广告、关键词广告、分类广告、赞助式广告、E-mail广告等。BANNER广告所依托的媒体是网页，关键词广告属于搜索引擎营销的一种形式，E-mail广告则是许可E-mail营销的一种，可见网络广告本身并不能独立存在，要与各种网络工具相结合才能实现信息传递的功能。因此，也可以认为，网络广告存在于各种网络营销工具中，只是具体的表现形式不同。将网络广告用于网站推广，可选择的网络媒体具有范围广、形式多样、适用性强、投放及时等优点，适合于网站发布初期及运营期的任何阶段。

3. 资源合作推广

通过网站交换链接、交换广告、内容合作、用户资源合作等方式，在具有类似目标的网站之间实现互相推广的目的，其中最常用的资源合作方式为网站链接策略，利用合作伙伴的网站互为推广。

4. 信息发布推广

将有关网站的推广信息发布在其他潜在用户可能访问的网站上，利用用户在这些网站获取信息的机会实现网站推广的目的，适用于这些信息发布的网站包括在线黄页、分类广告、论坛、博客网站、供求信息平台和行业网站等。

5. "病毒性"营销

"病毒性"营销方法并非传播病毒，而是利用用户之间的主动传播，让信息像病毒那样扩散，从而达到推广的目的。这种方法实质上是在为用户提供有价值的免费服务的同时，附加上一定的推广信息，常用的工具包括免费电子书、免费软件、免费 Flash 作品、免费贺卡、免费邮箱和免费即时聊天工具等可以为用户获取信息、使用网络服务、娱乐等带来方便的工具和内容。如果应用得当，这种"病毒性"营销手段往往可以较低的代价取得非常显著的效果。

6. 电子邮件推广

以电子邮件为主要的网站推广手段，常用的方法包括电子刊物、会员通信、专业服务商的电子邮件广告等。网站可以通过如竞赛、评比、优惠、售后服务、促销等方式有意识地营造自己的网上客户群，不断地用 E-mail 维系与它们的关系，并且针对目标用户群发送电子邮件，提供个性化服务，利用电子邮件进行客户追踪。要注意的是，发送的邮件要包含有用的信息，避免发送垃圾邮件。

7. 传统方式推广

通过传统方式推广也是网站推广的手段之一。例如，在公司信笺、名片、礼品包装上印上网址名称，通过报纸进行网站宣传，在户外媒体，如户外看板、路牌、海报、公车上进行网站介绍，还可以在电视上做广告或利用字幕滚动进行宣传。

除了上文介绍的常用的网站推广方法之外，还有许多专用性、临时性的网站推广方法，如有奖竞猜、在线优惠券、有奖调查等，有些甚至建立一个辅助网站进行推广。真正值得推广的网站推广方法是合理的、文明的，应拒绝和反对带有强制性、破坏性的推广方法。

建立一个功能完善的电子商务网站需要投入大量资金，还要涉及网上支付、网络安全、商品配送等一系列复杂的问题。对于许多中小企业来说，不仅进入壁垒很高，而且网上销售还没有成为产品销售的主流渠道，即使有实力建立一个具备网上交易功能的网站，实际上也不一定合算。因此，建立在第三方提供的电子商务平台上的网上商店，作为一种网络营销和网上销售方式，有其独特的作用，像易趣、淘宝、易购、拍拍等许多大型专业网站都向个人提供网上开店服务，只要支付少量的相应费用（网店租金、商品登录费、网上广告费、商品交易费等），就可以拥有个人的网店。这种建立网上商店的方式比较简单，适合于一些在资金、技术等方面不具有优势的个人，而且易于操作。

情境任务二　通过网上交易平台建立商店

情境引例

北山村从“烧饼村”走向“淘宝村”

有一个颇具传奇色彩的村庄,走在古朴的乡村小路上,看到的是一块块电子商务推广牌;村头的土墙上写着的不是“少生孩子多种树”之类的标语,而是电子商务的运营流程图;这里的年轻人见面的问候语不是“吃了吗”,而是“今天淘宝生意怎么样”。这就是位于浙江省丽水市缙云县壶镇的北山村,一个从传统烤烧饼、做馄饨的“烧饼村”转型为“淘宝村”的电子商务村。这里的村民几乎家家户户都做淘宝。

经营着一家四钻淘宝店铺的吕周洋是一位复员军人,在成为“淘宝商人”之前,他是一家重工机床厂的业务员。吕周洋的家就是其淘宝店铺的“后方基地”。屋子里,4 台简陋的木桌上并排摆放着 4 台计算机,靠墙的一侧齐齐堆放着账篷、背包等户外用品,这些货源统一来自“北山狼”户外运动装备店,这种分销的方式压力小,安全系数大。在这仅十几平方米的屋子里,可以完成其淘宝店的发货、配货等一系列流程,工作人员就是夫妻俩加上两名员工,每个月却能挣来 30 万~40 万的营销额。吕周洋从 2009 年踏上淘宝路至今,店铺在初始阶段时生意比较惨淡,而今,虽然淘宝竞争压力在逐年增大,但其营销量却在每年翻倍增长。

放下锄头,敲起键盘,点点鼠标,自己做老板。如今的北山村,有很多像吕周洋一样的村民通过发展电子商务走上了致富之路。而“足不出户便知天下”的网络优势也让北山村一些原本无法就业的村民找到了出路。目前,80% 的北山人是淘宝分销商,他们的产品大多来自一家名叫“北山狼”的户外用品装备店,村民们不需交付押金便可从该店直接拿货,零成本的分销模式直接促进了北山村电子商务的发展和普及。

近年来,一些电商并不仅仅满足于分销,而是开始树立品牌意识。于是,寻青户外、风途、狂野者、森林狼、佳百特等近 10 个自主品牌出现了。北山村逐步形成了以“北山狼”户外用品有限公司为龙头,以个人、家庭及小团队开设的分销店为支点,以户外用品为主打产品,以“北山狼”产品为依托的“北山模式”。妥善的进货渠道、周到的分销方式和纯熟的电商流程,让北山村的电子商务在短短 6 年时间内从无到有,快速成长。目前,北山村的淘宝店已有近 100 家,皇冠店级别的达 27 家,从业人员 100 多人。一个“烧饼村”迈向电商模式的大跨步着实让世人震惊。

思考:通过引例我们了解北山村从“烧饼村”走向“淘宝村”,走上了致富之路。那么如何正确选择电子商务平台开设网上商店呢?

情境认知

一、选择合适的网上交易平台

网上交易平台即是一个为企业或个人提供网上交易洽谈的平台,可提供网上交易和管理等全过程的服务,是协调、整合信息流、物质流、资金流有序、关联、高效流动的重要场所,具有广告宣传、在线展会、咨询洽谈、网上订购、网上支付、电子账户、服务传递、意见征询、交易管理等各项功能。企业、商家、个人可充分利用网上交易平台提供的网络基础设施、支付平台、安全平台、管理平台等共享资源,有效地、低成本地开展自己的商业活动。现分别介绍几种不同种类的网上交易平台。

1. B2B 平台

B2B 平台,即企业间进行交易的平台。B2B 平台分为综合型 B2B 平台和专业型 B2B 平台。其中,综合型 B2B 平台将多个行业的买方和卖方集中到一个市场上进行信息交流,如阿里巴巴、慧聪网、环球资源网。专业型 B2B 平台则专门服务于一个特定的行业或特定的专业领域。专业化程度越高的网站,越需要投入昂贵的人力资本来处理狭窄的、专门性的业务,因此,也就有了其独特的优势,如中国化工网、我的钢铁网。

2. B2C 平台

B2C 平台,即企业与消费者间进行交易的平台。与 C2C 平台相比,B2C 平台在信誉和质量保障方面更能得到网购用户的信任。天猫、京东商城、苏宁易购等 B2C 平台融合了 C2C 平台的优势,通过大力吸引优质网站或商家入驻,在确保商品质量的同时,也使商品的丰富性得到了极大提升,更好地满足了消费者的需求。2012 年中国网购市场中 B2C 在整体网络购物市场交易规模的比重达到 29.6%,较 2011 年的 25.3% 增长了 4.3 个百分点,B2C 占比呈持续增大趋势。B2C 平台的发展速度快于 C2C 平台的主要原因在于:B2C 平台更具规范性,使顾客在购物中更具透明度和安全感。

2012 年 B2C 市场格局方面,天猫以 53.7% 的市场份额位居第一。整合易迅后,腾讯电商的市场份额由 2011 年的 2.9% 升至 4.5%;此外,国美收购库巴后也跃居 B2C 购物网站 Top10 中,市场份额达 1.3%。另外,唯品会上市第三季度首现季度性盈利,市场份额提高明显,2012 年跻身于 B2C 市场 Top10 中。

而在以自主销售为主的 B2C 市场中,京东商城以 43.3% 的份额一路领先,优势明显;苏宁易购收购母婴 B2C 平台红孩子,其市场份额由 7.1% 升至 12.3%,位居自主销售为主 B2C 市场第二;其他重要参与者还包括亚马逊中国、当当网、易迅网、国美电商等,它们同属 B2C 领域的第二集团。

B2C 平台是很多企业选择网上销售平台的第一目标,天猫、京东、1 号店等在资金到位的情况下,一般能够进驻的平台都不会放弃,毕竟不同的入口受众不一样,用户规模是首要的。

3. C2C 平台

C2C 平台,即消费者与消费者间进行交易的平台。C2C 平台具有用户参与性强、灵活方便、个性化程度高等特点。截至 2013 年 6 月,C2C 平台上个人网店数量达 1 246 万家。C2C 市场上,淘宝集市地位依旧稳固,占整个 C2C 市场的 95.1%;拍拍网占 4.7%;易趣网占 0.2%。

中国网购市场中,C2C 在整体网络购物市场交易中的比重逐年下降,2013 年占比由 2009 年的 92.2% 下降为不到 70%。

4. O2O 平台

O2O,即 Online to Offline,即将线下商务的机会与互联网结合在一起,让互联网成为线下交易的前台。这样线下服务就可以用线上来揽客,消费者可以用线上来筛选服务,成交可以在线结算,很快达到规模。

O2O 平台主要是指团购平台,如拉手网、大众点评网、美团网等,由于其高性价比,受到很多用户的青睐。

5. 银行网上商城

初期,许多银行开设网上商城是为了方便使用信用卡的用户分期付款。随着电子商务普及、用户需求增强、技术手段提升,银行网上商城也逐步成熟起来。银行网店为用户提供了全方位服务,包括积分换购、分期付款等,也覆盖了支付、融资、担保等领域,最为显著的是给很多商家提供了展示、销售产品的平台和机会。如果这一平台运营好,会带来不菲的业绩。

6. 运营商平台

中国移动、中国联通、中国电信,现阶段各运营商都有属于自己的商城平台。由于通信业务的硬性需求,运营商平台的用户始终具有一定的依赖性和黏性,所以提前抢占这些平台具有很大的战略意义,这正是跑马圈地的道理。

二、在网上交易平台开设商店

当今国内网上交易平台中最优秀、功能最完备的就是淘宝网。它不仅功能强大,而且有着丰富而完备的辅助知识和操作提示。现介绍在淘宝网上开店的过程。

（一）开店前准备

1. 准备材料

需要准备的材料如下。

① 未绑定淘宝账号的手机号码或邮箱。

② 身份证反面彩色复印件或照片。

③ 本人手持身份证正面照,本人上半身照。

④ 未进行过实名认证,并且身份证信息和银行开户名为同一个人的银行卡。

2. 寻找网店货源

新手卖家常常不知道去哪儿找货源,不了解哪种进货方式好。现介绍几条进货的途径,如表4.1所示。

表4.1　几个进货途径的比较

	批发市场	品牌代理商	代销式供应商	网店代理货源网站	买入库存积压或清仓商品
优点	更新快,品种多	货源稳定,渠道正规,商品不易断货	简单省事,鼠标一点,连发货都不用自己管。风险低,资金投入最省	专业,可选择货源较多,各类商品货源一般都有	成本相对较低
缺点	容易断货,品质不易控制	更新慢,价格相对较高	商品不经过自己的手,品质难控制,由于对商品可能了解不多,与客户沟通较复杂,操作不好会得中差评	通常以代理类型为主,货源商多但是无法完全保证商家质量,需要甄别	具有很多不确定因素,比如进货的时间、地点、规格、数量、质量等都不能受自己控制

（二）开店操作流程

1）登录淘宝网首页,选择免费开店,如图4.13所示。

图 4.13　选择免费开店

2）如果没有账户，单击“免费注册”按钮，如图 4.14、图 4.15 所示；如果有账号，请直接跳至步骤 3。

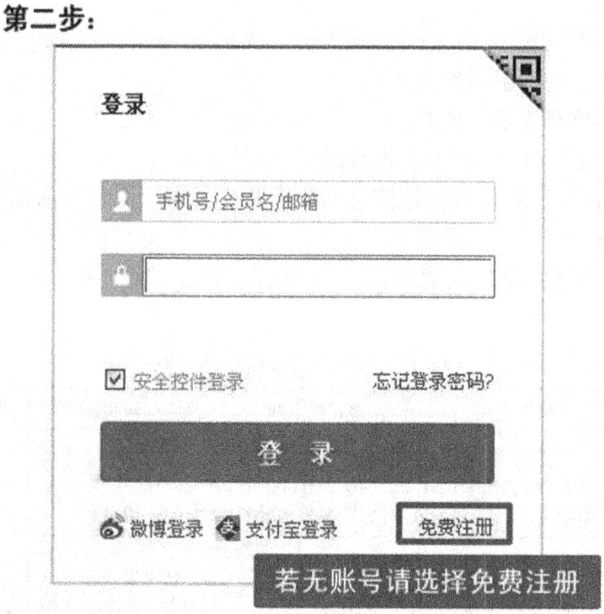

图 4.14　免费注册账户

第三步：

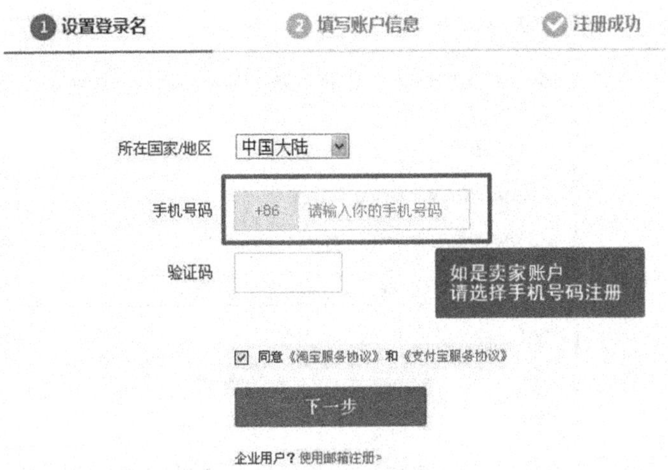

图 4.15　填写注册信息

3）账户注册成功之后，单击“卖家中心”，然后单击“马上开店”按钮，如图 4.16 所示。

第四步：

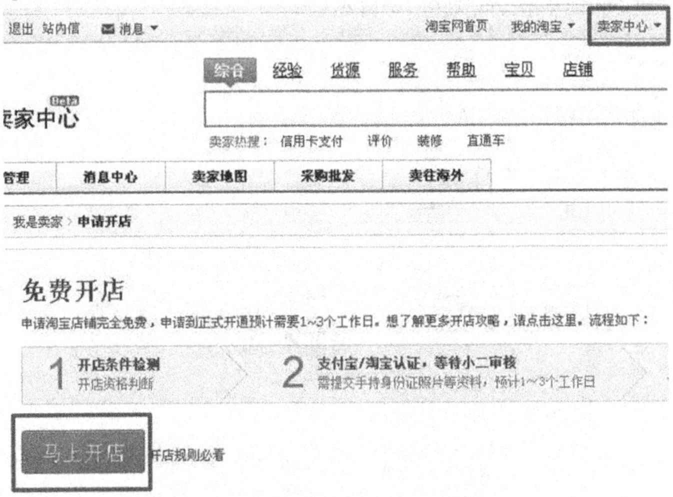

图 4.16　淘宝申请开店

4）开店需要完成支付宝认证，如果支付宝认证已完成，则单击淘宝开店认证后的“立即认证”超链接，如图 4.17 所示。

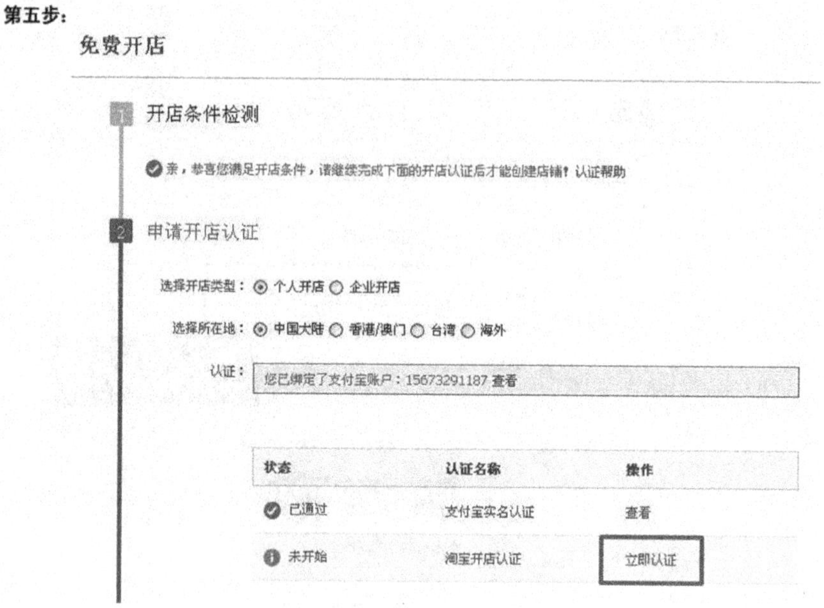

图 4.17　申请开店认证

5）上传手持身份证照片、身份证反面照片、本人半身照片，注意查看页面显示内容。单击"提交"按钮，等待淘宝认证审核，如图 4.18 所示。

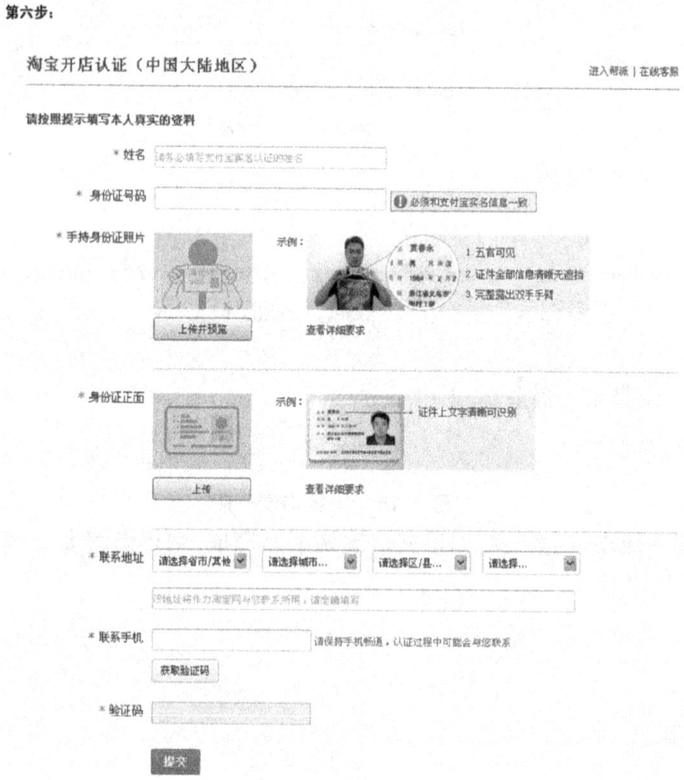

图 4.18　淘宝认证

6）如果审核通过，则单击“创建店铺”按钮，如图 4.19 所示。进入店铺信息完善页面填写好店铺信息之后开店即可成功。

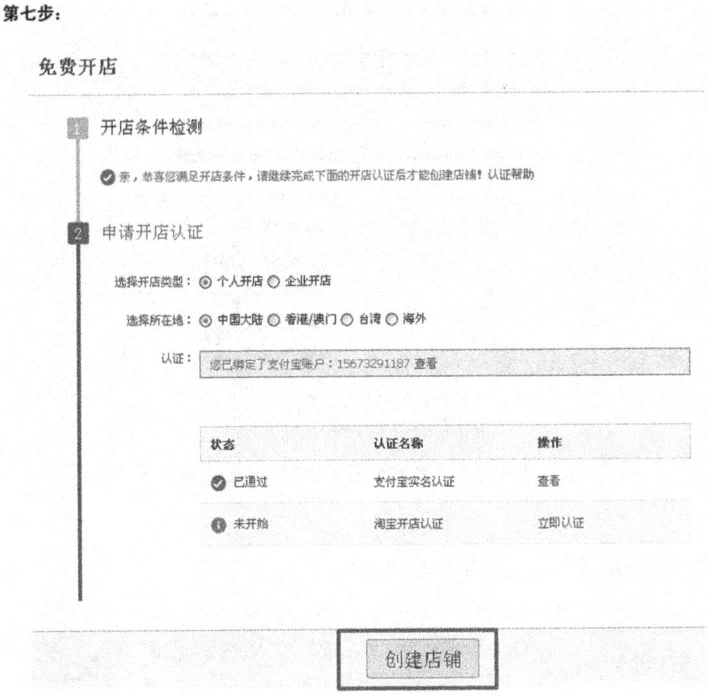

图 4.19　创建店铺

（三）店铺基本设置

一家新开店铺还需上传店标、起一个响亮好记的店名、公示其主营项目、做相应的美化等。这些店铺基本设置完成后，店铺才算有了一个雏形，可以开门迎客了。其过程很简单，即登录淘宝网后，单击“卖家中心”，在“店铺管理”中单击“店铺基本设置”。店铺的基本设置包含店标、店铺名称、店铺的经营类别、人气类目、店铺简介和店铺介绍、主要货源等内容。

（四）商品发布

淘宝网上发布商品有两种方式，一种是通过淘宝网后台；另一种是通过淘宝助理。现分别介绍如下。

1. 通过淘宝网后台发布商品流程

淘宝网后台发布商品流程如图 4.20 所示。

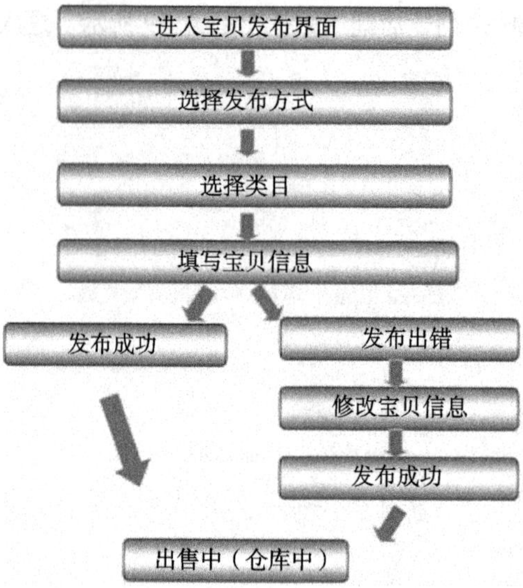

图 4.20　淘宝网后台发布商品流程

具体流程如下。

1）登录淘宝，进入卖家中心，如图 4.21 所示。

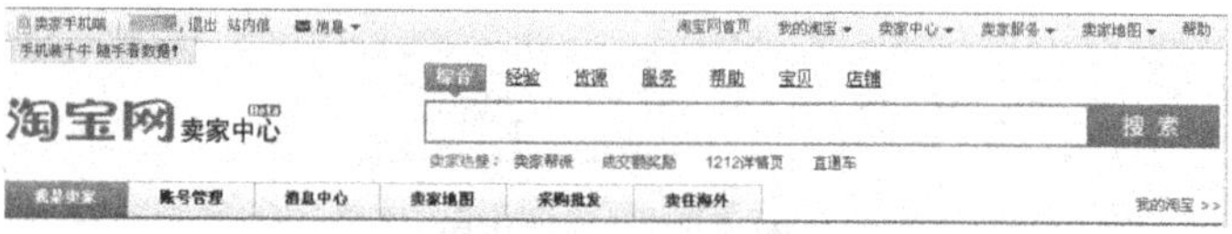

图 4.21　进入卖家中心

2）在“宝贝管理”中，单击“发布宝贝”超链接，如图 4.22 所示。

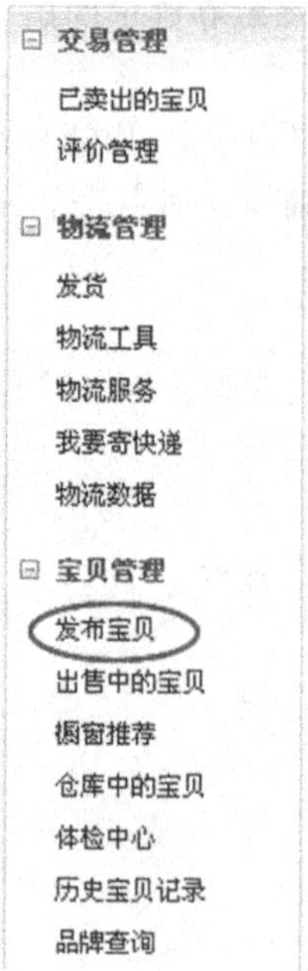

图 4.22　单击“发布宝贝”超链接

3）进入宝贝发布界面，选择发布方式，再选择适当的类目，如图4.23所示。

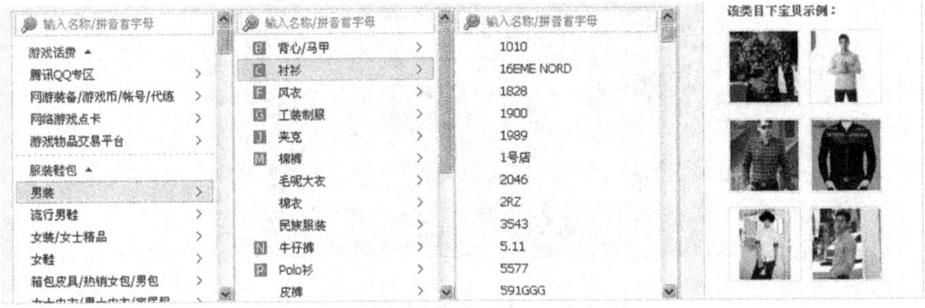

图4.23　选择宝贝类目

4）填写基本宝贝信息，发布宝贝，如图4.24、图4.25所示。

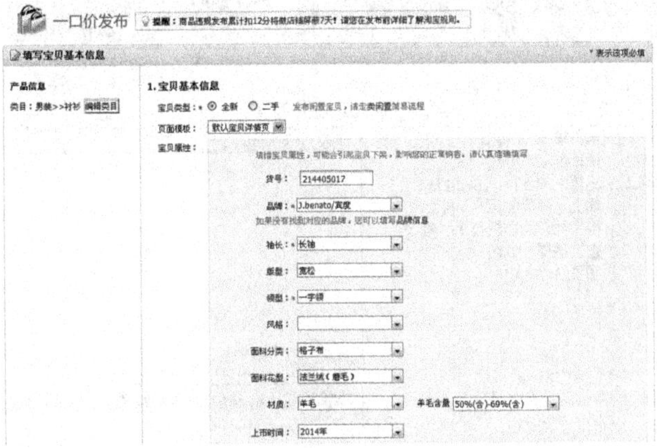

图4.24　填写宝贝基本信息

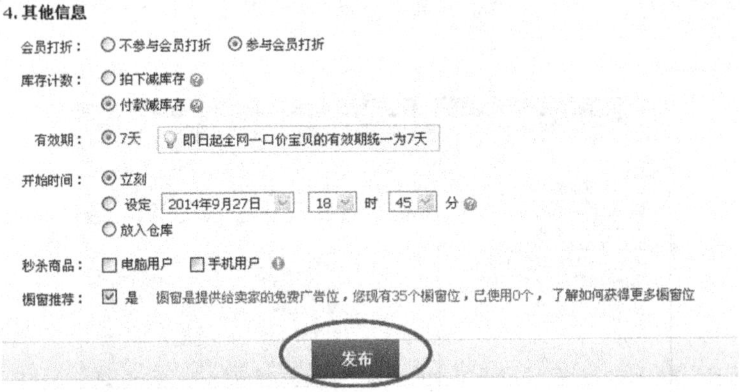

图4.25　发布宝贝

2. 通过淘宝助理发布商品流程

正式开始前需先安装“淘宝助理”软件，可从淘宝网下载。安装过程很简单，在此不再赘述。现介绍用“淘宝助理”上传宝贝的过程。

1）打开“淘宝助理”对话框，在其中输入淘宝账号及密码，如图4.26所示。

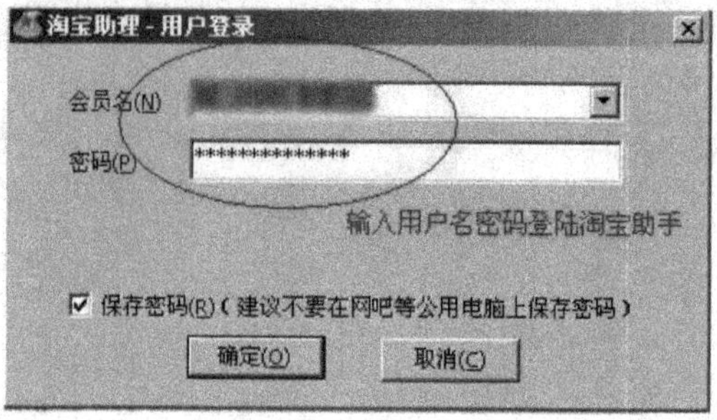

图 4.26　“淘宝助理”对话框

2）进入“淘宝助理”窗口后，选择“库存宝贝”，如图 4.27 所示。

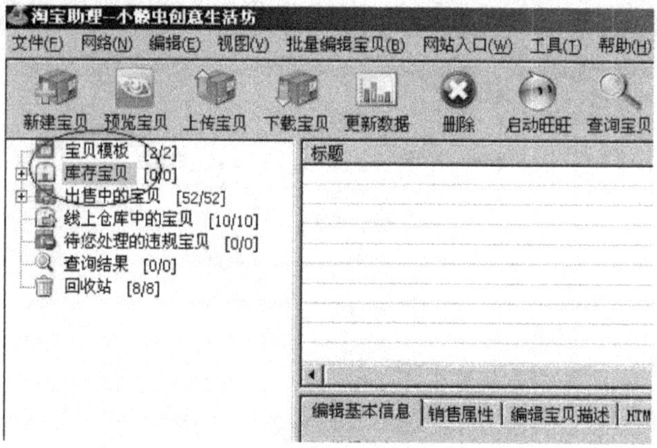

图 4.27　选择“库存宝贝”

3）右击右侧空白处，在弹出的快捷菜单中选择“从 CSV 文件导入（增加为新宝贝）”命令，如图 4.28 所示。

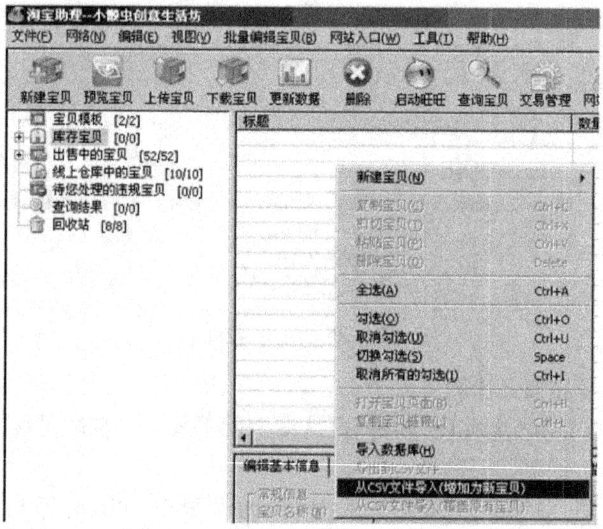

图 4.28　选择“从 CSV 文件导入（增加为新宝贝）”命令

4）在打开的“打开”对话框中，选择从本站下载解压缩后的CSV格式数据包文件，然后单击“打开”按钮，如图4.29所示。

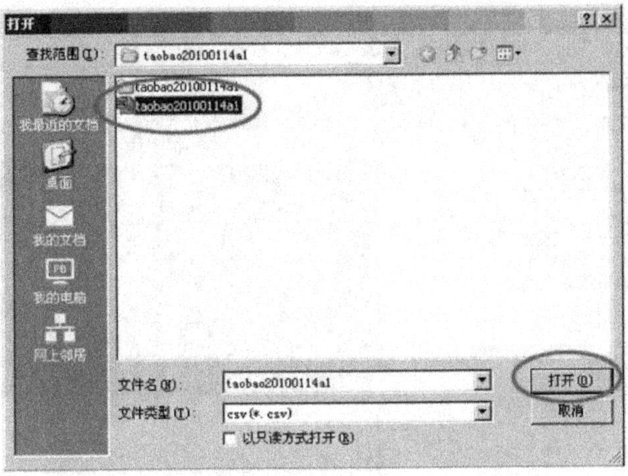

图4.29　选择下载解压缩后的CSV格式数据包文件

5）此时系统进度条显示正在从CSV文件导入中，如图4.30所示。

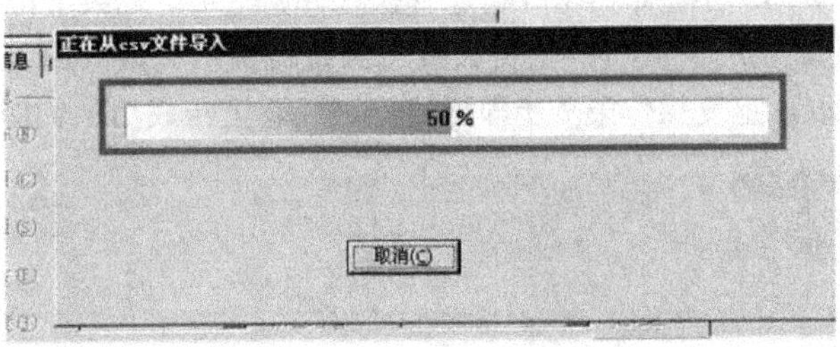

图4.30　所选择的文件正在导入中

6）根据需要调整宝贝详细属性，如调整卖价、优化宝贝名称、添加店铺分类、增加促销活动、优化宝贝描述文字和图片信息等，如图4.31所示。

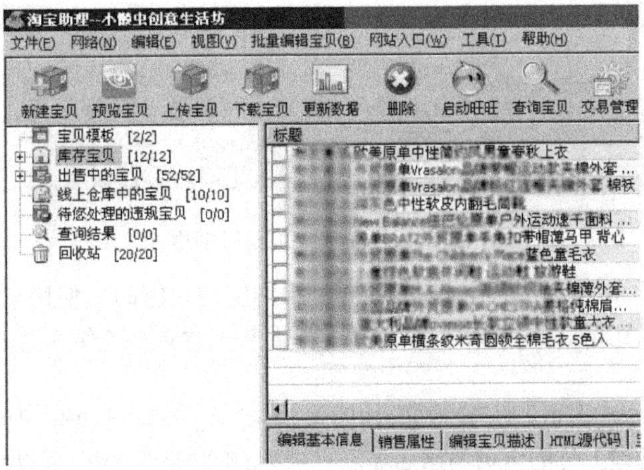

图4.31　调整宝贝详细属性

7）当宝贝描述都调整完毕后，选择所有宝贝，然后单击工具栏中的“上传宝贝”按钮，将编辑好的宝贝上传至店铺，如图 4. 32 所示。

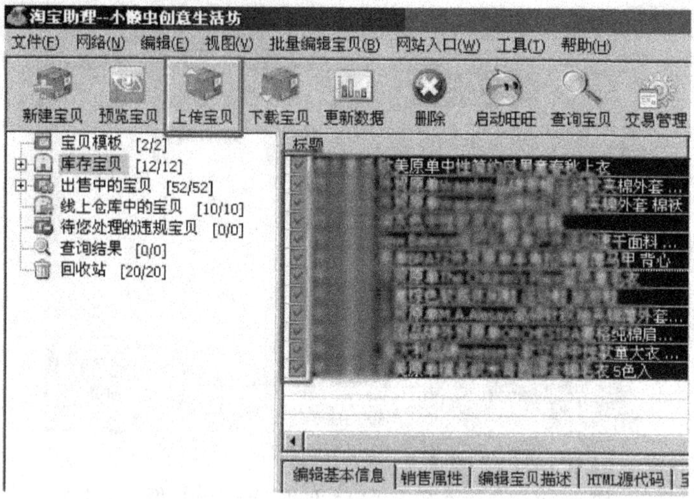

图 4. 32　选择要上传的宝贝

8）显示“上传宝贝”对话框后，单击“确定”按钮，开始上传。如果上传过程顺利，将显示“上传成功”；如果因商品属性错误而出现“上传失败”，系统会提示失败的原因。根据提示原因对上传失败的宝贝进行修改后重复操作第 7 步即可，直至显示“上传成功”，如图 4. 33 所示。

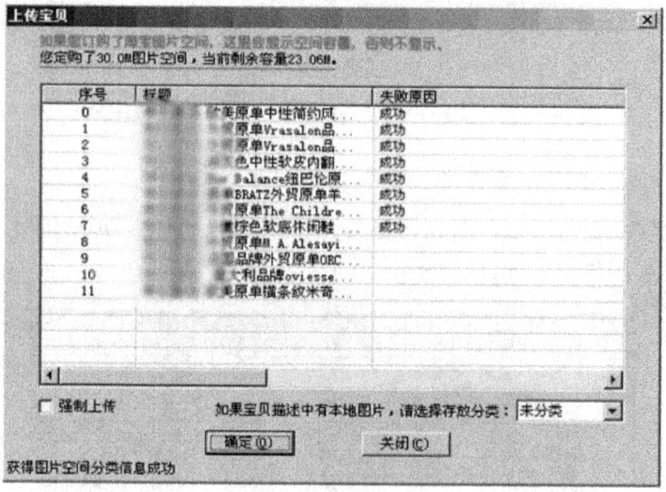

图 4. 33　上传宝贝至店铺中

另外，如果购买了淘宝的图片空间，这里会显示淘宝图片空间的使用情况，如果本地有其他图片添加到了宝贝描述里，就需要在“上传宝贝”界面右下角选择本地图片在淘宝空间里的存储分类。

9）全部上传完毕后单击“关闭”按钮，如图 4. 34 所示。此时数据包里的商品已经全部导入到网店中了。由于助理上传的宝贝与网店显示有延迟，所以要等 15 分钟以后才能在店铺里正常显示。

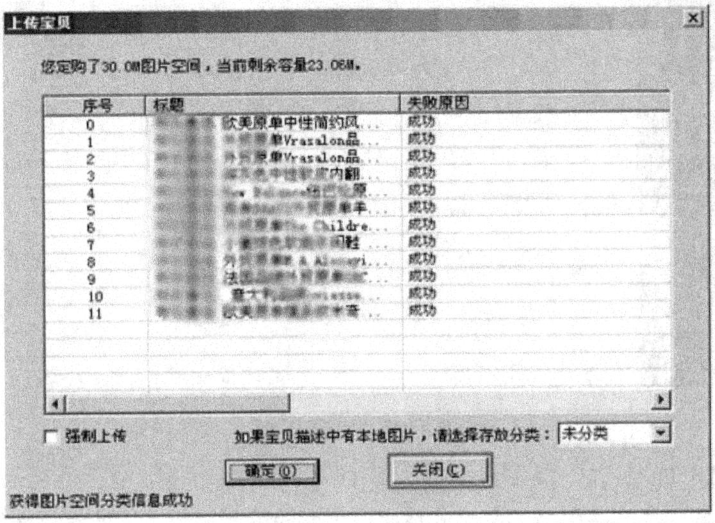

图 4.34　上传成功

（五）宝贝管理

1. 店铺分类

淘宝的店铺分类分为一级类目和二级类目。这样的设置非常合理，可以方便商家在品牌下面添加商品属性分类，引导顾客尽快找到他们所需要的商品，如图 4. 35 所示。

图 4. 35　店铺分类

店铺类目可以用上传到网络上的图片进行区分，一级类目和二级类目可以在图片大小和设计上有所区别，如果采用文字表示的方式进行分类，那么，淘宝系统会在店铺里用粗体字表示一级类目，用普通宋体字表示下属的子分类。设置好的类目可以自由地进行删除、添加子分类、上移、下移等操作。需要添加新类目时，只要单击页面下端的“添加新分类”按钮进行操作即可。

2. 宝贝归类

店铺类目设置好以后，单击“宝贝归类”将商品分配到相应的店铺类目里，一件商品最多可以添加到 20 个店铺类目里，只要单击“类目促销区设置”，就可以将要促销的类目放在该类目宝贝列表的上方，如图 4. 36 所示。

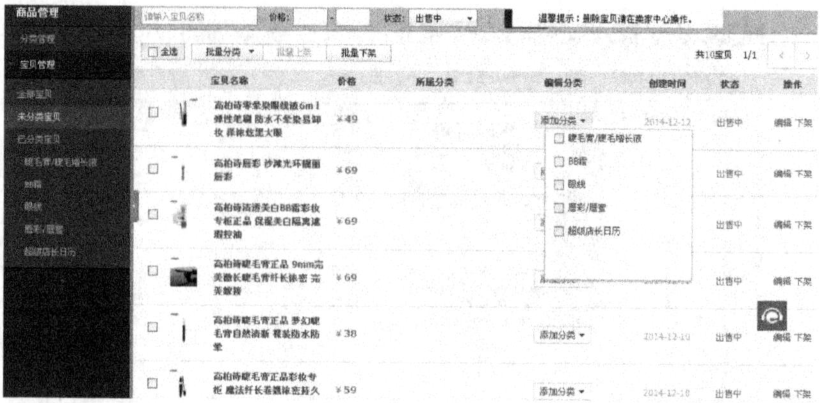

图 4.36　宝贝归类

3. 掌柜推荐宝贝

商家可以挑选一些有吸引力的商品放在店铺页面的最上部分以供推荐。这些推荐的商品除了显示在店铺上部最醒目的区域以外，还会出现在每件商品描述的下面。淘宝系统允许商家选择16件商品作为店铺的推荐宝贝，显示数量从3大图到16小图共有6种展示方式，显示排序也可以根据结束时间和价格高低等4种方式来确定，如图4.37所示。

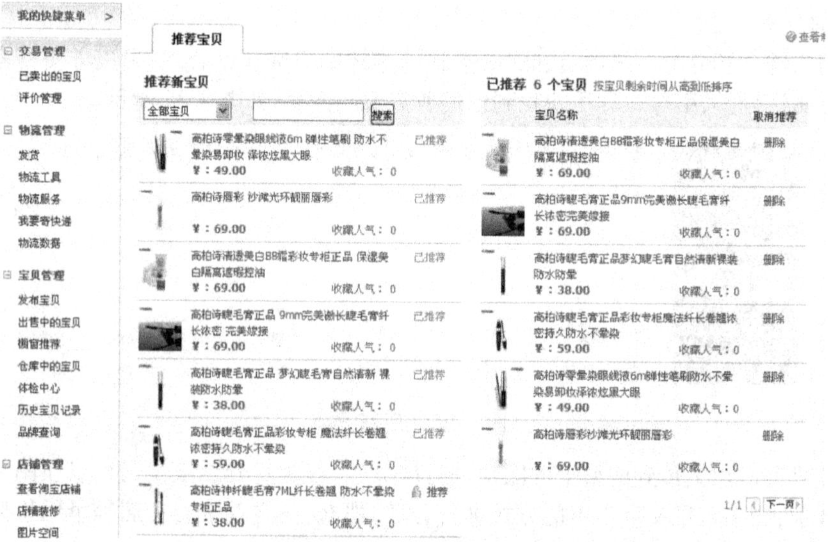

图 4.37　在网店后台设置的掌柜推荐宝贝

（六）网店美化

网店美化可通过淘宝后台和模板装修两种方式来实现。

1. 通过淘宝后台

通过淘宝后台，单击“店铺装修”，进入装修页面进行装修。淘宝的店铺装修平台完全是可视化操作，非常方便商家进行店铺的日常维护和管理，如图4.38所示。

图 4.38　淘宝店铺装修后台

2. 通过模板装修

随着店铺装修设计的需求越来越普及，很多已经设计好的网店模板也应运而生，店主通过将已设计好的网店模板源代码复制到相应的模块，并更改其中的图片链接等简单的操作就可以让网店迅速获得专业设计的效果。

全套的店铺装修设计会有多种模板，一般店铺分为自定义页面模板、促销区模板、左侧模块和右侧模块的模板，商品又有专门的商品描述模板，但是任何网页模板的设计都离不开源代码。因此，在店铺的日常运营中，无论是更换促销广告还是上新货，都要通过更换网页里的源代码来实施。用模板进行店铺装修一般都是将源代码按照下面的步骤粘贴到店铺页面的源码编辑器里就行了。

1）图 4.39 所示的灰色区域就是淘宝网的店铺装修所采用的可视化编辑。因为编辑后即可看到预览效果，所以叫作“可视化编辑”。不管是促销区，还是自定义页面，或者店铺的左右模块，编辑入口都在图上标注的位置。

图 4.39　编辑入口和可视化编辑区

2）单击页面上的“编辑 HTML 源码”图标，将复制到剪贴板上的代码粘贴到这里，如图 4.40 所示。

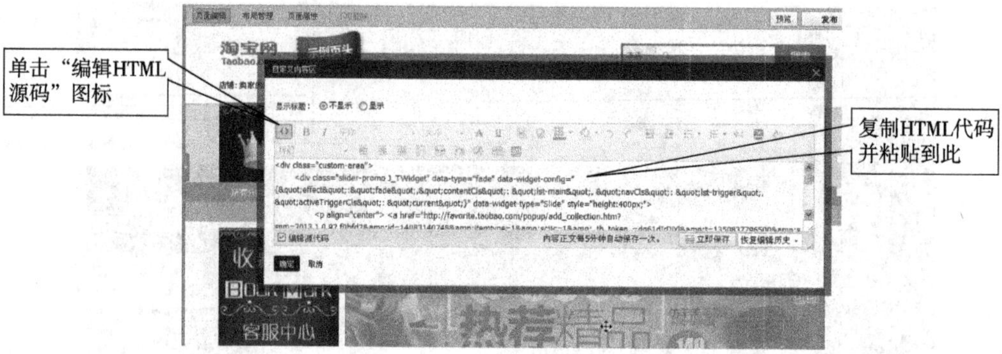

图 4.40　HTML 源码区

3）再次单击“编辑 HTML 源码”图标回到可视化编辑区，如图 4.41 所示。这时已经能看到模板的效果了，单击“保存”按钮，但是千万不要忘了单击“发布”按钮，否则还是看不到新模板。

图 4.41　可视化编辑区

技能训练

1. 访问 NIKE 官网 http://www.nike.com/和 NIKE 中国官方商城 http://www.nikestore.com.cn/，以及海尔官网 http://www.haier.com/和海尔商城 http://www.ehaier.com/，分析各网站的类型，比较各网站的功能。

2. 登录中国万网 http://www.net.cn/，为自己的个人空间注册一个域名，如 zhangshan.com；查询相关域名是否已被注册，如果已被注册，请查询域名所有者信息、注册时间和到期时间，以及交易价格。

3. 选择你家乡所在地的两家知名企业，在百度中搜索它们的官方网站，然后单击进入，分析该网站首页中包含了哪些基本元素。

4. 自选一个网上交易平台，建立一个自己的网店。

学习情境五

有效开展网络营销

学习目标

知识目标

掌握网络营销的特点；理解网络营销的理论基础；掌握网络营销常用的方法。

技能目标

能够运用所学的知识制定网络营销策略；根据实际情况合理选择有效的网络营销方法；能够撰写网络营销策划方案书。

情境任务一　探析网络营销的特点及优势

情境引例

下岗职工张阿姨和王阿姨积极参加了网上创业活动，都申请到政府提供的 2 万元创业基金资助。张阿姨开设了一家经营时尚商品的网上商店，以受教育程度较高的年轻人为销售对象。网上商店为他们提供时尚化妆品、装饰品及宝宝用品等商品。张阿姨认为在网上做生意，诚信最重要，她严格把握进货质量，客观地宣传经营的商品，一般采用货到付款的方式，及时将货物送达订货人手中。一年过去了，张阿姨的网站生存了下来，并且有了盈利。张阿姨说："下岗曾使我一度陷入痛苦的深渊，互联网使我重新看到了生活的希望。"王阿姨也开设了一个网上商店。为了丰富商品内容，王阿姨选择多类商品，按照用户年龄设计了多个不同的商品介绍页面，并请专业人员应用多媒体技术把网页设计得有声有色。王阿姨对定价并不十分重视，也没有刻意拉开商品的价格差距。她说："价格差距的作用不大，只要喜欢，顾客一定会买。"半年下来，该网站点击率在下岗职工同时创办的网站中已名列前茅，但销售额一直上不去。王阿姨最终得出的结论是："开设网上商店的人都说在网上买商品很方便，但事实不是这样。因为目前网上商店所能提供的条件还不能完全满足客户的要求。例如，在网上买一件衣服就相当麻烦，因为不能直接接触到商品，所以要投入很多精力来操作。再加上支付问题、安全问题、配送问题，顾客自然只浏览而不购买了。"现在，王阿姨已经完全退出了网络经营这个领域。

思考：比较张阿姨和王阿姨的不同经历，张阿姨成功的主要原因在哪里？王阿姨经营不顺利的主要原因又在哪里？

一、网络营销的概念与特点

网络营销是依托网络工具和网上资源完成一系列营销环节以达到营销目标的过程，是将传统的营销原理和互联网相结合的营销方式。互联网营销与传统营销的本质是相同的，都是为了了解顾客的需要并满足他们；同时，它也不再是促销这么简单，而是贯彻于整个营销过程的事情：从产品推出前的市场调研，到产品设计制造过程，再到营销传播，再到售后服务，互联网营销贯穿营销的整个过程。

网络营销与传统营销的最大区别就在于营销的渠道不一致。传统营销主要应用传统的营销媒体进行宣传推广，而网络营销主要借助互联网这个媒体进行营销活动，是营销人员利用专业的网络营销工具，采用有针对性的网络营销方法，针对网民展开的网络营销实施活动。它的主要特点表现在以下几个方面。

1. 跨时空

网络营销主要在互联网上进行，没有时间和空间的限制。这也是网络营销能够发挥其优势，并且能够迅速得以发展的重要条件。通过互联网，电子商务企业和消费者可以突破时间和空间的局限进行信息交换，每个交易主体都可以根据自己的特点进行营销活动，比起传统营销活动，网上营销提供了更多的时间和更广阔的空间，每周 7 天，每天 24 小时随时随地提供全球性的营销服务。

2. 多媒体

互联网是一个容纳性非常强大的开放式平台，营销内容可以被编辑成文字、声音、图像等多种形式传送到互联网上，营销人员可以根据对消费者的行为分析进行多种形式的营销活动，极大地激发营销人员的创造性和能动性。

3. 交互性

互联网的形式是虚拟的，但互联网为交易主体提供了可以进行交流的平台。邮件、空间、论坛、博客、微博等都是营销的途径。通过这些方式，既可以展现交易的商品，也可以进行沟通交流。网络营销在信息交互方面的特性是电视广告、报纸等传统营销方式所无法相比的。

4. 人性化

传统的营销一般都是营销人员主动询问客户需求，进而提供参考意见。而网络营销是消费者主导的，消费者在看中某件商品后，主动与客服沟通，了解商品的情况，进而做出是否购买的判断，避免推销员强势推销的干扰。网络客服在淘宝上是以阿里旺旺的形式存在的，在其他的电子商务平台上也都有相关技术支持以保证消费者与企业的沟通顺畅。

5. 整合性

互联网上的营销可由发布商品信息至付款、售后服务一气呵成，消费者购买的全过程都可以在互联网上自己完成。因此，网络也是一种全程的营销渠道。一方面，企业可以借助互联网对不同的营销活动进行统一设计规划和协调实施，消费者可以节省时间，方便地完成整个购买活动；另一方面，对于电子商务企业来说，可以借助互联网对不同的营销活动进行统一规划和协调实施，一并把信息传递给消费者，提高电子商务企业的工作效率。

6. 超前性

超前性更多地体现在网络营销建立的平台——互联网方面。互联网是一种公用信息的载体，是大众传媒的一种，具有快捷性和普及性，是现今最流行、最受欢迎的传媒。这种大众传媒的速度比以往任何一种通信媒体都要快。截至 2013 年 6 月底，中国网民规模达到 5.91 亿人，互联网的普及率达到44.1%。上网已经成为很多的人的生活习惯，网上进行的营销活动将比传统营销方式更多地被消费者接受。

7. 高效性

互联网被人们称为信息高速公路，能够为广大网民提供最快捷的信息传输和处理的平台。它的这一特点奠定了电子商务企业网络营销的高效率。电子商务企业利用计算机存储能力强的特点，大力推行网络营销活动，以便于消费者查询相关信息，它所呈现的信息数量是其他营销媒体所无法比拟的。

8. 经济性

经济性是相对而言的，主要取决于商品本身的受众群体和想要达到的营销效果。与电视广告和报纸、杂志广告相比，网络营销是一种低成本高收益的营销模式。微博、视频、博客、邮箱等传播工具都是免费使用的，并且具有极其广泛的影响力，比传统销售模式减少了印刷、邮寄等成本，提高了交易效率。

9. 技术性

网络营销是建立在以高技术为支撑的互联网基础上的。这就使得电子商务企业在实施网络营销过程中必然应用计算机方面的专业知识。网络营销的工作主要是进行网站建设，网页设计，网上传输视频、图片等。这就要求网络营销人员至少要掌握数据库、网页设计、Java、C语言、图片处理等方面的知识，才能独立完成网络营销任务。

10. 成长性

2010年6月，我国互联网网民是4.2亿人，截至2013年6月已经达到了5.91亿，互联网普及率从31.8%上升到了44.1%。截至2013年6月底，中国20～40岁的网民占网民总数的78.2%。他们主要是受教育程度较高的年轻群体，不但是网络媒体上的活跃分子，更是网络营销市场的主力军，是电子商务企业的主要客户。因此，对于电子商务企业来说，网络营销是一个极具发展潜力的市场营销渠道。

拓展案例

戴尔公司网络营销案例分析

作为国际上个人电脑销售排名第一的戴尔公司，其公司除了门店直接式销售外，最主要的营销方式就是网络营销。据戴尔内部消息，戴尔公司年营业额的40%～50%来源于戴尔公司的网站。戴尔公司利用互联网推出直线订购模式，早在1994年戴尔公司就推出了网站并在1996年加入了电子商务功能，推动商业向互联网方向发展。而今，戴尔公司运营着全球最大规模的互联网商务网站。戴尔Power Edge服务器运作的网址包括80个国家的站点，目前每季度有超过4 000万人浏览。客户可以评估多种配置，即时获取报价，得到技术支持，订购一个或多个系统。戴尔公司作为一个国际性的公司，为更好地满足不同市场需求，在推行网上直销时专门针对不同区域的市场推行特定的网上直销。例如，有专门针对我国市场客户提供的直销服务，网站设计时用的是中文而且考虑了中国人的习惯，允许电话联系订货。戴尔公司网上销售模式给其他企业的市场营销提供了很好的参考和借鉴。

案例思考：通过阅读引例，戴尔的网络营销具有什么特点？相对传统营销有何优势？

资料来源：机电在线网站，http://news.jdol.com.cn/2013/08/2029099.html.

二、网络营销与传统营销

互联网是全球信息交互的平台，21 世纪是信息和网络的世纪，网络消费者呈逐年上升的趋势，消费者的消费行为和消费习惯发生了明显的改变，企业必须以客户为中心，顺应市场形态的变化，才能在激烈的市场竞争中占有一席之地，因此，进行网络营销是一个顺应市场需求的必然的选择。这种销售模式的转变给传统营销带来了巨大的冲击。

1. 网络营销对传统营销的冲击

（1）对标准化产品的冲击

利用互联网传播信息速度快的特点，生产厂商可以最快地获知关于产品品质和产品设计的反馈信息，及时了解客户需求，从而更加容易地对消费者的行为方式和偏好进行跟踪，通过沟通，最大限度地满足消费者个性化的需求。著名的戴尔公司在网上进行的计算机设备直销模式，就没有规定统一的内存配置，而是根据客户提出的设备配置方案和要求，公司再组织进行计算机的生产、安装，最后出售给客户。定制消费在欧美已经渐成气候。我国品牌营销实战专家韦桂华指出“定制这一营销模式，在中国早已不再是个别的、偶然的经营行为，它渗透至各个行业，不仅可以用于服装、计算机、冰箱、汽车等有形产品，也可用于无形产品，如金融咨询、信息服务等。”网络营销的方式加速了商品定制化发展的进程，进而对传统的标准化的产品造成巨大冲击。

（2）对品牌全球化管理的冲击

互联网是可以在全球范围内进行信息交互的平台。作为以开拓全世界市场为目标的企业，在产品形象与品牌设计方面一般会向消费者提供全球统一的标志与产品。这种统一的形式往往会与品牌本土化的特点相冲突。不可否认的是，世界各国的消费者在民族习惯、思想文化、购买需求等诸多方面存在着极大的差异性。企业既想做到品牌的全球化，又要与区域地方特色相融合，满足不同区域消费者的需求，在二者之间，恐怕很难做到合理的取舍。因此，如何把具有统一形象的单一品牌策略的营销活动与有地方特色的多个区域共同开发的品牌策略相结合，以及如何加强对区域品牌的管理是开展网络营销的公司面临的现实问题。

（3）对产品定价策略的冲击

电子商务是无实体店铺的销售模式，免交租金，节约了人工、水电等诸多成本。也正是电子商务的经济性使得广大消费者能够迅速认知并且接受网上购物的消费模式，经济性是电子商务屹立不倒的决定性因素。而依靠传统销售渠道经营的企业，在商品销售过程中会把广告、人员、店铺租金等方面的成本一并加在商品价格上，要保证一定的利润率，实体店铺的商品价格往往会高于网络店铺的价格。如果同一产品的价格标准不统一或经常变更，会导致客户对产品价格产生质疑，进而对产品或企业产生不满。这将对制造商或分销商制定产品价格造成一定程度的困扰。既想抬升价格，销售商品，获得最大限度的利润；又想留住客户，希望客户对产品和企业认同。二者之间，很难取舍。

（4）对营销渠道的冲击

首先，网络营销环境会引起跨地域销售冲突。在传统的销售模式中，销售渠道管理者对销售地域的控制可以通过在产品包装上加印标志，根据产品代码分地区进行供货，从而有效地实现区域市场供应管理。而网络营销则突破了这一限制，互联网进入门槛低，同一规格、同一品质的产品通过互联网进入全国乃至全球市场，使得传统渠道管理者对区域产品的管理更加难以控制。另外，网上团购销售模式引发了分销渠道中的垂直冲突。所谓垂直冲突，是指同一分销渠道中不同层次成员之间的冲突。传统的分销渠道中的各成员在保证自身利润的情况下，冲突存在但并不突出,而网上团购则打破了传统销售模式。一些批发商利用价格优势,以互联网为销售平台接受团购订单,从而挤占了零售商的客户来源和利润空间,使得渠道成员间的矛盾越发凸显。

(5) *对传统广告的冲击*

从成本上看,采用网上促销的成本相当于直接邮寄广告花费的1%,利用网络发布广告的平均费用仅为传统媒体的3%,网络广告可以大大降低企业的成本,提高利润。从沟通效果上看,传统的广告方式,诸如电视广告、报纸、杂志等展现产品本身内容较丰富,但是信息传递是单向的,与消费者的沟通较少,不利于获取客户的需求信息。而在网络环境下,企业可以BBS、论坛、E-mail、微信、博客等形式,加强与顾客之间的联系,开展有效互动,进而建立数据库以进行管理,为企业能更好地满足客户需求提供帮助。从传播的广阔度来讲,传统营销有时间和地域的局限性,覆盖范围有限。而网络营销则可以无时间限制地全天候进行,无国界、无区域界限,简化了营销环节。网络营销以其自身的优势获得了企业的关注并被广泛使用,对传统广告方式产生了巨大的冲击。

2. 网络营销相对于传统营销的优势

(1) *在需求信息传递方面的优势*

① 低成本。传统的信息传递方式是普通邮件、市场问卷调查等。这些传递方式的成本都较高。而互联网在中国的普及已经使上网费用降到了一个较低的程度。通过宽带上网发一份E-mail的成本低到可以忽略不计;在网上填多订单(包含买方对产品各部件的配置等要求),做调查问卷的成本与E-mail差不多。

② 高速。信息在互联网络中可以光速传播,在几分钟甚至几秒内可以传递到地球的任一角落。

③ 随时随地。由于网络的全天候和全球性,加上无线互联技术的逐步成熟,顾客可以随时随地传达自己的需求信息。

④ 更加规范和易于统计。信息以标准的文字表达,不会像手写的那样难以辨认;数据的传递以数字格式进行,易于归类、统计和存储。这使得市场调研更加快速有效。

⑤ 互动性。通过QQ、网络聊天室、BBS等,信息可以在买方和卖方间即时交流。

⑥ 海量。买方通过互联网选购商品,所看到的商品是海量的,比任何一间大商场的产品都多,方便择优;卖方通过互联网收集买方的需求信息,具有同样的特点。

⑦ 私密性。消费者不必直接面对销售人员,这使得消费者在表达需求和下订单时更加大胆开放。这在有些隐私商品的销售方面表现得比较明显。

(2) *在营销传播方面的优势*

传播是指卖方将商品或服务的信息传递给买方的过程。通过互联网进行营销传播的优势如下。

① 一对一传播。通过互联网可以使市场细分到一对一的程度,卖方可以针对某一买方发E-mail,甚至量身订做广告。

② 翔实、生动。通过先进的互联网技术,信息可以文字、图片、声音、电影等多媒体形式传播,全方位展示产品的特点,给消费者留下极深刻的印象。据国外研究,先进的互联网技术可以将大部分商品98%的外观特点和性能指标传递给消费者,让消费者有身临卖场的感觉。

③ 低成本。互联网除了在信息传递方面具有低成本的特点外,互联网内的虚拟空间还具有无限扩展的优势,企业可以借助互联网宣传推广,节省了传统销售模式下做广告、发印刷品等大量的费用。

④ 即时性和互动性。现代的消费者对于等待越来越没有耐心,他们的疑问需要商家立即回

答，否则就可能离场。互联网的即时性和互动性能满足消费者的这一要求。

(3) *在商品/服务配送方面的优势*

商家依靠商品/服务来满足消费者的需要和欲望，通过互联网或物流配送来传递商品/服务的优势，具体如下。

① 即时高速。对于电子图书、软件等产品，通过互联网下载可以即时由卖方手上传递到消费者手上；先进的物流手段使消费者从网上购物的速度大大快于传统的销售速度，如戴尔计算机，从消费者订货到商家将产品交付给消费者的过程平均只有1天。

② 节省流通成本。互联网营销免去了中间商环节，直接由卖方传递给买方，节约了铺租、库存等费用。

另外，利用互联网，企业可以有效地降低产品成本：企业可以廉价的成本寻得最好的供应商和最低的供货价格。同时，互联网还能有效节约顾客成本：网络商城的空间可以无限扩张，里面可以陈列无限多的商品，消费者在网上可以以较低的成本搜寻产品信息并订货；网上销售，顾客只是下订单，商品的送交由卖方或物流公司承担，节约了顾客的精力和体力、时间成本。现代市场营销的焦点是顾客，为顾客节约成本就是为企业赢得竞争优势。

从发展趋势来看，网络营销的实施是必然的，网络营销和传统营销只有紧密结合，扬长避短，才能更好、更快、更有效率地满足顾客需要。但现实中，企业在实施网络营销时应根据企业当时的外部环境和内部情况，比较网络营销实施的投入成本和收益，以决定是否采用网络营销，在多大程度上采用网络营销，如何将网络营销与传统营销结合起来，以扬长避短。

拓展案例

2008年四川汶川地震，央视的抗震救灾募捐晚会上，王老吉大手笔捐出了1亿元，成为当天单笔捐款最多的企业。继而，在天涯论坛中出现了一个《封杀王老吉！让他从中国的货架上消失！》的帖子，以夸张、引人入胜的效果引起网友围观、互动，以正话反说的效果从心理上顺应了网民好奇、探求的心理。网民纷纷回应，应该购买王老吉。继天涯异常火爆的情况后，该帖子被转到大大小小的各个论坛里，引起了非常广泛的影响。继在论坛里传播之后，又在腾讯QQ和博客上都进行了传播。王老吉以非常脍炙人口的内容"以后喝王老吉(捐款1亿)，存钱到工商(8 726万)……"引起网民自动的广泛传播，要喝就喝王老吉也成为个人博客的焦点内容。借助天时、地利、人和、媒体，王老吉从一个不知名的企业一夜成名，王老吉借助社会热点事件进行有效营销的做法，成为既叫好又卖座的公关事件。

案例思考：通过案例可知，王老吉一夜成名网络营销功不可没。那么网络营销具有哪些职能？

资料来源：阿里巴巴商友圈，http://club.1688.com/threadview/29489399.htm.

三、网络营销的职能

长期从事网络营销实践和系统研究的网络营销专家冯英健教授在2002年出版的《网络营销基础与实践》一书中，第一次提出了网络营销的职能。这一概念的提出对于研究网络营销的内涵有着积极的意义，它是对网络营销内容和作用的概括，对促进以实践为导向的网络营销内容体系的发展具有重要的指导意义。归纳起来，网络营销共有8项基本职能，即网络品牌、网站推广、信息发布、销售促进、网上销售、顾客服务、顾客关系和网上调研。

1. 网络品牌

网络营销的重要任务之一就是在互联网上建立并推广企业的品牌，以及让企业的网下品牌在网上得以延伸和拓展。网络营销为企业利用互联网建立品牌形象提供了有利的条件，无论是大型企业还是中小企业都可以用适合自己企业的方式展现品牌形象。网络品牌建设以企业网站建设为基础，通过一系列的推广措施，达到顾客和公众对企业认知和认可的目的。网络品牌价值是网络营销效果的表现形式之一，通过网络品牌的价值转化可以实现持久的顾客关系和更多的直接收益。

2. 网站推广

网站所有功能的发挥都要以一定的访问量为基础，所以网站推广是网络营销的核心工作。尤其对于中小企业，由于经营资源的限制，发布新闻、投放广告、开展大规模促销活动等宣传机会比较少，所以通过互联网手段进行网站推广的意义显得更为重要，这也是中小企业对于网络营销更为热衷的主要原因。即使对于大型企业，网站推广也非常必要。事实上许多大型企业虽然有较高的知名度，但网站访问量并不高。因此，网站推广是网络营销的基本职能之一，是网络营销的基础工作。

3. 信息发布

无论哪种网络营销方式，目的都是将一定的信息传递给目标人群，包括顾客、潜在顾客、媒体、合作伙伴、竞争者等。因此，信息发布就成为网络营销的基本职能之一。互联网为企业发布信息创造了优越的条件，不仅可以将信息发布在企业网站上，还可以利用各种网络营销工具和网络服务商的信息发布渠道向更大的范围传播信息。

4. 销售促进

市场营销的基本目的是为最终增加销售提供支持，网络营销也不例外。各种网络营销方法大都具有直接或间接促进销售的效果，同时还有许多针对性的网上促销手段。这些促销方法并不限于对网上销售的支持，事实上，网络营销对于促进网下销售同样很有价值，这也就是一些没有开展网上销售业务的企业一样有必要开展网络营销的原因。

5. 网上销售

网上销售是企业销售渠道在网上的延伸，一个具备网上交易功能的企业网站本身就是一个网上交易场所。网上销售渠道建设并不限于企业网站本身，还包括建立在专业电子商务平台上的网上商店，以及与其他电子商务网站不同形式的合作等。因此，网上销售并不仅仅是大型企业才能开展，不同规模的企业都有可能拥有适合自己需要的在线销售渠道。

6. 顾客服务

互联网提供了更加方便的在线顾客服务手段，从形式最简单的FAQ（常见问题解答），到电子邮件、邮件列表，以及在线论坛和各种即时信息服务等。在线顾客服务具有成本低、效率高的优点，在提高顾客服务水平方面具有重要作用，同时也直接影响到网络营销的效果。因此，其成为网络营销的基本组成内容。

7. 顾客关系

顾客关系对于开发顾客的长期价值具有至关重要的作用，以顾客关系为核心的营销方式成为企业创造和保持竞争优势的重要策略。网络营销为建立顾客关系、提高顾客满意和忠诚度提供了更为有效的手段。通过网络营销的交互性和良好的顾客服务手段增进顾客关系成为网络营销取得长期效果的必要条件。

8. 网上调研

网上调研具有调查周期短、成本低的特点，不仅为制定网络营销策略提供支持，也是整个市场研究活动的辅助手段之一。合理利用网上调研手段对于市场营销策略具有重要价值。网上调研与网络营销的其他职能具有同等地位，既可以依靠其他职能的支持而开展，同时也可以相对独立进行，网上调研的结果反过来又可以为其他职能更好地发挥提供支持。

网络营销的各个职能之间并非相互独立的，而是相互联系、相互促进的。网络营销的最终效果是各项职能共同作用的结果。网络营销的职能是通过各种网络营销方法来实现的，同一个职能可能需要多种网络营销方法的共同作用，而同一种网络营销方法也可能适用于多项网络营销职能。网络营销的八项职能也说明，开展网络营销需要用全面的观点，充分协调和发挥各种职能的作用，让网络营销的整体效益最大化。

拓展案例

乐蜂网网络营销案例分析

乐蜂网是中国第一个拥有专家明星进驻，以提供女性时尚解决方案为主要服务的互联网站。乐蜂网提供各类的流行信息、时尚情报、生活品位及购物乐趣，所有呈现的商品都由美丽教练严选把关，希望通过乐蜂网所提供的服务，能满足所有女性内心真正的渴望，让生活变成一种幸福的享受。乐蜂网的产品包括精油、营养保健品、美容护肤品、彩妆、香水、配饰、环保时尚产品、美容图书等。在网络营销方面，乐蜂网采取了多种营销方式。如开展网上团购活动，网站每天推出N单精品消费，包括化妆品、保健品、SPA、美发店、瑜伽馆等精选特色商家，让客户体验不一样的价格风暴。另外，网站还通过百度、GOOLE进行SEM投放，在各大网站开通官方微博，对开展的活动和客户良好的口碑进行宣传，并且给会员及购买过商品的客户发送彩信，进行活动宣传。通过多种方式的网络营销，乐蜂网在很短的时间内就得到了广大客户的认可。

案例思考：广泛搜集资料，说明乐蜂网都采取了哪些网络营销方法？并说明网络营销的理论基础。

四、网络营销的理论基础

网络营销区别于传统营销的根本原因是网络本身的特性和消费者需求的个性回归。这二者的综合作用，使得传统营销理论不能完全胜任对网络营销的指导。因此，在传统营销理论的基础之上又演绎和创新出一些网络营销理论。

1. 网络整合营销理论

网络整合营销是基于信息网络（主要是互联网）之上近年来新发展起来的一种营销模式，主要包含3个方面的内容：①传播资讯的统一性，即企业用一个声音说话，消费者无论从哪种媒体所获得的信息都是统一的、一致的；②互动性，即公司与消费者之间展开富有意义的交流，能够迅速、准确、个性化地获得信息和反馈信息；③目标营销，即企业的一切营销活动都应围绕企业目标来进行，实现全程营销。

网络的发展不仅使得整合营销更为可行，而且能充分发挥整合营销的特点和优势，使顾客这个角色在整个营销过程中的地位得到提高。网络互动的特性使顾客真正参与到整个营销过程中来成为可能，顾客不仅参与的主动性增强，而且选择的主动性也得到加强。因此，网络营销首先要求把顾客整合到整个营销过程中来，从他们的需求出发开始整个营销过程。不仅如此，在整个营销过程中要不断地与顾客交互，每一个营销决策都要从消费者出发而不是像传统营销理论那样主要从企业自身的角度出发。

网络整合营销从理论上离开了在传统营销理论中占中心地位的4P——产品策略（Product）、定价策略（Pricing）、渠道策略（Place）、促销策略（Promotion）——理论，而逐渐转向以4C——顾客策略（Customer）、成本策略（Cost）、沟通策略（Communication）、便捷策略（Convenience）——理论为基础和前提。传统的4P理论的基本出发点是企业的利润，而没有把顾客的需求放到与企业的利润同等重要的位置上，它指导的营销决策是一条单向的链。然而网络营销需要企业同时考虑顾客需求和企业利润。企业关于4P的每一个决策都应该给顾客带来价值，否则这个决策即使能达到利润最大化的目的也没有任何用处。但反过来讲，企业如果从4P对应的4C出发（而不是从利润最大化出发），在此前提下寻找能实现企业利益最大化的营销决策，则可能同时达到利润最大和满足顾客需求两个目标。这应该是网络营销的理论模式，即营销过程的起点是消费者的需求，营销决策（4P）是在满足4C要求的前提下的企业利润最大化，最终实现的是满足消费者和企业利润最大化。

消费者个性化需求得到了较好的满足，对企业的产品、服务形成了良好的印象，在第二次需求该种产品时，会对公司的产品、服务产生偏好，会首先选择公司的产品和服务；随着这两轮的交互，产品和服务可能更好地满足消费者的需求。如此重复，一方面，顾客的个性化需求不断地得到越来越好的满足，建立起对公司产品的忠诚意识；另一方面，由于这种满足针对的是差异性很强的个性化需求，其他企业的进入壁垒就变得更高。这样，企业和顾客之间的关系就变得非常紧密，甚至牢不可破，这就形成了“一对一”的营销关系。我们把上述这个理论框架称为网络整合营销理论。它始终体现了以顾客为出发点及企业和顾客不断交互的特点，它的决策过程是一个双向的链。

2. 网络软营销理论

软营销理论是针对工业经济时代以大规模生产为主要特征的“强势营销”提出的新理论。它强调企业进行市场营销活动的同时必须尊重消费者的感受和体验，让消费者能舒服地主动接受企业的营销活动。传统营销活动中最能体现强势营销特征的两种促销手段是传统广告和人员推销。在传统广告中，消费者常常被迫地接受广告信息的“轰炸”，它的目标是通过不断的信息灌输方式在消费者心中留下深刻的印象，至于消费者是否愿意接受、需要不需要则不考虑；在人员推销中，推销人员根本不考虑被推销对象是否愿意和需要，只是根据推销人员自己的判断强行展开推销活动。

在互联网上，由于信息交流自由、平等、开放和交互，强调的是相互尊重和沟通，网上消费者比较注重个人体验和隐私保护。因此，企业采用传统的强势营销手段在互联网上展开营销活动势必适得其反。例如，美国著名的AOL公司曾经对其用户强行发送E-mail广告，结果招致用户的一致反对，许多用户约定同时给AOL公司服务器发送E-mail进行报复，结果使得AOL的E-mail邮件服务器处于瘫痪状态，最后不得不道歉平息众怒。软营销与强势营销的一个根本区别在于：软营销的主动方是消费者，而强势营销的主动方是企业。网络营销恰好是从消费者的体验和需求出发，采用“拉（Pull）”式策略吸引消费者关注企业来达到营销效果。在互联网上开展网络营销活动，特别是促销活动，一定要遵循一定的网络虚拟社区规则（也称之为“网络礼仪”）。网络软营销就是在遵循网络礼仪的基础上巧妙营销而达到一种微妙的营销效果。传统的强势营销和网络的软营销并不是完全对立的，二者的巧妙结合往往会收到意想不到的效果。

3. 网络直复营销理论

根据美国直复营销协会(ADMA)为直复营销下的定义,直复营销是一种为了在任何地方产生可度量的反应和达成交易而使用一种或多种广告媒体相互作用的市场营销体系。网络作为一种交互式的、可以双向沟通的渠道和媒体,可以很方便地为企业与顾客架起一座桥梁。顾客可以直接通过网络订货和付款;企业可以通过网络接收订单、安排生产,直接将产品送给顾客。基于互联网的直复营销将更加吻合直复营销的理念,表现在4个方面:首先,直复营销作为一种相互作用的体系,特别强调营销者与目标顾客之间的"双向信息交流",以克服传统市场营销中的营销者与顾客之间无法沟通的"单向信息交流"方式的致命弱点。互联网作为开放、自由的双向式信息沟通网络,企业与顾客之间可以实现直接的一对一的信息交流和直接沟通,企业可以根据目标顾客的需求进行生产和营销决策,在最大限度满足顾客需求的同时,提高营销决策的效率和效用。其次,直复营销活动的关键是为每个目标顾客提供直接向营销人员反映的渠道,企业可以凭借顾客反应找出不足,为下一次直复营销活动做好准备。互联网的方便、快捷性使得顾客可以方便地通过互联网直接向企业提出建议和购买需求,也可以直接通过互联网获取售后服务。企业可以从顾客的建议、需求和要求的服务中找出企业的不足,按照顾客的需求进行经营管理,减少营销费用。再次,直复营销活动中,强调在任何时间、任何地点都可以实现企业与顾客的"信息双向交流"。互联网的全球性和持续性的特性,使得顾客可以在任何时间、任何地点直接向企业提出要求和反映问题,企业也可以利用互联网实现低成本的、跨越空间和突破时间限制与顾客的双向交流。这是因为互联网可以自动地全天候提供网上信息沟通交流工具,顾客可以根据自己的时间安排任意上网获取信息。最后,直复营销活动最重要的特性是其效果可测定。互联网作为最直接的简单沟通工具,可以很方便地为企业与顾客进行交易提供沟通支持和交易实现平台,通过数据库技术和网络控制技术,企业可以很方便地处理每一个顾客的订单和需求,而不用管顾客的规模大小、购买量多少。这是因为互联网的沟通费用和信息处理成本非常低廉。因此,通过互联网可以在以最低成本了解顾客需求的同时最大限度地满足其需求,细分目标市场,提高营销效率和效用。

网络直复营销可以利用网络工具,如E-mail、电子公告板等方式,随时了解用户的愿望和需要,了解到用户对产品的意见和建议,并针对这些意见和建议进行产品改进,提高产品质量,减少服务与质量瑕疵,通过这种一对一的销售模式,为用户提供个性化的服务。

4. 网络关系营销理论

网络关系营销理论自1990年以来受到重视,作用主要是为企业与顾客建立长期关系提供有效的保障。

关系营销的核心是保持顾客,为顾客提供高度满意的产品和服务,通过加强与顾客的联系,提供有效的顾客服务,保持与顾客的长期关系,并在与顾客保持长期关系的基础上开展营销活动,实现企业的营销目标。实施关系营销并不是以损伤企业利益为代价的。根据研究,争取一个新顾客的营销费用是维持老顾客费用的5倍。因此,加强与顾客关系并建立顾客的忠诚度,是可以为企业带来长远利益的。它提倡的是企业与顾客双赢策略。互联网作为一种有效的双向沟通渠道,企业与顾客之间可以实现低费用成本的沟通和交流,为企业与顾客建立长期关系提供有效保障。这是因为,首先,利用互联网,企业可以直接接收顾客的订单,顾客可以直接提出自己的个性化的需求。企业根据顾客的个性化需求,利用柔性化的生产技术最大限度地满足顾客,为顾客在消费产品和服务时创造更多的价值。企业也可以从顾客的需求中了解市场、细分市场和锁定市场,最大限度降低营销费用,提高对市场的反应速度。其次,利用互联网,企业可以更好地为顾客提供服务并与顾客保持联系。互联网不受时间和空间限制的特性能最大限度地方便顾客与企业进行沟通，顾客可以借助互联网在最短时间内以简便方式获得企业的服务。同时，通过互联网，企业可以实现对从产品质量、服务质量到交易服务等整个过程的全程质量控制。

另一方面，通过互联网，企业还可以实现与相关企业和组织建立联系，实现双赢发展。互联网作为最廉价的沟通渠道，能以低廉成本帮助企业与企业的供应商、分销商等建立协作伙伴关系。例如，前面案例中的联想电脑公司，通过建立电子商务系统和管理信息系统实现与分销商的信息共享，降低了库存成本和交易费用，同时使双方的合作关系更加密切。

情境任务二　有效进行网络营销活动

情境引例

现来看一下全球餐饮集团百胜，如何发动了一次名叫“吃垮必胜客”的活动。必胜客有一款自助沙拉，点了这款沙拉后，必胜客会给你一个碗，只允许盛一次，你能盛多少就盛多少。盛沙拉的碗并不大，很浅，简单地装沙拉，装不了多少，所以，如何保证自己的钱花得最划算，尽可能用那只可怜的小碗，装满你喜欢的沙拉，也就成了一门有趣的学问。

为了吸引更多的人来吃必胜客，台湾必胜客发动了一次名叫“吃垮必胜客”的网络营销活动。在这个题目叫作“吃垮必胜客”的邮件中，介绍了盛取自助沙拉的好办法，巧妙地利用胡萝卜条、黄瓜片和菠萝块搭建更宽的碗边，可以堆到15层沙拉，同时还配有真实照片。很多收到邮件的网友都在第一时间把邮件发给自己身边的亲友或同事，并相约去必胜客一试身手。有一位网友这样在网上留言：“我当时马上把邮件转发给我爱人了，并约好了去必胜客一试身手。到了必胜客我们立即要了一份自助沙拉，并马上开始按照邮件里介绍的方法盛取沙拉。努力了几次，终于发现盛沙拉用的夹子太大，做不了那么精细的搭建工艺，最多也就搭2～3层，不可能搭到15层。”而到必胜客试过身手，并且真的装满更多层沙拉的热心网友，会在网上发帖，介绍自己“吃垮必胜客”的成功经验。甚至有网友从建筑学角度，用11个步骤来论述如何吃垮必胜客的方法。

但是，必胜客通过一个个消费者的诱惑及网友自发的网上传递，不但没有被“吃垮”，利润反而大大地上升了。必胜客通过这种精心制作的、具有强大感染力的“病原体”，通过用户的口碑宣传网络，利用病毒传播原理快速复制、扩散开来。

思考：“吃垮必胜客”的活动非常成功。百胜运用了什么方法？网络营销的方法都有哪些？

情境认知

一、网络营销的方式

网络营销的方法很多,采取什么样的营销方式主要看营销所针对的目标客户群体和想要达到的营销目标。常见的网络营销有论坛营销、微博营销、病毒营销、视频营销等多种方式。

1. 搜索引擎营销

搜索引擎营销(Search Engine Marketing,SEM),就是根据用户使用搜索引擎的方式,利用用户检索信息的机会尽可能将营销信息传递给目标用户。简单来说,搜索引擎营销就是基于搜索引擎平台的网络营销,利用人们对搜索引擎的依赖和使用习惯,在人们检索信息时尽可能将营销信息传递给目标客户。搜索引擎营销的基本思想是让用户发现信息,并通过搜索引擎搜索、单击进入网站/网页进一步了解其所需要的信息。在介绍搜索引擎策略时,一般认为,搜索引擎优化设计主要目标有两个层次:被搜索引擎收录,在搜索结果中排名靠前。搜索引擎目前仍然是主要的网站推广手段之一,尤其基于自然搜索结果的搜索引擎推广,到目前为止仍然是免费的,因此受到众多中小网站的重视,搜索引擎营销方法也成为网络营销方法体系的主要组成部分。对于搜索引擎营销的研究,无论是搜索引擎优化还是付费搜索引擎广告,基本上都处于操作层面。国内最流行的单击付费搜索引擎有百度、雅虎和谷歌。中国互联网络信息中心(CNNIC)发布的数据显示,截至2011年第三季度,中国互联网搜索引擎用户已达3.96亿人,增长放缓。报告还称,网民网页搜索使用的习惯已经养成,新闻、视频和音乐是用户最常搜索的三大内容,用户比例分别是47.7%、45.2%、41.6%。大部分综合搜索引擎都已经提供这3种内容的垂直搜索功能。小说等文学作品的用户搜索率为23.7%,用户量已经达到9 400万,搜索引擎仍旧是文学网站的重要流量导入口。

2. E-mail营销

E-mail营销(E-mail Direct Marketing,EDM),是在用户事先许可的前提下,通过电子邮件的方式向目标用户传递价值信息的一种网络营销手段。E-mail营销有3个基本因素:用户许可,电子邮件传递信息,信息对用户有价值。3个因素缺少了任何一个,都不能称之为有效的E-mail营销。电子邮件营销是利用电子邮件与受众客户进行商业交流的一种直销方式,同时也广泛地应用于网络营销领域。电子邮件营销是网络营销手法中古老的一种,可以说电子邮件营销比绝大部分网站推广和网络营销手法都要久。相比其他网络营销手法,电子邮件营销也十分快速。搜索引擎优化需要几个月甚至几年的努力才能充分发挥效果;博客营销更是需要时间,以及大量的文章;社会化网络营销需要花时间参与社区活动,建立广泛的关系网。而电子邮件营销只要有邮件数据库在手,发送邮件后几小时之内就会看到效果,产生订单。优衣库(Uniqlo)是日本零售业排名首位和世界服装零售业名列前茅的跨国服装公司。它主要采用了高效的网络营销方式——EDM营销。公司通过发送电子邮件邀请函,将对优衣库感兴趣的淘宝会员转化为优衣库的活跃用户。定期向新老会员发送电邮杂志,开展EDM营销,定期向客户推荐新产品,提高客户的品牌忠诚度。经过半年的EDM运营,优衣库的活跃用户增长近70%,电子邮件营销渠道产生了约20%的销售额,电子邮件已成为优衣库重要的网络营销渠道。据官方统计:美国已有75.8%的商家在使用EDM推广自己的产品和服务,而中国电子邮箱的用户已达1.72亿。电子邮件营销最大的优势在于:有助于刺激无明确需求的消费,且较搜索引擎和在线广告而言成本更低,目标更精准。

3. 论坛营销

论坛营销是指企业利用论坛这种网络交流的平台，通过文字、图片、视频等方式发布企业的产品和服务信息，从而让目标客户更加深刻地了解企业的产品和服务，最终达到宣传企业品牌、加深市场认知度的网络营销活动。这种方式以成本低、见效快、传播广、可信度高、人气高等特点吸引了很多企业采取此种方式进行营销。国内目前排名前五位的论坛分别是腾讯QQ论坛、西陆论坛、新浪论坛、百度贴吧和天涯社区，它们以其丰富的内容，吸引网民前来发帖、交流。安琪酵母股份有限公司是国内最大的酵母生产企业。它首选论坛进行推广，在新浪、搜狐、TOM等有影响力的社区论坛里制造话题。公司策划了“一个馒头引发的婆媳大战”事件。事件以第一人称讲述了南方的媳妇和北方的婆婆关于馒头发生争执的故事。帖子贴出来后，引发了不少的讨论，其中就涉及了酵母的应用。这时，由专业人士把话题的方向引入到酵母的其他功能上去，让人们知道了酵母不仅能蒸馒头，还可以直接食用，并有很多的保健美容功能。为了让帖子引起更多的关注，公司选择有权威的网站，利用它们的公信力把帖子推到好的位置。除了论坛营销，安琪酵母又在新浪、新华网等主要网站发新闻，而这些新闻又被网民转到论坛里作为谈资。这样，产品的可信度就大大提高了。

4. 博客营销

博客营销是通过博客网站或博客论坛接触博客作者和浏览者，利用博客作者个人的知识、兴趣和生活体验等传播商品信息的营销活动。博客这种网络日记的内容通常是公开的，自己可以发表自己的网络日记，也可以阅读别人的网络日记，因此博客可以理解为一种个人思想、观点、知识等在互联网上的共享。由此可见，博客具有知识性、自主性、共享性等基本特征，也正是这些性质决定了博客营销是一种基于包括思想、体验等表现形式的个人知识资源。它通过网络形式传递信息。博客营销是利用博客这种网络应用形式开展网络营销的活动，是公司、企业或个人利用博客这种网络交互性平台，发布并更新企业、公司或个人的相关概况及信息，密切关注并及时回复平台上客户对于企业或个人的相关疑问及咨询，并通过较强的博客平台帮助企业或公司零成本获得搜索引擎的较前排位，以达到宣传目的的营销手段。博客在2005—2007年最为鼎盛流行。2007年6月13日，一条标题为“读蔡明博客，抢总价值40万元博洛尼真沙发”的消息出现在新浪网首页，这条消息在网络上不胫而走，一时间前来打探的人络绎不绝，大批网民纷纷登录蔡明的博客察看详情。这实际上是北京科宝博洛尼厨卫家具有限公司所做的博客营销。人们通过图文并茂的博客认识了极具冷峻、前卫气质的蔡明和富有时尚、极美品位的博洛尼品牌，更让博洛尼超越橱柜产品而成为一个引领潮流的高端生活方式品牌。今天，博洛尼的博客营销事件已经成为一个经典，以至于很多人一提到“网络沙发”就会想到博洛尼，而蔡明博客的点击率已经达到了1 200多万人次，这不能不说是网络营销的一个奇迹。

5. 微博营销

微博营销是指通过微博平台为商家、个人等创造价值而执行的一种营销方式。该营销方式注重价值的传递、内容的互动、系统的布局和准确的定位，微博的火热发展也使得其营销效果尤为显著。微博营销涉及的范围包括认证、有效粉丝、话题、名博、开放平台、整体运营等。当然，微博营销也有其缺点——有效粉丝数不足、微博内容更新过快等。2010年，微博元年开启。此后短短两年，我国微博用户数量已超过3亿，其中政务微博数量超过5万，微博被公认为“正在改变官方和公众话语权整体格局”。2012年新浪发布的微博用户数据表明，新浪微博用户数再创新高，已超过5亿，其微博总收入约为6 600万美元。从2012年第四季度开始，微游戏及会员等增值服务的收入增长迅猛，为新浪微博贡献了23%的年度收入，成为微博收入新的增长点。在该季度，微博增值服务的收入环比增长65%，达到720万美元。除了增值业务，新浪微博有77%的年度收入来自于广告，数额超过5 000万美元。“微博是地球的脉搏”，美国《时代》周刊如此评价微博强大的信息传播功能。

2014年中国互联网信息中心(CNNIC)发布的《第33次中国互联网络发展状况统计报告》显示，2013年，微博发展出现转折，用户规模和使用率均出现大幅下降。据统计，截至2013年12月，我国微博用户规模为2.81亿人，较2012年底减少2 783万人，下降9.0%。网民中微博使用率为45.5%，较2012年底降低9.2个百分点。在手机微博方面，截至2013年12月，我国手机微博用户数为1.96亿人，与2012年底相比减少了596万人，下降2.9%。手机微博使用率为39.3%，相比2012年底降低了8.9个百分点。由于手机端应用的使用独占性较强，类似平台性手机即时通信的快速发展及其对微博功能的高度重合分流了部分手机微博用户。据此分析微博发展并不乐观，一方面，基于社交网络营销的商业化并不理想，盈利能力有限；另一方面来自于竞争对手的冲击导致微博用户量下降。

6. QQ营销

QQ营销是IM(即时通信营销，是指营销工作者们运用现有的网络通信工具实现即时的信息交流和收发，从而产生效益的一种销售手段，包括QQ营销、MSN营销、百度HI、YAHOO通等)营销中的一种。QQ营销作为其中一种，在实际的工作中有重要的作用。网络营销人员可以通过设置脚本来调用QQ，实现及时的面对面的交流，及时地反馈和回答交流者双方的问题和答案，在交流中增进买卖双方成功的概率，因此成为现在流行的一种营销手段。QQ营销形式有群公告、群相册、群聊天、群名片、群邮件、新人报道、群动态、群社区、群共享、群活动等。QQ现在是中国网民使用最多的即时通信工具，QQ营销主要是通过QQ和QQ群与客户聊天建立信任关系，然后将网站介绍给他们。要取得用户的信任、认同，首先要拿出自己的诚意，以对待朋友的方式与他们交流，之后再向他们推广则会简单得多。QQ营销的好处是有效、简便，聊天就可以，不需要什么投资；QQ营销的弊端是不能大范围地推广，一个人不能同时和很多客户交流，即使是QQ群也一样，QQ群里至多有50个活跃用户。因此，想要用QQ营销来实现大规模的推广几乎不可能。

7. 事件营销

网络事件营销是企业、组织主要以网络为传播平台，通过精心策划、实施可以让公众直接参与并享受乐趣的事件，并通过这样的事件达到吸引或转移公众注意力，改善、增进与公众的关系，塑造企业、组织良好的形象的目的，以谋求企业长久、持续发展的营销传播活动。网络事件可以归纳为两种类型：自发型和操作型。自发型的网络事件有百变小胖、贾君鹏、你妈叫你回家吃饭、犀利哥等，都是网络舆论自发形成的事件。而操作型的网络事件有联想红本女、奥巴马女郎、凤姐等，这些都是人为操作形成的。这就是本质的区别。五粮液集团与北大服饰文化交流协会合作举行了“汉服秀行酒礼”活动就是一次很成功的事件营销案例。事件在博客上首发，并迅速被推到了博客首页及网站首页。之后，由“网络推手”进一步推动，开展正反两方面的较量，拉入一些名博参与，迅速扩大这个话题的影响力。在整个事件的传播中，五粮液品牌不但形成了高曝光度和高关注度，也形成了“中国白酒文化典范”的口碑。

8. 网络视频营销

网络视频营销是指通过数码技术将产品营销现场实时视频图像信号和企业形象视频信号、各种视频短片以各种形式放到互联网上，达到一定宣传目的的营销手段。网络视频营销是“视频”与“互联网”的结合，这种创新营销形式具备了二者的优点：既有电视短片的种种特征，如感染力强、形式内容多样、肆意创意等，又有互联网营销的优势，如互动性、主动传播性、传播速度快、成本低廉等。可以说，网络视频营销将电视广告与互联网营销二者“宠爱”集于一身。比较典型的视频营销就是百度唐伯虎系列小电影广告，3个短篇采用中国武侠电影和周星驰风格的诸多元素构建，诙谐且极具意趣，是中国首个真正意义上的互联网视频营销案例。3 个视频短片以 10 万级的拍摄费用，达到了近亿元的传播效果的实质。事实上，相比于目前许多品牌动辄聘请知名导演以千万级的费用拍摄宣传片，百度的 3 个短片仅仅通过员工给朋友发邮件，以及在一些小视频网站挂出下载链接等方式扩散开来，传播人群就超过了2 000万人次。

9. 病毒性营销

病毒性营销是指通过用户的口碑宣传网络，使信息像病毒一样传播和扩散，利用快速复制的方式传向数以千计、百万计的受众。也就是说，通过提供有价值的产品或服务，"让大家告诉大家"，通过别人为你宣传，实现"营销杠杆"的作用。病毒式营销已经成为网络营销最为独特的手段，被越来越多的商家和网站成功利用。病毒式营销利用的是用户口碑传播的原理。在互联网上，这种"口碑传播"更为方便，可以像病毒一样迅速蔓延，因此病毒式营销(病毒性营销)成为一种高效的信息传播方式。而且，由于这种传播是用户之间自发进行的，所以几乎是不需要费用的网络营销手段。和传统行销相比，受众自愿接受的特点使得成本更少，收益更多更加明显。2008 年 3 月 24 日，可口可乐公司推出了"火炬在线传递"活动。活动的具体内容是：网民在争取到火炬在线传递的资格后可获得"火炬大使"的称号。如果在 10 分钟内该网民可以成功邀请其他用户参加活动，图标将被成功点亮，同时将获取"可口可乐火炬在线传递活动"专属 QQ 皮肤的使用权。而受邀请参加活动的好友就可以继续邀请下一个好友进行火炬在线传递。以此类推。活动方提供的数据显示：在短短 40 天之内，该活动就"拉拢"了 4 000 万人参与其中。平均起来，每秒钟就有十几个人参与。网民们以成为在线火炬传递手为荣，"病毒式"的链式反应一发不可收拾，"犹如滔滔江水，绵延不绝"。

二、网络营销的内容

网络营销针对的是网络市场，目前我国互联网网民从 2004 年的 9 400 万人发展到 2013 年的 5.91 亿人。从网民增长情况看，从 2006 年互联网普及率升至 10.5% 开始，以后每年平均提升约 6 个百分点。网民状况在发生着很大的变化。因此准确把握网上消费者的心理特征和消费行为模式就更为重要。网络营销的具体内容如下。

1. 在互联网上进行市场调研

市场调研是企业开展经营业务的首要任务。网上市场调研(online research，又称网络市场调查)，是指在互联网上进行营销信息的收集、整理、分析和研究的过程。网上市场调研的内容主要包括市场可行性研究、分析不同地区的销售机会和潜力、探索影响销售的各种因素、竞争分析、产品研究、包装测试、价格研究、分析特定市场的特征、消费者研究、形象研究、市场性质变化的动态研究、广告监测、广告效果研究等方面。网上调研有各方面的优势。首先，网上调研互动性强，消费者不但可以对现有产品发表意见和建议，还能够对尚处于概念阶段的产品进行参与，能够使企业更好地满足现实的和潜在的市场需求。其次，网络调研具有及时性，利用网络传输速度快的优势，企业可以将调研信息快速传递给消费者，而消费者也可以进行快速的反馈，有利于保证企业及时跟进市场需求。最后，网上调研具有便捷性和经济性，只需一台计算机、一个 Modem、一部电话就可以快速方便地进行调查与反馈工作。对于反馈的数据，调查者可以利用数据库技术进行快速的整理、分析和归档，这是传统的调查方式所无法相比的。

2. 网络营销环境分析

网络营销环境是影响网商企业网络营销活动的各种因素的总称。网络营销环境分析是网商企业制定网络营销策略谋求未来发展的前提条件。网络营销环境分析的方式主要采取 SWOT 分析法。SWOT 分析方法是一种企业战略分析方法，其中，S 代表 Strength（优势），W 代表 Weakness（弱势），O 代表 Opportunity（机会），T 代表 Threat（威胁），S、W 是内部因素，O、T 是外部因素。从大的方面看，网络营销环境分析包括网络营销微观环境和宏观环境分析。网络营销微观环境是企业网络营销活动联系较为密切并且作用比较直接的各种因素的总称，主要包括企业内部条件和供应商、营销中介、顾客、竞争者、合作者及营销公众等；网络营销宏观环境是对企业网络营销活动影响较为间接的各种因素的总称，主要包括政治法律、社会人口、经济环境、社会文化、科学技术、自然地理等环境因素。宏观环境是普遍存在的，是每一个电子商务企业所共同面对的环境；微观环境是针对具体电子商务企业而言的，不同的电子商务企业，其财务运转状况、技术人才的使用和储备情况、竞争对手、与客户的关系都不尽相同，这是需要重点分析和把握的内容。

3. 网络消费者行为分析

网络购物与传统购买方式不同，为了能更好地搞好网上推广活动，网上消费者的需求特征、购买动机和购买行为都值得深入研究。网络消费者的购买行为主要体现在这些方面。首先，消费者不但能接受产品信息，也会主动通过各种可能的渠道获取与商品有关的信息并进行分析和比较，主动地参与电子商务企业的营销全过程，为了规避购买风险，主动与厂家、商家沟通互动，直接表达自己的消费需求。其次，是追求方便的消费过程，现代社会工作紧张，来自家庭和社会的压力较大，促使很多消费者从线下走到了线上，他们以追求时间和劳动成本的尽量节省为标准，采取了网上购物这一便捷性购买行为。再次，不可否认，便宜的价格是吸引消费者的重要因素，网上购物之所以具有生命力，近几年发展得如火如荼，其中重要的原因之一就是网上销售的商品价格普遍低廉。最后，就是网上购物满足了消费者个性化的消费需求，在以工业化和标准化生产方式为主导的现代化进程中，消费者的个性化需求被淹没。网络购物可以使消费者在全球范围内选择商品，可以参与产品的设计，强化了消费者张扬个性的特点，满足了消费者的个性化需求。通过消费者行为分析，可以使电子商务企业了解消费者需求，满足市场，增加利润。

4. 网站建设的定位

网站建设是指使用标识语言（markup language），通过一系列设计、建模和执行的过程将电子格式的信息通过互联网传输，最终以图形用户界面（GUI）的形式被用户浏览。网站建设包括域名注册查询、网站策划、网页设计、网站功能、网站优化技术、网站内容整理、网站推广、网站评估、网站运营、网站整体优化、网站改版等。建立有明确定位的企业网站，对外可以提升企业形象。互联网作为唯一的全天候 24 小时不间断的媒体平台是传统媒体可望而不可及的。电子商务企业网站最显而易见的优势就是可以向世界展示自己的企业风采，让更多人了解自己的企业，使企业在公众知名度上有一定的提升。对内可以有效进行网络化的管理。通过网站，企业可以建立规范和科学的集信息流、物流、资金流为一体的业务流程，实现业务管理自动化。内部新闻通告、订货管理、客户管理、采购管理、员工管理等许多繁杂的工作都可以在互联网和局域网上很轻松地完成，极大地提高了工作效率。企业网站是开展网络营销的主要场所，也是企业与消费者交流的平台，是网络营销的基石。因此，网站推广是网络营销基本的职能之一，是网络营销的基础工作。进行网络营销，合理的网站建设必不可少。

5. 制定网络营销策略

网络营销策略是企业根据自身所在市场中的不同地位而采取的一些网络营销组合，包括网页策略、产品策略、价格策略、促销策略、渠道策略和顾客服务策略。它是以互联网为基础，利用数字化的信息和网络媒体的交互性来辅助营销目标实现的一种新型的市场营销方式。简单地说，网络营销就是以互联网为主要手段，为达到一定营销目的进行的营销活动。网络营销策略有这样几种。①品牌策略，网络营销的重要任务之一就是在互联网上建立、推广企业的品牌并快速树立、提升品牌形象。网络品牌建设以企业网站建设为基础，通过一系列的推广措施，达到顾客和公众对企业的认知和认可。在一定程度上说，网络品牌的价值甚至高于通过网络获得的直接收益。②网页策略，由专人进行维护，并加强宣传，可以节省原来传统市场营销的很多广告费用。③产品策略，要确定目标客户群体，满足消费者需求，产品网络销售的成本远低于传统销售渠道的成本，因此选择产品就显得至关重要。④价格策略，电子商务企业应注重产品的性价比，同时要关注竞争对手的价格策略，根据市场环境变化及时调整，以便在确保利润的情况下，提高市场占有率。⑤促销策略，营销要为增加销售提供帮助，网络促销是吸引消费者的重要手段。⑥渠道策略，为了促进消费者购买，应及时在网站上发布促销信息、新产品信息、公司动态。为了方便购买还要提供多种支付模式，让消费者有更多的选择。在公司网站建设时应设立网络店铺，以促进销售。⑦客服策略，通过网络平台，建立与消费者及时沟通的渠道，有利于了解消费者的需求，及时变更产品和服务，增加销售。

拓展案例

云南国际探险旅行社网上营销案例

从旅行社开展的业务可以看出，云南丰富的探险旅游资源，是旅行社销售的服务产品，对外国探险爱好者有足够的吸引力。再看因特网上的虚拟市场，海外，特别是美国有数千万网民，其中不乏探险爱好者，不乏寻求刺激的旅游度假者，同时，很多科考人员也对云南独有情钟。凡此种种，证明旅行社的市场主要在海外，而且通过因特网招徕国外客户的营销环境已经完全具备，剩下的就是怎么做的问题了。该旅行社确定营销环节的重点服务项目具有特色和吸引力，市场有相应的强大需求，这是定位准确的表现。在此基础上，经营者根据项目本身和因特网虚拟化的特点，着重抓了营销环节中的两个方面：第一是导航台上的网址注册，第二是取信于客户。把握住这两个环节，就可以盘活整盘棋。在导航台注册方面，着重抓的是排位，即当浏览者用诸如 China Adventure Travel 之类的关键词在导航台上进行检索时，旅行社的网址始终显示在第一屏。这样的网址注册会获得非常好的点击率。来访的人多了，要靠丰富而有质量的信息留住访客，要让访客将你的网址加到收藏夹中，或者传播给其他人。同时对于萌生咨询念头的人要牢牢抓住，怎么抓，首先就要取信于人。该旅行社的客户远隔万里不能谋面，不能实地考察，这是网上营销的弱点之一。对此，旅行社从几个方面入手来显示自己的实力与信誉。充分利用网页图文并茂的特点，将公司形象全方位地展示给客户，在构造信息空间时，严格遵循全面、客观、真实地反映自己，反映中国旅游资源的原则，不粉饰、不夸张。努力塑造诚信的企业形象，如旅行路线、潜在危险、饭店软硬件条件、天气、饮食等，事无巨细，只要是旅游者应该知道的信息，几乎都有提供。对客户的电子邮件咨询快速回答，对所有问题给予翔实的答案，如导游的照片、接机人的照片、旅行用车、卫星电话、紧急救援等，全部落实在细微之处，想客户之所想，及客户之所及。这样可以打消客户的很多疑虑，获得最大程度的信任。取信客户最有效的一招是利用旁证。经过一段时间的积累，旅行社已经积累了 40 多面旅游者所在国的国旗。当新的潜在客户还在犹豫时，旅行社可以给出数十个电子邮件地址，让其自由取舍。这招屡试不爽，目前旅行社几乎所有的客户都来自网上，每个客户每天的消费都在 100 美元以上，获利颇丰。

案例思考：网络营销策划中应该注意的内容是什么？应该如何撰写网络营销策划书？

三、网络营销策划

(一) 网络营销策划的含义

网络营销是指在有效进行客户调查的基础上借助互联网这个平台,借助多媒体技术进行的网络宣传推广活动。它不是简单地在网上做广告,而是一项系统性的工程。著名营销学家科特勒在《营销管理》中指出,策划是一个运用脑力的理性行为,是一个程序。日本策划家和田创认为,策划是通过实践活动获取更佳效果的智慧,是一种智慧创造行为。我国较早的成功策划方案是 1992 年 9 月 1 日《人民日报》刊登的《何阳卖点子赚钱四十万——好点子也是紧俏商品》的报道,展示了策划的营利性本质特征。

网络营销策划是为了达成特定的网络营销目标而进行的策略思考和方案规划的过程。全球著名的咨询公司麦肯锡在 2011 年发布的一份报告中指出,到 2015 年,中国网民总数将达到 7.5 亿人,超过总人口的一半。英特尔数据中心集团副总裁兼总经理施浩德(Kirk Skaugen)于同年在 Web 2.0 峰会上预测,2015 年的全球网民总数将达到 25 亿人,较当前的 15 亿人增加 10 亿人。庞大的消费群体使得网络营销成为当前最受瞩目的营销方式,网络营销策划则是开展网络营销的前提。

(二) 网络营销策划的程序

网络营销策划是一个过程,通过制订营销计划具体实施,并且在这个过程中对方案进行不断的调整与改进,最后对实施效果进行评价这样一个完整的过程。

1. 调研阶段

首先对公司情况进行适当的介绍,了解产品设计、适用范围、价格定位和目标客户群体,这样才能有针对性地进行营销方案的制订和实施。同时,也要了解竞争对手的情况,能合理地进行产品的 SWOT 分析。

2. 方案设计阶段

这一阶段就是要针对企业的具体情况进行营销方案的设计。首先要组建合理的设计团队,对设计工作进行合理分解,最终形成整体方案。在设计过程中具有独特的创意尤为关键,方案创意是设计阶段的灵魂。

3. 方案实施与效果评价

网络营销方案的实施是一项系统性的工作,需要每一位团队成员精诚合作,共同完成策划与实施工作。网络空间无限大,QQ、博客、微博等各种营销方式不是实施一次就立竿见影的,团队成员要根据单击情况、市场反馈情况、网民意见,及时调整和实施方案。

(三) 网络营销策划书的基本格式

网络营销策划书是电子商务企业根据当前实际营销状况和未来发展趋势制订的未来某一时段内企业网络营销的总体策划方案。网络营销策划是一项计划性较强的活动,完备的网络营销策划书能指导营销实施团队,使工作有序进行。一个完备的网络营销策划书应包含以下几个部分。

1. 封面

策划书的封面主要包含本次策划的名称、策划者姓名、日期等信息。

2. 目录

目录部分体现了网络营销策划书的整体结构,通过目录可以知晓整个策划的过程。

网络营销策划书样本目录部分的范例如下。

目　录

3. 摘要

摘要即对整个营销策划的简单介绍。

4. 正文

正文是对整个策划方案的书面描述，是整个策划书的核心部分，也是内容最为详细和复杂的部分。在效果评估部分，主要会以文字、数据、图画、统计表格等方式将策划者的意图表达出来。正文一般包括前期分析，主要进行企业宏观环境分析、企业营销环境分析、企业目标市场分析、企业定位分析及 SWOT 分析；在营销方案实施进程中，主要是对每一种营销方案进行具体运用；最后是进行策划方案实施效果的评估。

技能训练

1. 开通微博，为自己的微博进行网络营销。
2. 选择一家淘宝店铺，为其进行网络营销策划，并撰写策划书。
3. 选择一家淘宝店铺，为其进行网络营销实施，并检测实施效果。

学习情境六

网上支付

学习目标

知识目标

掌握支付工具的种类和支付过程;熟悉个人和企业网上银行提供的服务内容;掌握第三方支付平台的支付过程。

技能目标

能够熟练使用网上银行、手机银行办理各项业务和进行网上支付;能够熟练使用支付宝提供的各项服务。

情境任务一　传统支付

情境引例

在早期的网上交易中,货到付款的方式成为主流,银行、邮局汇款方式次之。传统支付方式明显存在缺陷,汇款方式中,汇款成本被转嫁给了消费者,虽然大多数消费者其实并不在乎这些成本。另外,汇款方式中,很多商家因为无法用更好的办法查证汇款来源,而要求用户汇出较为少见的金额,比如用户购买400元的产品,可能要汇出400.01元,以区别不同用户的汇款行为。当汇款笔数过多时,这种矛盾就更加突出。货到付款方式中,能够让人们检查完货物之后才付款,一定程度上保护了消费者的权利,但又存在资金回收周期过长的问题。若物流公司的工作人员忘记收费,还要追讨货款,又需要一个漫长的程序,有时会不了了之,给商家带来一些不便之处,所以说传统支付方式不利于电子商务的发展,电子商务需要的是方便、快捷、高效、经济的支付方式。

思考:为什么传统支付方式不利于电子商务的发展?哪种支付方式适合电子商务呢?

资金流是电子商务的核心流程,是决定电子商务能否安全顺利、方便快捷、低成本开展的关键环节,其流动与处理的效率、成本高低直接关系到电子商务的开展效果,这就对支撑电子商务资金流流动的支付结算方式提出了更高的要求。传统支付方式是无法满足的,网上支付的方式具有方便、快捷、高效、经济的优势,成为适合和促进电子商务发展的支付方式。

情境认知

一、传统支付方式与支付工具

传统支付是指通过现金流转、票据转让及银行卡等物理实体来实现支付结算的方式。传统支付工具可分为现金、票据和银行卡。

（一）现金支付

现金支付即“一手交钱，一手交货”。现金的最大特点是方便、灵活，因此，现金支付在我国应用比较普遍，常用于企业（主要是商业零售业）或个体对个体消费者的商品零售过程。现金支付也有缺点，如在流通中易磨损，易失、易盗、易伪造。受时间和空间及大额现金携带不便等限制，现金支付不适于大宗交易。现金支付过程如图 6.1 所示。

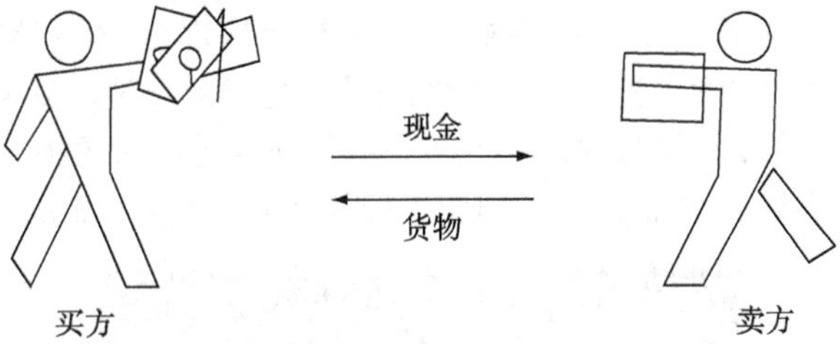

图 6.1　现金支付过程

（二）票据支付

票据有广义和狭义之分。广义的票据是指记载一定文字、代表一定权利的文书凭证；狭义的票据专指票据法所规定的本票、汇票和支票，是指商业上由出票人签发，无条件约定自己或要求他人支付一定金额，可流通转让的有价证券，是持有人具有一定权力的凭证。票据支付又叫转账支付方式，这种方式多用于企业间的商贸过程，需要银行作为支付结算的中介。票据支付可以减少携带大量现金的不便与风险，缺点是易于伪造、丢失。

（三）银行卡支付

1. 概述

银行卡（bank card）是由银行发行、供客户办理存取款业务的新型服务工具的总称。最早产生的银行卡是信用卡，于 1915 年产生于美国。最早发行信用卡的机构并不是银行，而是百货商店、饮食业、娱乐业和汽油公司。美国的一些商店、饮食店为招徕顾客、推销商品、扩大营业额，有选择地在一定范围内发给顾客一种类似金属徽章的信用筹码，后来演变为用塑料制成的卡片，作为客户购货消费的凭证，开展了凭信用筹码在本商号、公司或汽油站购货的赊销服务业务，顾客可以在这些发行筹码的商店及其分号赊购商品，约期付款。这就是信用卡的雏形。1952 年，美国加利福尼亚州的富兰克林国民银行作为金融机构首先进入发行信用卡的领域，由此揭开了银行发行信用卡的序幕。我国最早发行的银行卡是在 1985 年 3 月由中国银行珠海分行发行的中银卡——珠江卡，这也标志着我国银行卡业的开端。

2. 银行卡的分类

① 按照性质划分。按照性质划分银行卡可分为信用卡和借记卡。信用卡(即贷记卡)是以银行或信用卡公司向资信良好的个人或机构签发的一种信用凭证,发卡银行给予持卡人一定的信用额度,持卡人可在信用额度内先消费、后还款,具有透支功能。信用卡(贷记卡)既是发卡机构循环贷款和提供相关服务的凭证,也是持卡人的信誉标志。招商银行的信用卡如图6.2所示。

图6.2　招商银行的信用卡

借记卡是由发卡银行向社会发行的,具有转账结算、存取现金、购物消费等功能的信用工具。要获得借记卡,持卡人必须在发卡机构开设账户,并有一定量的存款。持卡人用借记卡刷卡付账时,所付款项直接从他们在发卡银行的账户上转到提供服务的商家的银行账户上。借记卡是一种“先存款、后支用”的银行卡,不能透支。招商银行的借记卡如图6.3所示。

图6.3　招商银行的借记卡

② 按照信息载体划分。按照信息载体划分,银行卡可划分为磁卡、智能卡(IC卡)和光卡。磁卡诞生于1970年,它的存储介质是贴在银行卡背面的磁条,必须通过专门的读卡设备才能读取其中的数据。磁卡的记忆容量比较小,只有100字节。现在所使用的银行卡的介质多数为磁卡,原因是磁卡的制造成本低。磁卡的成本主要包括卡片成本、磁条成本和加工合成成本,这些费用都不高。但是磁卡也有其缺点,那就是安全性低、磁条中的数据容易被仿制等。中国银行的磁卡如图6.4所示。

图6.4　中国银行的磁卡

智能卡又叫集成电路IC卡，是在塑料卡的基础上安装一个集成电路芯片，用来存放各种数据。集成电路IC卡弥补了磁卡的很多缺点：磁卡的安全性低，很容易被复制，而集成电路卡的安全性较高，很难被复制；磁卡只有100个字节的存储量，而集成电路卡因为有各种各样的存储器，所以具有很大的存储量；磁卡不能够脱机处理，而集成电路卡既可以联机处理又可以脱机处理；集成电路卡不仅可以存放关于持卡人的银行数据，同时还可以存放持卡人的病例等这些非金融信息。中国银行的智能卡如图6.5所示。

图6.5　中国银行的智能卡

光卡首先于1981年由美国的一家技术开发公司推出，后经多次研究改进，其构造通常由6层组成，但制造厂商不同，构造也各有差异。Canon公司是目前世界上唯一既生产光卡，又生产光卡读写器的公司，是世界光卡先进技术的主要代表者之一。

情境任务二　网 上 支 付

情境引例

根据艾瑞咨询近期发布的《2012—2013年中国互联网支付用户调研报告》中的调研数据显示，2012年网上银行直接支付在中国网民生活中仍然占据非常重要的地位，使用和最常使用的用户比例分别为78.1%和41.3%；其次为第三方网上支付，用户比例分别为61.3%和29.7%，如图6.6所示。

思考：网上银行直接支付、第三方支付是中国互联网支付用户最常使用的网上支付方式，那么什么是网上支付？与传统支付方式相比有何不同？如何完成支付呢？

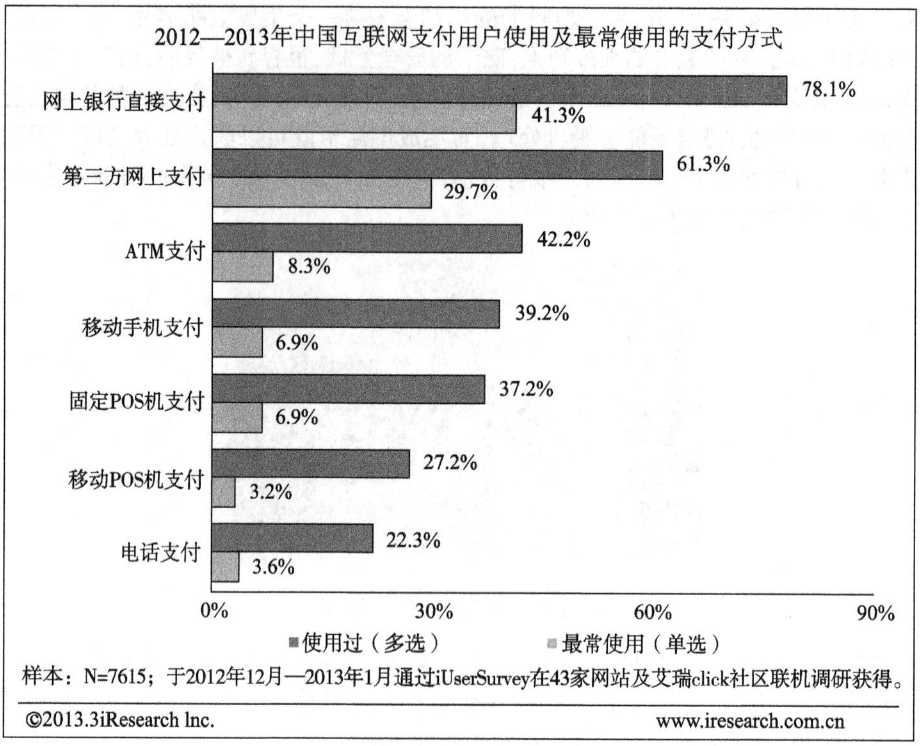

图 6.6　用户使用及最常用的支付方式

情境认知

网上支付是电子支付的一种形式，按照支付方式的不同，电子支付分为以下几种：网上支付、电话支付、移动支付、自动柜员机交易、销售点终端交易和其他电子支付，如图 6.7 所示。

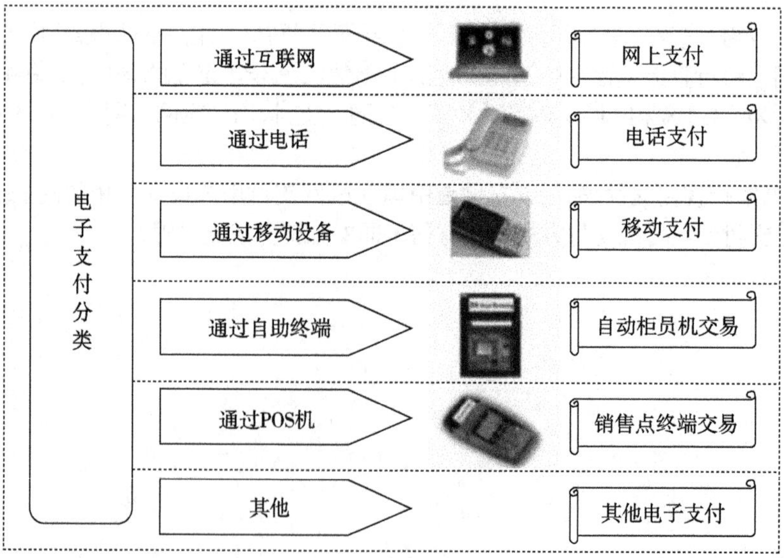

图 6.7　电子支付方式

（一）网上支付的定义

网上支付就是以金融电子化网络为基础，以商用电子化机具和各类交易卡为媒介，以计算机技术和通信技术为手段，与货币相关的信息以电子数据形式存储在银行计算机系统中，并通过计算机网络系统以电子信息形式，在线实现货币的支付和流通。广义的网上支付包括直接使用网上银行进行的支付和通过第三方支付平台间接使用网上银行进行的支付。狭义的网上支付仅包括通过第三方支付平台实现的支付。

网上支付的参与者包括客户、客户开户行、商家、商家开户行、支付网关、银行专用网、CA 认证中心。网上支付系统的构成如图 6.8 所示。

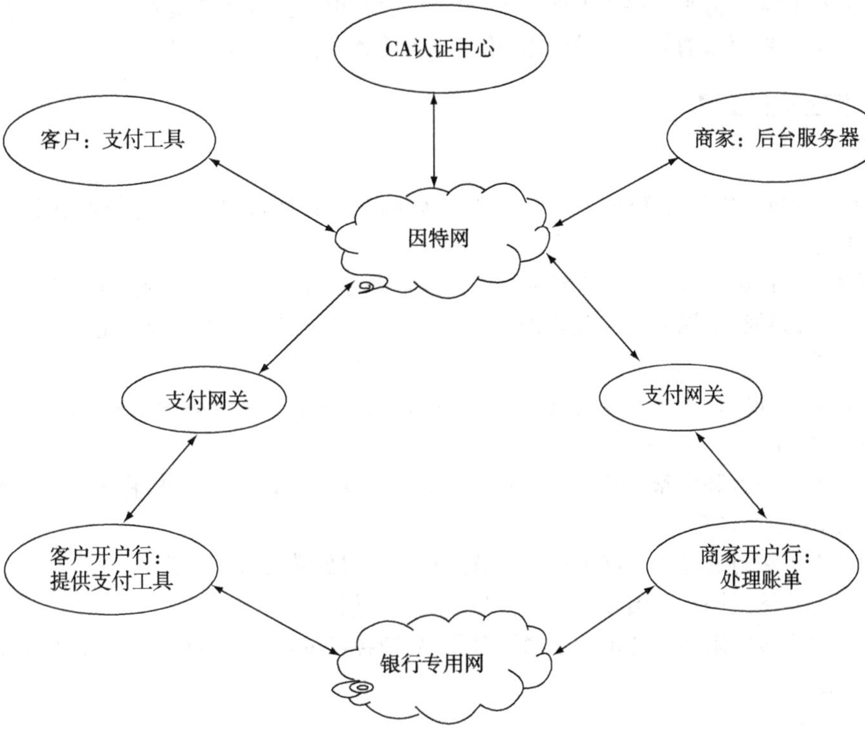

图 6.8　网上支付系统的构成

客户是交易的发起人，用已经拥有的支付来发起支付；商家则是交易的接收者。

客户开户行是指客户开设账户的银行，客户所拥有的支付工具就是由开户行提供的。客户开户行在提供支付工具的同时也提供了一种银行信用，也就是保证支付工具兑付。

商家开户行是商家开设账户的银行，商家账户是整个支付流程中资金流向的地方。商家开户行可以帮助商家处理各种资金往来。

支付网关是互联网和金融专用网及银行内部网络的接口。各种支付信息必须经过支付网关的检验后才能进入银行支付系统，进而完成各种支付活动。支付网关的建设关系着支付结算的安全及银行自身系统的安全，关系着网上支付结算的安排及金融系统的风险，必须十分谨慎。

银行专用网是银行内部及银行之间进行通信的网络，具有很高的安全性。

CA 认证中心主要是对支付系统交易各方进行身份认证，颁发数字证书。认证中心必须严格验证各方的资信状况，以保证网上支付的安全性。

(二) 网上支付的方式

1. 网银支付

网银支付是银行以互联网为平台开展的网上银行业务,客户在银行柜台或银行网站上签约网上银行后,利用银行的网上支付系统所进行的资金支付活动。这种支付方式是直接从银行卡支付的。

2. 第三方支付

所谓第三方支付,就是指一些和产品所在国家或地区以及国外各大银行签约、并具备一定实力和信誉保障的第三方独立机构提供的交易支持平台。在通过第三方支付平台的交易中,买方选购商品后,使用第三方平台提供的账户进行货款支付,由第三方通知卖家货款到达、进行发货;买方检验物品后,就可以通知付款给卖家,第三方再将款项转至卖家账户。

(三) 网上支付工具

1. 银行卡

银行卡不仅可以用于日常的ATM存取款、POS消费,同样也是网上支付的重要工具,银行卡网上支付过程如下。

① 顾客通过因特网在银行卡特约商户选购所需商品,并发送银行卡网上支付请求。

② 商户通过银行卡网上支付接口程序将页面转向网上银行,顾客通过网上银行递交支付信息和银行卡信息。

③ 支付信息和银行卡信息经过支付网关的处理后进入安全的金融专用网,并提交给顾客的发卡银行进行验证。

④ 顾客发卡银行和商家开户银行利用金融专用网络完成银行卡结算,将货款从顾客的银行账户转到商家的银行账户。

⑤ 顾客发卡银行通过支付网关给网上商户返回支付成功的确认信息。

⑥ 网上商户通过因特网给顾客返回交易成功确认信息。

⑦ 顾客发卡银行定期寄送银行卡消费对账单,顾客也可以立即通过网上银行查询账户余额和网上支付记录。

2. 电子支票

在传统支付方式中,支票支付是一种非常重要的支付方式。为了不阻碍电子商务的发展,人们积极研究,通过各种技术把传统支票运用到互联网上,形成了电子支票。

(1) 电子支票定义

电子支票是一种借鉴纸张支票转移支付的优点,利用数字传递将钱款从一个账户转移到另一个账户的电子付款形式,如图6.9所示。电子支票是将传统支票改变为带有数字签名的电子报文,或者用其他数字电文代替传统支票的全部信息。这种电子支票的支付是在与商户及银行相连的网络上以密码方式传递的,多数使用公用关键字加密签名或个人身份证号码(PIN)代替手写签名,所以电子支票也具有很高的安全性。

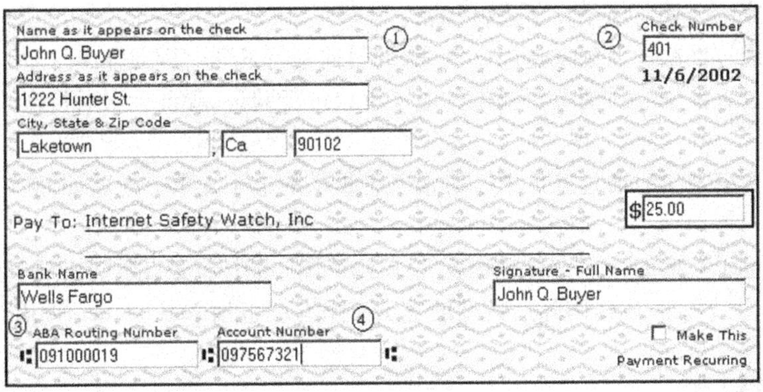

图6.9　电子支票

(2) 电子支票特点

① 电子支票与传统支票工作方式相同，易于理解和接受。

② 加密的电子支票比基于公共密钥加密的数字现金易于流通，买卖双方的银行只要用公共密钥认证确认支票即可，数字签名也可以被自动认证。

③ 电子支票适用于各种市场，可以很容易地与EDI应用结合，推动EDI基础上的电子订货和电子支付。

④ 第三方金融服务者不仅可以从交易双方收取固定加密费用或按一定比例抽取费用，还可以银行身份提供存款账目，且电子支票存款账户很可能是无利率的，因此给第三方金融机构带来了收益。

⑤ 电子支票技术将公共网络连入了金融支付和银行清算网络。

(3) 电子支票的使用过程

与纸质支票一样，电子支票在使用前也需要向银行申请。银行在接受申请并发放了电子支票后，消费者才可以使用电子支票。电子支票支付过程如图6.10所示。使用步骤如下。

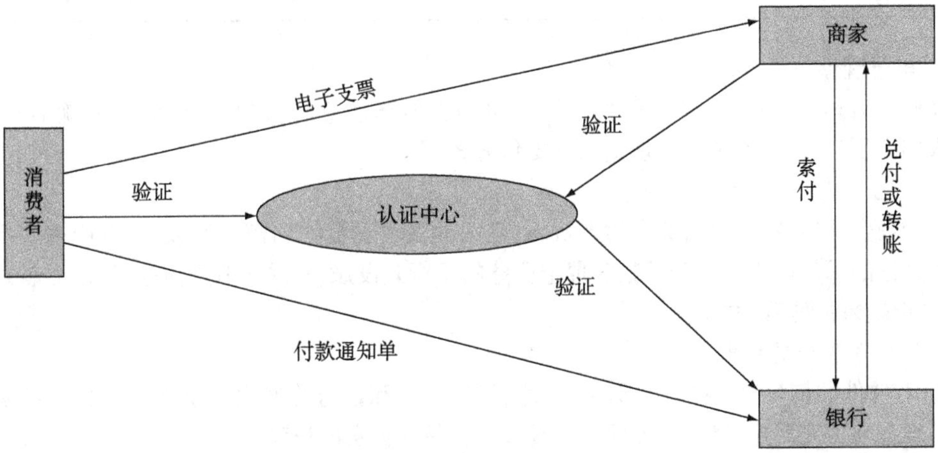

图6.10　电子支票支付过程

① 申请电子支票。用户在提供电子支票服务的银行注册，开出具有银行数字签名的电子支票。

② 消费者和商家达成购销协议并选择用电子支票完成支付。消费者在电子支票上进行数

字签名，并用商家的公钥对电子支票进行加密。

③ 消费者通过网络向商家发送电子支票，同时向银行发送付款通知单。

④ 商家通过验证中心对消费者提供的电子支票进行验证，验证无误后将电子支票送交银行索付。

⑤ 银行在商家索付时通过验证中心对消费者提供的电子支票进行验证，验证无误后即向商家索付转账。

到此为止，电子支票的网上支付过程就完成了。不同的电子支票系统在细节中还有不同，但总的步骤就为以上5个。目前国际上典型的电子支票系统包括 NetCheque、NetBill 及 E-check。

拓展案例

NetCheque 是由美国南加州大学信息科学协会开发的一种电子支票支付系统，支票信息主要包括支票数额、货币单位、日期、账户号码、收款人、客户签名及商家和银行背书。前5项是明文，是支票持有人可读的；后两项是加密的，是收票行可验证的。系统采用 Kerberos（一种身份认证协议）标签产生数字签名和支票背书。

NetCheque 在签发支票时，用户产生支票的明文部分。用户从 Kerberos 服务器上获得一个标签 T，用来向银行证实自己的身份，并与银行共同享有一个密钥 K，再根据支票内容产生一个校验和，并把它放在一个证明器中，生成用户签名。

在标签 T 中包含了密钥 K 的复制，并用客户银行（B）的私人密钥进行加密。客户向商户发送一张签名电子支票。电子支票通过非安全网络上的电子邮件传送给商户，也可使用加密线路。商户收到支票后，首先读出支票的明文部分内容，再从 Kerberos 服务器上获得客户银行（B）的一个标签 T，生成商户签名，并对支票进行背书。通过安全线路，商户将背书后的支票传送给银行（A）。如果客户和商户使用不同的银行，商户银行向商户发送一条指示，指出该支票已被存为收款。如果该支票必须在多个银行之间进行清算，每一个银行都要把背书附加在支票上，当客户银行清算时，所附加的背书可以用来跟踪原来的路径到商户银行。

3. 电子现金

在商务活动中，很多时候都是小额支付，并且要求匿名支付，这时使用信用卡就不合适了。经过人们的研究，就产生了电子现金网上支付方式。

（1） 电子现金的含义

电子现金又叫数字现金，英文为 E-cash，是一种表示现金的加密序列数，可以用来表示现实中各种金额的币值。用户在开展数字现金业务的银行开设账户，并在账户内存钱，之后就可以在接受数字现金的商店购物了。

（2） 电子现金的特点

① 对软件的依赖性。在电子现金中，消费者、商家和银行等使用电子现金的各方都必须安装电子现金软件之后才可使用，因此电子现金对软件有很强的依赖性。

② 不可重复使用。不同于实物货币的是，电子现金在使用一次之后就废弃，不能重复使用。废弃的电子现金存放在银行的电子现金库中，通过与电子现金库中的现金进行对比可以检验出重复使用的电子现金。

③ 可鉴别性。电子现金是可以鉴别的，因为电子现金上有发行银行的数字签名，可以根据发行银行的数字签名查看电子现金是不是合法、有效。

④ 匿名性。电子现金用户的购买行为和电子现金的使用信息相互隔离，从而隐蔽电子现金用户的购买历史。

⑤ 不可伪造性。用户不能造假币，包括两种情况：一是用户不能凭空制造有效的电子现金；二是即使用户从银行提取 N 个有效的电子现金后，也不能根据提取和支付这 N 个电子现金的信息制造出有效的电子现金。

⑥ 可传递性。用户能将电子现金像普通现金一样，在用户之间任意转让，且不能被跟踪。

⑦ 可分性。电子现金不仅能作为整体使用，还能被分为更小的部分多次使用，只要各部分的面额之和与原电子现金面额相等，就可以进行任意金额的支付。

（3）电子现金的支付过程

目前国际上存在很多种电子现金系统，如 DigiCash 公司的 E-cash 电子现金系统。CyberCash 公司的 CyberCoin 电子现金系统等。现以 DigiCash 公司的 E-cash 电子现金系统为例来介绍电子现金的支付过程，如图 6.11 所示。使用步骤如下。

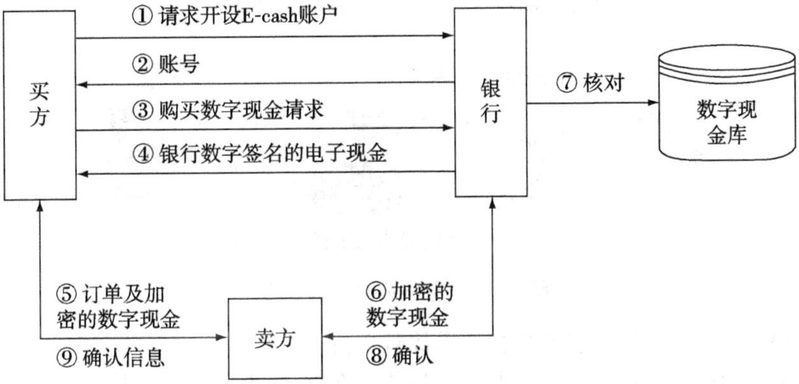

图 6.11　电子现金支付过程

① 买方在提供电子现金业务的银行开设账号，并存入一定金额的资金以支持以后的支付。

② 银行将生成的电子现金账号信息反馈给买方。

③ 客户从自己的银行账户上提取现金。

④ 银行将生成的有效电子现金通过网络传输给客户。

⑤ 买方在同意接受电子现金的网上商店下订单，并选择使用电子现金方式支付。

⑥ 网上商店接受顾客的电子现金。

⑦ 网上商店将经过银行验证后的电子现金存入自己的银行账户。在这一步银行将检查存入的电子现金是否曾经被合法使用，如果这个电子现金曾经被使用过，银行将拒绝存入。

⑧ 银行根据电子现金和发行验证结果给网上商店反馈支付是否成功的确认信息。

⑨ 网上商店根据银行的反馈信息提供给买方交易是否成功的确认信息。

目前各个国家都在致力于电子现金系统的研究，但是电子现金系统的发展一直很缓慢，电子现金还没有被大范围使用。我国目前还没有银行提供电子现金服务，也没有商家接受电子现金。

4. 电子钱包

电子钱包是电子商务活动中消费者经常使用的一种小额支付工具，功能和普通钱包一样，可存放信用卡、电子现金、所有者身份证书、所有者联系方式，以及在电子支付中的其他信息。在电子钱包内只能装电子货币，如电子现金、电子零钱、电子信用卡等。电子钱包分为两种形态。一种是实物形态的电子钱包，这种电子钱包主要是以智能卡或磁卡为存储介质的各类储值卡或预付卡，如日常生活中普遍使用的公交卡、电话卡、上网卡、购物卡等。最早的实物钱包是英国的西敏寺银行开发成功的 Mondex 电子钱包系统。另外一种是软件形态的虚拟电子钱包，以软件形态运行，可以在互联网上完成在线支付。这种形态的电子钱包既可以运行在商家或电子钱包软件提供者的服务器上，也可以运行在客户端的服务器上。前者不需要在客户的计算机上安装电子钱包软件，后者则需要在客户端安装电子钱包软件，这些软件一般是免费提供的。这里所讲的电子钱包指需要在客户端安装电子钱包软件的形态。

目前世界上有 VISA cash 和 Mondex 两大电子钱包服务系统，其他电子钱包服务系统还有 HP 公司的电子支付应用软件(VWALLET)、微软公司的电子钱包 MS Wallet、IBM 公司的 Commerce Point Wallet 软件、Master Card cash、Euro Pay 的 Clip 和比利时的 Proton 等。

电子钱包支付过程如图 6.12 所示。

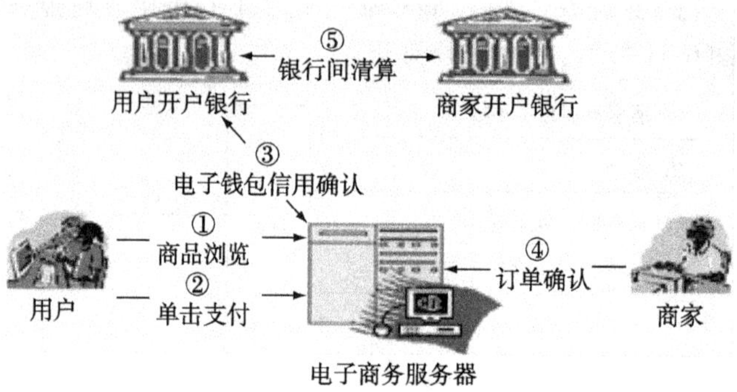

图 6.12 电子钱包支付过程

① 客户和商家达成购销协议并选择电子钱包支付。

② 客户选定用电子钱包付款并将电子钱包装入系统，输入保密口令并进行付款。

③ 电子商务服务器进行合法性确认后，在信用卡公司和商业银行之间进行应收款项和账务往来的电子数据交换和结算处理。

④ 商业银行证明电子钱包付款有效并授权后，商家发货并将电子数据发给客户；与此同时，销售商留下整个交易过程中发生往来的财务数据。

⑤ 商户按客户提供的电子订货单将货物在发送地点交到客户手中。

拓展案例

Mondex 电子钱包的存储介质是由万事达国际公司出品的 IC 智能卡，最早由英国西敏寺银行发行，是世界上最早的电子钱包系统，1995 年 7 月首先在有“英国的硅谷”之称的斯温登市试用。Mondex 卡起初名声并不那么响亮，由于其安全、方便、快捷的支付特点，很快在斯温登打开了局面，并被广泛应用于超级市场、餐饮店、停车场、电话亭和公交车辆之中。之后，Mondex 卡逐渐扩展到加拿大、澳大利亚、新西兰、中国香港特别行政区、爱尔兰、以色列、法国、日本和美国等多个国家和地区。

与普通的银行卡相比，Mondex 卡是现金卡，用它付账时，既不要在收据单上签字，也不要等计算机或电话来核准支付金额，人们可以方便地把存放在卡里的电子货币从一张卡转到另一张卡。使用 Mondex 电子钱包系统除了需要卡本身外,还需要一套专门的电子设备,如图 6.13 所示。这套电子设备包括一台可随身携带的微显示器、一部 Mondex 兼容电话和专门的电子收款机。显示器用于显示 Mondex 卡内的电子货币存储数额和进行 Mondex 卡之间的现金转移,Mondex 兼容电话可以对 Mondex 进行充值操作,而商店安装的 Mondex 电子收款机则可以完成支付阶段。

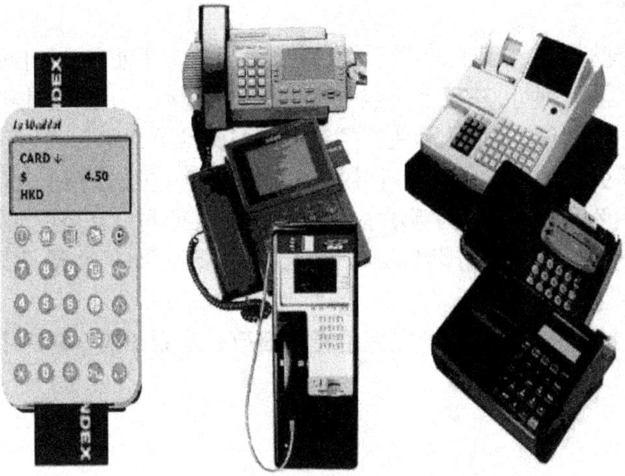

图 6.13　Mondex 电子钱包使用设备

(四) 网上支付的特征

与传统的支付方式相比,网上支付具有以下特征。

① 网上支付是采用先进的技术通过数字流转来完成信息传输,各种支付方式都是采用数字化的方式进行款项支付的;传统的支付方式则是通过现金的流转、票据的转让及银行的汇兑等物理实体的流转来完成款项支付的。

② 网上支付的工作环境是基于一个开放的系统平台(即因特网);而传统支付则是在较为封闭的系统中运作的。

③ 网上支付使用的是最先进的通信手段,如因特网、企业内部网,而传统支付使用的是传统的通信媒介。网上支付对软、硬件设施的要求很高,一般要求有联网的计算机、相关的软件及其他一些配套设施,而传统支付则没有这么高的要求。

④ 网上支付具有方便、快捷、高效、经济的优势。用户只要拥有一台上网的 PC,便可足不出户,在很短的时间内完成整个支付过程。支付费用仅相当于传统支付的几十分之一,甚至几百分之一。网上支付可以完全突破时间和空间的限制,可以满足 24/7(每周 7 天,每天 24 小时)的工作模式,其效率之高是传统支付望尘莫及的。

情境任务三 网上银行

情境引例

银行柜台前的排队等候，繁杂的各种手续，耗时耗精力。即便是24小时服务的自助银行，也总得出门坐车。有了网上银行，在家里一点鼠标，许多业务都办了。在某科研单位工作的小刘，使用网银已经有3年的时间了，他认为使用网银有无可比拟的优势。

中国电子银行年会上发布的《2013年中国电子银行调查报告》指出，在企业网银方面，2013年企业网银用户比例为63.7%，较去年增长10个百分点；平均每家企业网银活动用户使用网上银行替代了63%的柜台业务，而在2009年，这一比例为50.7%。今年，76%的企业使用网上银行替代了超过一半以上的柜台业务。

思考：什么是网上银行？为什么现在使用网上银行办理业务的企业和个人越来越多？

情境认知

一、网上银行的产生与发展

网上银行其实是在互联网上开通的虚拟银行柜台，能提供行内或跨行转账、网上证券、投资理财、代理缴费等多种服务，基本能办理除现金业务以外的所有银行业务。通过互联网，银行可以不设立分支机构就能将银行业务推向全国乃至世界各地，客户足不出户只需通过互联网就可以获得银行提供的查询、对账、行内转账、跨行转账、信贷、网上证券、投资理财等服务项目。网上银行的发展只有十几年的历史，却显示出强大的生命力，不仅迅速抢占了传统银行市场，同时还吸引了更多的潜在客户。网上银行迅速发展的原因如下。

1. 网上银行是家庭银行发展的必然趋势

美国许多大银行在1970年投入巨资研究和开发家庭银行项目，并提出了家庭银行的概念。家庭银行就是让客户在家里或随时随地享受银行柜台式的服务。银行为家庭提供电子化服务经历了3个阶段。

第一阶段是1970—1979年，这是电话银行的发展阶段。通过电话银行，客户可以查询账户余额、资金转移和付账单。虽然这种方式在一定程度上给客户提供了便利，但是也有缺点，如客户只有听觉上的验证而没有视觉上的验证，语音速度不能控制等。

第二阶段是1980—1989年，这是PC家庭银行的发展阶段。这个阶段先后出现了两种家庭银行模式：一种是银行专用软件家庭银行模式，这种方式是银行为客户提供专用的银行接口软件，安装在客户家里的PC上，客户通过连接在PC上的调制解调器连入银行的家庭服务主机，接受银行提供的各种服务；另一种是商用软件家庭银行模式，这种方式是客户在PC上安装专门开发家庭银行软件的公司提供商用软件，并通过公司的服务与银行相连，获得银行的联机服务。家庭银行连接方式如图6.14所示。

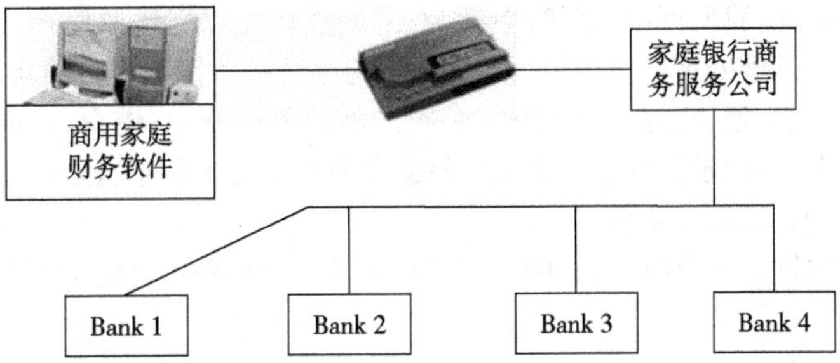

图 6.14　家庭银行连接方式

第三阶段是从1990年至今，也就是网上银行开始发展的阶段。互联网的迅速发展，使得以前的家庭银行模式逐渐被网上银行取代。自1995年10月美国成立第一家网上银行——安全第一网络银行以来，网上银行业务在世界各国开始迅猛发展。1996年6月，中国银行在国内率先设立网站，向社会提供网上银行服务。1997年4月，招商银行开办网上银行业务。1999年，建设银行、工商银行开始向客户提供网上银行服务。

由于互联网的全球性和即时性特征，依托于互联网的网上银行可以不再受时间和空间的限制，能够在任何时间（anytime）、任何地点（anywhere）、以任何方式（anyhow）提供金融服务，所以网上银行又称为3A银行。

2. 网上银行可降低银行的运营成本

对银行来说，网上银行具有成本优势，据统计，柜台业务每笔成本在8.5～9元，而网上银行还不到1元。银行柜台业务的成本是网上银行成本的8～9倍，可见网上银行极大地节省了银行的运营成本。

3. 网上银行是电子商务发展的需要

无论是传统的交易，还是新兴的电子商务，资金的支付都是完成交易的重要环节。在电子商务中，作为支付中介的商业银行扮演着举足轻重的角色。无论网上购物还是网上交易，都需要银行借助电子手段进行资金的支付和结算。商业银行作为电子化支付和结算的最终执行部，是连接商家和消费者的纽带，是网上银行的基础。它所提供的电子与网络支付服务是电子商务中的最关键要素和最高层次，直接关系到电子商务的发展前景。商业银行能否有效地实现支付手段的电子化和网络化，是电子交易成败的关键。因此，网上银行是电子商务的必然产物和发展的需要。

4. 网上银行安全性提高

网络安全技术和认证技术的进步为网上银行的顺利发展提供了技术保证。银行是一个保密性要求高的机构，因此要把相关业务公开在网络上，必须做好安全防范工作。目前，随着信息技术的发展，很多技术都已经应用到网上银行中，如防火墙技术、防病毒技术、SET、SSL安全协议和认证中心等。

自1997年中国出现第一家网上银行以来，网上银行支付业务得到了长足的发展。中国银行业协会最新发布的报告显示，2013年网上银行个人客户达到7.53亿户，同比增加28.09%；企业客户达到1 500.13万户，同比增加29.92%。网上银行交易总额达1 066.97万亿元人民币，同比增长21.79%。

二、网上银行的概念和特点

网上银行是一个新生事物，不同的机构和学者对网上银行提出了不同的解释，但总的来说，都认为网上银行是在开放的平台上建立的，为客户提供电子虚拟服务，但是客户得到的却是真真切切的银行服务。据此，我们把网上银行概括为：网上银行是以现代通信技术、因特网技术和电子计算机网络技术为基础处理传统的银行业务及支持电子商务网上支付的新型银行。它实现了银行与客户之间安全、方便、友好、实时的连接，可向客户提供开户、销户、查询、对账、行内转账、跨行转账、信贷、网上证券、投资理财及其他贸易或非贸易的全方位银行业务服务。可以说，网上银行是在因特网上的虚拟银行柜台。

与传统银行和传统电子银行相比，网上银行在运行机制和服务功能方面都具有不同的特点，具体如下。

1. 全球化、无分支机构

网上银行依托互联网平台。互联网具有全球性的特点，因此依托互联网的网上银行也具有全球性的特点。另外，建立网上银行后，无须在各地区建立实体分支机构，通过互联网就可以完成全球的业务。

2. 全面实现无纸化交易

银行以前所使用的单据和票据大部分被各种电子单据代替了，人们使用的纸币被各种电子货币代替了，银行内部及对外部发布的各种信息都以电子文档的方式发布，这样银行就全面实现了无纸化交易。

3. 服务方便、快捷、高效、可靠

成为个人网上银行客户，就可以在家里进行各种银行业务操作，省去了跑银行、排队等待的时间。网上银行实行全天24小时，一年365天不间断营业，客户足不出户即可享受7天×24小时全天候个人金融服务，且办理业务手续费相比柜台均有不同程度的优惠。

4. 创新化

网上银行不仅提供了传统银行业务，同时银行也根据互联网特点及网上客户的需求，另外开设了很多传统银行业务中没有的业务。

5. 运营成本低

在我国办理同样的一笔业务，柜台办理的成本是网上银行办理成本的8～9倍。而在国外，网上银行的经营成本只相当于经营收入的15%～20%，而普通银行的经营成本是经营收入的60%，网上银行的运营成本远远小于传统银行。

6. 亲和性增强

使用网上银行不需要特别的软件，也不需要经过特别的培训，只要有一台PC，能够进入互联网，就可以按照银行页面的提示进入自己需要的业务项目。通过这些操作指南，客户可以像在银行柜台办理业务一样，顺利地完成自己想要完成的业务。

三、网上银行的模式

拓展案例

1995年10月18日，美国安全第一网上银行（Security First Network Bank，SFNB）正式在因特网上对外营业，成为世界上第一家网上银行。与传统银行的服务方式明显不同，它没有营业大厅，没有营业网点，却可以开展传统银行的所有银行业务。顾客只要通过一台与因特网相连的计算机就可以在任何时间、任何地点获得该银行的所有银行业务。在短短一年内，该银行就吸引了4 000多位客户，业务遍及美国50个州，存款达到900万美元。该银行业务量巨大并且急剧增长，但其业务人员仅仅15人。

美国安全第一网络银行的诞生及其迅速发展极大地震动了世界金融界，国际上一些知名的大银行都相继建立了网上银行，如花旗、汇丰、德意志、樱花、巴克莱等老牌银行，都纷纷推出了自己的网上金融服务。

1987年4月8日，经中国人民银行批准，由招商局出资，中国第一家完全由企业法人持股的股份制商业银行——招商银行在深圳宣告成立。20多年来，招商银行采取全新的管理和运行机制，积极、稳健地发展业务，各项经营指标始终居于国内银行业前列。目前招商银行拥有经营机构网点400多个，与世界70多个国家和地区的900多家银行建立了业务关系。

招商银行在1995年推出的"一卡通"业务被誉为我国银行业个人理财方面的一个创举。招商银行于1997年4月推出银行网站，并于1998年2月推出"一网通"业务，成为国内首家推出网上银行业务的银行。1999年9月，招商银行率先在国内全面启动网上银行服务，建立了由以网上企业银行、网上个人银行、网上商城、网上证券、网上支付五大系统为主的银行业务，组成了较为完善的网上银行服务体系。

案例思考：招商银行网上银行与美国安全第一网上银行之间最大的不同是什么？网上银行可以提供哪些服务？

目前，网上银行存在以下两种模式。

第一种是纯网络银行。其所有的银行业务都通过因特网进行，也可以称之为虚拟的网上银行。美国安全第一网上银行就是这类银行的典型代表。美国安全第一网上银行没有任何分支机构，所有操作都在因特网上完成。用户想要访问这家银行，只需在浏览器的地址栏中输入安全第一网上银行的网址，即可进入网站主页。在主页上可以看到银行提供的各种服务——支票服务、信用卡服务和储蓄账户服务等，这样，客户足不出户就可以完成各种想要办理的银行业务。

第二种是传统银行通过因特网扩展原有的业务服务，也就是传统银行业务的网络化。世界上许多著名的商业银行，如花旗银行、大通曼哈顿银行、汇丰银行、美洲银行，以及我国的各大银行，如工商银行、中国银行、招商银行、建设银行等，都已经进行了银行业务的网络化改造工作，几乎所有规模较大的商业银行都在因特网上建立了自己的站点。现在网上银行的服务范围也在逐步扩展，除了已经网络化的存款、汇款、付款等业务外，外币买卖、信用卡业务、企业融资、房屋汽车贷款、购买保险和理财咨询服务也都进入了网上银行的服务范围。

四、网上银行提供的服务

不同的银行会提供不同的网上银行服务，但总的来说，目前网上银行提供的服务主要包括以下3类。

（一）企业银行服务

企业在经营过程中有很多大额度的资金往来，这些资金往来需要通过银行才能实现，因此企业客户成为大额资金转账系统的主要客户。银行为了向企业客户提供更多更好的服务，建立了企业银行系统。这种银行系统的服务对象主要是大中型公司、企业和包括政府机构在内的具有法人身份的组织。

企业银行系统对企业提供的服务包括以下几个方面。

① 资金管理。这包括资金回收、资金流量侦测、资金控管、账务管理和资金调拨等。

② 财务管理。包括股票承保、发行公债、财务计划和信用分析等。

③ 商务管理。包括信用证、押汇和托收等。

④ 客户服务。包括国内外存款、国内外放款、提供信息和代发工资等。

⑤ 办公室管理。

⑥ 投资银行业务服务。这包括投资经纪人、合并或购买公司、市场经营等。

⑦ 集团服务。这包括总公司对分公司账户余额、明细和相关信息的查询，总公司和分公司之间的资金划转等。

（二）个人银行服务

个人银行是一种银行服务，金融机构的零售业务客户可利用电话、电视、终端或个人计算机作为与金融机构的计算机中心进行电信连接的手段进行访问，也称为个人银行。个人银行是自助银行发展的最高目标。最初的个人银行是依靠电话、电视等传统媒介完成的，因特网的出现推动了个人银行的发展。现在所说的个人银行，是指通过因特网进行个人银行业务的模式。

个人银行可为个人客户提供的服务有账户查询、转账汇款、定期存款、自助缴费、结售汇、信用卡、电子支付、跨行现金管理、贷款管理、养老金查询及外汇、纸黄金、基金、证券期货、记账式国债、理财产品、贵金属代理等。此外，为网银贵宾版客户提供营销信息、行业动态、专业分析报告等金融资讯服务。

拓展案例

自从2006年用上了网上银行后，除大额取款（小额的就在ATM办了）外，王睿就很少跑银行网点了。节省了时间和便捷是王睿使用网上银行的最深体会。王睿在总部位于北京金融街的一家大型公司工作，他和他的同事们一般都使用网上银行。王睿用的是建行的网银。

“建行网上银行的定活期互转、汇款功能，我用得比较多。”王睿说，“我手头上有富余的钱，就会把一部分存成定期，期限可以随意选择，利率也可以在网上查到。一旦某天发现需要用钱，就随时可以将其转换成活期存款。定期存款到期之后，还可以自动转存下一个周期。”

去年9月，股市行情不好，王睿开始利用网上银行做黄金买卖。“很方便，网上银行操作起来很及时，能比较好地把握买卖的时机。”王睿说，“去年年底黄金涨了很多，做纸黄金赚了些钱。”

此外，王睿还通过网上银行买卖建行代理销售的各种基金。现在，王睿生活中的一些缴费项目如水、电等费用，都是通过网上银行来完成的。“用网上银行可以随时查基金净值和账户余额，很方便。”王睿说。

建行电子银行部的有关负责人表示，建行个人网上银行至今已建立完善了“我的账户”、“转账汇款”、“缴费支付”、“信用卡”、“个人贷款”、“投资理财”、“客户服务”和“安全中心”等八大类近150项专业化服务功能，成为建行物理网点之外的重要经营渠道。2008年建行个人网上银行客户达到2 600余万户，交易额逾13 000亿元，交易量逾7亿笔。

有位负责人透露，建行还学习引进了战略投资者美国银行的先进做法，在国内同业中率先建立起了一套完整的网上银行客户体验流程和系统稳定性与可用性监测机制，以提高业务运营的稳定性。

案例思考：从案例中可以看出，现在很多人都由网上银行转账缴纳水电费等。网上银行提供的业务范围除了人们目前常用的业务外还有哪些？网上银行安全吗？

资料来源：http://do.chinabyte.com/259/8814759.shtml.

（三）网上支付服务

网上支付是电子支付的一个最新发展阶段，是基于因特网并且适合电子商务发展的电子支付。网上支付是通过网上商家与银行之间的支付接口连通向客户提供的在线支付方式。这种方式的好处在于可以即时确认订单的支付状态，并直接把资金从用户的银行卡划转到商家的账户中，有效提高了交易效率，节省了交易成本。从网上支付业务发展情况看，银行提供网上支付服务已经介入了B2C、B2B电子商务。

五、网上银行的安全

在网上银行的信息安全保障措施方面，国内银行早已摆脱了对账号密码的单纯依赖，普遍采用双因素、多因素的认证手段，如采用数字证书或动态口令。数字证书是绝大多数银行普遍采用的方式，也是用户最重要的保障手段。用户开办网银时必须领取数字证书；在用户登录网银时，必须正确提供数字证书和PIN码。此外还会有交易密码、预留验证信息、手机短信等多重保护。对于广大用户来说，做到正确使用网上银行，就能够保证网上银行的安全。概括地讲，网上银行安全=数字证书+“三道关”。采用数字证书是核心，登录正确网站、保护个人计算机安全、保护好密码和证书是关键。即使对网络安全知识不太了解的用户也不用担心，做到这3点有很多简单的办法。

拓展案例

中国建设银行的安全措施

安全是建设网上银行应用的关键和核心。为了让客户安全、放心地使用网上银行，建设银行制定了八大安全策略，以全面保护客户信息资料与资金的安全。

1. 短信服务

建设银行网上银行提供了从登录、查询、交易直到退出每一个环节的短信提醒服务。用户可以直接通过网上银行捆绑其手机，随时掌握网上银行使用情况。

2. 加强证书存储安全

建设银行网上银行系统支持网银盾证书功能。网银盾具有安全性、移动性、使用方便性的特点。建设银行在推广网银盾证书时，考虑到客户的需求，在网银盾款式、附加功能上进行了创新，使建行的网银盾更具吸引力。

3. 动态口令卡

建设银行网上银行除了向客户提供证书保护模式外，还推出了动态口令卡，免除了携带证书和使用证书的不便。动态口令卡样式轻小、安全性高。

4. 先进技术的保障

中国建设银行网上银行系统采用了严格的安全性设计，通过密码校验、CA证书、SSL（加密套接字层协议）加密和服务器方的反黑客软件等多种方式来保证客户的信息安全。

5. 双密码控制，并设定了密码安全强度

网上银行系统采取了登录密码和交易密码控制，并对密码错误次数进行了限制，超出限制次数，使用者当日即无法进行登录。在用户首次登录网上银行时，系统将引导其设置交易密码，并对密码强度进行检测，拒绝使用简单密码，这样有利于提高使用账户的安全性。在系统登录时，建设银行提供了附加码和密码小键盘等服务，避免泄露用户的信息。

6. 交易限额控制

网上银行系统对各类资金交易均设定了交易限额，以进一步保证用户账户资金的安全。

7. 信息提示，增加透明度

在网上银行操作过程中，用户提交的交易信息及各类出错信息都会清晰地显示在浏览器屏幕上。用户可以清楚地了解该笔交易的详细信息。在转账交易中要求用户输入转账交易附加码，并提示其核实转账信息。

8. 客户端密码安全检测

建行网上银行系统提供了对用户的客户端密码安全检测功能，能自动评估其设置的网上银行密码安全程度，并给予必要的风险警告，有助于提高在使用网上银行时的安全性。

资料来源：中国建设银行官方网站。

情境任务四　第三方支付

情境引例

在虚拟的无形市场，交易双方互不认识，不知根底，故此，卖家不愿先发货，怕货发出后不能收回货款；买家不愿先支付，担心支付后拿不到商品或商品质量得不到保证。博弈的结果是双方都不愿意先冒险，网上购物无法进行。支付问题曾经成为电子商务发展的瓶颈，为迎合同步交换的市场需求，第三方支付应运而生。第三方支付可以有效地消除商家和客户的疑虑，促进电子商务的发展。

思考：什么是第三方支付？它在网络交易中发挥什么作用？

消费者网上购物除了通过网上银行进行直接支付之外，还可以通过第三方支付平台进行网上支付。由于网上购物中的商家与消费者之间不是面对面进行交易，而且物流与资金流并不同步，这种没有信用保证的信息不对称，导致了商家与消费者之间的博弈：商家由于担心货发出后不能收回货款而不愿先发货；消费者担心支付后拿不到商品或商品质量得不到保证而不愿先支付。博弈的最终结果是双方都不愿意先冒险，网上购物难以进行。第三方支付平台是在银行监管下保障交易双方利益的独立机构，满足了商家和消费者对信誉和安全的要求，在一定程度上防范了网上交易中欺诈行为的发生，消除了人们对于网上交易的疑虑。那么什么是第三方支付？它是如何发挥中介作用，满足商家和消费者对信誉和安全的要求的呢？

一、第三方支付的定义

所谓第三方支付，是指一些与产品所在国家及国外各大银行签约，并具备一定实力和信誉保障的第三方独立机构提供的交易支持平台。在通过第三方支付平台的交易中，买方选购商品后，使用第三方平台提供的账户进行货款支付，由第三方通知卖家货款到达，进行发货；买方检验物品后通知付款给卖家，第三方再将款项转至卖家账户。在不需要面对面进行交易的电子商务形式中，对于买方而言，规避了付钱后收不到货物或收到的不是合同约定货物的风险；对于卖方而言，规避了发货收不到钱的风险。第三方支付提供的担保交易解决了互联网中的支付信用瓶颈，为保证交易成功提供了必要的支持。对于电子商务的发展具有重大意义。

据数据显示，2012 年中国第三方互联网在线支付市场交易额继续保持快速增长的态势，全年交易额规模达 3.8 万亿元。市场格局保持稳定，支付宝、财付通、银联网上支付分别以 46.6%、20.9% 和 11.9% 占据市场前三位。2012 年中国第三方互联网支付市场交易额份额如图 6.15 所示。2013 年中国第三方互联网支付市场保持高速增长，总体交易规模突破 59 666 元，同比增长率高达 56.9% 。

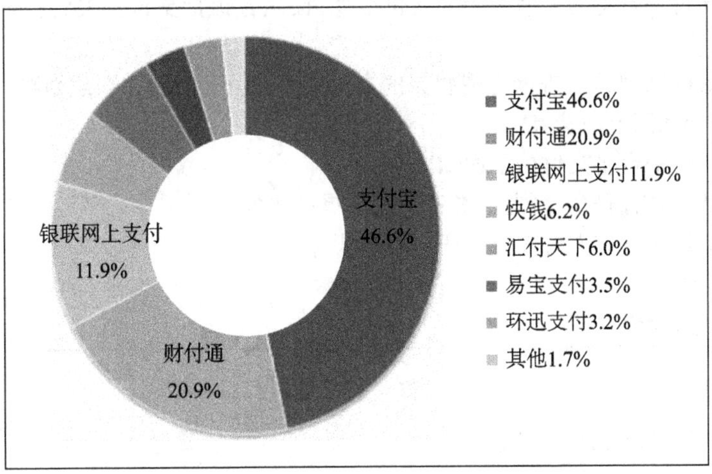

图 6.15　2012 年中国第三方互联网支付市场交易额份额

二、第三方支付平台的分类

第三方支付平台主要有两种类型：一类是以支付宝、财付通、盛付通为首的互联网型支付企业，以在线支付为主，捆绑大型电子商务网站，迅速做大做强；另一类是以银联电子支付、快钱、汇付天下为首的金融型支付企业，侧重行业需求和开拓行业应用。

目前我国国内的第三方支付产品主要有支付宝（阿里巴巴旗下）、财付通（腾讯公司，腾讯拍拍）、快钱（快钱——完全独立的第三方支付平台）、环迅支付和汇付天下等。其中，用户数量最多的是支付宝，据统计，截至 2013 年，支付宝用户已达 3 亿户。

三、第三方支付存在的缺点

第三方支付存在的缺点如下。

① 第三方支付是一种虚拟支付层的支付模式，需要用其他的实际支付方式完成实际支付层的操作。

② 付款人的银行卡信息将暴露给第三方支付平台，如果这个第三方支付平台的信用度或保密手段欠佳，将给付款人带来相关风险。

③ 第三方结算支付中介的法律地位缺乏规定，一旦该中介破产，消费者所购买的“电子货币”可能变成破产债权，无法得到保障。

④ 由于有大量资金寄存在支付平台账户内，而第三方平台非金融机构，所以有资金寄存的风险。

四、第三方平台的支付过程

第三方平台的支付过程如下。

① 网上消费者登录网站选购商品，下订单。

② 网上消费者选择第三方支付平台，直接链接到其安全支付服务器上，在支付页面上选择自己适用的支付方式，单击后进入银行支付页面进行支付操作。

③ 第三方支付平台将网上消费者的支付信息，按照各银行支付网关的技术要求，传递到各相关银行。

④ 由相关银行（银联）检查网上消费者的支付能力，实行冻结、扣账或划账，并将结果信息传至第三方支付平台和网上消费者。

⑤ 第三方支付平台将支付结果通知商户。

⑥ 支付成功的，由商户向网上消费者发货或提供服务。

⑦ 各银行通过第三方支付平台向商户实施清算。

拓展案例

支　付　宝

支付宝首页如图 6.16 所示。

图 6.16　支付宝首页

浙江支付宝网络科技有限公司是国内领先的提供网上支付服务的互联网企业，由全球领先的 B2B 网站——阿里巴巴公司创办。支付宝（http://www.alipay.com/）致力于为中国电子商务提供各种安全、方便、个性化的在线支付解决方案。

支付宝交易服务从 2003 年 10 月在淘宝网推出，支付宝刚创立时的目标客户是淘宝网用户，为他们提供一种安全、便捷的支付方式。随着支付宝的影响力不断增加，支付宝开始为阿里巴巴中国网站用户以及其他非阿里巴巴旗下网站提供支付平台。用户覆盖了整个 C2C、B2C 以及 B2B 领域。

支付宝庞大的用户群吸引了越来越多的互联网商家主动选择集成支付宝产品和服务。目前除淘宝和阿里巴巴外，支持使用支付宝交易服务的商家涵盖了虚拟游戏、数码通信、商业服务、机票等行业。这些商家在享受支付宝服务的同时，更是拥有了一个极具潜力的消费市场。

支付宝以其在电子商务支付领域先进的技术、风险管理与控制等能力赢得了银行等合作伙伴的认同。目前已和国内工商银行、农业银行、建设银行、招商银行、上海浦发银行等各大商业银行，以及中国邮政、VISA 国际组织等各大机构建立了战略合作，成为金融机构在网上支付领域极为信任的合作伙伴。

支付宝商业模式的成功，从价值网络上讲，商家和客户通过支付宝可以有效地解决货款与货物不对称问题，银行可以扩展业务范畴，也节省了为大量中小企业提供网关接口的开发和维护费用，同时支付宝可以对买卖双方的交易进行记录，为后续交易中可能出现的纠纷提供的证据。支付宝支付过程如图 6.17 所示。

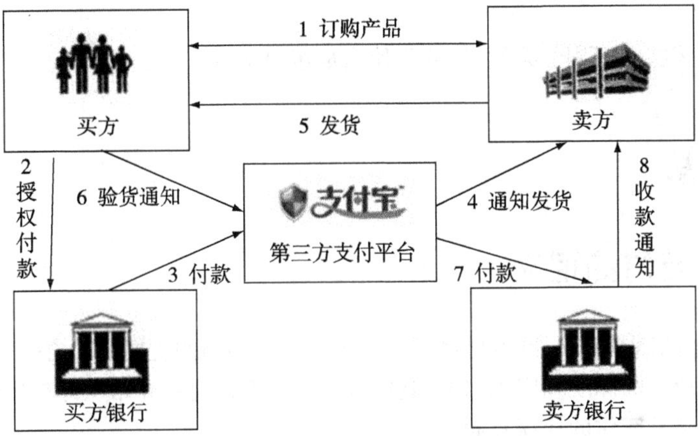

图 6.17　支付宝支付过程

案例思考：支付宝提供的服务有哪些？消费者通过支付宝付款会存在风险吗？

情境任务五　移动支付

情境引例

在 20 世纪 90 年代，欧美国家就已经推出移动支付。在英国的赫尔市，爱立信公司开发的手机支付服务允许汽车驾驶员使用手机支付停车费。用户把汽车停在停车场之后，即可用手机接通收费系统。用户可以与应用语音识别技术的计算机对话，也可以用手机发一条短信，只需说明停车的位置、注册的号码和需要购买的停车时间即可，负责收取停车费的计算机将把这些资料登记下来。瑞典的 Paybox 公司，在德国、瑞典、奥地利和西班牙等几个国家成功推出了手机支付系统之后，又宣称将首次在英国推出这种无线支付系统。Paybox 无线支付以手机为工具，取代了传统的信用卡。使用该服务的用户只要到服务商那里注册取得账号，在购买商品或需要支付某项服务费时，直接向商家提供手机号码即可。而澳大利亚悉尼也推出了一项名为“拨号得饮料”的计划，新型的饮料售货机上标有特定号码，用户只要用手机拨通这个号码，清凉的饮料就算到手了。除了在用户每月的手机费账单上增加一项饮料开支外，用户不必为此额外付费。

国外的移动支付同样在如火如荼地进行，国内用手机支付小额货款服务已经暗流涌动。在搜狐网上，手机点歌、sohu 校友录等，虽然形式上像普通的短信服务，但实际上是经由特殊的系统直接通过电话网发送给接收者的，也就是说，在这个过程中，移动梦网只是起到了一个付费的作用，而手机才是这个系统支付平台的承担者；在新浪网上，用手机支付收费电子邮箱同样很方便，仅需 10 秒就可以通过手机获得一个收费电子信箱。在购买成功后，服务费用在每月缴纳手机话费时由联通公司代收。当然，如果想暂停服务，可以登录商城，单击“暂停邮箱服务”后按要求填写正确信息即可；在其他网站上，用手机进行视频点播，用手机支付网络游戏，用手机购买杀毒软件等也都已不再是新鲜的事情了。

通过国内、国外的手机支付实践，可以肯定移动支付将在未来大有作为，并成为传统支付手段的一种有力补充。

思考：通过上述实际应用的案例，你认为什么是移动支付？

情境认知

一、移动支付的定义

随着电子商务的蓬勃发展，网购已经逐步成为消费者购物的主要方式之一，电子支付得到人们的广泛认可，其应用的深度和广度都大幅度增加，电子支付业务开始从计算机终端走向移动终端，由此也带动了移动支付的快速发展。

通过上述案例中国国内外移动支付的应用，可把移动支付定义为以手机、PDA 等移动终端为工具，通过移动通信网络，实现资金由支付方转移到受付方的支付方式。

移动支付是近年来支付服务方式的重要创新之一，也是新兴电子支付的主要表现形式。移动支付业务最早出现于 20 世纪 90 年代初的美国，随后在韩国和日本出现并迅速发展。中国的移动支付最早出现在 1999 年，由中国移动与中国工商银行、招商银行等金融部门合作，在广东等一些省市开始进行移动支付业务试点。经过 10 多年的发展，中国的移动支付市场已初具规模，无论是从业机构、市场占有情况，还是用户数量、业务规模，都取得了较好的发展。但移动支付的发展也受到运营环境、安全技术、政策法规等因素的制约，与蓬勃发展的电子商务、网络购物市场相比，中国的移动支付行业表现出一种不温不火的状态。

目前移动支付的运营方式中，一部分由网络运营商独立运营。运营商推出的移动支付业务大多可以提供 3 种账户设置方式：手机账户、虚拟银行账户和银行账户。除银行账户外，消费者可以选择手机，即账户与手机进行绑定，支付款项将从手机话费中扣除，也可以选择虚拟银行账户，这是一种过渡时期的账户形式，这种方式适用于发展初期，尤其是还没有得到多数银行的支持时，虚拟账户将在小额度的移动支付业务上发挥其作用。

另外，银行也可以借助移动运营商的通信网络，独立提供移动支付服务。银行有足够在个人账户管理和支付领域的经验，以及庞大的支付用户群和他们对银行的信任。移动运营商不参与运营和管理，由银行独立享有移动支付的用户，并对他们负责。

而应用比较多的是，网络运营商与金融组织联合运营。移动电信运营商与金融组织进行互补，发挥各自的优势，共同运营移动支付服务。在国内，中国移动和中国银联共同投资创办联动优势科技有限公司，共同推出移动支付业务并参与运营。韩国 SK Telecom 联合 5 家卡类组织(Koram Bank、Sumsung Card、LG Card、Korea Exchange Card、Hang Card)共同推出的移动支付业务品牌 Moneta 就是此种形式的代表；日本的 NTT DoCoMo 推出的 i-mode Felica 也是与 VISA 合作的结果，手机也同时拥有了信用卡的功能。

拓展案例

2010 年 5 月 1 日，世博会在上海隆重召开。5 月 1 日，与世人见面的除了各个国家和地区的国家馆之外，还有多项新技术。其中很重要的一个是手机门票，另外一个就是手机支付。

手机门票是中国移动为上海世博会推出的一项新的服务项目。在上海世博会倒计时一周年时，中国移动向世人展示了手机门票的使用。在演示现场，观众只要更换一张带有 NFC(近距离通信)功能的 SIM 卡，就可以通过"空中下载"取得手机门票，或者直接购买附带门票的 SIM 卡。在进入世博园时，门口的验票器识读一下手机中的门票信息，观众就可以入园参观了。

中国移动上海公司有关负责人介绍说，世博会手机门票融合了 RFID 和 SIM 卡技术，用户无须换手机，只需换卡，省却了用户的麻烦，是一项创新应用。届时全国的观众可在本地营业厅换卡购票。这位负责人说，这项业务即将开始试商用，明年 5 月正式商用，在世博会后也将继续使用。

除了手机门票外，上海世博会可以让参观者无须带钱包就可以在园内自由购物。中国移动与交通银行开展全面的合作，在世博园区共同合作实现"手机支付"业务，实现通过支持非接触功能的移动终端完成现场消费的功能。这也意味着，世博期间市民只需用随身携带的手机，就能在世博园区内进行各类小额消费，体验真正的手机购物。交通银行是银行业的标杆企业，也是唯一的总部在上海的大型国有商业银行。目前，交通银行已广泛使用中国移动的产品和服务，包括融合固定基础通信、移动语音通信和其他移动信息化方面的应用。中国移动安全、高效、创新的信息化产品得到交行的高度认同。同为中国 2010 年上海世博会全球合作伙伴，今后双方将强强联手，针对基于 TD-SCDMA 技术进行金融信息化产品的合作，开展手机支付、手机银行、银行中间业务合作、积分兑换数据商品业务和 POS 商户合作等创新业务。

案例思考：在世博会中，运用手机门票和手机支付，为参观者带来了哪些好处？

资料来源：http://www.chinanews.com.cn/expo/news/2009/04－30/1671581.shtml.

二、移动支付的主要应用

1. 手机订购

用户可以通过短信、Web、WAP 等方式登录名医导航网站预约名医专家门诊，或者登录移动票务网站订购电子电影票。预订成功后，产生的费用直接计入电信账单，下个月出账后，与其他电信费用一起支付。

2. 手机缴费

用户通过短信、WAP等方式登录移动支付网站，使用已有的申付卡或付费宝账户，就可以轻松支付话费账单、公用事业费账单，并进行手机充值。如果用户订阅了账单服务，每次出账日会由系统自动将账单主动推送到用户手机上，用户只要直接单击，便可以进行支付。

3. 手机银行

用户将手机号和银行卡账户进行绑定，用户在进行银行卡账户管理、转账汇款、缴费业务、手机股市、基金业务、外汇业务、黄金业务、银期转账、信用卡还款和购买理财产品等金融服务时，无须到银行排队，只要用手机发送相应短信，经系统识别确认后便可以直接从银行卡账户划款支付。中国银行业协会最新发布的报告显示，2013年年末手机银行个人客户达到4.58亿户，同比增加1.64亿户，增长55.50%；企业客户达到11.43万户，同比增长23.04%；手机银行交易总量达49.80亿笔，交易总额12.74万亿元，同比增长248.09%。

4. 刷手机消费

电信运营商与相关厂商合作，将智能支付卡或银行卡内置于手机中，用户充值后，只要通过超市、便利店、商场等商户的POS机，便可以直接刷手机消费购物。

三、移动支付的优点

移动支付结合了移动通信和电子货币的服务，丰富了现代支付手段，使人们不仅在固定场所享受各种便利的支付方式，同时也可以在出差、旅行、参观等途中便利地进行各种支付活动。通过移动支付，消费者可以在任何时间、任何地点，通过各种移动通信工具以安全的方式完成各种支付活动。

移动支付作为一种崭新的支付方式，具有方便、快捷、安全、价格低廉等优点，有非常大的商业前景，而且将引领移动电子商务和无线金融的发展。手机付费是移动电子商务发展的一种趋势，包括手机小额支付和手机钱包两大内容。手机钱包就像银行卡，可以满足大额支付，是中国移动近期主打的数据业务品牌。通过把用户银行账户和手机号码进行绑定，用户就可以通过短信息、语音、GPRS等多种方式对自己的银行账户进行操作，实现查询、转账、缴费和消费等功能，并可以通过短信等方式得到交易结果通知和账户变化通知。

拓展案例

我看电影，我做主

——“手机钱包”足不出户，自主选票

想看电影，兴冲冲跑到影院却发现票卖完了，或者没有合适的位置，这种乘兴而去，败兴而归的滋味肯定不好受。要是能够在家就提前了解影院的卖票情况或像饭店预约一样干脆提前订下自己心仪的座位，岂不是很爽？

中国移动“手机钱包”携手“网票网”，现在就可以体验随时随地订购影票的滋味。具体怎么操作？有两种方式可以登录到“手机影票”的页面，第一种是手机登录移动梦网，选择MO新生活，然后选择“手机钱包”直接进入；也可以编辑短信DYP发送至10658008（免信息费），接收到WAP推送信息后单击“进入”，手机就自动跳转到“手机影票”的主页了。现在就可以开始预订影票的过程了，在这个页面中可以看见正在上映的电影场次信息。首先单击选择相应的场次，接下来选择您想要的排数和张数，系统将为您自动生成最合适的座位。票就算预订到了，按照提示，通过中国移动的“手机钱包”支付影票的费用。支付成功后，将收到一条彩信和一条短信。彩信里是包含有场次座位信息的“二维码”，到达电影院后拿到出票机前把图打开，放在感应口上一扫，影票就出来了，并且不需密码。如果您的手机不支持彩信，您也可以将短信里面提供的密码拿到出票机处输入即可。这两条信息都是可以转发的，如果您正为送礼而苦恼的话，将这样的短信作为礼物送给亲戚朋友也是很时尚的。

资料来源：http://www.umpay.com/news/news2006_11_23.htm.

四、移动支付的过程

从手机支付的案例来看，手机支付主要涉及消费者、商家和无线运营商等。现就以利用移动支付购买电子客票讲述整个过程。

① 消费者通过互联网进入消费者前台系统选择商品。

② 将购买指令发送到商家管理系统。

③ 商家管理系统将购买指令发送到无线运营商综合管理系统。

④ 无线运营商综合管理系统将确认购买信息指令发送到消费者前台消费系统或消费者手机上请求确认，如果没有得到确认信息，则拒绝交易。

⑤ 消费者通过消费者前台消费系统或手机将确认购买指令发送到商家管理系统。

⑥ 商家管理系统将消费者确认购买指令转交给无线运营商综合管理系统，请求缴费操作。

⑦ 无线运营商综合管理系统缴费后，告知商家管理系统可以交付产品或服务，并保留交易记录。

⑧ 商家管理系统交付产品或服务，并保留交易记录。

⑨ 将交易明细写入消费者前台消费系统，以便消费者查询。

五、移动支付的发展趋势

2012年中国移动支付市场交易规模达1 511.4亿元，同比增长89.2%；预计2016年中国移动支付市场交易规模将突破万亿元交易规模，达到13 583.4亿元。

艾瑞咨询认为，2012年中国移动支付市场取得快速增长的原因主要有这样几个方面：首先，政策层面，支付标准等相关政策的出台，为产业营造了良性的竞争环境，保证了行业的健康发展；其次，移动智能终端快速普及，2012年中国手机和智能手机用户规模分别达到11.04亿人和3.24亿人；再次，移动互联网特别是移动电子商务的快速发展带动了移动支付需求快速增长，2012年中国移动互联网和移动电子商务交易规模分别达到549.7亿元和550.4亿元，同比增长96.4%和380.3%；最后，在政策和市场的强力驱动下，移动支付产业各方加速了在国内的移动支付应用试点和市场拓展，推出了多样化解决方案。

支付手段的电子化和移动化是不可避免的必然趋势。对于中国的移动支付业务而言，庞大的移动用户和银行卡用户数量提供了诱人的用户基础，信用卡使用习惯的不足留给移动支付巨大的市场空间，发展前景毋庸置疑。与此同时，移动支付也面临着信用体系、技术实现、产业链成熟度和用户使用习惯等方面的瓶颈。

近一两年来,移动支付逐步走入了人们的生活,然而一些与之相关的安全性事件,如木马病毒、资金被盗等情况也屡屡发生,在很大程度上阻碍了移动支付的推广。慧聪邓白氏的一项用户调研数据显示,“安全性差”和“对业务不了解”是消费者不使用移动支付业务的主要原因。特别指出的是,“对业务不了解”表明移动支付的应用领域还相对较少,用户的使用习惯也远未建立起来。

技能训练

1. 登录工商银行网站 http://www.icbc.com.cn/,查看其开展的网上个人业务和企业业务有哪些?

2. 根据自己持有的银行卡,申请开通个人网上银行、手机银行。练习账户查询、转账、网上缴费和支付业务。

4. 登录支付宝 https://www.alipay.com/,查看其提供了哪些服务?练习支付宝网上支付过程。

5. 中国铁路订票网为购票客户提供了哪些支付形式?练习网上购票与网上支付过程。

6. 作为消费者,你愿意采用哪种方式支付?为什么?

学习情境七

电子商务物流

学习目标

知识目标

了解物流的基本知识，了解电子商务物流的特点和模式。通过本学习情境的学习，掌握物流的活动要素，理解电子商务与物流的关系、电子商务物流的特点，掌握配送中心的类型、功能，掌握电子商务配送的作业流程，掌握电子商务物流运作模式的类型。

技能目标

通过实际操作掌握物流快件的发货、下单、跟踪和查询，能够熟练进入快递网站查询快递网店、单号，可以在淘宝网上查询订单的物流状态，使用手机客户端跟踪快件。

情境任务一　认 识 物 流

情境引例

我国自古就有“兵马未动，粮草先行”之说，可见物流同样可以左右战争的胜负。在古代的战争中，由于生产力尚不发达，物流基本上局限于手拉肩扛、人背马驮的原始状态。由于运输的低效率加上运输人员自身的消耗，运抵前线的粮草甚至达不到总数的两成。

随着热兵器和机械化战争的兴起，火药、蒸汽机、内燃机、飞机等的相继问世和大量运用，以及战争节奏的明显加快，对军需物资的运送提出了更高的要求。第二次世界大战中，在欧洲战场上，4 年卫国战争中苏军向德军倾泻了 4.2 亿发炮弹、170 亿发子弹、1.21 亿枚手榴弹、300 万吨航空炸弹，共毙伤德军 1 300 万人(其中死亡 380 万人)。苏军平均毙伤一名德军要耗费炮弹 30 发、子弹 1 300 发、手榴弹 9 枚、航空炸弹 230 千克，约合 0.8 吨。而在太平洋战场上，美军共毙伤日军 110 万人，耗费弹药约 300 万吨，平均 3 吨弹药毙伤一名日军。到了海湾战争，42 天内消耗物资总量甚至高达 700 万吨。如此巨量的物资需求对物流提出了越来越高的要求。

“现代战争打的就是后勤和装备，离开物流就谈不上战争”，而现代物流正是在第二次世界大战中因战争的需要开始发展起来的。

思考：物流在战争中发挥着非常重要的作用，没有物流的支持，战争不可能打赢。那么你对物流了解多少呢？

情境认知

一、物流的概念和分类

(一)物流的概念

1. 物流的产生与发展

物流的概念最早形成于美国,当时被称为 physical distribution。1935 年美国销售协会把 physical distribution 定义为销售过程的一个环节。它强调与产品销售有关的输出物流,当时还没有包括与采购供应有关的输入物流。理论上的研究开始于 19 世纪 20 年代。美国学者克拉克开始运用 physical distribution 这一概念作为企业经营的一个要素加以研究。第二次世界大战(简称二战)期间,美国陆军为了加强对军队后勤保障工作的管理,开始研究并发展物流。当时开始用 logistics management 来指代物流。二战后,其理论、方法被企业和理论界认同,并广泛在工商业中运用起来,以达到有效地组织商品的供应、生产、保管、配送的目的。经过多年实践,物流管理取得了相当大的成效,先进的工商企业越发重视加强物流管理,并称之为生产和销售领域以外的"第三利润源泉"。1984 年,美国物流管理协会正式将物流这个概念从 physical distribution 改为 logistics,并将现代物流定义为"为了符合顾客的需求,将原材料、半成品、产成品及相关的信息从发生地向消费者流动的过程,以及为使保管能有效、低成本地进行而从事的计划、实施和控制行为"。此后,物流的概念不断得到发展。1991 年 11 月,在荷兰乌德勒支市举办的第九届物流国际会议上对物流的内涵进行了进一步拓展,对现代物流概念与内涵达成共识,认为物流应包括生产前和生产过程中的物质、信息流通过程,而且还向生产之后的市场营销活动、售后服务、市场组织等领域发展。

physical distribution 一词于 20 世纪 50 年代中期从美国传入日本后,被直译为"物的流通"。1979 年 6 月,我国物资工作者代表团赴日本参加第三届国际物流会议后,在考察报告中第一次引用"物流"这一概念。而直到 1989 年的第八届国际物流会议结束后,"物流"一词才在我国日益推广开来。但我国对物流管理的概念及其理论的研究始终不够深入和系统。1997 年,《物流术语国家标准(征求意见稿)》将物流定义为"以最小的总费用,按用户要求,将物质资料(包括原材料、在制品、产成品等)从供给地向需要地转移的过程。主要包括运输、存储、包装、装卸、配送、流通加工、信息处理等活动"。

2. 物流的概念

国家质量技术监督局批准颁布的《中华人民共和国国家标准物流术语》(GB/T 18354—2001)中对物流的解释为"物品从供应地向接收地的实体流动过程。根据实际需要,将运输、储存、装卸、搬运、包装、流通加工、配送、信息处理等基本功能实施有机的结合"。

① 物流的主体是供给者和需求者。供给者包括生产者和经营者;需求者包括一般消费者、业务需求者和产业需求者。

② 物流是物品从供应地向接收地的实体流动。它是一种满足社会需求的活动,是一种经济活动。

③ 物流包括运输、搬运、储存、保管、包装、装卸、流通加工和信息处理等经济活动,因此这些活动需要相应的设备、技术和方法。

④ 物流包括空间位置的移动、时间位置的移动，及形状性质的改变，因而通过物流活动，可以创造物品的空间价值、时间价值和附加价值。

（二）物流的分类

社会经济领域中的物流活动无处不在，对于各个领域的物流，虽然其基本要素都存在且都是相同的，但由于物流对象不同，物流目的不同，物流范围、范畴不同，所以形成了不同的物流类型。

1. 根据物流业务活动的性质划分

根据物流业务活动的性质，可分为供应物流、生产物流、销售物流、回收物流、废弃物物流。

（1）供应物流

供应物流是指为生产企业提供原材料、零部件或其他物品时，物品在提供者与需求者之间的实体流动。企业为了能够使生产具有一定的节奏，必须不断组织原材料、零部件、燃料、辅助材料等供应的物流活动，这种物流活动对企业生产的正常、高效进行起着重大作用。企业供应物流的关键在于如何降低供应物流的成本并保证供应，这是企业物流的最大难点。采取外协方式生产的机械、汽车制造等工业企业，供应物流组织和操作难度较大，供应物流突出而其他物流较为简单。

（2）生产物流

生产物流是指企业在生产工艺中的物流活动，即在生产过程中，原材料、在制品、半成品、产成品等在企业内部的实体流动。这种物流活动伴随整个生产工艺过程，实际上已构成了生产工艺过程的一部分。企业生产过程存在的物流大体为：原料、零部件、燃料等辅助材料从企业仓库开始，进入到生产线的开始端，再进一步随生产加工过程逐一环节地流，在流的过程中，其本身被加工，同时产生一些废料、余料，直到生产加工终结，再流至产成品仓库，便终结了企业生产物流过程。生产冶金产品的工业企业，供应的是大宗矿石，销售的是大宗冶金产品。而从原料转化为产品的生产过程及伴随的物流过程都很复杂。

（3）销售物流

销售物流是指企业为保证经营效益，不断伴随销售活动，将产品所有权转给用户的物流活动，即物品在供应方与需求方之间的实体流动。很多小商品、小五金等，加工过程和生产物流也不复杂，但销售却要遍及全国或很大的地域范围，属于销售物流突出的工业企业物流类型。此外，如水泥、玻璃、化工危险品等，虽然生产物流也较为复杂，但其销售时物流难度更大，问题更严重，有时会出现大事故或花费大代价，因而也包含在销售物流突出的类型中。

（4）回收物流

回收物流是指不合格品的返修、退货及周转中使用的包装容器从需求方返回到供应方所形成的物品实体流动，以及企业在生产、供应、销售活动中产生的各种边角余料和废料的回收所形成的物品实体流动。

（5）废弃物物流

废弃物物流是指对企业排放的无用物进行运输、装卸、处理等形成的物流活动。有一些工业企业几乎没有废弃物的问题，但也有废弃物物流十分突出的企业，如制糖、选煤、造纸、印染等工业企业。由于废弃物的大量产生，对人类赖以生存的环境造成严重污染，必须妥善处理。因此，废弃物物流的管理不仅要从经济效益的角度考虑，更要从社会效益的角度考虑。

2. 根据实施物流的主体划分

根据实施物流的主体，可分为自主物流、第三方物流、第四方物流。

（1）自主物流

由企业自身按照其运营要求，将原材料、零部件、产成品等从供给地向需要地转移的物流运作模式称为自主物流。

(2) 第三方物流

第三方物流(Third Party Logistics,3PL)是因自主物流无法适应新时期企业发展的需要而产生的一种由物资的供需双方之外的物流企业提供专业物流服务的物流运作模式。第三方物流中的第一方指的是具体物资的供给方,第二方指的是物资的需求方,而第三方指的是提供各种专业物流服务、将物资从供方转移到需方的物流企业。第三方物流服务商分别专注于某项或某几项物流服务,包括运输业务、仓储业务和配送业务。第三方物流将原本这些企业内部运作的各项物流活动独立出来,通过专业化、规模化的形式提高了物流活动的运作效率和效益。

第三方物流服务将企业对各种物流活动的需求由企业内部自行满足转变为通过企业外部合作来解决。这种专业服务一方面提高了各项物流活动的运作效率;另一方面也减少了企业的物流负担,使企业在一定程度上摆脱了物流的束缚,可以将精力集中在核心业务上。同时,第三方物流对社会资源的有效利用也有着很大的作用,可以降低资源空闲、浪费的比率。据美国的一份研究报告显示,大多数美国企业在使用第三方物流服务后获得了这些好处:作业成本降低61%,服务水平提高59%,核心业务集中程度提高了56%。

(3) 第四方物流

第四方物流在第三方物流的基础上发展而来,优化了整个供应链的物流系统。第四方物流的主要目标是整合供应链,向供应链内的企业提供完整的物流解决方案。与第三方物流能提供的低成本专业服务相比,第四方物流可能在物流成本上要高于第三方物流,但第四方物流能控制和管理整个物流过程,并渗透采购、生产的具体环节,对整个供应链流程提出筹划方案,以实现整个供应链的快速、高效、低成本的物流服务。第四方物流就是一个通过调配和管理合作组织内各互补性服务提供商的资源、能力与技术来提供全面的供应链解决方案的供应链集成商。

3. 根据物流系统涉及领域划分

根据物流系统涉及领域,可分为宏观物流、微观物流。

(1) 宏观物流

宏观物流是站在国民经济整体的角度来观察的物流活动,研究国民经济运行中的物流合理化问题。

(2) 微观物流

微观物流也就是企业物流,是伴随着工商企业的生产经营活动而展开的作为企业生产经营一部分的物流活动。微观物流研究以个别企业为对象,研究个别企业在经营活动中的物流合理化问题。

拓展案例

南美洲厄瓜多尔中部科托帕希火山地区地势险要,山高林密,常年气候温暖,雨水丰富,是盛产玫瑰花和其他珍贵花卉的好地方。布里恩的农场直达花卉公司向北美各大城市配送的玫瑰花就是从坐落在厄瓜多尔中部科托帕希山区附近的3家大型农场定点采购的。为了避免在运输过程中重新包装,所有的玫瑰花在科托帕希农场收割后,立即现场包装,每150株玫瑰花包成1盒,然后装入集装箱,运送到厄瓜多尔首都基多的国际机场。根据鲜花种植专家测定,玫瑰花从农场收割后,通常可以在正常情况下保鲜14天。最科学的保鲜办法是,收割下来并准备长途运输的玫瑰花应该尽快装入纸盒中,然后立即存储在34℃的冷藏集装箱内。在农场直达花卉公司的统一安排下，这些集装箱连夜运送到美国迈阿密飞机场。第二天早上，海关当局、检疫所和动植物检验所进行例行检查，然后把鲜花发往北美各大城市的配送站。按理讲，美国人，甚至加拿大人有足够的时间去欣赏来自南美洲厄瓜多尔的美丽的玫瑰花。但是在物流过程中由于遇到种种事先无法估计的不确定因素，总是会出现令人不愉快的事情。在物流过程中的每一个环节上都有可能会出现意外“抛锚”。例如，航班会出现飞机脱班、晚点，飞机舱容不够而装不下全部鲜花集装箱等情况；在机场仓库也会遇到冷藏集装箱的温控设备失灵导致箱内温度升到60℃，严重影响了玫瑰花的保鲜质量，等到机场打开集装箱检查的时候，玫瑰花几乎全部腐烂了；从机场到花店，花卉货主又会给新鲜玫瑰花的运输带来麻烦，他们往往忽视这些新采摘的花卉非常娇嫩，必须迅速运到温控仓库里，否则容易发生霉变和腐烂，有的货主为了节约经费，竟然把鲜花直接装运在敞口的卡车上，完全暴露在空气中。

为了解决这些问题，农场直达花卉公司分别与联邦快件公司和联合包裹服务公司签订有关提供一体化快递服务的合同，通过他们的运输服务把鲜花直接运送到美国各订货者的手中，从而避免以往新鲜玫瑰花搭乘民航飞机，聘用卡车公司运送玫瑰花，虽然运费低廉但是事故索赔不断的状况。一体化快递服务给农场直达花卉公司带来准时、稳定的物流服务，公司的玫瑰花生意好做多了。现在，由于花卉运输管理和物流服务稳定可靠，农场直达花卉公司可以向消费者承诺：从他们那里批发销售的新鲜玫瑰花在家里放置 4 天而不凋谢。

案例思考：鲜花配送难度很大，农场直达花卉公司是如何解决鲜花配送难题的？

二、物流的作用

拓展案例

沃尔玛百货有限公司于 1962 年在美国阿肯色州成立，经过 50 余年的发展，开设了 7 266 家商场，有员工 190 多万人，每周光临沃尔玛的顾客近 1.4 亿人次。2007 年沃尔玛在全球的销售额达到 3 511.39 亿美元。沃尔玛发展如此迅速，物流配送管理起了关键作用。

沃尔玛有 80 000 多种商品。为满足全球 7 000 多家连锁店的配送需要，沃尔玛每年的运输总量超过 780 000 万箱，总行程达 65 000 万千米。同时商品的种类多种多样，既有被称为“干货”的普通货物，也有易运输损坏的货物，还有不易变质的食品饮料及易变质的生鲜食品，要有专门的冷藏仓储和运输设施，直接送货到店。沃尔玛的山姆会员店批零结合，使用独立的配送中心，配送商品至客户指定的地点；甚至退货都需要单独的退货配送中心，退货的一部分退给供应商，一部分送往折扣商店，一部分就地处理。

案例思考：沃尔玛的物流配送在其运营中起到了什么作用？相比其他零售企业有哪些优势？

（一）从企业（微观）角度看

1. 物流是企业连续生产的前提条件

在整个生产过程中，物流活动一直存在着。从原材料的采购开始，就需要原材料的运输、搬运装卸与储存，否则生产就不能正常进行；在生产过程中，原材料和半成品也要在各个工序之间传递，经过一步步的加工成为价值更高、使用价值更大的产品；产品生产出来后，运到仓库中储存或进入销售过程都需要物流活动。企业生产经营的全部职能都要通过物流才能实现。不论是采购物流、生产物流还是销售物流，如果出现阻塞，企业整个生产经营系统的运行就必然要受到影响。因此，物流是企业生产连续进行的必要前提条件。

2. 物流是商品实现其价值和使用价值的物质基础

如果物品不能流动，则无法成为商品，从而不能实现其使用价值，对生产者和用户来说也就没有了价值。例如，永远存放在仓库内的苹果手机是不能给生产者或消费者创造价值的，只有将其销售出去，苹果公司才能获得利润，消费者也才能获得手机的使用价值。

3. 物流信息是企业经营决策的重要依据

现代社会的生产力水平提高很快，生产规模急剧扩大，商品的更新换代速度快，从而生产结构和消费结构越来越复杂，导致商品市场竞争异常激烈。在这种情况下，企业要及时、准确、迅速地掌握市场信息和物流信息。近几十年，物流信息在整个经济信息系统中占有越来越重要的地位。许多生产企业和流通企业都建立了设备先进的物流信息中心，以便及时掌握企业内部和外部的物流信息，以此作为企业生产经营决策的重要依据。

（二）从社会经济（宏观）角度看

1. 物流费用是企业运作过程中的一项重要支出，与其他经济活动相互影响

2010 年美国物流总费用为 12 090 亿美元，约占 GDP 的 8.3%。其中运输成本为 7 660 亿美元，而存货持有成本为 3 960 亿美元，物流管理成本为 470 亿美元。物流成本占 GDP 的比重过高会导致商品的高价格或企业的低利润，或者二者兼有。其结果将是生活水平下降或税收减少。因此，提高物流运作效率，会对整个经济做出重要贡献。例如，据全球第四大物流企业 CEVA Logistic 统计，2012 年中国贸易中的物流成本为 9.4 万亿元，占到 GDP 的 18%，这一比例为欧美国家的 2 倍，直接推高了商品的价格。

2. 物流的发展对商品的生产规模、产业结构的变化，及经济发展速度具有制约作用

一方面，流通规模必须与生产发展的规模相适应，这是市场经济运行的客观要求。而流通规模的大小在很大程度上取决于物流效能的大小，包括运输、包装、装卸、储存等。例如，只有在铁路运输、水运和汽车运输有了一定发展的情况下，煤炭、水泥等量大、体重的产品才有可能成为大量生产、大量消费的产品，这些商品的生产规模才有可能扩大。因此很多火力发电厂、水泥厂修建在河流旁边，通过廉价的水运，可以降低物流成本。

另一方面，物流技术的发展能够改变产品的生产和消费条件，从而为经济的发展创造重要的前提。例如，肉、奶、蔬菜、水果等农产品，在没有储存、保管、运输、包装等物流技术做保证时，往往只能保存几天到十几天的时间，超过这个期限就会丧失使用价值。但是，当运输技术有了充分发展时，这类商品就能在较短的时间内进入更为广阔的市场和消费领域。同时，由于储存技术的发展，这些产品可以在较长时间内保存其使用价值，并在较长时间里消费。此外，随着物流技术的迅速发展，物资流转速度将大大加快，从而加速经济的发展。例如，现在北方可以吃到热带水果，内地可以吃到新鲜的海产品，香港特别行政区可以吃到新鲜的大闸蟹。由此可见，生产者和消费者都从现代物流的发展中受益了。

拓展案例

当前，物流业已经成为支撑国民经济发展的基础性、战略性产业，而我国的物流成本却长期以来居高不下，几乎成了物流领域的"顽疾"。

商务部流通发展司副巡视员王选庆介绍，2012 年我国物流总费用与国内生产总值的比率不仅远高于发达国家，如美国为 8.5%，日本为 8.7%，德国为 8.3%，而且与经济发展水平和我国基本相当的金砖国家相比也偏高，如印度为 13%，巴西为 11.6%。

不仅如此，我国蔬菜在流通环节的腐损率高达 20%~30%，一年大约损失 5 000 万千克蔬菜，而发达国家的腐损率只有 5%，特别是"最后一公里"配送难、配送贵的问题十分突出。有报道说，山东寿光的白菜运到北京新发地批发市场，价格从每千克 0.5 元涨到 1 元，而从新发地运到社区菜市场，价格飙升至 1.5 元。

据测算，铁路运输成本约为公路的 1/3，水路运输成本则更低。我国现在主要依赖公路运输，铁路、内河、管道等运输方式比重偏低。在内陆地区，这个问题更为突出。例如，重庆市公路货运量占总货运量的 86%，水运占 11.7%，铁路仅占 2.3%。我国港口集装箱吞吐量 80% 以上靠公路运输，海铁联运的比重不足 3%，远低于全球 20%、美国 40% 的水平。

我国物流业由于信息化滞后，所以车找不到货、货找不到车的问题十分常见，即使是在上海这样的物流发达地区，2011 年货运汽车空驶率仍高达 37%，是欧美平均水平的 3 倍。

案例思考：从案例看，哪些因素影响了物流的成本？

三、物流活动的要素

物流活动的要素是指物流系统所具有的基本要素，一般包括运输、储存、包装和装卸搬运、配送、流通加工、信息管理等，如图 7.1 所示。这些要素有效地组合、结合在一起，形成密切相关的一个系统，从而合理有效地实现物流系统的目的。

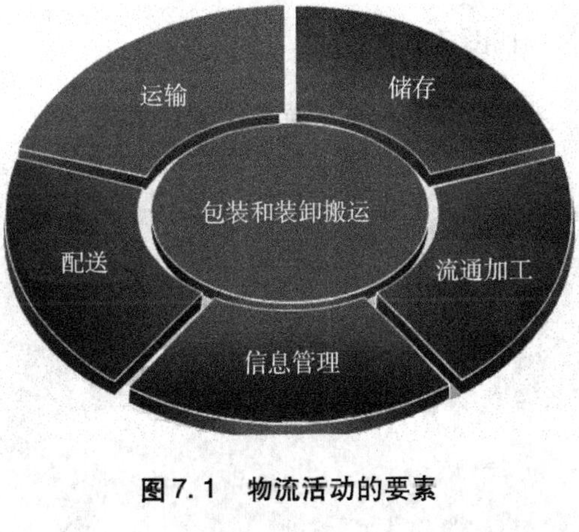

图 7.1　物流活动的要素

（一）运输

1. 运输的概念

运输是指借助公共运输线路及其设施和运输工具来实现人员与物品空间位移的一种经济活

动和社会活动。运输是物流系统功能要素的核心，也是实现物流合理化的关键。以物流费用为例，2010年美国和加拿大的运输成本占总物流成本的1/3，而2008年中国运输费用占社会物流总费用的53.1%。

2. 运输方式

运输方式主要有公路运输、铁路运输、水路运输、航空运输和管道运输，如图7.2所示。另外根据需要还形成了联合运输、散装运输、集装箱运输等运输方式。选择合适的运输方式和运输工具，能使企业用最少的时间、走最短的路线、花最少的费用安全地实现货物的运输。各种运输方式如图7.2所示。

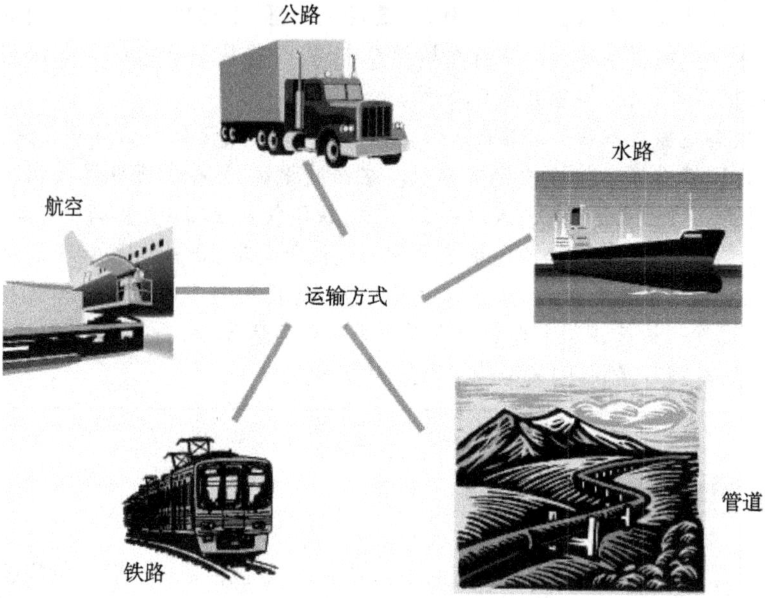

图7.2　运输方式

3. 6种运输方式的优缺点比较

各种运输方式的评估指标如图7.3所示。

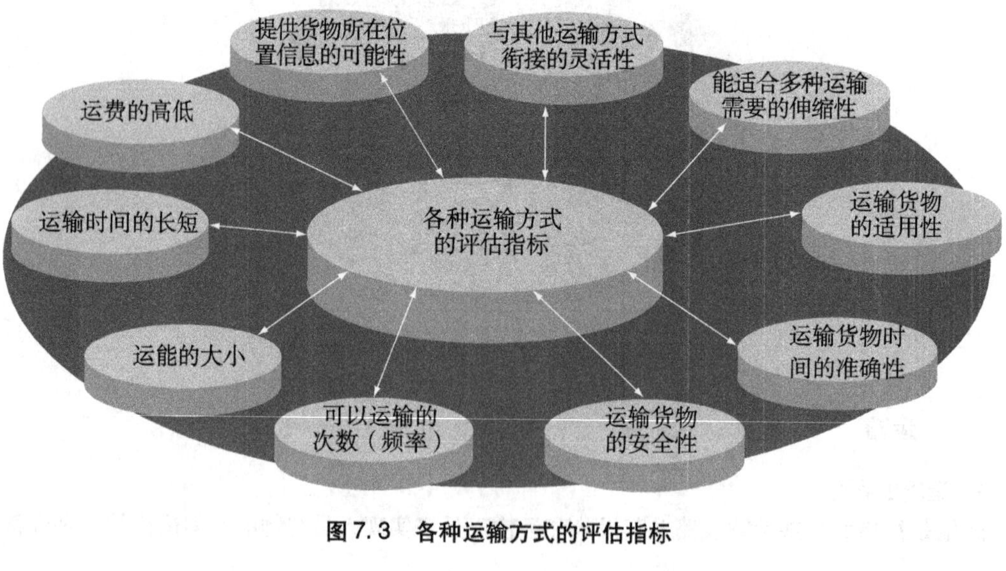

图7.3　各种运输方式的评估指标

依据图7.3的指标进行评估，6种运输方式的优缺点如表7.1所示。

表7.1　6种运输方式的优缺点

运输方式	优　点	缺　点
铁路运输	运量大，速度快，成本低，全天候，准时	基建投资较大，运输范围受铁路线限制
公路运输	机动灵活，可实现"门到门"运输，不需转运或反复搬运，是以其他运输方式完成集疏运的手段	成本较高，容易受气候和道路条件的制约，准时性差，货物安全性较低，对环境污染较大
水路运输	运量大，运距长，成本低，对环境污染小	速度慢，受港口、气候等因素影响大
航空运输	速度极快，运输范围广，不受地形限制，货物比较安全	运量小，成本极高，站点密度小，需要公路运输方式配合，受气候因素影响
管道运输	运量大，运费低，能耗少，较安全可靠，一般受气候环境影响，劳动生产率高，货物零损耗，不污染环境	只适用于输送原油、天然气、煤浆等货物，通用性差
联合运输	综合采用各种运输方式，提高运输效率，减少运输费用，利于开展集装单元化运输	管理复杂，不同运输方式增加了货物损坏、丢失的风险

4. 运输合理化的概念和意义

运输合理化是指从物流系统的总体目标出发，按照货物流通规律，运用系统理论和系统工程原理和方法，合理利用各种运输方式，选择合理的运输路线和运输工具，以最短的路径、最少的环节、最快的速度和最少的劳动消耗，组织好货物的运输与配送，以获取最大的经济效益。

影响物流运输合理化的因素很多，起决定作用的有5个方面，称为合理运输的五要素，具体如下。

（1）运输距离

运输过程中，运输时间、运输费用等技术经济指标与运输距离都有一定的关系，运距长短是运输是否合理的一个最基本的因素。

（2）运输环节

每增加一个运输环节，势必要增加运输的附属活动，如装卸、包装等，各项技术经济指标也会因此而发生变化，所以减少运输环节对合理运输有一定的促进作用。

（3）运输工具

各种运输工具都有其优势领域，优化选择运输工具，最大限度地发挥运输工具的特点和作用，是运输合理化的重要的一环。

（4）运输时间

在全部物流时间中运输时间占绝大部分，尤其是远程运输，因此，运输时间的缩短对整个流通时间的缩短起决定性的作用。此外，运输时间缩短，还可以加速运输工具的周转，充分发挥运力效能，提高运输线路通过能力，不同程度地改善不合理现象。

（5）运输费用

运输费用在全部物流费用中占很大的比例，运输费用的高低在很大程度上决定整个物流系统的竞争能力。实际上，运输费用的相对降低，无论对货主来讲还是对物流企业来讲都是运输合理化的一个重要标志。运输费用的高低也是各种合理化措施是否行之有效的依据之一。

目前存在的不合理运输形式有单程空驶、对流运输、迂回运输、重复运输、倒流运输、过远运输和运力选择不当等。而解决这一问题的途径有提高运输工具实载率；增加调运合理性，增加运输能力的有效措施达到合理化;发展社会化的运输体系;开展中短距离铁路公路分流“以公代铁”的运输;尽量发展直达运输、配载运输;发展特殊运输技术和运输工具;通过流通加工,使运输合理化。

(二) 储存

1. 储存的概念与作用

储存就是在保证商品的质量和数量的前提下,根据一定的管理规则,在一定的时间内将商品存放在一定场所的活动。储存的目的是克服产品生产和消费在时间上的差异,使物资产生时间上的效果。在物流中,运输承担了改变商品空间状态的重任。物流的另一重任。即改变商品时间状态,是由储存来承担的。库存是储存的静态形式。

2. 储存合理化

储存合理化是指用最经济的办法实现储存的功能。但是,储存的不合理又往往表现在对储存功能实现的过分强调,从而过分投入储存力量和其他储存劳动。因此,合理储存的实质是在保证储存功能实现的前提下尽量少投入。

储存合理化的主要标志如下。

① 质量标志。保证被储存物的质量,是完成储存功能的根本要求。只有这样,商品的使用价值才能得以最终实现。

② 数量标志。在保证功能实现的前提下,有一个合理的数量范围。目前管理科学的方法已能在各种约束条件下,对合理数量范围做出决策。

③ 时间标志。在保证功能实现的前提下,寻求一个合理的储存时间,往往用周转速度指标来反映时间标志,如周转天数、周转次数等。

④ 结构标志。从被储物不同品种、不同规格、不同花色的储存数量比例关系对储存进行合理性的判断。尤其是相关性很强的各种物资之间的比例关系更能反映储存合理与否。

⑤ 分布标志。它是指根据不同地区储存的数量与当地需求比来判断对需求的保障程度。

⑥ 费用标志。仓租费、维护费、保管费、损失费及资金占用、利息支出等费用标志,都能从实际费用上判断储存合理与否。

(三) 包装

1. 包装的概念与作用

国家标准(GB 4122—83)《包装通用术语》对包装的定义为:为了在流通过程中保护商品,方便储运,促进销售,按一定技术方法而采用的容器、材料及辅助物等的总体名称,也是指为了达到上述目的而在采用容器、材料和辅助物的过程中施加一定技术方法等的操作活动。

包装在物流中的作用有保护货物、提高搬运运输的效率和传递货物识别、分选和跟踪等信息。

2. 包装的合理化

包装的合理化是指包装过程中使用适当的材料和技术,在满足包装基本作用的基础上,最大限度地降低包装成本,减少过度包装,如使用可回收包装材料、可降解包装材料。

包装合理化的要求有以下5个。

(1) 包装的轻薄化

更轻、更薄、更短、更小的包装,可以提高装卸搬运的效率,降低包装费用。

(2) 包装的单纯化

提高包装作业的效率,包装材料及规格应力求单纯化。包装形状和种类单纯化,可以提高包装作业的效率。

(3) 符合集装单元化和标准化的要求

包装的规格和托盘、集装箱关系密切,应考虑到与运输车辆、搬运机械相匹配,从系统的观点制定包装的尺寸标准。

(4) 包装的机械化

包装的机械化可以提高包装作业效率和包装现代化水平。

(5) 包装绿色化

绿色包装是对生态环境和人体健康无害,能循环复用和再生利用的包装。也就是说,包装产品从原材料选择、产品制造到使用、回收和废弃的整个过程均应符合生态环境保护的要求。它包括节省资源、能源,减少、避免废弃物产生,易回收复用、再循环利用,可焚烧或降解等生态环境保护要求的内容。

(四) 搬运

1. 搬运的概念

搬运就是将不同形态的散装、包装或整体的原料、半成品或成品,在平面或垂直方向提起、放下或移动,或是运送、重新摆置物料,使货品能适时、适量地移至适当的位置或场地存放。

2. 搬运的作用

搬运在物流过程中起着很重要的作用,但搬运是一种高劳动密集型的劳动,会导致企业整体生产率低。同时搬运的特性造成它从信息技术中获益的能力有限,加上由于搬运没有改变产品的价值,所以很多物流人员没有对搬运给予足够重视,没有把它与其他的物流活动作为一个整体来管理,造成搬运过程的低效率和高损耗。

目前,我国搬运过程中的主要问题如表7.2所示。

表7.2　搬运过程中的主要问题

过道拥挤	较高的货损率
重复移动	低效率的流程
过多的人工劳动	过多的人工搬运
未利用重力作用	过高的劳动力成本
不使用熟练工	设备状况较差
缺乏标准	过多的分次搬运

(五) 流通加工

1. 流通加工的概念和特点

商品从生产领域向消费领域流动的过程中,为了促进销售、提高物流效率而对商品进行的加工。其特点有:① 加工的对象是进入流通过程的商品;② 流通加工程度大多是简单加工;③ 流通加工完善了商品的使用价值,并在不做大改变的情况下提高了价值;④ 流通加工由商业流通企业完成。

2. 流通加工的作用

① 流通加工可以提高物流效率,方便物流过程的进行,也是物流过程中的重要利润来源。

② 合理的流通加工可以促进销售,并使周期供货的商品如农产品延长销售时间。

③ 多样化的流通加工可以衔接不同的运输方式,使物流过程更加合理化。

④ 流通加工可以对商品起到保护作用,提高商品销售的经济利益。

3. 流通加工的类型

流通加工的类型有:分选加工,如果品蔬菜的分选加工,如图 7.4 所示;精制加工,如茶砖的制作,如图 7.5 所示;分类加工,如饮料、牛奶的分装,如图 7.6 所示。

图 7.4 分选加工

图 7.5 精制加工

图7.6　分类加工

（六）信息管理

物流信息是指反映物流各种活动内容的知识、资料、图像、数据、文件的总称。

现代物流与传统物流最主要的区别就是是否存在物流信息的有效交换，而物流信息有效交换的前提是采集到必需而有效的信息。物流的各个环节中会产生大量的信息，如车辆选择、路线选择、库存决策、订单管理等，而这些物流信息通常采用物流信息系统进行管理。

物流信息系统是指由人员、设备和程序组成的，为物流管理者执行计划、实施、控制等职能提供信息的交互系统。它与物流作业系统一样都是物流系统的子系统。

物流信息系统是建立在物流信息的基础上的，只有具备了大量的物流信息，物流信息系统才能发挥作用。在物流管理中，人们要寻找最经济、最有效的方法来克服生产和消费之间的时间距离和空间距离，就必须传递和处理各种与物流相关的情报，这种情报就是物流信息。它与物流过程中的订货、收货、库存管理、发货、配送及回收等职能有机地联系在一起，使整个物流活动顺利进行。

在企业的整个生产经营活动中，物流信息系统与各种物流作业活动密切相关，具有有效管理物流作业系统的职能。它有两个主要作用：一是随时把握商品流动所带来的商品量的变化；二是提高各种有关物流业务的作业效率。

图7.7直观地表示了物流信息系统在物流管理中的管理过程和作用。

图中，信息中心搜集客户需求信息，整理后将客户需求转化为购买信息发往厂家，然后全场监督和管理货物的购买、入库、物流流程直至交给客户，最后从客户处收回货款。

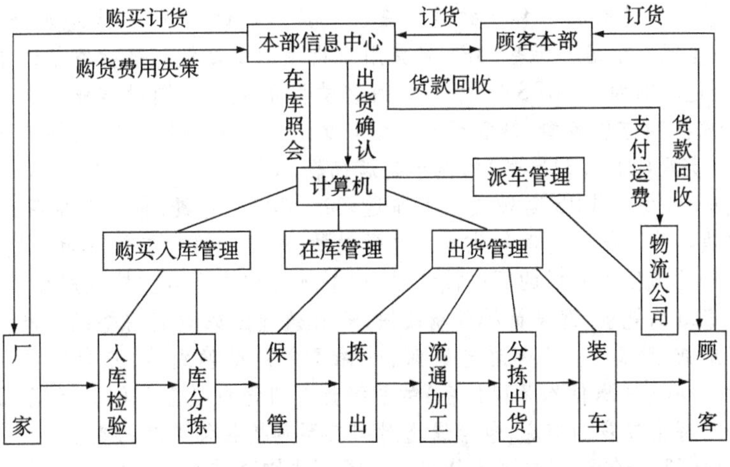

图7.7　物流业务与物流信息系统

四、现代物流技术

拓展案例

美国联合包裹运送服务公司(UPS)于1907年成立于美国西雅图,后来总部迁至美国亚特兰大市,目前是全球最大的快递承运商与包裹递送公司,同时也是专业运输、物流、资本与电子商务服务的领先提供者。UPS每天在全球平均处理1 150万件包裹和文件,业务量可想而知。面对如此庞大的业务,UPS通过完善的物流信息系统和管理方法并应用最现代化的技术手段,可以提供以下免费工具。

1. UPS在线追踪

UPS在线追踪便于客户通过订单号或其他参数来跟踪包裹的装运状态。

2. 费率与服务选择

费率与服务选择用于在线购物者比较定价和选择合适的装运服务。例如,当客户需要马上交付包裹时,他们可以选择快递服务,如选择UPS次日快递;而当他们不急于交付时,他们可以选择标准服务,如选择UPS计划快递。

3. 地址确认

通过在客户订单输入时确认地址及邮政编码,减少装运及账单地址错误,并在包裹离开装运码头之前,确保错误得到纠正,以减少退货。

4. 运输时间

运输时间工具使客户能够确定在美国国内两地之间使用UPS Ground运送包裹所需的时间,可以帮助客户查找200多个国家和地区的所有可以使用UPS服务的递送日期和时间,还可以使用"计算和费用"功能来确定UPS提供服务的许多国家和地区中一系列UPS服务的费用。

5. 服务地图

对于UPS Ground服务,通过提供显示装运时间的彩色编码图,帮助客户选择最佳装运服务。此服务拥有与客户之间的交互能力,提供了客户查阅编号并调整最佳装运时间的灵活性,UPS可以通过传真或E-mail把装运信息预先传递给货主、接收者或第三方。

6. UPS退货服务

UPS退货服务通过集成一系列的退货需求并且简化该过程,极大地提高了工作效率。首先,客户在线生成一个退件标签,UPS将按用户指定的日期把包裹标签带到集货点进行集货,然后进行运送。例如,在UPS集散中心,许多类型的拖车可同时作业。拖车是为最大限度地保证包裹安全和方便装载、卸载而专门设计的。一个熟练的UPS装运工仅需一个小时就可把一个24英尺(约7.315米)的拖车装满包裹。

而进行投递时,每个UPS驾驶员一天递送多达500个包裹,包括必须在上午10:30前递送的特快包裹。为了统一处理如此大的包裹数量,处理过程中要仔细地计划和协同工作。包裹按要运送到的地区以同样的顺序被装载,这个过程称为预装。按顺序递送包裹,从一个地址到下一个最近的地址,驾驶员尽可能最快、最有效地完成他们的路线。每个驾驶员分配一条特定的路线或"环路"。当递送包裹时,确保了包裹准确到达,并向客户提供有用的信息。使用称为DIAD(递送信息获取设备)的手持计算机设备包含了GPS功能,驾驶员可以电子化地捕捉关于每个包裹的信息,包括递送时间甚至是接收包裹者的签名。

案例思考:美国联合包裹运送服务公司运用了哪些物流技术?

现代物流技术(modern logistics technology)是指通过动态的管理方法,利用现代化的机械设备和信息系统,完成物流作业的全部技术,包括各种操作方法、管理技能等,如流通加工技术、物品包装技术、物品标识技术、物品实时跟踪技术等;此外还包括物流规划、物流评价、物流设计、物流策略等。

(一) 条形码技术

条形码也称条码(barcode)是将宽度不等的多个黑条和空白,按照一定的编码规则排列,用以表达一组信息的图形标识符。常见的条形码是由反射率相差很大的黑条(简称条)和白条(简称空)排成的平行线图案。条形码可以标出物品的生产国、制造厂家、商品名称、生产日期、图书分类号、邮件起止地点、类别、日期等信息,因此在商品流通、图书管理、邮政管理、银行系统等许多领域都得到了广泛的应用,如图 7.8 所示。

图 7.8　条形码

1. 条形码的识别原理

首先,当条形码扫描器光源发出的光在条形码上反射后,反射光照射到条形码扫描器内部的光电转换器上,光电转换器根据强弱不同的反射光信号转换成相应的电信号。白条、黑条的宽度不同,相应的电信号持续时间的长短也不同。其次,译码器通过测量脉冲数字电信号 0、1 的数目来判别条和空的数目,通过测量 0、1 信号持续的时间来判别条和空的宽度。然后根据对应的编码规则(如,EAN－8 码),将条形符号换成相应的数字、字符信息。最后,由计算机系统进行数据处理与管理,物品的详细信息便被识别了。

2. 条形码的优越性

① 可靠性强。条形码的读取准确率远远超过人工记录,平均每 15 000 个字符才会出现一个错误。

② 效率高。条形码的读取速度很快,相当于 40 个字符每秒。

③ 成本低。与其他自动化识别技术相比较,条形码技术仅仅需要一小张贴纸和构造相对简

单的光学扫描仪，成本相当低廉。

④ 易于制作。条形码的编写很简单，制作也仅仅需要印刷，被称作为“可印刷的计算机语言”。

⑤ 易于操作。条形码识别设备构造简单，使用方便。

⑥ 灵活实用。条形码符号可以用键盘输入，也可以和有关设备组成识别系统实现自动化识别，还可以和其他控制设备联系起来实现整个系统的自动化管理。

（二）地理信息系统

地理信息系统（Geographic Information System，GIS）是一门综合性学科，结合地理学与地图学，已经广泛地应用在不同的领域中，是用于输入、存储、查询、分析和显示地理数据的计算机系统，与全球定位系统、遥感系统合称为3S系统。

地理信息系统是一种具有信息系统空间专业形式的数据管理系统。在严格的意义上，这是一个具有集中、存储、操作和显示地理参考信息的计算机系统。例如，根据在数据库中的位置对数据进行识别。地理信息系统技术能够应用于科学调查、资源管理、财产管理、发展规划、绘图和路线规划、物流跟踪。

（三）全球定位系统

全球定位系统（Global Positioning System，GPS），又称全球卫星定位系统，是美国国防部研制和维护的中距离圆形轨道卫星导航系统（见图7.9）。它可以为地球表面绝大部分地区（98%）提供准确的定位、测速和高精度的时间标准。全球定位系统可满足位于全球任何地方或近地空间的用户连续、精确地确定三维位置、三维运动和时间的需要。该系统包括太空中的24颗GPS卫星；地面上1个主控站、3个数据注入站和5个监测站，以及作为用户端的GPS接收机。最少只需其中3颗卫星，就能迅速确定用户端在地球上所处的位置及海拔高度；所能连接到的卫星数量越多，解码出来的位置就越精确。

图7.9　全球定位系统

对于物流的运行，GPS全天候、全球覆盖、快速精确的定位能力可以起到巨大的作用。

1. 用于物流车辆的导航

车辆导航：车辆调度、监控系统。

船舶导航：远洋导航、港口/内河引水。

飞机导航：航线导航、进场着陆控制。

个人导航：物流人员手持终端的导航。

2. 用于物流货物的定位

提供位置数据，用于跟踪车辆、人员、货物的位置，如图 7.10 所示。

图 7.10　全球定位系统定位货物

（四）射频识别技术

射频识别（Radio Frequency Identification，RFID）技术是一种无线通信技术，可以通过无线电信号识别特定目标并读写相关数据，而无须识别系统与特定目标之间建立机械或光学接触。

许多行业都运用了射频识别技术。将标签附着在一辆正在生产中的汽车上，厂方便可以追踪此车在生产线上的进度；仓库可以追踪药品的所在；射频标签也可以附于牲畜与宠物上，方便对牲畜与宠物的积极识别（积极识别意思是防止数只牲畜使用同一个身份）。射频识别的身份识别卡可以使员工得以进入建筑锁住的部分，汽车上的射频应答器也可以用来征收收费路段与停车场的费用。

图 7.11 所示为贴片式识别卡、射频识别卡的手持式读取机。

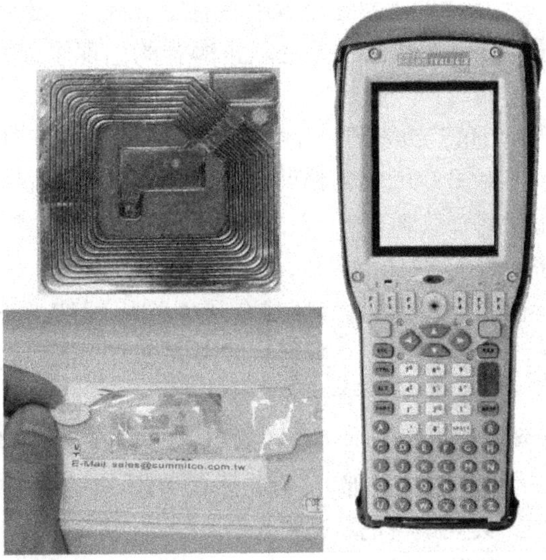

7.11　贴片式识别卡、射频识别卡的手持式读取机

射频识别技术在物流行业中的应用如下。

① 可实现商品设计，原材料采购，半成品与制成品的生产、运输、仓储、配送、销售，甚至退货处理与售后服务等所有供应链环节的即时监控，准确掌握产品的相关信息，如生产商、生产时间、地点、颜色、尺寸、数量、到达地、接收者等。

② 可用于物品的分拣。中国香港国际机场、荷兰阿姆斯特丹国际机场等都部署了基于被动式无源标签的 RFID 行李分拣解决方案。同基于条形码行李分拣解决方案相比，基于被动式无源标签的 RFID 行李分拣解决方案可从不同角度识别行李标签的 ID，识读速度更快，结果更准确，标签上的信息存储量也比条形码多。

情境任务二　电子商务与物流

情境引例

百年不遇的超级“光棍节”，你淘宝了吗

如今，“光棍节”成了电商们竞争的促销噱头，淘宝、京东、当当等各大网站都使出了浑身解数，当然也获益匪浅。据淘宝商城数据显示，2011 年 11 月 11 日当天，其单日交易额 33.6 亿元，每秒成交 3.89 万元，是 2010 年 9.36 亿元的近 4 倍。

据淘宝商城最新数据显示，2011 年 11 月 11 日 16 时，淘宝商城订单数已经突破 1 000 万单，成交额突破 20 亿元，较 2010 年“双 11”全天成交额翻倍。这相当于每一秒钟就会生成 178 笔订单，意味着每一秒钟至少产生 178 个包裹，每一分钟产生 10 000 个包裹。

2012 年 11 月 11 日，天猫 + 淘宝的支付宝交易金额突破 191 亿元，其中天猫 132 亿元，淘宝 59 亿元，刷新了全球电子商务百亿销售用时最短的纪录，同时也创造了中国零售业的销售纪录。

血拼过后，能否快速收到货物的压力已经落在快递公司肩上。虽然淘宝商城早在 8 月份就和各大快递公司进行沟通，但是，人类已经无法阻止爆仓的出现了，多家快递公司又出现爆仓现象。

2012 年“双 11”当天，申通已完成 600 万快件，中通完成 330 万快件。物流与供应链专家黄刚表示，191 亿元背后将产生 8 000 多万快件，按照九大快递平均日处理 300 万件计算，预计 3 天能完成中转，但末端配送将延续到 5 ~8 天，这样一件正常投递仅需要 3 天的快递，投递时间延长到了 8 ~11 天。消费者表示，快递太慢了，简直就是慢递了。

在上海嘉定占地 200 亩的京东商城华东物流仓储中心内，投资上千万元的自动传送带已投入使用。工人们手持 PDA，开着小型叉车在数万平方米的仓库内调配商品。这是京东商场迄今为止最大的物流仓储中心，承担了一半销售额的物流配送，也是公司将 2009 年年底融到的 2 100万美元的 70% 投放到物流建设的结果。在这里，京东每日能正常处理 2.5 万个订单，日订单极限处理能力达到 5 万单。在此基础上，公司计划于 2011 年在嘉定建成一座 15 万 ~18 万平方米的超大型仓储中心，其规模将是鸟巢的 8 倍。随着这项计划的公布，京东预计未来 3 年投入 20 亿 ~30 亿元到物流建设中。

不难发现，京东对仓储物流的热衷并不是个案。此前，马云便参股了星晨快递、百世物流。当当也宣布，2010 年将斥资 10 亿元在华北、华东、华南新增 3 个物流基地。而新蛋更是先行一步，在全国7个分公司都设有分仓和自主配送队伍。大笔的资金换成了实实在在的土地和库房，B2C电子商务公司俨然迎来了一阵“仓储热”，各地的物流竞赛正在上演。

令人好奇的是，B2C公司为何要不惜血本大建物流。

降低配送成本是电子商务自建仓储中心的原因之一。京东总裁刘强东认为，京东有两大重要成本，即仓储成本与配送成本。“去年我们核算数字发现，从北京发到西安的大家电，平均成本是每件400多元。但如果在西安租一个库房，每件的配送成本只有48元，能省下90%，所以我们把很多城市的大家电配送停止了。”刘强东称。家电的利润率本身不高，有时配送费甚至高过产品本身的利润。

但话说回来，自建物流队伍的成本并不低。在刘强东看来，只有城市的日订单达到10万个以上，买地自建物流的投入产出才能算作合理。而对于租赁库房，当地的日订单量也要达到5 000个以上。如果低于5 000个，将物流外包就会更加经济。

除了成本的考量，提高供应链的响应速度也是京东自建物流的出发点。刘强东不止一次地抱怨，由于订单增长太快，物流中心的处理能力根本跟不上，越来越多的消费者体验不佳。换句话说，京东成长的脚步正在被物流环节拖累。由于物流能力与处理订单能力尚未匹配，公司还曾通过媒体向消费者喊话：请暂时不要来京东购物了，去别的地方买吧。

巨大的订单量成为京东“甜蜜的负担”。由于业务发展得过于迅猛，京东每10个月就要搬一次家。刘强东坦言：“倘若今年完成100亿元的销售，明年的增长目标仍是100%，会对整个公司的系统和流程造成极大的难题。”“无论过去还是现在，物流都是我们最大的挑战。公司能不能继续平稳地发展，就在于物流体系建设的成功与否。”

基于这项考虑，京东对物流仓储的投资周期越来越长，投资的金额越来越大，只有前瞻性的规划才能满足未来3年的发展速度。“两年前，要搬一个库房，只要提前3个月租赁和装修就行。但刚建成的华东物流中心，我们花了10个月来规划建设。在建的亚洲一号项目，我们至少得花两年时间才能投入运营。”刘强东称。

业内似乎正在慢慢达成共识，一家B2C企业的本质和传统零售业并无二致，物流都是其价值链上最重要的一环。B2C的由轻变重，一方面是经济效益和用户需求决定的，包括物流、仓储、呼叫中心是否需要自建等；另一方面则是为了管理效率的提升，包括库存精准率、订单与财务管理、供应商管理等。销售额越大，仓储与物流便越重要。

在物流后台具有优势的苏宁面前，京东的投入可谓倾尽全力。毕竟，眼下国内的物流体系远远跟不上电子商务的发展速度，“配送成了电子商务公司的核心业务”。B2C的物流操作比B2B复杂很多，需要重新构建场地、设备和人员，并重新设计拣货、配货、包装等一系列流程。刘强东甚至认为，B2C公司发展下去实际就是个物流公司，正如“当今世界上最大的物流公司是沃尔玛，而非戴蒙航空货运公司”。

奔跑在通向网络沃尔玛梦想的道路上，刘强东选择了“仓库决胜”的战略方向。可以预见的是，随着规模的不断扩张，仓储物流就像B2C水桶的底座，决定了整个水桶的体积。

思考：通过上面两个案例，你认为电子商务与物流之间存在着什么关系，电子商务企业为什么要投资建设物流配送中心。

情境认知

一、电子商务与物流的关系

当前电子商务的快速发展，给中国的物流行业带来了前所未有的发展机会和动力。据国家邮政局最新统计数据显示，2014 年 1—10 月份，全国快递服务企业业务量累计完成 106.8 亿件，同比增长 51.9%；业务收入累计完成 1 592.6 亿元，同比增长 41.5%。10 月份，快递业务量完成 12.9 亿件，同比增长 51.2%；业务收入完成 182.8 亿元，同比增长 40.6%。

电子商务正变得越来越迅捷和智能，而真正无边界的全球经济需要的不仅仅是因特网，还有一个高度发展的全球速递网络。迅猛发展的中国电子商务市场，网购市场规模很大，有不同的市场细分，而电子商务和物流正在互相促进着高速发展。

（一）电子商务促进物流的发展

1. 电子商务将改变人们传统的物流观念

电子商务作为一种新兴的商务活动，为物流创造了一个虚拟的运动空间。利用电子商务进行物流活动时，物流的各种职能及功能可以通过虚拟化的方式表现出来。在这种虚拟化的过程中，人们可以通过各种组合方式，寻求物流的合理化，使商品实体在实际的运动过程中，达到效率最高、费用最省、距离最短、时间最少的目的。

2. 电子商务将改变物流的运作方式

通过电子商务可以实现物流网络的实时控制。传统的储运活动在其运作过程中，不管是以生产为中心，还是以成本或利润为中心，其实质都是以商流为中心，从属于商流活动，因而物流的运动是紧紧伴随着商流来运动的。利用电子商务，物流的运作是以信息为中心的，信息不仅决定了物流的运动方向，而且决定着物流的运作方式。在实际运作过程中，通过网络上的信息传递，可以有效地实现对物流的实时控制，实现物流的合理化。

3. 电子商务将促进物流基础设施的改善和物流技术与管理水平的提高

① 促进物流基础设施的改善。电子商务高效率和全球化的特点，要求物流也必须达到这一目标。而物流要达到这一目标，良好的交通运输网络、通信网络等基础设施则是最基本的保证。

② 促进物流技术的进步。物流技术包括运输技术、仓储技术、装卸技术、包装技术等，物流技术水平的高低是实现物流效率高低的一个重要因素。要建立一个适应电子商务运作的高效率的物流系统，加快提高物流的技术水平则有着重要的作用。

③ 促进物流管理水平的提高。物流管理水平的高低直接决定和影响着物流效率的高低，也影响着电子商务高效率优势的实现。只有提高物流的管理水平，建立科学合理的管理制度，将科学的管理手段和方法应用于物流管理当中，才能确保物流的进行，促进电子商务的发展，实现物流的合理化和高效化。

图 7.12 所示为亚马逊配送中心仓库。

图7.12　亚马逊配送中心仓库

（二）物流是电子商务的重要保障

在传统交易过程中，商流都必须伴随着相应的物流活动，即按照购方需求将商品实体由供方以适当的方式向购方转移。利用电子商务，消费者只要通过网上单击购物，就可以完成商品所有权的交割，即商流过程。但电子商务的活动并未结束，只有商品和服务真正转移到消费者手中，商务活动才告终结。在整个电子商务的交易过程中，物流实际上是以商流的后续者和服务者的姿态出现的，没有物流做保证，电子商务给供方和购方带来的便捷就等于零。

1. 现代物流是实现电子商务的保障，是电子商务运作过程中的重要组成部分，是信息流、商流和资金流最终实现的根本保证

电子商务 = 网上信息传递 + 网上交易 + 网上结算 + 物流配送 = 鼠标 + 车轮。电子商务的整个运作过程是信息流、商流、资金流和物流的流动过程，其优势体现在信息资源的充分共享和运作方式的高效率上。通过互联网进行商业交易毕竟是虚拟的经济过程，最终的资源配置还需要通过商品实体的转移来实现，否则就不会真正实现信息流、商流和资金流的流动。只有通过物流配送，将商品或服务真正转移到消费者手中，商务活动才能结束，物流实际上是以商流的后续者和服务者的姿态出现的，而物流配送效率也就成为客户评价电子商务满意程度的重要指标。

2. 现代物流是电子商务实现"以顾客为中心"理念的最终保证，是增强企业竞争力的一个有效途径

电子商务的出现，最大限度地方便了最终消费者。他们不必再跑到拥挤的商业街，一家又一家地挑选自己所需的商品，只要坐在家里，在因特网上搜索、查看、挑选，就可以完成他们的购物过程。缺少了现代化的物流技术，电子商务给消费者带来的购物便捷等于零，消费者必然会转向他们认为更为安全的传统购物方式上去。现代物流的功能应该是把准确数量的准确产品在准确时间内，以最低的费用送到客户手中。它直接影响到从事电子商务的企业在价格、交货期、服务、质量等各方面的竞争力。

3. 现代物流的发展是电子商务的利润源泉

以现代电子网络为平台的信息流，极大地加快了现代物流信息的传递速度，为客户赢得了最宝贵的时间，使货物运输环节、方式科学化和最佳化。以快节奏的商流和先进的信息为基础的现代物流，能够有效地减少流动资金的占压，加速资金周转，充分发挥资本的增值作用，被认为是继企业节约原材料降低物耗、提高劳动生产率之后的又一经济利润增长点，是电子商务的利润源泉。

拓展案例

当当网是一个"纯网络"型的B2C网上商店,是北京当当网信息技术有限公司运营的一家中文购物网站。目前,当当网面向全世界网上购物人群,提供近百万种商品的在线销售,其主要以销售图书、音像制品为主,兼营小家电、玩具、网络游戏点卡等其他多种商品的销售,总部设在北京。当当网1999年11月开通,目前是全球最大的中文网上图书音像商城,面向全世界中文读者提供近30万种中文图书和音像商品,每天为成千上万的消费者提供方便、快捷的服务,给网上购物者带来了极大的方便和实惠。当当网的使命是以世界上最全的中文图书使所有中文读者获得启迪、得到教育、享受娱乐,其使命是坚持更多选择、更多低价。现全球已有1 560万顾客在当当网上选购过自己喜爱的商品了。

2005年当当网开通百货频道,开始有计划地逐渐扩张其产品线,由单一出版物业务向"网上沃尔玛"转型。当当网的传统模式是从供应商进货后直接销售给消费者。2009年,当当网启动了"平台B2C"计划,采用自营加联盟两条腿走路的战略,吸引第三方商家在当当网上展示及出售它们的商品。这等于当当网从传统的自营商向提供平台的联营模式转化,打算靠之前打下的仓储物流和销售平台的基础完成向综合商城的转型。当当网物流配送程序如图7.13所示。

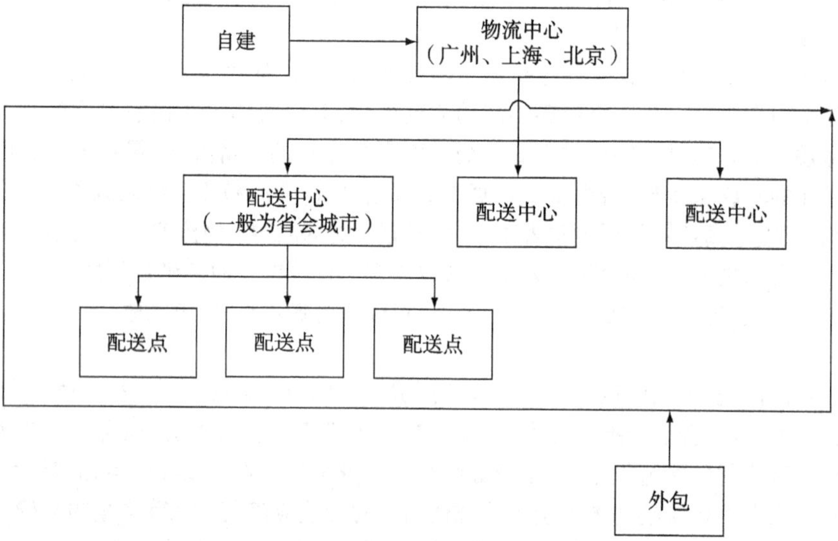

图7.13 当当网物流配送程序

当当网北京物流中心如图7.14所示。

图7.14 当当网北京物流中心

当当网在全国6个地区建立了分仓储，是根据当当网的历史销售数据，以及增长率、市场份额、覆盖地区、当地经营成本等多个数据参数进行选址的，并选择相应的物流配送模式。当当网根据实际的需要，仅自建了北京、上海和广州的物流中心，其他省会城市的分仓储和配送均外包给第三方进行，以节省成本。

案例思考：当当网将其商品配送到客户手中的主要过程有几个环节？

拓展案例

亚马逊公司是一家财富500强企业，总部位于美国华盛顿州。它创立于1995年，目前已成为全球商品品种最多的网上零售商和全球第二大互联网公司。

亚马逊的前身是美国一家以出售图书为主的网站，由于其合理的价格和周到的服务成为美国最大的网上图书音像零售商，亚马逊的运营是全球电子商务运营的成功代表，是典型的网上B2C运营模式电子商务公司。亚马逊主要为客户提供图书、影视、音乐和游戏、数码下载、电子和计算机、家居园艺用品、玩具、婴幼儿用品、食品、服饰、鞋类、珠宝、健康和个人护理用品、体育及户外用品、汽车及工业产品等。这些产品有全新的、翻新的及二手的，且数量庞大，能够满足顾客的不同需求。在2012年，亚马逊已是拥有23个大类、超过120万种商品的网上商城了。

亚马逊凭借B2C外包及自营模式的优点及其自身的独特优势，在2000年的网络泡沫中独树一帜。当时，很多在1990年代快速成长的网络公司，在这场网络泡沫中都纷纷结束营业，但亚马逊公司仍能获利。2002年的第四季度，亚马逊的纯利约有500万美元，到2004年则增长到了3亿多美元。自2007年以来，亚马逊的年平均营收增长率为33%。

亚马逊是典型的网上电子商务公司，所采用的电子商务模式是B2C的以外包方式为主、自营为补的模式。亚马逊将国内的配送业务委托给美国邮政和UPS，将国际物流委托给国际海运公司等专业物流公司，自己则集中精力去发展主营和核心业务。这样可以减少投资，降低经营风险，又能充分利用专业物流公司的优势，节约物流成本。亚马逊配送仓库如图7.15所示。

图7.15 亚马逊配送仓库

亚马逊根据不同商品类别建立不同的配送中心，提高配送中心的作业效率。亚马逊的配送中心按商品类别设立，不同的商品由不同的配送中心进行配送。这样做有利于提高配送中心的专业化作业程度，使作业组织简单化、规范化，既能提高配送中心作业的效率，又可降低配送中心的管理和运转费用，采取组合包装技术，扩大运输批量。当顾客在亚马逊的网站上确认订单后，就可以立即看到亚马逊销售系统根据顾客所订商品发出的是否有现货，以及选择的发运方式、估计的发货日期和送货日期等信息。如上所述，亚马逊根据商品类别建立不同的配送中心，因此顾客订购的不同商品是从位于美国不同地点的不同的配送中心发出的。由于亚马逊的配送中心只保持少量的库存，所以在接到顾客订货后，需要查询配送中心的库存，如果配送中心没有现货，就要向供应商订货。因此会造成同一张订单上商品有的可以立即发货，有的则需要等待。为了节省顾客等待的时间，亚马逊建议顾客在订货时不要将需要等待的商品和有现货的商品放在同一张订单中。这样在发运时，承运人就可以将来自不同顾客、相同类别而且配送中心也有现货的商品配装在同一货车内发运，从而缩短顾客订货后的等待时间，也扩大了运输批量，提高了运输效率，降低了运输成本。

亚马逊的发货条款非常完善，顾客可以在其网站上得到这些信息：拍卖商品的发运、送货时间的估算、是否选择免费的超级节约发运、是否店内拣货、是否需要特殊装卸和搬运的商品、包装物的回收、发运的特殊要求、发运费率、发运限制、订货跟踪等。亚马逊为顾客提供了多种可供选择的送货方式和送货期限。在送货方式上有以陆运和海运为基本运输方式的标准送货，也有空运方式。在送货期限上，根据目的地是国内还是国外的不同，以及所订的商品是否有现货而采用标准送货、2 日送货还是 1 日送货等。根据送货方式和送货期限及商品品类的不同，采取不同的收费标准，有按固定费率收取的批次费，也有按件数收取的件数费，还有按重量收取的费用。

案例思考：亚马逊的配送方式有哪些优点？

二、电子商务配送

（一）电子商务配送的定义

配送是指在经济合理的区域范围内，根据客户的要求，对物品进行拣选、加工、包装、分割、组配等作业，并按时送达指定地点的物流活动。配送是物流中一种特殊的、综合的活动形式，是商流与物流紧密结合，包含了商流活动和物流活动，也包含了物流中若干功能要素的一种形式。一般的配送集装卸、包装、保管、运输于一身，通过这一系列活动完成。

电子商务物流配送是指物流配送企业采用网络化的计算机技术和现代化的硬件设备、软件系统及先进的管理手段，针对客户的需求，根据用户的订货要求，进行一系列分类、编码、整理、配货等理货工作，按照约定的时间和地点将确定数量和规格要求的商品传递到用户的活动及过程。

电子商务模式下物流配送的最大特点就是用户分散且距离远近不同，面对庞大和分散的消费者，电子商务运营商要想抓住每一个客户，除了要提供物美价廉的商品外，更要让消费者在尽可能短的时间内享受到商品或服务带给他们的乐趣和福利。

（二）电子商务配送的特点

和传统的物流配送相比，电子商务物流配送具有以下新的特点。

1. 物流配送信息化

物流配送信息化表现为物流配送信息的商品化、信息收集的数据库化和代码化、信息处理的电子化和计算机化、信息传递的标准化和实时化、信息存储的数字化等。条形码技术、数据库技术（Database）、电子订货系统（Electronic Ordering System，EOS）、电子数据交换（Electronic Data Interchange，EDI）、企业资源计划（Enterprise Resource Planning，ERP）等在物流管理中得到了广泛的应用。没有物流的信息化，任何先进的技术设备都不可能应用于物流领域。信息技术在物流中的应用将彻底改变世界物流的面貌。

2. 物流配送自动化

自动化的基础是信息化；自动化的核心是机电一体化；自动化的外在表现是无人化；自动化的效果是省力化，另外还有扩大物流作业能力、提高劳动生产率、减少物流作业的差错等。物流自动化有条形码/语音/射频自动识别系统、自动分拣系统、自动存取系统、自动导向车、货物自动跟踪系统等。这些设施在发达国家已普遍用于物流作业流程中，而在我国由于物流业起步晚、发展水平低，自动化技术的普及还需要相当长的时间。图7.16所示为物流设施中的自动识别和分拣系统。

图7.16　自动识别和分拣系统

3. 物流配送网络化

物流领域网络化的基础也是信息化。这里的网络化有两层含义：一是物流配送系统的计算机通信网络，包括物流配送中心与供应商或制造商的联系要通过计算机网络来完成，另外与下游顾客的联系也要通过计算机网络通信来完成；二是组织网络化和采用企业ERP系统进行管理，其基本点是按照客户订单组织生产，生产采取分散形式，再由物流配送中心将组装完成的产品迅速发给订户。物流配送的网络化是物流信息化的必然，是电子商务下物流配送活动的主要特征之一。

4. 物流配送个性化

个性化配送是电子商务物流配送的重要特性之一。作为末端运输的配送服务，多品种、小批量、多批次、短周期、小规模的频繁配送将导致配送企业的成本增加，这就必须寻求新的利润增长点。电子商务物流配送的个性化体现为“配”的个性化和“送”的个性化。“配”的个性化主要是指通过配送企业在流通节点（配送中心）根据客户的指令对配送对象进行个性化流通加工，从而增加产品的附加价值；“送”的个性化主要是指依据客户要求的配送习惯、喜好的配送方式等为每一位客户制订量体裁衣式的配送方案。例如，有的客户偏爱大包装的产品，有的客户偏爱小包装的商品；而有的客户需要工作日白天配送，有的客户希望下班后送到家中。

拓展案例

UPS是世界上最大的快递承运商与包裹递送公司，同时也是专业的运输、物流、资本与电子商务服务的领导性的提供者。

UPS的配送运作程序如下。

1）取件。每天，全世界的客户依靠UPS来运输1 150万的包裹和文件。其第一步是取件，UPS递送员沿着指定的特定路线行进，并在这条线路上固定安排好停车。通常，驾驶员在早上递送包裹，下午提取包裹。大宗客户或许每天要运输成千上万的包裹，UPS的拖车可以在现场完成。小客户或许一个星期才运输2～5个包裹，也可由UPS包裹车来完成。

2）集散中心。为了更有效地运送包裹，UPS开发了一个精心制作的集散中心——电子网络和遍布全世界的中央分拣设备。每个集散中心由本地操作中心"喂养"，作为UPS取件和递送工具的基地。每天下午，来自本地操作中心的包裹通常是由拖车运进集散中心的。在集散中心内，来自许多拖车的成千上万的包裹同时被仔细地卸载。通过这项宏大但却快速的操作，包裹按ZIP码排序并集中到各条传送带上，即到某一个特定地区的所有包裹都集中到同一条传送带上。在集散中心的另一端，包裹经过仔细排序，或发送到要出行的拖车，或装入用于邻近地区的包裹车进行本地递送。装载前，最后一次检查每个包裹，以确保它们是正确排序的。

3）支流网络。为了在集散中心之间运输包裹，UPS使用地面支流网络。每天进料器或拖车从包裹来源地的集散中心将成千上万的包裹运送到离包裹目的地最近的集散中心。依赖于有效的装载设备，许多类型的拖车可同时作业。它们的长度从24英尺（约7.315米）到45英尺（约13.716米）都有，可装载多达1 800个包裹。拖车是为最大限度地保证包裹安全和方便装载、卸载而专门设计的。

4）递送。为了优化驾驶员的效率，UPS的工业工程师一直在研究和分析每条路线的递送趋势和交通模式。UPS的工业工程师们对每一位司机的行驶路线都进行了研究，并对每种送货、暂停和取货活动都设立了标准。这些工程师们记录了红灯、通行、按门铃、穿过院子、上楼梯、中间休息喝咖啡的时间等，并将这些数据输入计算机中，从而给出每位司机每天中工作的详细时间标准，司机们必须严格遵循工程师设定的程序。

UPS的配送软件支持。UPS依靠全球定位系统，结合派送货物的数量来规划每个司机的送货线路。不仅如此，UPS独特的移动解决方案，还使客户可以通过掌上电脑、手机甚至无线寻呼机等，在任何地方、任何时间对自己交运的物品进行追踪。如果要交货，只要将自己所处方位的邮政编码输入掌上电脑，就能得到最近的UPS收货点的资料；或者直接使用UPS的定位软件来查找收货点的位置。UPS的信息技术成就不仅为它带来了盈利和奖项，更重要的是为其下一步的行业扩展奠定了良好的技术基础。

UPS配送系统中的现代物流技术有：自动分拣系统；自动立体化仓库；计算机智能技术。图7.17所示为实时快递位置查询。

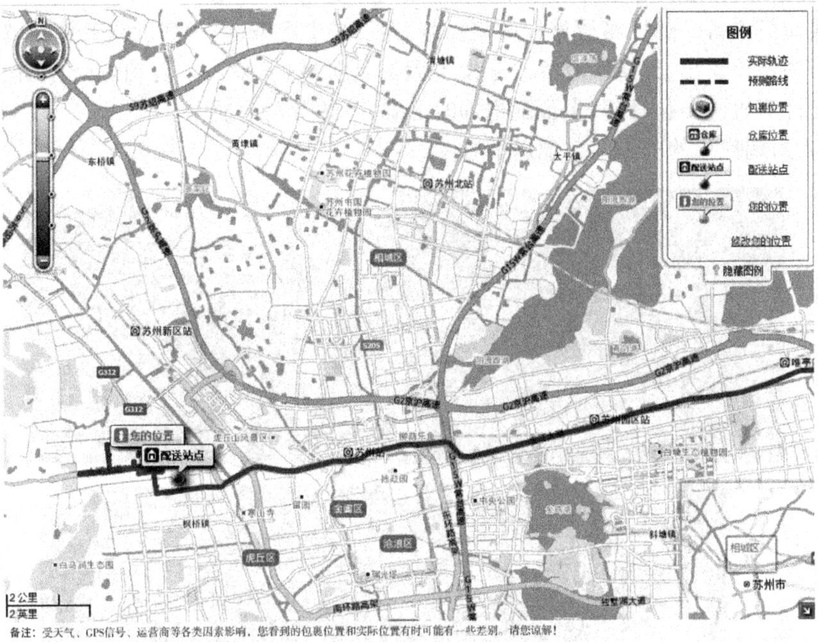

图 7.17　实时快递位置查询

案例思考：UPS 的配送相比传统配送有哪些特点？

（三）电子商务配送中心的新特点

1. 电子商务配送中心的概念和作用

配送中心指接受并处理末端用户的订货信息，对上游运来的多品种货物进行分拣，根据用户订货要求进行拣选、加工、组配等作业，并进行送货的设施和机构。

随着商品消费市场的不断发展，仓储周转速度的逐渐加快，过去大批量的货物运输改为多批次、小批量流动，因此造成物流成本上升、城市交通堵塞和环境污染等各种问题，因此，配送中心这种新型高效的物流方式应运而生。

配送中心的作用有：减少交易次数和流通环节；产生规模效益；减少客户库存，提高库存保证程度；与多家厂商建立业务合作关系，有效而迅速地反馈信息，控制商品质量。

2. 电子商务配送中心的特点

配送中心是现代电子商务活动中开展配送活动的物质技术基础。通常，配送中心应具备的基本功能有：进货和商检功能，保管和库存控制功能，受理订货功能，出库（分拣、配货、包装）功能，流通加工功能，送货功能，信息处理功能。随着电子商务的发展，配送中心除了具备基本功能外，为了适应不同的需求特点，还发展了其他专项功能，具体如下。

① 通过提高商品质量、增加花色品种、增加供货频率等强化供货枢纽的战略功能，通过综合物流管理控制物流成本的功能，通过增强应变能力以适应物流量随经营规模的发展不断变化的应变功能。

② 特别重视为单个消费者服务的功能，即尽力满足顾客提出的各种要求。

③ 重视同时为批发商和零售商服务的功能。

④ 网点布局、设施设备和管理更加优化与合理。选址合理、规模适中，采用先进的自动分拣系统和无线通信设备。选址尽量靠近运输线路；为了减少污染，一般都设在工业区域内。采用立体仓库以节约地价支出，配送中心的设施设备大都是机械化、采用半自动或全自动设备；实现了比较成熟的计算机网络化管理，保证配送即时准确，节约劳动力成本。

图 7.18 为现代化的电子商务配送中心。

图 7.18　现代化的电子商务配送中心

三、电子商务物流运作模式

电子商务物流运作模式主要是指以电子商务的特有市场为导向、以满足顾客要求为宗旨、获取系统总效益最优化的、适应现代社会经济发展的模式。

从现阶段的发展看，电子商务物流运作一般有 3 种模式，即自营物流、第三方物流和第四方物流。

（一）自营物流模式

企业自身经营物流，称为自营物流。企业自营物流模式意味着电子商务企业自行组建物流配送系统，经营管理企业的整个物流运作过程。在这种方式下，企业也会向仓储企业购买仓储服务，向运输企业购买运输服务，但是这些服务都只限于一次或一系列分散的物流功能，而且是临时性的纯市场交易的服务，物流公司并不按照企业独特的业务流程提供独特的服务。

如果企业有很高的顾客服务需求标准，物流成本占总成本的比重较大，而企业自身的物流管理能力较强时，企业一般会采用自营方式。目前，我国采取自营模式的电子商务企业主要有两类：一类是资金实力雄厚且业务规模较大的电子商务公司，如京东商城的自建物流；第二类是传统的大型制造企业或批发企业经营的电子商务网站，由于其自身在长期的传统商务中已经建立起初具规模的营销网络和物流配送体系，在开展电子商务时只需将其加以改进、完善，即可满足电子商务条件下对物流配送的要求，如苏宁网上商城采用的自营物流。

选用自营物流，可以使企业对物流环节有较强的控制能力，易于与其他环节密切配合，全力、专门地服务于本企业的运营管理，使企业的供应链更好地保持协调、简洁与稳定。此外，自营物流能够保证供货的准确和及时，保证顾客服务的质量，维护了企业和顾客间的长期关系。但自营物流所需的投入非常大，建成后对规模的要求很高，大规模才能降低成本，否则将会长期处于不盈利的境地。而且投资成本较大、时间较长，对于企业柔性有不利影响。另外自建庞大的物流体系，需要占用大量的流动资金。最重要的是，自营物流需要较强的物流管理能力，建成之后需要工作人员具有专业化的物流管理能力。

拓展案例

为兑现“一日三送”的服务承诺，腾讯旗下自营电商平台易迅网在2012年加快了在物流配送环节的布局。易迅网在2012年第一季度完成了对尚橙物流的收购，以提升其在华北地区的配送能力。易迅网并购区域物流公司，对其全国的物流布局是一个好的选择。

对于这家决心冲击自营B2C前3名的电商（2012年易迅在自营B2C中排名第5），在被腾讯全资控股后，背靠腾讯这棵大树，其在2012年的各种打法给人留下了深刻印象。易迅“发明”了一系列电商新词：“闪电送”、“一日三送”、“买就赔”、“贵就赔”、“假就赔”……最让人震惊的还是在某些3C商品的标价下面写“每台比东哥便宜××元钱”，这种指向十分明显的话语不言而喻。“一日三送”目前主要在北京、上海推行，全国并没有铺开。对于全国大部分的二三线，甚至四五线城市而言，易迅的配送能力还是弱于京东。不论是仓库还是自己的配送人员，和京东都不在一个量级上。可以说，易迅一直在给自己树立一个强大的竞争对手，以便激励自己前行。

回头看一下2012年易迅的业绩，销售额约68亿元，自营B2C的排名也已经上升到了第5（仅次于当当网）。这个市场表现甚至已经超过了双平台战略的国美电商，可以说是很让人惊叹的！

物流之所以要和时间赛跑，是因为它并不是有钱就能马上实现的，需要很大的时间成本，如买地、建仓等，快的也要两三年。要想马上实现物流布局，除非花钱买现有B2C企业的仓储，而这个显然是很难做到的。易讯网的这次收购，将建立自己的物流事业部，希望通过加强自有物流的能力，进一步在电商大战中取得更好的成绩。到了2013年8月，易迅网已在其手机客户端推出了一项名为“包裹位置实时跟踪”的新功能，如图7.19所示。消费者只要打开易迅手机客户端，就能看到其包裹在地图上的实时位置、配送快递员联系方式等信息，而且在包裹与收货地址之间的距离小于等于1.5千米时，还能收到收货提醒。目前，在北京、上海、深圳、广州等所有自建物流配送服务覆盖的城市，对易迅自营配送队伍送货的订单，消费者均可进行包裹位置的实时跟踪。

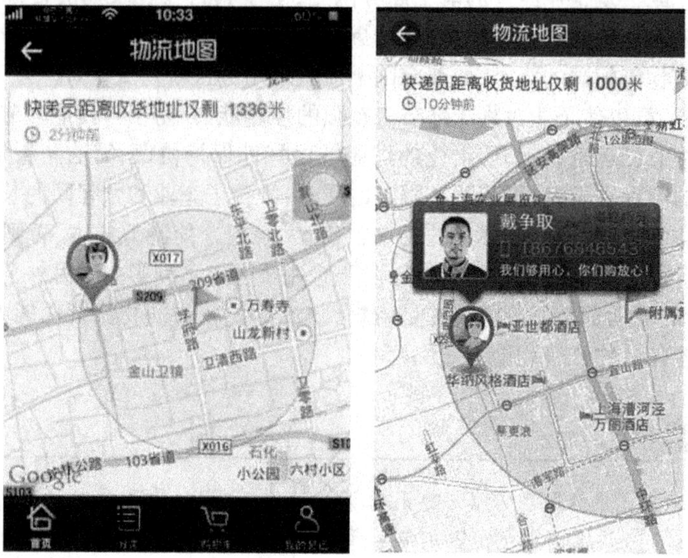

图 7.19　易讯的包裹位置实时跟踪

案例思考：易迅网为什么要自建物流？自建物流有什么好处并会带来哪些问题？

（二）第三方物流模式

第三方物流企业通过与第一方或第二方的合作来提供专业化的物流服务。它不拥有商品，不参与商品买卖，而是为顾客提供以合同约束，以结盟为基础的，系列化、个性化、信息化的物流代理服务。服务内容包括设计物流系统、EDI 能力、报表管理、货物集运、选择承运人及货代人、海关代理、信息管理、仓储、咨询、运费支付和谈判等。

第三方物流企业一般都是具有一定规模的物流设施设备（库房、站台、车辆等）并具有专业经验和技能的批发、储运或经营其他物流业务的企业。第三方物流是物流专业化的重要形式，它的发展程度体现了一个国家物流产业发展的整体水平。

电子商务采用第三方物流模式对于提高电子商务企业的经营效率具有重要作用。

① 电子商务企业将自己的非核心业务外包给从事该业务的专业公司去做，可以将精力集中到自身的核心业务上，以求节约和高效，这在电子商务企业发展的初期规模比较小的时候尤为重要。

② 第三方物流企业作为专门从事物流工作的企业，有专门从事物流运作的专家，有利于确保电子商务企业的专业化生产，降低费用，提高企业的物流水平。

拓展案例

荷兰 TPG 公司是一家提供邮件、快运和物流服务的全球性公司，是世界上最大的国际商务邮件服务商，也是唯一在欧洲各主要城市拥有网络的快件服务商。公司与皇家 PTT 邮政和 TNT 建立了合作关系（TNT 快运、TNT 物流），目前业务范围覆盖 200 个国家，并在 58 个国家设有分支机构，主要业务是邮件、快运、物流，其3项业务收入占营业总收入的比例分别为36.9%、41.3%和21.8%。

1. 快运

TPG以TNT快运为品牌，2000年快运营收为41.45亿欧元。TNT快运拥有17 200辆车辆、36架飞机、808个枢纽站和卫星集散站，全年共运送货物19 293.7万件，总重量为320.5万吨。货运量的65%靠路运、25%靠空运、10%靠商业航班。

TNT快运实行统一销售、集中分级分拣、统一运输的运输组织形式，特别是集中分级分拣，将不同的货运站进行功能设置，有些大型货运站完全服务于粗拣后站与站间的运输，通过这种接力式的分拣、运输，强化了集团公司间的合作，也提高了分拣和运输的整体效率。

集散站分为主集散站（main depot）和卫星集散站（satellite depot）。卫星集散站对货物进行粗检，按流向运到相应的主集散站，在主集散站进行集中分拣。重量小于30千克的货物由货物到达地的主集散站运到卫星集散站配送，大于31千克的货物由主集散站直接配送。主集散站负责快运货物的分流向的分拣（粗拣），卫星集散站负责快运货物的定向分拣（细拣）。

2. 个人快件

TNT个人快件目前主要提供5种"门到门"服务：当日快件、早9点快件、午时12点快件、全球午后17点快件、经济快件。这5项服务均为标准化服务，服务的内容及要求都按照严格的标准及相关程序进行。另外，TNT快件还提供多种价值附加服务，如技术速递、夜间速递、保险速递等。多样化的服务能够满足顾客不同层次、不同要求的需要。

快件货物运输根据不同的服务项目要求，采用空运或路运（汽车或大型货车）方式。

3. 物流

TPG对外以TNT物流为标志，2000年物流营收达到21.79亿欧元，拥有物流仓库392个，面积450万平方米，车辆7 500辆。TNT物流善于提供专业化物流服务，目前主要为汽车、轮胎、高科技电子产品、易消耗品等提供服务。

TNT物流提供全方位的物流供应链管理服务，为客户管理基础设施、流程与技术，以确保正确的货物以准确的数量按要求在精确的时间抵达正确的地点。

案例思考：荷兰TPG公司提供的服务具有什么特点？

（三）第四方物流模式

第四方物流是建立在电子信息技术和第三方物流基础上的新型物流服务，理论上可以由独立于现有物流系统各个环节之外的、与原物流系统无直接利益关系的"第四方"提供，一般并不参与物流的直接运行，而是通过提供信息技术、管理人员，并提供关键的运作管理和流程再造的先进经验，将一个或数个物流供应商组织起来，形成可以为一个甚至几个供应链高效服务的物流系统。

第四方物流企业应物流公司的要求为其提供物流系统的分析和诊断，或者提供物流系统优化和设计方案等。因此第四方物流企业以其知识、智力、信息和经验为资本，为物流客户提供一整套的物流系统咨询服务。它从事物流咨询服务就必须具备良好的物流行业背景和相关经验，但并不需要从事具体的物流活动，更不用建设物流基础设施，只是对整个供应链提供整合方案。第四方物流的关键在于为顾客提供最佳的增值服务，即迅速、高效、低成本和个性化服务等。

相较于第三方物流的单一性服务，第四方物流整合包含买卖双方和物流公司的整个物流过程，对物流提出优化方案，以实现更加快速、高效的物流服务。从整体看，第四方物流充分发挥了管理的优势，将物流公司整合，取长补短，更好地为买卖双方服务。

拓展案例

2010年，对于电子商务企业来说，物流恐怕是它们最大的成长烦恼。尤其是国庆节之后，各大电子商务网站都在做促销，短期内大量的交易产生的订单使得物流公司应接不暇，国内知名的快递公司纷纷爆仓。物流的供应不足，使得网购消费体验急剧变差。

但物流公司也有自己的无奈，电子商务的爆发式增长给物流企业带来了巨大的压力，以淘宝2010年11月11日大促销为例，李宁公司在促销之前每天订单量在6 000～7 000个，促销当日，一天接了9万个订单，对于下游的物流端供应商来说，之前配备的人力、物力根本就不能满足这种爆发式的增长。

2011年，淘宝网悄然进入物流行业。为了进一步降低淘宝网上开店的物流费用，淘宝开始组建自己的物流渠道，淘宝物流宝就应运而生了。淘宝网通过整合、优化社会物流资源，与合作伙伴强强联合，共同搭建电子商务供应链，在北京、上海、广州、成都等核心区域建立主要配送中心，与周边城市的配送中心通过统一的物流平台协调管理，形成全国物流配送服务网络。

淘宝物流宝由淘宝合作的物流公司帮商家管货、发货。商家把货放到淘宝合作仓库，有客人下单时订单会自动转到仓库，由专业物流公司分捡、包装和发货，如图7.20所示。

图7.20　卖家使用物流宝发货和跟踪物流状态

淘宝物流宝有以下几点优点。

1. 省时省力，帮卖家管货、发货

加入物流宝，即刻拥有全国仓储配送一体化网络，物流整体外包，从此只需专注于产品和销售，更加轻松地开展电子商务。

仓储：卖家将货物运到配送中心仓库进行集中管理，大大减少了原本卖家自己运作所需要的投入成本（场地、HR、设备、系统、耗材等各种仓储作业及营运成本）。卖家只要支付很少一部分理货费和包装材料费，就可以完成原本需要更多成本完成的工作。尤其是对那部分经营季节性需求差异较大的商品的卖家，他们原本需要预估销量情况，根据销售额的峰值和谷值调配人员，往往需要支付大量外包人员的费用。但现在他们只要把货物集中运送到配送中心，所有的烦恼就轻松解决了。这不仅大大降低了这些中小型卖家的日常运营成本，也极大地降低了商家的经营风险，可谓一举多得。

配送：配送中心还与 EMS、E 邮宝、申通等物流快递公司合作，向入驻商家提供最优惠的快递价格。中小商家往往因为订单量小且不集中造成对物流公司没有议价能力，物流公司则因为取件区域过于分散、取件成本过高而不愿意接这类订单的配送业务，淘宝合作配送中心将卖家的商品集中管理、集中发货，很好地解决了这两方面的难题。小卖家入驻淘宝合作配送中心后，只需要鼠标一点，仓储、拣货、包装、发货、配送全部解决，有效地将前期的成本中心直接转化为利润中心。

2. 按需付费，帮卖家降低成本

在物流宝平台上可自由选择各种物流服务，省去自建仓储的场地、硬件、软件、人力和管理等固定成本，按需付费。

3. 安全赔付，帮卖家降低风险

商品入仓即获保险，充分保证安全。因物流出现的丢货、漏货、损货等均可获得快速赔付，享受诚信安全的电子商务专业物流服务。

4. 增值服务，帮卖家提升销量

限时达、促销组合、第三方质量认证等物流宝特殊服务，可以让商品脱颖而出；更有仓储频道推广专区，入仓即可提升销量。

技能训练

1. 登录顺丰速运网站 http://www.sf-express.com/，熟悉网上寄件下单、快件跟踪、计算快件运费、快递收送范围查询。

2. 登录淘宝网 http://www.taobao.com/，熟悉查询快件的物流信息。

3. 安装淘宝手机客户端，熟悉在手机上查询快件的物流信息。

4. 登录戴尔、麦网、京东商城、当当、亚马逊网站，了解网站提供了哪几种配送方式。

5. 登录美国联邦快递、美国联合包裹公司、EMS 的网站，了解公司提供了哪几种查询包裹邮寄状态的方式。

学习情境八

电子商务的应用

学习目标

知识目标

了解电子商务在制造业、流通业的应用，了解电子商务在信息、保险、旅游及证券行业中的应用，加深对电子商务的理解。

技能目标

能够在工作、学习和生活中充分使用电子商务提供的服务，提高效率。

电子商务发展与应用的主角和主力是企业。电子商务使传统企业的工作流程发生了很大的变化，原先需要人在物质世界里完成的工作，现在可以借助网络在虚拟世界完成，形成了企业的全新运作模式。不仅如此，因特网与电子商务的发展还产生了一批全新的企业，如提供网络服务的ISP、ICP等。本学习情境将主要介绍生产制造、商贸流通和服务等领域的电子商务应用。

情境任务一　电子商务在制造业的应用

情境引例

海尔集团进军电子商务

海尔集团创立于1984年，现已发展成为大型国际化企业集团。国际化是海尔的重要发展战略，进军电子商务是海尔国际化发展的需要和必经之路。2000年6月18日，海尔的电子商务系统正式运行，给海尔带来了两方面好处。

1. 企业与用户/分销商：信息加速增值

与用户保持零距离，快速满足用户的个性化需求，其有效手段就是做有鲜明个性和特点的企业网站。在电子商务时代要从强手如林的竞争对手中胜出，关键一点就是能快速满足用户的个性化需求，能够提供比别人更好的满足用户需求的产品。例如，用户提出要三角形的冰箱，海尔能不能提供？这就是消费的个性化需求。因此，一方面要求海尔的电子商务网站必须满足个性化需求；另一方面，个性化需求要求整个企业的生产能力、布局、组织结构全都要适应它。生产必须是柔性的，整个生产的技术、布局、工艺设计及准备结构都要能够围绕个性化开展。有了这一条，再有了电子商务基本要素——配送网络和品牌，联合起来才可能将电子商务做好。海尔集团实施电子商务以“一名两网”的传统优势为基础：“一名”是名牌，品牌的知名度和顾客的忠诚度是海尔的显著优势;“两网”是指海尔的销售网络和支付网络,海尔遍布全球的销售、配送、服务网络及与银行之间的支付网络,是解决电子商务的两个难题的答案。海尔拥有的营销系统十分完备,在全国大城市有40多个电话服务中心,1万多个营销网点,并延伸到6万多个村庄,这就是海尔可以在全国范围实现配送的原因。

2. 企业与供应商:协同商务以达双赢

海尔搭建的B2B平台是一个面对供应商的采购平台,以此降低采购成本、优化分供方。通过该平台可以与供应商建立协同合作的关系,实现网上招标、投标、供应商自我维护、订单状态跟踪等业务过程,把海尔与供应商紧密联系在一起。这样可以降低采购成本和缩短采购周期,提高采购业务的效率和效果,减少不必要的人工联络及传递误差,仅分供方成本降低的收益就达8% ~12%。目前,海尔一年的采购费用是100多亿元,采用网上采购后,采购价格会大幅下降。采购是物流活动中重要的一环,海尔为推进物流重组,将集团的采购活动全部集中起来,进行规模化经营、全球化采购。海尔集团每个月平均要接到6 000多个销售订单,为此需采购15万余种物料。而海尔通过整合、优化供应资源,使供应商由原来的2 336家优化至978家,其中国际供应商的比例上升了20%,形成了面向全球的采购网络。配送事业部承担降低库存成本并对制造系统进行物流保障的重要作用。企业内部的配送管理实施JIT管理,增加批次、缩小批量,以库存速度提升库存水平。同时对各企业内部的运输资源进行整合重组,按照物流一体化的策略构建储运事业部,统一协调及控制运输业务,为零距离销售提供物流配送的保障。商流通过整合资源降低费用、提高效益;资金流则保证了资金的流转顺畅。

思考:海尔把电子商务应用到哪些方面?电子商务的应用给海尔带来了哪些好处?

资料来源:http://www.chinavalue.net/wiki/showcontent.aspx TitleID = 33935.

情境认知

电子商务大大扩展了交易范围,有效地缩短了交易时间、降低了交易成本,提高了交易效率,并使交易透明化。在这种背景下,传统制造企业纷纷应用因特网技术,以实现企业e化来增强企业的市场竞争力。制造业电子商务涵盖了从市场调查、原材料采购到产品销售和售后服务的全过程,并与企业的经营管理全方位地结合在一起。制造企业电子商务的基本应用主要表现在以下方面。

一、市场调查

企业通过电子商务方式调查产品需求,包括历史的、当前的和未来的需求情况,了解对这类产品的购买力变化情况乃至消费者对这类产品注意力的变化情况等。同时需要了解生产要素、生产现状及其变化情况,从而科学合理地制定相应的生产计划和营销策略。例如,汽车消费者在借助网络,浏览汽车厂家网页,了解相关信息,输入个性请求时,汽车厂家也通过网络,便对本公司客户的需求情况一目了然。

二、原材料采购

通过网络支持完成采购工作。它的基本特点是在网上大范围地寻找供应商和价廉物美的货源,网上洽谈贸易、网上订货、网上支付货款。实施电子采购,不仅可以提高采购效率,缩短采购周期，而且可以节约大量的采购成本。自采购方企业竞价采购项目正式开始至竞价结束，一般只需1～2周，较传统招标采购节省30%～60%的采购时间；采用传统方式生成一份订单所需要的平均费用为150美元，使用基于Web的电子采购解决方案则可以将这一费用减少到30美元。企业通过竞价采购商品的价格平均降幅为10%左右，最高时可达到40%多。通用电气公司估计通过电子采购将每年节约100亿美元；世界著名的家电行业跨国企业海尔集团在实施电子采购后，采购成本大幅降低，仓储面积减少一半，降低库存资金约7亿元，库存资金周转日期从30天减少到了12天以内。

借助电子商务开展电子采购活动的形式主要分为两种：第一种是通过自建门户网站提供的产品中心、产品展示、供应信息、求购信息、团购通道、工程团购、大宗订购等形式来开展采购活动；第二种是通过第三方提供的采购平台来进行采购，如阿里巴巴的求购和采购排行榜等服务；慧聪网的团购、采购商服务等服务；中国供应商网的找求购、紧急采购、政府招标等服务。电子采购不仅使采购企业大大获益，而且让供应商获益。对于供应商，电子采购可以更及时地掌握市场需求，降低销售成本，增进与采购商之间的关系，获得更多的贸易机会。

拓展案例

福特汽车电子商务

汽车产业是工业社会的天之骄子，但是今天却不得不面临毛利只有5%的现实。利率上升、油价高涨、生产能力过剩、价格压力沉重、医疗保健与劳动力成本提高等问题，使业界人士普遍认为汽车产业所面临的竞争激烈程度是始料未及的。

在全球经济一体化进程迅速加快、市场竞争日益激烈的环境下，如何更有效地把握市场机遇，降低采购成本、运营成本，制造出消费者喜欢的汽车，成为新世纪福特全球所有企业共同关注的焦点。适应因特网的浪潮，构建电子商务系统成为新的变革中必然的选择。福特希望通过采用先进的信息技术，高效率地与供应商协作，提高企业内部运作效率，最大限度地满足客户的需求。为了达到目标，它们从原材料的采购开始变革。

1. 把采购搬到网上去

福特汽车公司在全球有3 000多个供应商，年度采购交易额价值达800亿美元，庞大的供应商队伍遍及世界各地，每天都要进行大量的采购交易。试想，如果没有自动化的供应链管理系统，公司管理层如何进行实时的统计，如何在全球范围内控制采购人员、价位水平、购买物品信息及供应商的生产能力、产品优势等？由此将形成的隐患是由于没有形成一条畅通的供应链信息流，一旦整个供应链上某个环节无法及时提供产品，势必影响到整个供应链上的产品供应响应速度。

为了更有效地为全球福特提供一个统一的、集成的采购环境，福特汽车公司决定借助互联网的力量。为此，公司请来Oracle公司和Cisco公司，帮助公司实现OTD（订购到供货）流程。OTD是由产品规划设计、汽车生产和销售组成的供应链流程。

Oracle公司为福特公司提供了基于互联网的采购服务体系OIP，部署基于网络的自动化供应链管理系统。OIP是一套完整的购物解决方案。它涵盖了生产性物资、非生产性物资、服务、管理的购买过程，能够支持寻求物品或服务的自我服务入口，提供辨别、评估并获取节资时机的必备因素。OIP受到福特青睐的另一个原因是它与福特已有的ERP系统相集成，通过一整套商务规则驱动整个采购进行，确保了整个企业内部运作的一致性。

2. 简化采购流程

按照传统,汽车公司要做出重大决策,如引进新车型,一般要花几年时间,这主要是因为公司内部各部门之间缺乏有效的沟通,自作主张而导致了巨大的浪费和低效率。即使来自经销商和客户的信息流可以在福特的内部系统中畅通地流动,如果这种信息流不能够影响到制造汽车的方式,那么它的意义就仍然不大。

为此,福特公司着手组建了旨在推动在线零配件交易业务发展的 B2B 交易网站 AutoXchange,将福特公司 3 万余家零配件与原材料供应商连接在一起,通过网络实现更快、更方便的产品交易与配送。与此同时,通用汽车公司也推出了一个类似的在线 B2B 交易网站 TradeXchange。两大汽车巨头在在线交易市场上各自为政,互相竞争,为供应商的业务及交易处理带来了很大的不便,引起供应商们的强烈不满。2000 年 2 月 25 日,两大汽车巨头放弃各自为政的策略,共同组建了一个新的在线 B2B 交易市场 Covisint。随后,另一汽车巨头戴姆勒－克莱斯勒也宣布加入这一在线 B2B 交易市场。

案例思考:福特公司的网上采购系统具有哪些基本功能?

资料来源:http://www.cnw.com.cn/cnw_old/2001/htm2001/0B42C7D8E9284617905AA55E304C2E4B.htm.

三、发布企业信息,树立品牌形象

利用因特网可使产品的推销过程更加生动,除提供产品的规格型号及销售信息外,产品的外观、功能、使用方法甚至制造过程等都可以通过多媒体信息形式呈现给客户,增加了知识性、趣味性和真实性。这些都有助于吸引客户。另外,生产企业的产成品不仅需要进行产后促销,而且需要预产促销,利用电子商务方式可以及早进行产品的宣传、预售等。

在开放的市场竞争态势下,企业除了制造和销售产品外,更需强化品牌和形象,借助因特网的特性可使企业形象的推广变得更具成效。通过精心设计网页,可以深刻表达企业的形象与经营理念,及时传播企业的基本状况、近期规划、发展远景、技术咨询及服务等各种信息,这些都有助于企业贴近自己的客户,与其达成更多的共识,建立起相互信赖的关系。如今许多企业都意识到因特网是宣传企业的一个好窗口,一些国内企业建设网站的主要目的就是进行企业的形象宣传。

四、产品的销售及服务

电子商务的一个重要应用趋势就是实现网上交易。许多已开设网站的生产企业在设计框架时就将在线交易作为基本功能之一。客户可通过企业网站提供的电子交易系统进行网上订购,在相关安全、支付、银行等配套措施的保障下,实现网上交易。这既方便了用户,又扩大了企业产品的销售渠道。

拓展案例

创维电子商务站点的建设

创维电子集团(http://www.skyworth.com.cn)是一家总部设在中国香港特别行政区,拥有雄厚的高科技实力、庞大的生产设施,从事彩色电视机、激光视盘机、家庭影院、卫星数字接收机的开发、生产和销售的大型现代化跨国企业,在全球85个国家和地区建立了稳定、可靠、多层次的销售网络。创维集团以深圳、东莞为生产、销售的两大基地,40%以上产品远销欧洲、美洲及东南亚等地区,产品出口连续6年居全国同行业首位。

创维集团在1999年6月23日,率先与润迅互联网服务有限公司合作建立国内第一家网上电视机直销服务网站,新闻发布会在北京钓鱼台大酒店隆重举行。

作为综合性的、技术性强的网络营销网站,通过与润迅的合作,突破了企业建设网络营销网站的技术障碍,并降低了建设网站的风险。通过网站,客户能尽可能多地了解到有关企业的信息,包括公司简介、产品、促销、售后服务、行业动态等。客户在网上通过简单的操作,就可以选购到满意的产品。

创维还与招商银行合作,利用招商银行的网上支付工具方便顾客进行网上支付;同时,利用公司的服务销售网络首先在深圳开通送货上门服务,等时机成熟了再推向全国市场。因此,建设一个具有网络营销功能的网站必须进行系统规划,寻求有力的合作伙伴,采用系统化的方法进行设计、开发和建设。

案例思考:创维直销网站的建立对创维和其顾客有什么好处?

资料来源:http://jpkc.szpt.edu.cn/dzsw/article_content.asp? id=205.

五、进行生产经营管理

企业以电子商务方式进行生产经营管理,包括生产过程管理(如生产能力的决策,产品的设计,生产材料的计划、调配,生产现场的调度与控制),全面质量管理及人力资源管理等。

随着因特网的发展出现了虚拟企业、并行工程及集成化企业环境等概念和技术,这些名词的含义就是通过高速的因特网,把不同地域、不同种类及不同特点的企业连接起来,发挥各自的优势,设计、生产和集成分头实施,一家有了先进技术,在不侵犯知识产权的前提下,大家共享。因特网使得产品的生产向高质量、低损耗和短生产周期的方向进一步发展。美国思科公司1996年7月在网上建立了订购和装配系统。一位工程师可以坐在个人电脑前,通过因特网传来的订单在网上装配产品,再将装配信息直接传到供货部门。

汽车企业的内部管理极为复杂,业务运作牵涉到总部、分销中心、仓储配送中心、连锁店、加盟店、养护中心、维修厂、快修中心等众多机构和部门,企业内部实行的管理信息系统包括汽配的进销存管理系统、汽修业务管理系统、办公自动化系统等。内部电子商务的实施可以起到强化内部管理、规范经营管理模式等作用,促进组织体系各个组成部分实施规范化管理。在财务管理方面,电子商务可以实现动态地掌握企业各个环节的销售、库存等情况,分析优化资金流,减少呆账、坏账,缩短账期,提高整个经营体系的资金周转率。

六、通过因特网搜集与企业经营相关的各种信息

生产企业的产品生产、销售必须遵守有关国家的相关法律、法规和政策，适应其经济、政治、科技、文化等环境，而因特网无疑是了解与企业经营相关的各种信息的最便捷的渠道。以我国为例，目前最丰富最有价值的信息资源都集中在政府，随着“政府上网”工程的实施，因特网正在成为了解政府方针政策的窗口。不仅如此，外贸、税务、工商、法律、海关等政府职能部门的管理工作正在或已经通过因特网进行，如在外经贸部网站上除发布有关国家对外经贸政策、管理及法律规范等信息外，进出口许可证、原产地证申领系统、电子招标系统等都在此运作，企业必须通过电子商务方式才能获得相关的信息和机会。

七、利用电子商务开展供应链管理

利用电子商务的方式开展供应链管理的渠道包括自建网站和搭载第三方电子商务平台。其中，通过自建门户网站开展供应链管理的形式有招商加盟、供应商管理、经销商中心、企业招商、分销商管理、服务商管理等。而第三方电子商务平台分为综合平台和专业平台。综合平台提供供应链管理服务的有：阿里巴巴诚信通提供的供应商专区和采购商盘讯服务，中国供应商网站提供的找公司和找产品服务，慧聪网提供的供应商服务和采购洽谈会等。利用电子商务构建的E—供应链管理系统，可以将生产商、供应商、销售商、客户联系在一起，使供需双方在最恰当的时机得到最实用的市场信息，大大减少流通环节，降低成本，提高效率和效益，从而提高企业的管理水平。

八、产品服务和技术支持

企业通过网络向用户提供快捷、及时的产品服务和技术支持，无疑会缩短与客户间的距离，随时保持与客户的交流，还能及时准确地收集客户的反馈，从而有效地维系新老客户。企业借助网络开展产品服务和技术支持的形式有很多种，大多数的企业网站都提供FAQ，即常见问题解答，设有服务中心、客户服务或在线人工服务等，提供技术咨询，为用户答疑解惑。

拓展案例

凌志汽车利用因特网吸引客户

凌志汽车（2004年丰田公司宣布将凌志更名为雷克萨斯）是丰田汽车公司于20世纪80年代推出的豪华轿车系列。推出后以其优异的性能和相对较低的价格，迅速在世界豪华轿车市场上占有了一席之地。凌志汽车（LEXUS）的主要目标市场是高收入的青年才俊，他们的上网比例很高，而凌志采用网站进行的客户联结也取得了很好的效果。其通过网站希望为客户提供“综合汽车拥有经验”，建立与客户的深层联结。

凌志的网站（www.lexus.com）设计得很酷，输入客户密码后，你可以了解到凌志的各种信息，具体如下。

① 车型导览。获取汽车性能、豪华配置、安全性、零配件及规格等信息。

② 网络。可用邮政编码、地区名或经销商名称搜寻经销商资料或直接进入经销商网站。

③ 技术中心。可以看到有哪些最新科技被凌志汽车采用。

④ 活动花絮。列举了凌志赞助的各类文化体育活动。

⑤ 信息中心。提供汽车得奖的消息，以及专业的车型评论文章。

⑥ 车友专区。为凌志汽车的发烧友提供交流空间。

⑦ 理财帮助。为客户购买或租赁凌志汽车提供理财顾问服务。

在设计风格上，凌志的网页保持了其在其他媒体中建立的品牌形象，使访问者获得统一的品牌感受。进入凌志的车友社区，可以获得最新的汽车信息，而这些信息是不向一般访问者公开的，使凌志汽车的拥有者产生与众不同的感觉；在社区中，车主还可以传递电子贺卡给亲友，在贺卡正面选择自己喜爱的车型，以此来增加客户口碑相传的机会。

凌志的经销商虽然都是独立经营的个体，但在凌志公司的网站上都有自己的网页，标明自己的地址、电话，同时把正在经销的凌志汽车品种列出来。客户选择了一款车后，就可以知道自己最方便购买的经销商所在地，并与之联系。

通过以上手段，凌志吸引浏览者分享他们过去与未来购车的信息，使网站成为一个学习的工具，并为自己提供一个与这些高价值客户对话的机会，营销人员利用网站技术从现有的客户中区分出未来有可能购买凌志汽车的客户，并基于这种区分为每一类客户提供专有的信息。由于汽车购买者的行为有发生时间相隔很久的特性，凌志这种“综合汽车拥有经验”的客户联结策略，更有可能增加客户再次购买的可能性。

从凌志的网站实施上，似乎可以得到这样一种判断——如果把网站作为直接销售产品的工具，在国内对大多数企业来说还不现实；但如果把网站作为一种联结客户的有效手段，对很多行业的企业来说却是可以开始实现的。

案例思考：凌志将传统领域中的客户服务搬到因特网上，对其和其客户有哪些好处？

资料来源：http://jpkc. szpt. edu. cn/dzsw/article_content. asp? id = 46.

制造业电子商务就是在制造业业务流程的各个环节充分利用信息通信技术。形成电子化的业务流程。建立一条“供应商—制造商—批发商—零售商—消费者”的完整电子化业务链，改变传统制造业运作模式的低效率和对市场反应迟缓的弱点，精简生产过程中一些不必要的环节和程序，减少生产规模扩大带来的边际成本增加的影响，从而达到降低制造成本、提高企业盈利空间、提高经营效率、提高客户服务水平和企业竞争能力的目的。目前，国内外制造业电子商务正在有序地推进，因特网的应用领域也正逐步从过去单一的网上营销向包括原材料采购、产品设计研发、生产、品牌宣传、产品销售、售前售后服务、人财物管理、客户关系管理等在内的各个环节渗透，它的优势也正逐步显现出来。传统的制造企业如果不能适应这一变革，必将在激烈的市场竞争中被淘汰。电子商务的热潮也使我国许多传统的大型企业不甘做网络经济的旁观者，如海尔、美的、春兰等大批企业已经开始进军电子商务。

情境任务二　电子商务在流通业的应用

流通业，顾名思义，就是从事商品或服务的流动与交易的行业。换言之，商品或服务由企业生产出来，从企业到消费者的整个过程，就是流通。在国家统计指标体系中，流通业的统计只包括批发、零售和餐饮。目前，物流也正在纳入统计之中，官方已认同物流是流通业。

情境引例

沃尔玛是全球零售业的巨头，迄今为止，其已经将业务拓展到了10个国家，分别为美国、墨西哥、巴西、阿根廷、德国、波多黎各、英国、韩国、加拿大、中国，员工人数超过130万。但沃尔玛在全球网上零售业中的排名曾一度沦落到第43位，远远低于在网络泡沫中迅速膨胀发展起来的易趣网和BUY.COM等。当美国亚马逊网上书店迎来第100万个用户时，沃尔玛的网站却只有几万人惠顾。在网站经营不振的时期，沃尔玛的在线销售额只占实际总销售额的3%，因此沃尔玛被有些人称为电子商务领域的侏儒。沃尔玛没有被公司网站几年来的萧条经营吓倒，开始仔细研究网络竞争者的特性，制定了一系列有针对性的计划，尤其是计划建立一个从牙刷到电器等无所不包的销售网站，来与其实力雄厚的配送系统相匹配。新网站将大大增加一些贵重商品，如DVD播放器和数字摄像机等品种，在线图书的书目也将从500万册增加到700万册。实践证实，这项措施使沃尔玛相当于新建了25个商场，同时也使消费者网上购物的选择范围扩大了将近两倍。由于沃尔玛这个传统的零售业巨头拥有众多的分支机构、完善的配送系统、低廉的价格优势、忠心耿耿的客户群体，以及强大的技术力量，有这坚实后盾，积极拓宽网上零售使沃尔玛如虎添翼。这个成就可以说有很大一部分来源于沃尔玛适时地和新经济接轨，从而获得了更新更强的竞争力。

思考：分析沃尔玛为什么应用电子商务？有哪些先天优势？

情境认知

一、批发、零售企业电子商务的应用

批发、零售企业又称商贸企业，是商品流通的主体。商贸企业根据市场需求决定商品采购，向生产商订货，然后进行批发或零售。随着电子商务进入批发、零售企业的经营、管理的全过程，企业的经营模式发生了根本性的变化，电子商务在商贸企业的应用主要体现在以下几个方面。

（一）基于网络化的商业信息处理

1. 获取商业信息

通过因特网，商贸企业可以更及时地获取消费者的需求和供应商的供货信息，有效组织和调配货源，并通过网络及时进行销售，从而提高效率，降低成本，获得更大的效益；还可以随时了解竞争对手的经营动态、营销举措等，以便及时调整自己的经营策略；此外，通过网上调查，可以随时征询客户对企业产品、服务的意见，检验其经营情况。

2. 提供信息服务

提供商业信息是商贸企业提供服务的重要方式之一，采用Web技术，除发布各种商品广告、市场信息外，还可以有更多的途径为客户提供服务。

例如，环球资源网作为一个B2B网站，以满足买家的采购需求为出发点，已经为买方提供了详尽而专业的供应商数据及符合贸易标准的贸易信息。网站拥有超过12万名供应商和超过10

万种产品的详细资料；环球资源网的专用供应商目录也相当规格化和标准化，提供包括基本的公司背景、产品规格、图像，以及安全标准、生产设备、公司研发力量等重要信息。另外，网站提供各种增值服务和电子贸易工具，方便买卖双方在因特网上进行采购和交易，以达到增加贸易、提高效率和降低成本的目的。

3. 实现网上购销

商贸企业实施电子商务后，其采购和销售都可以通过因特网进行，实现电子合同签订、进货，以减少库存、资金占用、仓储费用、运输费用，从而降低商品成本。

（二）可以通过网络完成资金结算

资金结算是网络交易的最关键环节。资金结算系统由企业的结算部门及银行、邮局或配送部门组成。实现完全的电子商务后，信用卡、电子货币、电子支票等电子支付将成为网上交易的主要手段。

（三）实现快速、高效的物流配送

电子商务中的任何一笔交易，都包含着信息流、商流、资金流和物流。在电子商务条件下，信息流、商流和资金流的处理都可以通过计算机和网络通信设备实现。而物流最为特殊，对于无形商品和服务来说，可以直接通过计算机网络传输的方式进行配送；而对于大多数实体商品和服务来说，其配送仍要经过物理方式传输。但由于准确、及时的物流信息对物流过程的监控，物流的流动速度将加快，准确率将提高。

拓展案例

深圳天虹商场的网上购物过程

深圳天虹商场有限公司是一家中外合资的大型综合性商业企业，现有5家连锁店，曾两度入选“全国百家最大零售店”。天虹与深圳招商银行合作，于1998年5月正式开通了网上购物业务。顾客只要拥有一个招商银行的一卡通账号，就可以在该账号下开立一个户头，在此户头下的资金便可用于天虹商场的网上购物。

天虹商场网上购物的具体操作步骤如下。

1. 顾客通过因特网注册及登录

首次光临天虹商场网站的顾客应单击“注册”按钮进行注册，注册成功后就拥有了天虹商场的一个顾客代号，此后每次购物时可在“注册”及“登录”页面中使用自己的代号和密码登录。在天虹的主页上有“话说天虹”、“促销行动”、“网上购物”、“时尚导航”等栏目。

2. 商品的浏览与挑选

进入网上购物页面后，单击“商品浏览”，可按商品类别浏览并随意挑选商品；如果顾客想查询某一具体的商品，只要输入商品名称，“商品搜索”就会将该商品的详细资料呈现在顾客眼前；在“新特商品”中存放着商场向顾客推荐的特价商品、新产品、节令商品等。

3. 在线订购

挑选完所需的商品后，单击“在线订购”，进入“购物篮”（一个购物者欲购买的产品的虚拟集合）页面。顾客浏览网上商店时，购物篮是始终可视的，它动态地跟踪顾客的整个购物过程，即时显示顾客的购物清单及价格、总费用等信息。顾客可以随时核定购物篮内的商品和数量，如果有出入，可以重新调整商品和数量，然后单击“下一步”按钮进入“注册”及“登录”页面。

在"注册"及"登录"页面选择自己的付款方式。确定了付款方式后,便完成了订购。此后商场将与顾客联系,进行核实和确认,商场联系配送部门实现24小时内送货上门服务。

4. 付款方式

除采用招商银行的"招行一卡通"在网上直接付款外,天虹商场网上购物从1999年9月起开通了用深银联12家入网银行的信用卡、储蓄卡付款业务。购物完成后,拨打"万事通"电话即时付款。如果顾客选择现金或支票支付,则需采取货到付款的方式。

目前天虹商场的网上购物仅限于一次金额大于300元且小于2 000元的情况;如果大于2 000元,则只能采取送货上门时付款的面对面交易方式了。

案例思考:天虹商场网站可以为消费者提供哪些服务?

资料来源:管理人网. http://www.manaren.com/data/1090849405.

二、物流业电子商务的应用

拓展案例

1. 美国橡胶公司(USCO)的物流分公司设立了信息处理中心,接受世界各地的订单;IBM公司只要按动键盘,即可接通USCO公司进行订货,USCO通常在几小时内便可把货送到客户手中。良好的信息系统能提供极好的信息服务,以赢得客户的信赖。

2. 美国洛杉矶西海报关公司与码头、机场、海关信息联网。当货从世界各地起运时,客户便可以从该公司获得到达的时间、到泊(岸)的准确位置,使收货人与各仓储、运输公司等做好准备,使商品在几乎不停留的情况下,快速流动,直达目的地。

3. 在大型的配送公司里,往往建立了ECR和JIT系统。所谓ECR(Efficient Customer Response),即有效客户信息反馈,它是至关重要的。有了它,就可做到客户要什么就生产什么,而不是生产出东西等顾客来买。仓库商品的周转次数每年达20次左右,如果利用客户信息反馈这种有效手段,可增加到24次。这样,可使仓库的吞吐量大大增加。通过JIT系统,可从零售商店很快地得到销售反馈信息。配送不仅实现了内部的信息网络化,而且增加了配送货物的跟踪信息,从而大大提高了物流企业的服务水平,降低了成本,因此竞争力更增强了。

4. 欧洲某配送公司通过远距离的数据传输,将若干家客户的订单汇总起来,在配送中心里采用计算机系统编制出"一笔画"式的路径最佳化"组配拣选单"。配货人员只需到仓库转一次,即可配好订单上的全部货物。

案例思考:通过引例,我们可以发现,在电子商务环境下,当前许多发达国家的物流业正向全球化、信息化、一体化发展。那么,电子商务究竟可以从哪些方面影响现代物流业?物流业该如何应用电子商务?

物流包含运输、仓储、包装、装卸、流通加工、配送及物流信息等功能要素,其中,运输、仓储和配送是物流的主体功能,包装、装卸、流通加工和物流信息管理是辅助功能。

信息是高效物流管理的核心。物流信息通过协调、组织和控制物流的其他功能要素,优化物流系统的结构,降低物流运作成本,提高物流系统的绩效与价值。现代物流发展水平已经成为一个国家综合国力的重要体现。经过近10年的实践探索，我国已建成一批多功能的物流配送中心，但我国物流产业总体水平很低，大多数配送中心仍充当着仓库与运输中转站的角色，而其中的自动化、信息化、网络化技术的应用就更少了，导致物流成本高、效率低。

物流业一方面是整个电子商务实施的重要组成部分，另一方面，其自身的运作过程又有很多方面可以利用电子商务来解决传统物流业存在的诸多问题。所谓物流业电子商务，是指物流企业利用因特网来开展物流服务的营销、服务的申请、订单的处理、结算支付及内部业务重组等活动。

（一）电子商务对物流业的影响

电子商务为物流企业提供了良好的运作平台，大大节约了社会总交易成本。在电子商务环境下，供应链中的各个节点使企业能更好地实现信息共享，加强供应链中的联系，使企业可以提高生产力，为产品提供更大的附加值。

电子商务极大地方便了物流信息的搜集和传递。电子商务系统能够搜集到大量的市场信息，通过对这些信息的加工和处理，很容易得到富有价值的商业资讯和情报，如客户的订购数量及购买习惯、商品的需求变化特征等，这些资料对企业制定营运管理政策、商品开发和销售计划具有重要的价值。

电子商务改变了原来的物流配送观念。传统的物流配送企业首先要有大面积的仓库。电子商务系统中的配送企业是将分散在各地的分属不同所有者的仓库通过网络系统连接起来，组成“虚拟仓库”，并进行统一管理和调配使用。因此，电子商务系统中的配送企业的服务范围和货物集散空间都放大了。

（二）物流企业如何融入电子商务平台

在电子商务时代，要提供最佳的服务，物流系统必须有良好的信息处理和传输系统。物流企业要融入电子商务的发展，其自身必须也能开展电子商务，这就必须建立电子商务系统。该系统能自动完成所有与运输货物相关的业务操作，这意味着该系统应首先完成与货主企业、银行、税务、保险、商检、海关、码头等的联网，然后建立网站或网络平台，以标准格式支持数据传输与处理。

我国的物流建设可以利用技术的后发优势，发展符合世界目前物流信息化、社会化、现代化、国际化的发展方向，将物流、商流和信息流三者有机地结合起来的具有中国特色的电子商务物流业。

（三）物流业电子商务的运作模式

1. 物流企业自建网站

例如，中远集团（http://www.cosco.com/），通过网站电子商务频道，客户能够进行班轮与货物的信息查询、在线订舱、进出口单证和报表网络传递、报表模板定制、货物跟踪、在线船代和在线采购等。

又如，中国铁路货运服务网（http://www.12306.cn/mormhweb/hyfw/），客户通过电子商务频道能够进行班列查询与预定、营业服务站点查询、运力预约、装车预订、货物在途追踪、运费查询、发货管理、运单打印、建议投诉等。

中远集团和中国铁路总公司作为大型传统的运输企业，在网站中建设了电子商务频道，为客户提供的电子商务有交易前的物流服务的采购与销售、交易过程中的预约与服务过程中的监控、交易后的客户关系管理，是在企业内部信息化的基础上，通过网站与客户进行沟通与协作的。

2. 第三方物流网站

锦程物流网（http：www. jctrans. com/），汇聚全球物流提供商资源、进出口贸易商资源及行业相关资源，为物流供需双方发布供应、运价、招标、代理等信息的物流 B2B 的电子商务平台，物流供需双方能够在这个平台上进行信息查询、交易、金融结算等业务。

传统物流业中存在的许多问题是可以利用电子商务来解决的，可以降低物流服务营销的成本，实现物流信息的即时反馈、完善服务内容、延伸服务范围、提高管理水平、降低经营成本，电子商务在物流业的应用显示了不可比拟的优越性。

拓展案例

联邦快递公司的电子商务应用

1. 公司简介

美国联邦快递公司（Federal Express）隶属运输业泰斗美国联邦快递集团（FedEx Corp.）旗下，服务范围涵盖全球大部分地区，能在 24 ~48 小时之内提供“户到户”快递服务，并向顾客承诺“保证准时，否则退钱”。联邦快递公司无与伦比的航空运输路线、完备的基础设施，使其成为全球最大的快递运输公司。

2. 电子商务应用

联邦快递现在运行的有代表性的电子商务系统主要有邮件跟踪和查询系统和地面运行系统。

① 邮件跟踪和查询系统。目前，其他快递公司都没有对邮件包裹进行百分之百的跟踪，并在邮件包裹快递途中的每一个点上提供单据查询服务，联邦快递则能够充分提供这两种服务。联邦快递在包裹投递途中对包裹扫描超过 10 次以上，每一次都将数据从运货车传递到美国 600 个城市快递站中的一个站点上，使用无线信号将数据传送至总部的服务器上。

呼叫中心和 Powership 程序是联邦快递帮助客户实现邮件包裹查询和跟踪的两大渠道。在美国有 16 个呼叫中心提供客户服务，为要求查询的客户提供实时的包裹状态报告。Powership 使客户能够从邮件收取到交货，一直跟踪其联邦快递邮件包裹的状态，实现每天自行开票。

② 地面运行系统。以美国为例，联邦快递每天承担的任务大约有 250 万个包裹。快递站运行管理人员通过数字化协助派遣系统（DADS）传递最新的快件路线计划，使其显示在分布于全国各地的 40 000 辆联邦快递运货车的个人电脑上。有许多服务器和工作站用于地址定位和计划应用。联邦快递在美国有 600 个城市快递点收取和交付这些邮件包裹。快递站运行管理人员承担着预测、安排送货路线的任务。联邦快递为他们提供了许多功能强大的工具，如 GenaMap 地理信息系统。利用 GenaMap 的帮助，线路计划人员可以安排包裹计划途经的各个地点，并且动态了解包裹途经的实际地点。

案例思考：联邦快递公司电子商务应用主要集中在哪些领域？取得了什么成效？

资料来源：物流天下 . http：//www. 56885. net/lw_view. asp？ id =20329.

三、餐饮业电子商务的应用

拓展案例

丽华快餐版的电子商务

作为一家民营企业，丽华快餐1993年起步于江苏常州，其创始人蒋建平是一个敢于"尝鲜"的人。尽管当时公司规模还很小，快餐业又是微利行业，但他硬是买回了10台计算机。

蒋建平的初衷是：丽华快餐是通过电话接受订餐的，电话订餐只能实现一对一的沟通，假如订餐客户想要查询自己所下订单的处理情况，打电话到丽华的服务中心时，很可能不是同一个接线员接电话，就会出现信息查询障碍。而丽华快餐的接线员也不可能在确定了一个订单之后，再向所有同事递交一份备忘录，这无论是在时间上还是在工作流程上都不可能实现。为此，丽华专门开发了信息共享平台，使得每个接线员输入的订餐信息都能与他人共享，而这些信息又可以快速传达到送餐部门。快餐递送不同于其他商品，是有时效性的，必须及时送到。为了保证及时，就要尽量缩短客户从订餐到信息传达到送餐部门的时间，而这几台连接成局域网的计算机刚好解决了这些问题。

1997年，随着因特网在中国出现并迅速成长，丽华快餐上网了。丽华快餐是没有门店的饭馆，在网上建一个主页，就相当于在因特网上有了一个门店，起到了一定的宣传作用。最初，丽华快餐也只是在因特网上做了一个主页而已，订餐用户可以在这里查到公司的订餐电话。现在，用户访问丽华快餐网站，下的订单在几秒钟之内就被反馈到丽华快餐在全国不同省份的分公司，再由分单员把它分配到丽华快餐分布在全国的相应的送餐分公司那里。这个过程听起来复杂，既有计算机处理的过程，又有分单员手工操作的过程，但真正实现整个流程不过几秒钟。

虽然网上订餐量增加得很快，但更多人仍然认为通过电话"面对面"地订餐更为可信。目前北京地区每天通过网上订餐的数量平均在2 500～3 000份，只占订餐总量的1/4～1/5。

其实网上订餐有着降低成本的显著优势。现在的快餐业正在发生变化，客户不是提前很多时间来订餐，而是感到饥饿时才订餐，因此订餐电话一般都集中在饭前的一个小时段内。例如，一个熟练的接线员每天可以处理100个订餐电话，北京地区每天网上订餐的总量折算下来至少能替公司减少20名接线员，而需要添加的只是一个订餐网站。

丽华快餐正在考虑对网站进行改版升级。在新版网站的构想中，已经不仅仅是服务于订餐用户和在因特网上拥有一个宣传阵地，而是正在考虑实现更多功能，如网上采购。丽华快餐可以通过网站与供货商形成更加紧密的合作关系，这样信息将更准确，传递也会更快捷。为此，丽华快餐还向咨询公司招标，准备做出一套完整的解决方案。

案例思考：餐饮业是否适合应用电子商务？

资料来源：http://www.enet.com.cn/article/2007/0418/A20070418549864.shtml.

（一）概述

民以食为天，餐饮业被称为中国的黄金产业，拥有巨大的消费市场。随着人民生活水平和生活方式的转变，对餐饮业的需求也不断变化，并且变化越来越快。但餐饮经营者依然只是简单依靠自己的主观来判断消费者的需求，无法适应消费者的口味和消费习惯的快速变化。而消费者也只能在餐馆所提供的饭菜的基础上选择，双方缺乏必要的沟通。电子商务在餐饮业的应用，对于拓宽传统的餐饮业经营模式和管理模式，提高企业的竞争力具有重要意义。

所谓餐饮业电子商务，是指以网络为载体，以餐饮信息库、网络银行为基础，利用先进的电子手段运作餐饮业及其分销系统。

餐饮业电子商务具有营运成本低、用户范围广、无时空限制及能够同用户直接交流等特点，提供了更加个性化、人性化的服务。

（二）餐饮业电子商务的运作模式

餐饮业电子商务的运作模式有以下两种。

1. 餐饮企业自建网站

餐饮企业自建网站包括有店铺形式的餐饮企业建立的网站和无店铺形式的餐饮企业建立的网站。餐饮企业自建网站在企业宣传等方面起到了一定的作用，但有些只是以提供信息为主，不存在网上交易。但也有些餐饮企业的网站已经真正开展B2C业务，并且取得了很好的效果。丽华快餐（http://www.lihua.com/）开创国内“无店铺经营”模式，专营快餐“外送”。知名连锁餐饮企业的网站已经建立较为完善的电子商务功能，这些企业包括许多洋品牌，如麦当劳、肯德基、必胜客、星巴克等。

2. 第三方建立餐饮电子商务网站

由第三方建立电子商务网站实现网上订餐。这种类型的网站主要让用户通过网络实现对餐馆查询及餐馆的菜谱查询和预订服务，企业对通过网上预订的客户给予相应的折扣，如饭统网、无忧订餐、易丁网、食神网等。其中，饭统网是中国第一家免费预订餐厅，免费提供优惠折扣的专业权威餐饮网站，目前已经成长为全球最大的中文综合性餐饮门户。

（三）功能

餐饮企业运用电子商务最主要的形式就是网上订餐。网上订餐的优势明显，订餐服务直观、成本低、互动性强、方便快捷，可以节省时间和电话费，有利于培养顾客的忠诚度和进行客户关系管理。电子商务在传统餐饮行业中的应用，对餐饮企业具有变革性的作用，可以大大降低餐饮企业的采购成本，可以为餐饮企业提供广阔的顾客渠道，可以为餐饮企业拓展销售的模式。

情境任务三　电子商务在服务行业的应用

情境引例

1. 首都之窗

首都之窗（http://www.beijing.gov.cn/）是北京市国家机关在因特网上统一建立的网站群，于1998年7月1日正式开通。首都之窗是为了统一、规范地宣传首都形象，落实“政务公开，加强行政监督”的原则，建立网络信访机制，向市民提供公益性服务信息，促进首都信息化，推动北京市电子政务工程的开展而建立的。其宗旨是“宣传首都，构架桥梁；信息服务，资源共享;辅助管理,支持决策”。

2. 中国经济联播网

中国经济联播网(http://www.365china.org.cn/)是以经济报道和经济信息传播为主的新型网络媒体,依托权威机构及强势媒体资源,使其新闻和经济信息在快速、全面、准确、及时、互动性强的同时,更主流、更权威、更具公信力。网站分新闻频道、今日推荐、市场警示、品牌资讯、新品发布、招商引资,涉及家电、汽车、纺织、食品、房产、能源等10多个产业经济导航。

3. 国研网

国研网(http://www.drcnet.com.cn/)是一个面向社会以提供经营决策参考信息为主的大型专业网站。国研网所提供的服务项目有信息服务、咨询服务、信息发布、活动组织、网页制作、建Web站点等。该网站的特点是所提供的信息具有可靠性和权威性。作为中央政府的决策研究机构,国研网上发布的内容包括国研决策参考、中国电子商务、政府办事指南等,对国内外企业都具有极大的参考价值。其中,国研决策参考针对企业特别是金融证券机构的需要,提供宏观经济、行业经济、金融分析、实时行情、专家报告等多层面内容。中国电子商务是为促进电子商务在我国的发展而特别设立的,用户从这里可以检索到全球电子商务的最新动态,了解电子商务最前沿的解决方案和产品,获取各类商务站点的信息。政府办事指南汇集了千余条我国政府各主管办事机构常用办事手续。

4. 新浪网

新浪网(http://www.sina.com.cn/)通过提供全面、及时的中文信息内容,以及高效、方便的网络工具,建立功能多元化、使用简便快捷的中文网络空间,提供轻松、自由地与世界交流的先进手段,成为世界各地华人的全功能网上生活社区。

新浪网分新闻中心、搜索引擎、财经纵横、网上交流、生活空间、竞技风暴、游戏世界、科技时代等多个栏目,开辟有“程序员之家”、“谈股论金”等10余个BBS,并针对社会热点不断开设新的论坛,成为国内最有名的BBS,是一个信息快捷、服务全面的门户网站。

5. 网易

网易(http://www.netease.com/)公司成立于1997年5月,是一个面向商业的因特网信息平台,可为客户提供全方位的信息服务。网易依托系统集成和专业人才的优势,独立开发了多套因特网系统软件,包括中文全文搜索引擎系统、虚拟社区系统、大容量分布式电子邮件系统。网易曾连续在中国互联网历史上创造了一系列的“第一”:中国第一家提供中文全文搜索,第一个大容量免费个人主页基地,第一个免费电子贺卡站,第一个网上虚拟社区等。如今,网易站点已明确了自己的方向,形成了以搜索引擎为龙头,兼顾新闻、论坛、免费服务等的大型综合性网站,提供的服务项目包括:网易社区、全文中文搜索引擎、免费电子杂志、免费电子贺卡、免费电子邮箱等。此外,网易还致力于因特网软件产品的研发,其单一域名大容量分布式电子邮件系统已被成功地应用于163.net等国内10余家大型站点。

6. 中国教育热线

中国教育热线(http://www.eol.net.cn/)是清华万博在线网络技术有限公司于1999年5月推出的教育门户网站,主要目的在于广泛地与国内教育信息服务单位合作,大力开发因特网上的教育增值信息,开展教育方面的电子商务服务。中国教育热线面向所有教育和与之相关的单位及个人,是提供各种不同类型、层次的信息服务、信息交流和教育类电子商务的综合性网站。其宗旨在于为教育领域的广大消费者和从业者提供一个自由而充分利用因特网进行信息交流的环境,使广大的网上消费者能够快速地了解和获取信息,得到满意的服务。

7. 医网

医网(http://www.ewsos.com/)建于2000年9月,是中国最早提供专业医疗资讯、疾病咨询、专业视频和杂志的医疗门户网站。依托强大的医疗集团背景和丰富的行业资源,提供专业的网络服务,开设新闻、问诊、预约、图库、视频、直播、博客、杂志、专题、健康村、电子病历等频道,提供资讯、问诊、预约、团购、手术直播、专家访谈、健康杂志、医疗援助、行业交流等服务,旨在为医疗专业人才提供展示的平台,为患者提供交流互助的平台,为大众提供丰富权威的医疗资讯和及时的在线服务,开创医疗行业网站新模式,打造中国第一医疗门户网站。

思考:从以上几个案例,你觉得我国ICP的运作模式有哪些?

情境认知

从20世纪60年代开始,主要发达国家的服务业在整个国民经济中的比重超过了50%。目前,服务业水平已经成为衡量现代社会经济发达程度的重要指标。

自改革开放以来,我国经济得到了持续快速的发展,服务业也有了比较大的进步。面对电子商务,服务行业反应最快,但时至今日,仍徘徊在一个较低的水平。电子商务的普及,为我国现代服务业提供了更广阔的发展空间。电子商务提高了服务业的服务能力、服务效率,还开辟了新的服务领域,形成了更多的新兴行业和就业机会,如网上商店、网上银行、信息技术支持及第三方电子商务服务提供商等。以下将介绍4种典型的服务业电子商务的应用领域。

一、信息服务型电子商务

网络信息服务是伴随因特网的发展而出现的一种全新的电子商务模式。作为第四大传播媒体,目前因特网上的信息已经涉及政治、经济、科技、法律、文化及人类社会生活的各个方面,从事相关信息服务的网站不计其数,可以说在网上没有不提供信息服务的网站。因特网催生了以提供信息为主的因特网内容提供商(ICP),而ICP的成长又加速了因特网的发展。尤其在我国,ICP成长的历程就是中国因特网的发展历史。

目前我国ICP没有一个标准的发展模式,因为在从事相关信息服务的网站上,由于侧重点不一样,所提供的信息内容和服务形式也不相同。

目前运作较为成功的一些ICP所具备的基本功能主要体现在以下几个方面。

(一) 导航——提供信息搜索

网络搜索引擎是网络的基本工具之一,它包括网上信息的搜索、将搜索到的数据安排到目录之中或提供实现相应的链接功能之类的导航工具。随着上网人数的激增和大量网站的建立,许多精明人士看到了网络搜索引擎的无限前景,开始进行开发和研究,如Yahoo、Infoseek和Excite等已成为著名的网上信息导航台。中文的搜狐也是靠提供这类服务起家的,并取得了初步的成功。在网上每天都有海量的新信息出现的情况下,要想快速地在网上找到所需的信息,提供信息导航功能的搜索引擎变得越来越重要。不仅是专门的搜索引擎网站,就是一般的商业网站,为方便用户检索也都在自己的网站上建立了各种搜索工具。

(二) 提供内容

提供内容即提供各种信息,如热点新闻、商业广告、产品信息、股市行情、体育赛事、歌曲音乐、游戏娱乐、生活趣闻、名人逸事、电子报刊、各类咨询及免费软件下载等。这种功能可大大提高网站的访问率。因此，已经开始提供内容的许多站点现在均正在加大提供内容服务的力度。一些企业也纷纷在自己的网站上增加了这类服务，如实时发布股票信息已成为一些大公司网站的例行栏目。我国海尔等公司的网站上都设有免费软件、游戏、新闻等信息服务，以求竭力将用户留在自己的站点上。

（三）通信

这类服务主要是提供电子邮件、因特网电话等信息交流手段，如 AOL 的 ICQ，Yahoo、网易的免费电子邮件服务等。值得一提的是，因特网电话可能将是这类服务中下一个引起人们兴趣的应用。Netscape 公司就宣布其将在产品中包括一个 IDT 公司的 Net2Phone 服务的图标（该图标将出现在 Netscape 的浏览器上），这种服务可使用户以 PC to Phone 的形式通过因特网打廉价长途电话。

（四）社区

社区即聊天室和兴趣小组这类设施。由于它有助于将用户保持在门户站点上，而不是很快经过，所以正变得越来越重要。目前 ICP 越来越意识到其业务成功的关键将是发展“黏性”（stickiness），即一旦用户访问了 Web 站点，便将在此站点上待相当长的一段时间才离开。易趣网就是一家从虚拟社区空间起家的著名公司。在我国，Sina 和 Sohu 也在发展这种业务模型。

网上信息建设是一项投入十分巨大的工程，尽管建立一个信息服务网站的初期投入并不很大，但日常的维护成本却高得惊人。

二、证券电子商务

拓展案例

案例 1　证券之星

证券之星（http://www.stockstar.com）是中国最大的金融证券类互联网站，作为中国互联网行业的新一代企业，它以理性、务实、创新、远见的理念和更快、更高、更强的作风著称于业界。

证券之星网站 1996 年在上海开通，是中国国内第一家也是迄今最大的金融证券网站。网站目前提供即时行情、新闻、上市公司资料、市场及个股分析、BBS 社区、智能选股、个性化服务等内容，涵盖范围以国内股票市场为主，兼及全球其他市场和金融产品。特别是证券之星的行情数据，已为国内多家门户网站所使用，如新浪、网易、东方网等大型网站，约占全国 70% 的市场份额。

案例 2　赢时通简介

1999 年 8 月讯凌公司推出了赢时通—中国证券商务网（http://www.yestock.com/）。讯凌公司以其对证券业务和信息技术的深刻理解和趋势把握，在中国证券电子商务市场掀起了“虚拟化经营”的革命旋风，并在这一新兴市场上占据了最高市场份额。

赢时通证券商务网作为一个整体产品，主要由财经资讯服务系统、网上证券交易系统、行情分析系统和投资理财个性化服务系统组成。赢时通证券商务网将因特网自由、开放、可交互性有机地结合起来，营造了完善的证券电子商务频道，为客户提供实时的动态行情，丰富、准确的证券信息、实用的智能分析模型、快捷便利的网上交易系统，集信息内容供应商、投资分析供应商、网上交易服务商三者于一体的全方位服务。

网上证券交易是赢时通证券商务网的重要功能，所有用户均可通过讯凌网上分析交易系统选择联网券商进行网上交易。赢时通网上证券交易系统的网上交易基本与大户的热自助和散户的刷卡委托相同，主要包括登录、委托买入、委托卖出、委托撤单、银证转账、委托查询、成交查询、账户查询、历史查询、对账单查询等功能。在赢时通强大的网上交易平台上，客户可以完成诸如买入、卖出等所有的交易。选择好券商及股票类型，并输入账号和密码，在确认后即可进入交易。

案例思考：证券之星与赢时通都是证券类网站，二者有什么区别？

（一）概述

我国金融服务业是最广泛采用信息技术的行业，金融电子商务已从前期的以信息服务为主向真正的电子交易过渡。证券电子商务和保险电子商务都极具发展前途。

证券业务在经历了由柜台交易到电话委托这一飞跃后，互联网的出现又给证券业开辟了新的交易方式。所谓证券电子商务，是指证券业以因特网为媒介为客户提供的一种全新的商业服务，是一种信息无偿、交易有偿的网络服务。由于证券电子商务不涉及烦琐的网下物流配送，而且建立数据库的成本低盈利的可能性很大，所以网上证券交易已成为当前发展最快的一种电子商务形式，其发展速度和规模将远远超出人们的预期和设想。美国既是网上证券交易业务最早开展的国家，也是网上证券交易业务最为发达的国家。

1996 年底我国个别证券营业部开始尝试开办网上交易业务，1998 年真正开始起步，2000 年 4 月证监会颁布《网上证券委托暂行管理办法》，2001 年以来网上证券委托交易业务加快发展速度。

（二）网上证券的运作模式

1. 证券公司与证券类网站合作模式

由证券公司全权委托证券类网站搭建因特网上的交易平台，为客户提供资讯服务，形成投资者与证券公司之间的网上沟通模式；证券公司则利用后台交易系统及其营业部为客户提供网上证券交易服务，向其合作网站提供必要的信息内容，如中国证券网。

2. 证券公司自建网站提供服务模式

目前许多证券公司建立自己的网站与公司内部交易系统和营业部连接。证券公司在网站上开发出各种如网上模拟操作、国内外宏观信息报道、证券分析等特色化功能，并为客户提供个性化服务；客户可以通过证券公司网站上的网上证券交易系统直接进行下单、委托交易、行情查询分析等相关活动，如华夏证券。

3. 证券公司与银行合作模式

这是在银行业务处理系统与证券公司交易系统相连接的基础上，由证券公司端或银行端发起，使用券商交易系统进行证券交易等相关业务，并利用个人投资者在银行开立的结算账户进行资金清算的一种模式，如招行“一卡通”直接买卖股票（招行与国通证券、河北证券合作）。

4. 银行与证券公司、证券网合作模式

这种模式使投资者一次交易由三方合作完成，银行负责第三方支付和资金的管理，证券商负责证券交易和咨询服务，证券网负责信息快速传递和交易服务等事务。在这种模式下形成了3个独立系统：资金在银行系统流动、股票在券商那里流动、信息在网站上流动。例如，建设银行+西南证券+飞虎证券网。这种模式不仅提高了效率，降低了成本，而且可以最大限度地满足证券交易对安全性的要求。

（三）网上证券的功能

① 行情查询与服务功能：接收卫星发送的证券交易实时行情，自动生成历史行情数据，为投资者提供行情数据服务。

② 交易功能：包括证券买卖与撤单。

③ 信息服务功能：投资者提供各种与证券投资相关的各类信息，特别是即时信息，供投资者决策服务。

（四）网上证券的优势

1. 不受地域的限制，改善了股民的交易环境

网上交易不受地域限制，极大地提高了投资选择的自由度。网上交易的发展主要对散户投资者有利，使得散户交易的手段和条件“大户化”。由于我国证券市场的主体是散户，所以这种方式的推广对国内证券业的意义重大。

2. 有利于投资者做出正确投资决策

因特网的迅猛发展使得网上信息的流动更为迅速，内容更为广泛，传播渠道更为多样，投资者可以充分利用信息优势，使投资行为更趋于理性化。

3. 股民可自动处理交易流程，降低了交易成本

网上证券交易的广泛开展，降低了券商的经营管理成本，从而降低了证券交易费用。

4. 促进业务创新

网上交易的发展有利于促进市场竞争，从而推动证券业业务创新。

拓展案例

和讯、Stock 2000提供的个性化服务

和讯、Stock 2000等网站都提供了免费的个人证券顾问服务，并进行了一系列个性化、智能化的功能设计。用户可根据自己的需求来设定自己想要的财经信息、股市行情、技术图表、买卖提示、自选股、个人警示服务等各类信息。不同的用户进入网站以后，都可以看到为自己量身定做的内容。如Stock 2000网站的用户首次进入网站后即可设定自己所需的上述各类信息服务，以后每次进入该网站便可看到自己所需的这类内容。在选股方面，用户可以通过网站预定的智能选股公式进行；也可以采用几乎所有常用的技术指标对股票进行精确筛选。用户在设置了个人警示服务功能后，还可以通过手机或电子邮件接收到发自网站的股票警示信息。

(五) 证券电子商务的运作要求

虽然证券电子商务具有很大的优势,但是它在运作时,对技术还是有很高的要求的。

1. 较高的安全性

就目前网上证券交易的现状来看,网上交易的风险的确比营业部大。例如,网上的安全漏洞可能造成网上交易用户的账户、密码泄露,恶意攻击者甚至可以使用他们的资金进行网上交易。因此,如何保证交易的保密性与安全性是证券电子商务所面临的首要问题。

2. 时效性

股票等证券交易信息必须及时、有效、准确地传递给客户,任何延误都会影响客户做出正确的判断,甚至产生失误,从而造成无法估量的后果。

3. 可靠性

提高客户满意度是证券公司提高竞争力的核心,而交易中的任何微小的差错造成的后果都是不堪设想的,损失的不仅仅是利润,更重要的是客户的信任。因而,提供实时交易的券商必须在交易过程中提供安全可靠的服务。

4. 快速响应能力

证券行情瞬息万变,如果下单的时间过长,会严重影响客户交易过程,降低交易质量,影响客户满意度。

5. 客户获取有价值的信息

客户就是一切服务的中心,所有的服务都是面向客户的,向客户定制、提供信息是券商的必然选择,客户要求得到的是能为其带来价值的信息。

从我国证券电子商务的发展情况来看,重技术、轻服务是目前存在的普遍问题。券商对网上交易的服务手段还不能满足投资者的需求。

三、网上保险

情境引例

在一家高档写字楼上班的白领苏先生通过主营网上保险的中民保险网(http://www.zhongmin.cn)购买了2份东南亚旅游保险计划,网上支付66元完成投保并获得电子保单。苏先生表示,很早就计划和新婚妻子去东南亚旅游度假,但平日工作繁忙一直抽不出时间去找保险业务员购买一份旅游险。这次通过中民保险网新推出搜索式产品对比系统,一键完成多家保险公司产品的对比,价格与特点都一目了然。苏先生在线投保并获得与纸质保单一样具有法律效应的电子保单,不但方便而且更节约时间。

思考:苏先生选择在网上购买了保险,与传统购买保险方式相比,网上购买保险有哪些优势呢?

(一) 概述

网上保险是指保险公司或新型网上保险中介机构采用网络来开展一切活动的经营方式。有狭义和广义之分,狭义的保险电子商务,是指保险公司或保险中介通过互联网为客户提供有关保险产品和服务的全过程;广义的保险电子商务,既指保险企业通过互联网向客户传递公司的品牌、保险产品和服务信息，在网上进行营销和完成交易，又指以互联网等手段作为保险公司日常经营和管理的后台支持，从而达到降低成本和提升效率的目的。

我国网上保险的应用始于1997年中国保险信息网的正式开通，该网涉及保险业的培训、咨询、销售、投诉等内容。在信息网开通的当天，中国内地第一份由网络促成的保单在新华人寿保险公司诞生。2000年3月，首次实现网上投保功能的电子商务保险网站——保险网诞生。2000年，太平洋、平安、泰康人寿等保险公司纷纷推出了自己的网站来介绍公司的背景、产品，与客户进行网上交流，宣传扩大影响，中国的网上保险开始进入了实际的阶段，中国的保险电子商务也开始了新的历程。2005年4月，中国人保财险实现了第一张全流程电子保单。随着外资保险公司涌入中国，我国保险公司为了在激烈的市场竞争中立于不败之地，纷纷投入大量的财力、物力和人力发展电子商务。截至2009年底，全国有32家保险公司开展了网络销售，基于电子商务平台推出了车险、企财险、家财险、责任险、货运险、健康险、意外伤害险等多个保险产品。2012年我国保险业在线保费收入达到39.6亿元，较2011年增长123.8%，占中国保险市场整体保费收入的0.26%，艾瑞咨询预计，2016年中国保险电子商务市场在线保费收入规模将达到590.5亿元，渗透率将达到2.6%。保险电子商务日益成为重要的营销渠道和新的业务增长点。

（二）保险电子商务的运作模式

1. 保险公司自建网站

保险公司自建网站是一种典型的B2C电子商务模式。保险公司在网站上主要推销自家险种，完成从宣传保险产品到签发保单，直至受理赔案的整个保险业务过程。其主要特点表现为保险公司实力较强，可直接销售本公司的保险产品；有足够的后台支持人员；借此可宣传保险知识和公司形象；提供的服务流程较为全面，如平安保险商城、泰康在线等。

2. 保险经纪人或代理人网站

这类网站多为经纪人或代理人开设，提供众多保险公司的产品和价格，为客户设计合适的保险方案；协助客户投保；为客户答疑解惑；也有公司已经开始在网站上直接销售保单。

3. 独立的保险网站

独立的保险网站，也称第三方网站。他们不属于任何保险公司或附属于某大型网站，他们是为保险公司、保险中介、客户提供技术平台的专业互联网技术公司，为众多保险公司和客户提供交易场所。

拓展案例

保险经纪人网站——慧择保险网

慧择保险网是由深圳市慧择保险经纪有限公司旗下的一个保险电子商务网站，目前是国内一家大型的保险电子商务网站。慧择保险网是中国首家集产品对比功能，保险垂直交易与预约购买及为客户提供保险专业咨询互动为一体的综合型保险电子商务平台。它真正以客户的需求及价值最大化为使命，打破保险公司与客户之间的信息不对等而造成的高额中间人成本及索赔难的现象，在推出伊始便以专业诚信的精神赢得了广大客户的一致赞誉。

慧择保险网自开通以来根据市场和用户的需求做过数次改版，联合了十几家大型保险公司共同实现了网上实时投保，打造了互联网平台，打破了地域的局限，客户足不出户就可以轻松在网上支付购买保险。可直接在线购买的产品有：货物运输保险、意外保险、旅游保险、家庭财产保险。以上产品可在线投保，网上支付，即时生效，下载电子保单，轻松又方便。另外还有多款签证保险、儿童保险、健康保险、女性保险、养老保险、投资分红险、产品责任保险等可预约购买。全新推出的 7×24 服务，是全国保险电子商务网站的首创。全天候守护，为客户提供专业的、诚信的服务。

（三）网上保险的基本功能

① 广告宣传功能。
② 产品介绍功能。
③ 网上投保功能。
④ 在线核保功能。
⑤ 查询咨询功能。
⑥ 缴纳保费功能。
⑦ 理赔功能。
⑧ 投诉中心功能。
⑨ 市场调查功能。

（四）网上保险的优势

拓展案例

一些比较简单的保险，如一年期交通工具意外险、家庭财产保险、短期旅行保险等，这些产品对服务的需求相对较小。一般来说，通过网上销售，销售成本较低，保险公司通常会定出较低的价格销售给消费者。

以"航空意外伤害年度保险"为例，90 元的保费对应的是全年 80 万元的保障金额；而同样是航空意外险，如果在机场柜台购买，每份 20 元只能购买到一次航班 40 万元的保障。又以车险为例，如果通过网络向保险公司投保，保险公司通常会让出 10% ~15% 的折扣。

案例思考：网上保险对保险公司和投保人能带来哪些好处？

（1） 营运成本低

保险公司通过因特网可直接与投保人建立关系，能简捷、方便地传递信息和完成交易；同时还可在保险活动"价值链"中超越一些不必要的中间环节，可节省代理费或佣金，降低成本，提高保险公司的经营效益；投保人可以更低的价格购买保险。

（2） 充分发挥互联网的优势，最大限度满足客户的需求

网上保险是基于网络的，消除了传统条件下双方活动的时间、空间限制。网络不仅为客户提供了丰富的保险知识、险种介绍、保险设计等服务，而且在线实现了投保、核保、缴费、保单查询及更改、理赔报案等保险服务的全过程，真正实现保险网络化。在这种纯粹的网上销售模式下，保险设计、支付等每个销售环节都可以由客户足不出户轻松完成。这是与传统业务模式完全不同的一种新的渠道，它大大降低了保险成本，提高了投保效率，方便了客户购买。

(3) 有利于提高客户服务水平

电子商务不仅是保险公司的一个营销渠道，更是公司为客户提供服务的一个新的平台。电子商务开放性、交互性的特点，为保险服务创新提供了有利条件。

拓展案例

中国平安保险进军电子商务

中国平安保险（集团）股份有限公司（以下简称“中国平安”）于1988年诞生于深圳蛇口，是中国第一家股份制保险企业，也是中国第一家有外资参股的全国性保险公司，至今已发展成为融保险、银行、投资等金融业务为一体的整合、紧密、多元的综合金融服务集团。其经营理念为“差异、专业、领先、长远”。中国平安拥有约45.3万名寿险销售人员及12万余名正式雇员，各级各类分支机构及营销服务部门超过4 400个。截至2010年12月31日，集团总资产为11 716.27亿元，权益总额为1 168.83亿元。2010年，集团实现总收入1 894.39亿元，净利润179.38亿元。从规模保费来衡量，平安寿险为中国第二大寿险公司；从保费收入来衡量，平安产险为中国第二大产险公司。

1. 开展电子商务的背景

① 我国加入世界贸易组织，由保险和电子商务组成的服务则是国内保险公司与国外保险公司竞争的有力武器。

② 随着网络的普及，通过网络对保险业的需求迅速增长。

③ 平安保险认为通过发展保险电子商务可以帮助公司降低成本、理顺流程，为客户、员工和保险业带来新的价值。

经过一段时间的调研和分析后，平安保险在2000年适时地做出发展电子商务的战略决策，投入巨资构建以互联网中心（PA18）和电话呼叫中心（95511）为科技平台的服务网络，为客户提供专业化的产品和服务。平安保险发展保险电子商务业务的出发点包括3个方面：一是支持和推动传统保险业务的电子化；二是支持公司的业务员开拓业务；三是实现网上直销。

2. 平安保险电子商务的分类

① 企业对消费者（B2C）。企业通过网络为消费者提供一个购买和服务的途径，主要的产品包括人寿险、健康险、汽车险、家庭财产险、旅游意外险等。

② 企业对企业（B2B）。企业之间利用计算机网络，特别是采用EDI方式进行的商务活动，主要产品包括企业员工保险、企业经营风险、企业高管保险等。

3. 平安保险电子商务的基本运行模式

保险电子商务以电子商务的基本运行环境为支撑框架，以保险公司的实质经营内容为核心，利用电子商务的特性来优化保险公司的经营管理。

4. 电子商务下的业务流程

① 在线投保。在线投保就是投保人以直接在网上填写并提交投保单的方式，递交投保信息，待保险公司核保通过以后，由投保人自行选择付款方式，支付保险费。

② 核保（在线核保、离线延时核保）。

在线核保：对于某些比较简单并且符合网上业务核保规则的险种，可以采用在线核保的方式。客户递交投保单后，由计算机自动核保并计算保费，且需通过确认。客户根据确认信息直接进入付款程序，通过保险公司提供的网上支付系统交付保费，完成其投保流程。

离线延时核保：对于一些比较复杂并且网上业务自动核保程序没有通过的险种，可采用离线延时核保的方式。客户递交投保单后，自动核保没有通过或投保信息有待进一步确认的，保险公司核保人员可以在后台查询并下载或打印相关投保信息，并按相关业务核保流程进行核保。核保完成后，将核保结果在网上的核保程序中做相应的处理。客户通过网上投保查询功能获知是否投保成功，当获知核保通过后可直接进入付款程序，通过保险公司提供的网上支付系统交付保险费，完成其投保流程。

③ 保费支付。

单到付费：当客户在网上填写并递交投保单后，经由保险公司核保确认并出具保单和保费收据，由专人送交给客户。对于需要检验的标的，应先行认真检验保险标的。当客户收到保单和保费收据后，根据保单上列出的保费金额，支付相应保费。

网上支付：客户收到核保确认信息后，可以选择在网上直接支付保险费。客户通过电子商务支付网关登录到相应银行的信用卡支付结算平台，输入相关付费信息后，一次性扣款，由银行代理自动缴付保险费。

案例思考：平安保险网站可以为顾客提供哪些服务？

四、旅游电子商务

拓展案例

同程网是一个拥有B2B旅游企业间平台和B2C大众旅游平台的旅游电子商务网站。对于面向普通游客的B2C平台，游客可以通过旅游点评、旅游提问、旅游询价、旅游博客等互动形式参与到网站中，并可直接与旅行社、酒店、景区、交通等旅游供应商进行沟通，进行旅游采购，降低旅游者采购风险与采购成本。同程网拥有420万注册会员，提供酒店、机票、景点门票、演出门票、租车、旅游度假等全面服务。而同程网知道频道就是一个为网友解答出游问题的平台，有专业人士和众多的网友一起解疑答惑，为出游用户提供及时、便捷、准确的问答体验。

案例思考：通过引例，电子商务给旅游业带来了哪些影响？借助电子商务可以为客户提供哪些服务？

（一）概述

旅游电子商务是电子商务在旅游行业中的应用。由于旅游产品的交付基本上不需要物流环节，使得旅游业具有发展电子商务得天独厚的优势。旅游电子商务是通过先进的网络技术手段实现旅游商务活动各个环节的电子化，包括网络发布、交流旅游基本信息和旅游商务信息，以电子手段进行旅游宣传促销，开展旅游售前售后服务；通过网络查询、预定旅游产品并进行支付；旅游企业内部流程的电子化及管理信息系统的应用等。旅游电子商务把众多旅游供应商、旅游中介、旅游者联系在一起，将分散的利润点集中起来，提高资源利用率。在线旅游的迅速发展，使得人们出游旅行变得越来越依靠网络。从选择旅游目的地，到出游的线路、旅游的攻略、大概的花费、交通、住宿等问题，都可以在网上解决。艾瑞统计数据显示，2013 年中国在线旅游市场交易规模 2 204.6 亿元，同比增长 29.0%。预计 2017 年市场规模 4 650.1 亿元，复合增长率 20.5%。

（二）旅游电子商务的运作模式

① 传统旅游企业自建网站，如青旅在线、春秋旅游网等。
② 专业旅游网站，如携程网、艺龙网。

（三）旅游电子商务的功能

① 信息查询服务。包括旅游产品与服务机构的相关信息，如酒店、旅行社、民航航班等信息、景点的介绍、旅游线路及旅游攻略信息。

② 在线预订服务。主要提供酒店、机票、景点门票、旅游路线、租车、度假、商旅管理、特惠商户及旅游资讯等方面实时、动态的在线预订服务。

③ 客户服务。提供可实施在线旅游产品预订的客户端应用程序。利用这种预订客户（指通过系统进行预订的个人及机关团体）可以与代理人（指上述的酒店、民航、旅行社等相关旅游服务机构）在网上定时洽谈业务，管理自己的预定记录。

④ 代理业务。提供给酒店、民航、旅行社等多种旅游产品的代理端应用程序。代理人可以与客户实时洽谈网上业务，管理其旅游产品的预订记录，查阅相关账目等。

前 3 个功能是 B2C 旅游网站的功能，第 4 个功能是 B2B 旅游网站的功能。

拓展案例

芒果网是一个由电话呼叫中心、网站及其他高科技接入方式组合成的非面对面客户服务中心，为游客提供以订房、订票、自由行套票、公司差旅管理为主打产品的旅游在线服务。芒果网倡导时尚、轻松的高品质生活，象征城市动脉。mangocity 由 man + go + city3 个英文单词组成，寓意人在走，从一个城市到另一个城市的旅游。芒果网面向的是所有的个人旅游者、商旅人士。而且，相比其他旅游服务商，芒果网的用户群更偏向于休闲旅游的年轻人。2010 年 3 月，芒果网完成对易休旅行网的收购和业务整合，并在此基础上推出全新品牌——青芒果旅行网，以此进军 200 元/夜以下低价酒店预订市场。该品牌主要的服务对象为年轻驴友、背包一族。

芒果网采用“网站＋电话服务中心”的模式，以统一的后台数据库（包括产品和客户）为基础的非面对面客户联络中心。客户联络中心通过统一的产品数据库为客户提供和制作产品，并通过统一的客户数据库内的客户关系管理系统跟踪客户的消费模式，为目标客户提供个性化的增值服务，加强客户忠诚度。客户联络中心的另一功能是统筹旅游产品的配送，如安排各个区域航空票务代理公司或设于主要机场内的分支机构出票，并通过各地的业务合作伙伴（如传统旅行社、邮政局等企业）送票或住房单等。客户联络中心 24 小时全天候运作，为客户提供传统旅行社不能提供的便捷。

案例思考：芒果网为哪一类顾客提供哪些服务？

（四）旅游电子商务的优势

通过运用先进的网络信息技术，旅游企业可以实现企业内部的信息化运作和管理。利用网络平台展现丰富的旅游信息资源，可以使旅游企业以更低廉的成本在更大的范围内进行旅游产品的宣传营销、开展全程旅游服务，不仅可以提高效率、降低经营成本，而且可以增强企业的竞争力。旅游电子商务把众多的旅游供应商、旅游中介、旅游者紧密联系在一起，旅游消费者通过网络可以直接获得更多、更有用的信息，大大地降低了信息的寻找成本。旅游电子商务提供的具有竞争力的产品价格也给消费者带来了实惠。

随着消费水平的提高和生活节奏的加快，团队式、赶时间、赶行程的旅游方式已经不能满足旅游者的要求，越来越多的消费者追求舒适、自由的个性化旅游。旅游电子商务通过网络的双向交流作用提供个性化的旅游订制服务来满足人们消费方式的改变，以自订行程、自助价格为主要特征的网络旅游将成为人们旅游的主导方式。目前，国内大多数旅游网站基本停留在简单的旅游线路、旅游信息、景点介绍、旅游常识等旅游资讯的发布上，旅游信息更新不及时，不能与市场紧密结合，不能提供充分的旅游信息；服务项目单一；旅游线路、景点介绍及网上订票、订房、租车等模块几乎成为固定的内容。国内大多数旅游网站为散客提供的服务仅限于订票、订房，很少提供旅游线路设计、自助旅游安排等服务项目，不能充分满足个性化旅游的需求。

拓展案例

游客通过在去哪儿网上设定对机票、酒店、度假等在线旅行产品的需求条件，就能够得到一系列最新且有效的信息列表，并在比较后链接到产品提供网站进行预订。消费者可以根据时间先后、价格高低等多种方式，对搜索到的全部产品信息进行排序，进而自主选择出最符合个人需求的产品。

去哪儿网存在的价值主要体现在两个方面：一是所有跟旅游有关的产品，包括机票、酒店、景点等，在去哪儿网上都能搜索出最低的价格，并可以让消费者自由组合；二是采用直销模式，减去中间环节，游客可直接与供应商交流，让游客彻底享受“直销一体式”的电子商务新服务。

携程旅行网是中国领先的在线旅行服务公司，向超过1 400万会员提供集酒店预订、机票预订、度假预订、商旅管理、特惠商户及旅游资讯在内的全方位旅行服务。

案例思考：比较去哪儿网和携程网有何不同。

技能训练

1. 登录一些知名生产企业的网站，分析这些企业是如何应用电子商务的。

2. 试登录这些网站：游戏专卖 eToys（http://www.etoys.com/）、当当书店（http://www.dangdang.com/）、8848（http://www.8848.net/）、网上南京路（http://www.sh-nanjingroad.com/）、eBay（http://www.ebay.com/），看看这些网站是如何运作的。

3. 试登录金卫医疗网（http://www.2919.net/）、中国旅游资讯网（http://www.chinaholiday.com/）、21世纪视聆通（http://www.21cn.com/），分析这些网站能提供什么服务。

4. 登录平安保险公司（http://www.pa18.com.cn/）主页，观察此网站可以实现哪些网上业务。

5. 通过在某个网站上的虚拟股市进行的模拟交易，简述其运作的过程与特点。

学习情境九

电子商务安全

学习目标

知识目标

认识电子商务面临的各种安全问题；掌握数字签名、加密技术、数字证书、防火墙、数字时间戳及SSL协议和SET协议的原理及应用。

技能目标

能够针对电子商务安全的实际问题进行综合分析，对于不同的安全问题能够选用不同的措施进行防范；能够熟练使用数字签名、加密技术、数字证书、防火墙等技术。

情境任务一　电子商务面临的安全问题

情境引例

2012年10月，据业内人士爆料，京东商城充值系统于2012年10月30日晚22点30分左右出现重大漏洞，用户可以用京东积分无限制充值Q币和话费。当日，京东网站积分换话费的活动出现重大漏洞，单击后系统会自动充值而不会扣积分，同时，充值未成功的积分则会被双倍退回账户。该漏洞被网友发现后，在网络上被大量转发。从网络爆料来看，不少用户都充值了上千元的Q币、购买数百元的彩票，甚至还有用户充值了36万元的话费。业界人士预计京东亏损在2亿元左右。

作为国内知名电商，自身网站的安全和保护用户数据安全是电商提高用户信任度的关键。这次的网站重大漏洞说明京东要走的路还很长。

2013年11月中旬的一个下午，身在上海的王雷（化名）发现自己的手机突然失去信号，咨询运营商后得到的答案令人吃惊：他的手机被挂失重新补办号码了。此后发生的事情更让他摸不着头脑——自己的银行账户被转走了共计6万多元。

这是一起盗刷案件，不法分子获取王雷的身份证号码和银行卡信息后，通过伪造其身份证在广东补办了他的手机卡号，然后通过注册一个支付宝账号关联了他的银行卡，从而达到转账的目的。

这已经不是支付宝“快捷支付”第一次爆出盗刷事件。所谓“快捷支付”，是指把银行卡账户与支付宝等第三方支付平台的账户相连接，在网购时可以直接输入后者的密码进行交易。易观国际高级分析师张萌称，快捷支付和网银支付最大的区别是前者不需要像后者一样跳转到银行网关。

2013 年 11 月 18 日,支付宝(中国)网络技术有限公司(下称"支付宝公司")相关负责人强调了信息安全的保障性,但并不否认,如果用户信息大量泄露,其账户风险概率会很高,"相当于表面上的防线被别人全部掌握了"。

在因特网金融日益深入生活的今天,支付宝面临的"快捷隐忧"也是整个第三方移动支付行业面临的安全课题——一方面是用户享受到的支付便捷,另一方面却是为了追求用户体验而埋下的风险隐患。

"目前,第三方支付行业,不能发放牌照就放任自流,行业准入门槛要提高,如支付宝平台运行时,有快捷支付这样的创新之举,但更要做好创新过程中的监管,树立行业的安全标准。"

思考:电子商务的开展离不开计算机网络的支持,而计算机网络本身存在很多不安全的因素。案例中出现的电子商务安全问题对电子商务发展有何影响?计算机网络又存在哪些安全问题?

资料来源:http://jjckb. xinhuanet. com.

情境认知

一、计算机网络系统安全问题

计算机网络系统由硬件系统和软件系统构成,因此,它的安全问题也是由硬件和软件共同决定的。

(一) 黑客的恶意攻击

"黑客"(hacker)原意为热衷于计算机程序的设计者,他们具有操作系统和编程语言方面的高级知识,知道系统的漏洞及其原因所在,但他们只是不断追求更深的知识,并没有破坏数据的企图。

现在,"黑客"的普遍含义是特指对计算机系统的非法侵入者。黑客攻击是指未授权的人利用操作系统和网络或安全管理的漏洞,通过一定的手段从网络的外部非法侵入系统内部,获取普通用户没有的权利,实现对用户信息的篡改、窃取和非法使用。黑客攻击目前成为计算机网络所面临的最大威胁。黑客攻击对电子商务的正常开展,对经济秩序及建设,对国家信息安全等都构成了严重的威胁。

黑客攻击计算机系统的手段大致可以归纳为以下几种。

① 中断。攻击系统的可用性,如破坏系统中的硬件、硬盘、线路、文件系统等,使系统不能正常工作。

② 窃听。攻击系统的机密性,如通过搭线与电磁泄漏等手段造成泄密,或者对业务流量进行分析,获取有用情报等。

③ 篡改。攻击系统的完整性,如篡改系统中的数据内容,修正消息次序、时间等。

④ 伪造。攻击系统的真实性,如将伪造的假消息注入系统,假冒合法人员介入系统、重放截获的合法消息以实现其非法目的,否认消息的接收和发送等。

（二）漏洞和后门

1. 漏洞

从完美的角度来讲，任何系统都希望是完整的，但是往往没有非常完美的事情，电子商务系统也是一样的。漏洞和后门都是相对于系统完整性来说的，就像房屋一样，有了漏洞和后门就不能保证屋内的安全。因此电子商务系统有漏洞和后门，也不能保证系统的安全性。

漏洞是在硬件、软件、协议的具体实现或系统安全策略上存在的缺陷，从而可以使攻击者能够在未授权的情况下访问或破坏系统。例如，在 NFS 协议中认证方式上的弱点，在 UNIX 系统管理员设置匿名 FTP 服务时配置不当的问题都可能被攻击者使用，威胁到系统的安全，因而这些都可以认为是系统中存在的安全漏洞。漏洞会影响到很大范围的软硬件设备，包括系统本身及其支撑软件、网络客户和服务器软件、网络路由器和安全防火墙等。换言之，在这些不同的软硬件设备中都可能存在不同的安全漏洞问题，在不同种类的软硬件设备，同种设备的不同版本之间，由不同设备构成的不同系统之间，以及同种系统在不同的设置条件下，都会存在各自不同的安全漏洞问题。

漏洞问题是与时间紧密相关的。一个系统从发布的那一天起，随着用户的深入使用，系统中存在的漏洞会不断暴露出来，这些早先被发现的漏洞也会不断被系统供应商发布的补丁软件修补，或者在以后发布的新版系统中得以纠正。而在新版系统纠正了旧版本中的漏洞的同时，也会引入一些新的漏洞和错误。因而，随着时间的推移，旧的漏洞会不断消失，新的漏洞会不断出现，漏洞问题也会长期存在。

2. 后门

后门是指房间的背后可以自由出入的门，计算机系统中的后门程序一般是指那些绕过安全性控制而获取对程序或系统访问权的程序方法。在软件的开发阶段，程序员常常会在软件内创建后门程序以便修改程序设计中的缺陷。但是，如果这些后门被其他人知道了，或者是在发布软件之前没有删除后门程序，它就成了安全风险，容易被黑客当成漏洞进行攻击。

3. 漏洞的危害及防范

漏洞的存在很容易导致黑客的侵入及病毒的驻留，会导致数据丢失和被篡改、隐私泄露乃至金钱上的损失。例如，网站因漏洞被入侵，网站用户数据将会泄露，网站功能可能遭到破坏而中止乃至服务器本身被入侵者控制。随着数码产品的发展，漏洞从过去以计算机为载体延伸至数码平台，如手机二维码漏洞、安卓应用程序漏洞等。

鉴于漏洞危害的逐步扩大，人们应该提高安全意识，留意最新漏洞信息。漏洞信息可从网上各大漏洞发布平台获取，并参考相关信息对其进行防范，避免因漏洞造成自身利益的损害。

拓展案例

系统关键的漏洞如果修补不了，计算机就成了任人宰割的羔羊，谁想获取计算机里的信息都可以随意获取，谁想控制就能控制，因此不安装供应商提供的系统补丁，在安全上是没办法保障的。

2013 年 11 月 24 日，微软公司宣布，2014 年 4 月 8 日将停止对 Windows XP 系统的支持服务，用户不会再收到补丁和安全更新内容，Windows XP 系统将正式退出历史舞台，这就使市场上 5 亿 Windows XP 系统用户不得不面对随之而来的巨大风险。

众所周知，系统漏洞向来为病毒、木马所喜欢，是其入侵的重要渠道，不及时安装系统补丁的计算机，就等于向病毒、木马敞开了最关键的一道门。一个新装的 Windows 系统，需要安装的补丁可能多达上百个，如果没有补丁和安全漏洞更新包，对用户计算机的安全来说绝对是一大隐患。

案例分析：通过案例你有何感受？

（三）计算机病毒的攻击

计算机病毒（computer virus）在《中华人民共和国计算机信息系统安全保护条例》中被明确定义为“编制者在计算机程序中插入的破坏计算机功能或破坏数据，影响计算机使用并且能够自我复制的一组计算机指令或者程序代码”。计算机病毒不是天然存在的，是某些人利用计算机软件和硬件所固有的脆弱性编制的一组指令集或程序代码。它能通过某种途径潜伏在计算机的存储介质（或程序）里，当达到某种条件时即被激活，通过修改其他程序的方法将自己的精确复制或可能演化的形式放入其他程序中，从而感染其他程序，对计算机资源进行破坏。所谓的病毒是人为造成的，对其他用户的危害性很大。

1. 病毒的分类

① 按照病毒的链接方式划分，可分为源码型病毒、嵌入型病毒、外壳型病毒、操作系统型病毒 4 种。源码型病毒在高级语言所编写的程序编译前插入到源程序中，经编译成为合法程序的一部分；嵌入型病毒攻击高级语言编写的程序，这种病毒是将自身嵌入到现有程序中，把计算机病毒的主体程序与其攻击的对象以插入的方式链接，一旦侵入程序体后将较难消除；外壳型病毒将其自身包围在主程序的四周，对原来的程序不做修改。这种病毒最为常见，易于编写，也易于发现；操作系统型病毒用它自己的程序意图加入或取代部分操作系统进行工作，具有很强的破坏力，可以导致整个系统瘫痪。

② 按照病毒的传染方式划分，可分为引导型病毒、文件型病毒、复合型病毒 3 种。引导型病毒是指寄生在磁盘引导区或主引导区的计算机病毒。此种病毒利用系统引导时不对主引导区的内容正确与否进行判断的缺陷，在系统的引导过程中侵入系统、驻留内存、监视系统运行、待机传染和进行破坏。文件型病毒是指能够寄生在文件中的计算机病毒。这类病毒程序感染可执行文件或数据文件，一般存在于文件的头部或尾部。以感染 .com 和 .exe 等可执行文件及 Office 系列的宏病毒居多。复合型病毒兼具引导型病毒和文件型病毒的特征，这种病毒扩大了病毒程序的传染途径，既感染磁盘的引导记录，又感染可执行文件，因此比较顽固，很难彻底清除。

③ 按照病毒的破坏程度划分，可分为良性病毒和恶性病毒两种。良性病毒的危害较小，一般都是程序员的恶作剧，只是为了表现自身技术的高超，并不彻底破坏系统和数据，但会大量占用 CPU 时间，增加系统开销，降低系统工作效率等。这种病毒多数不是为了破坏系统和数据，而是为了让使用染有病毒的计算机用户通过显示器或扬声器看到或听到病毒设计者的编程技术，因此不会造成太大的破坏或损失。恶性病毒是指那些一旦发作就会破坏系统或数据，影响系统正常操作，严重的会造成计算机系统瘫痪，甚至会格式化或锁死硬盘的病毒，有名的有黑色星期五病毒、米开朗基罗病毒等。这种病毒危害性极大，病毒发作后有可能给用户造成不可挽回的损失。

④ 按照传播媒介划分，可分为单机病毒和网络病毒两种。单机病毒通过移动式载体，包括软盘、优盘、可移动硬盘或光盘等，常见的是病毒从软盘传入硬盘，感染系统，然后传染其他连接本机的移动式载体。网络病毒的传播媒介不再是移动式载体，而是网络通道，这种病毒的传染能

力更强、范围更广、破坏力更大。

2. 病毒的危害

计算机病毒对于用户的安全具有极大的危害，病毒被激发后能够对计算机数据信息进行直接破坏、占用磁盘空间、抢占系统资源、影响计算机运行速度、计算机病毒错误与不可预见的危害等。计算机感染病毒后的部分"症状"如表9.1所示。

表9.1　计算机感染病毒后的部分"症状"

症　状	具体现象
显示异常	屏幕上出现不应有的特殊字符或图像，字符无规则变化或脱落，有静止或滚动的雪花，有跳动的小球或亮点，有莫名其妙的信息提示等
扬声器异常	发出尖叫、蜂鸣音或非正常奏乐等
系统异常	经常无故死机，随机地发生重新启动或无法正常启动，运行速度明显下降，内存空间变小，磁盘驱动器及其他设备无缘无故地变成无效设备等
存储异常	磁盘标号被自动改写，出现异常文件，出现固定的坏扇区，可用磁盘空间变小，文件无故变大、失踪或被改乱，可执行文件变得无法运行等
打印异常	打印速度明显降低，不能打印，不能打印汉字与图形或打印时出现乱字符等
与因特网的连接异常	收到来历不明的电子邮件，自动链接到陌生的网站，自动发送电子邮件等
系统出现上述"症状"时，首先应意识到可能感染了计算机病毒。但是，并非每种异常都是由计算机病毒造成的，也可能是由于程序设计错误、使用某些软件时产生冲突等造成的，还需要进一步"确诊"	

3. 病毒的特点

同样称作病毒，计算机病毒与生物学上的病毒具有很多的相似性，具有繁殖性、破坏性、传染性、潜伏性、触发性等特点。

4. 病毒的预防

虽然病毒是可怕的，但是如果养成良好的系统使用习惯，提高防范意识，很多病毒是可以预防和控制的。不要谈毒色变，过于强调提高系统的安全性而使系统失去可用性、实用性和易用性。

① 注意对系统文件、重要可执行文件和数据进行写保护。

② 不使用来历不明的程序、数据或电子邮件。

③ 分类管理数据。

④ 利用写保护。

⑤ 使用新的计算机系统或软件时，要先杀毒后使用。

⑥ 备份系统和参数，建立系统的应急计划等。

⑦ 加强内部网络管理人员及使用人员的安全意识。使用计算机系统常用口令来控制对系统资源的访问。

⑧ 安装杀毒软件并及时更新。

拓展案例

2012年5月，一种破坏力巨大的全新计算机蠕虫病毒“火焰”(flame)被发现，这种病毒在中东地区大范围传播，其中伊朗受病毒影响最严重。据推测，“火焰”病毒已在中东各国传播了至少5年时间。

据悉，“火焰”病毒构造十分复杂，此前从未有病毒能达到其水平，是一种全新的网络间谍装备。该病毒可以通过USB存储器及网络复制和传播，并能接受来自世界各地多个服务器的指令。感染“火焰”病毒的计算机将自动分析自己的网络流量规律，自动录音，记录用户密码和键盘敲击规律，并将结果和其他重要文件发送给远程操控病毒的服务器。一旦完成搜集数据任务，这些病毒还可自行毁灭，不留踪迹。

在“火焰”病毒被发现之后，一些网络分析专家认为，这似乎已形成了“网络战”攻击群。“震网”病毒攻击的是伊朗核设施，“毒区”病毒攻击的是伊朗工业控制系统数据，而“火焰”病毒攻击的则是伊朗石油部门的商业情报。

案例思考：病毒具有哪些特点？一旦感染将产生什么危害？

资料来源：http://www.51cto.com.

二、电子商务面临的交易安全问题

（一）信息安全问题

1. 信息泄密

信息在网络上传递时，要经过多个环节和渠道。由于计算机技术发展迅速，原有的病毒防范技术、加密技术、防火墙技术等始终存在着被新技术攻击的可能性。计算机病毒的侵袭、黑客非法侵入、线路窃听等很容易使重要数据在传递过程中被泄露，威胁电子商务交易的安全。交易信息的丢失可能有3种情况：一是因为线路问题造成信息丢失；二是因为安全措施不当而丢失信息；三是在不同的操作平台上转换操作不当而丢失信息。

2. 信息篡改

攻击者未经授权进入网络交易系统，使用非法手段删除、修改、重发某些重要信息，破坏数据的完整性，损害他人的经济利益，或者干扰对方的正确决策，造成网上交易的信息传输风险。攻击者可能更改信息的内容或改变信息的次序，或者在信息中插入一些内容或删除部分内容，致使接收者收到错误的信息。

3. 信息仿造

仿冒者通过仿冒用户身份来破坏交易，如仿冒他人合法身份欺骗合法用户，冒充他人消费，冒充网络控制程序来套取和修改使用权限、密钥等信息，伪造用户和电子邮件，虚开网站及商店来窃取商家信息或信用等。

（二）信用安全问题

信用指的是基于一定的信任关系，一方在得到或提供货物、服务后允许在将来付给或得到另一方报酬的一种做法。而信用问题的产生恰恰是由于交易双方的信任关系不牢固，信用信息又不能为对方所了解而引发的。电子商务这种新型的商务活动自从20世纪90年代开始发展以来,由于网络环境下交易活动的虚拟性,其信用问题一直是世界各国关注的焦点。

信用风险主要来自以下3个方面。

① 来自买方的信用风险。例如,对于个人消费者来说,可能有在网络上使用信用卡进行支付时恶意透支,或者使用伪造的信用卡骗取卖方货物的行为;对于集团购买者来说,存在拖延货款的可能,卖方需要为此承担风险。

② 来自卖方的信用风险。例如,卖方不能按质、按量、按时寄送消费者购买的货物,或者不能完全履行与集团购买者签订的合同,造成买方的风险。

③ 来自买卖双方的信用风险。例如,双方都存在抵赖的情况。

(三) 安全管理问题

网上交易管理风险是指由于交易流程管理、人员管理、交易技术管理的不完善所带来的风险。

首先,交易流程管理的风险。在网络商品中介交易的过程中,客户进入交易中心,买卖双方签订合同,交易中心不仅要监督买方按时付款,还要监督卖方按时提供符合合同要求的货物。在这些环节上,都存在着大量的管理问题,如果管理不善势必产生巨大的风险。

其次,人员管理的风险。人员管理常常是网上交易安全管理上最薄弱的环节。近年来我国计算机犯罪呈现内部犯罪的趋势,其原因主要是工作人员职业道德修养不高,安全教育和管理松懈。一些竞争对手还利用企业招募新人的方式潜入该企业,或者利用不正当的方式收买企业网络的交易管理人员,窃取企业的用户识别码、密码、传递方式及相关的机密文件资料。

情境小知识

"网络钓鱼"的常见手段

网络钓鱼(fishing)是指攻击者利用欺骗性的电子邮件和伪造的Web站点来进行网络诈骗活动;受骗者往往会泄露自己的私人资料,如信用卡号、银行卡账户、身份证号等。诈骗者通常会将自己伪装成网络银行、在线零售商和信用卡公司等可信的品牌,骗取用户的私人信息。

网络钓鱼常见手段如下。

1. 网上拍卖不给商品

美国联邦贸易委员会最新公布的《扫荡网络诈骗》报告中,列举了全球十大最流行、最猖獗的网上欺诈手法,其中网上拍卖名列榜首,受害人大多数是中标付款后却收不到商品。

2. 发送电子邮件以虚假信息引诱用户中圈套

用一个显示假地址的弹出窗口遮挡住IE浏览器的地址栏,使用户无法看到此网站的真实地址。当用户使用未打补丁的Outlook打开邮件时,状态栏显示的链接是虚假的。当用户单击链接时,实际链接的是钓鱼网站,该网站页面酷似要访问网站的登录界面,用户一旦输入了自己的账号、密码,这些信息就会被黑客窃取。

3. 建立假冒网站骗取用户账号、密码实施盗窃

犯罪分子建立的域名和网页内容都是与真正的网上银行系统、网上证券交易平台极为相似的网站,引诱用户输入账号、密码等信息,进而通过真正的网上银行、网上证券系统或伪造银行储蓄卡、证券交易卡窃取资金。

4. 利用虚假的电子商务进行诈骗

从事这类网络诈骗活动的不法分子，大都采用在知名电子商务网站（如易趣、淘宝、阿里巴巴等）发布虚假信息，以所谓的"超低价"、"免税"、"走私货"、"慈善义卖"的名义出售各种商品。很多人在低价的诱惑下上当受骗。不法分子一般要求消费者先付部分款，再以各种理由诱骗消费者付余款或其他各种名目的款项，等得到钱款或他们的伎俩被识破时，就立即切断与消费者的联系。

5. 利用木马和黑客技术窃取用户信息后实施盗窃

木马制作者通过发送邮件或在网站中隐藏木马等方式大肆传播木马程序，当感染木马的用户进行网上交易时，木马程序即以键盘记录的方式获取用户账号和密码，并发送给指定邮箱，用户资金面临严重威胁。

6. 网址欺骗

网址欺骗是网络骗子利用人们很难记住众多网址的特点，采用以假乱真的手法进行的又一种"网络钓鱼"诈骗活动。中国一名捐款者用搜索引擎查找到一个名为"中华慈善总会"的网站 chinacharity.cn.net，结果却发现真网址应该为 chinacharity.cn。前者比后者只多了个 .net，已经完全到了以假乱真的地步。

7. 利用用户弱口令等漏洞破解、猜测用户账号和密码

不法分子利用部分用户贪图方便的特点，在一些网站设置弱口令的漏洞，对银行卡密码进行破解。例如，2004 年 10 月，3 名犯罪分子从网上搜寻到某银行储蓄卡卡号，然后登录该银行网上银行网站，尝试破解弱口令，并屡屡得手。

8. 利用手机短信进行诈骗

手机的普及使犯罪分子觉得利用手机短信进行诈骗十分方便而又快捷。于是，近年来利用手机短信进行诈骗的活动猖獗起来。由一部存储着手机号码的计算机控制的"群发器"，平均 3 秒就能发出一条诈骗短信息。

资料来源：http://industry. ccidnet. com/art/1101/20060608/574921_2. html.

防范"网络钓鱼"的方法

首先，尽量不要在网上留下可以证明自己身份的任何资料，如手机号码、身份证号、银行卡号等。其次，自己的隐私资料不要通过网络传输，如银行卡号、身份证、支付宝账号等资料不要通过 QQ、MSN、E-mail 等软件发送，因为这些内容极容易被攻击者截获并利用。最后，不要轻易相信通过电子邮件、网络论坛、QQ 等发布的中奖信息，除非得到官方的证明。正规的有奖活动是不会通过电子邮件来发布中奖消息的，而腾讯也多次警告所有 QQ 弹出的中奖消息都是假的，用户不要相信。这些是防范网络钓鱼攻击的最基本原则，也是大家必须谨记的。

以下分别从个人用户和企业用户角度说明防范网络钓鱼的注意事项。

1. 个人用户的注意事项

① 提高警惕，尽量不登录陌生的网站，输入网址时要仔细核对，尤其是银行、证券等金融类网址，以防误入一些假冒网站，给攻击者可乘之机。

② 不要打开陌生人的电子邮件，尤其是电子邮件中的链接更不要单击，如果非要看邮件内容，建议用文本方式打开。

③ 安装杀毒软件并及时更新杀毒软件的病毒库，定期扫描系统，将有危害的木马病毒清除。另外要及时更新操作系统发布的补丁，第一时间进行升级，以防攻击者利用漏洞盗取信

息。将敏感信息输入隐私保护，打开个人防火墙。

④ 单击链接标题时，要注意观察浏览器左下角显示的链接内容，不要打开欺骗性的超链接，因为这些让人难以识别的链接危险性更高。

2. 企业用户的注意事项

① 安装防火墙、邮件过滤器等硬件安全设备，为企业的每台计算机安装好个人防火墙及杀毒软件。加强企业每台计算机的安全监控，及时更新杀毒软件，升级操作系统补丁。

② 加强员工安全意识，及时培训网络安全知识，一旦发现可疑链接，要及时在防火墙中屏蔽掉，以避免造成更大的损失。

③ 警惕与本企业相似的域名及网站，尤其是与金融相关的网站，发现有类似的网站就要举报。同时要提升本网站的技术难度，让攻击者难以模仿，最后还要加强网站的安全防护能力，不让攻击者有漏洞可钻。因为一旦你的网站被攻击者挂马，受到损失的不仅是客户，还有企业的信誉。

资料来源：http://safe.zol.com.cn/127/1278970.html.

情境任务二　电子商务安全防范

一、电子商务安全要求

传统的商务活动是面对面的沟通，很容易在交流中建立信任关系。而电子商务则是通过网络进行交流、交易，这对于交易安全要求是非常高的。买卖双方都存在安全威胁，在信任的基础上，还要保证交易过程的安全，防止他人干扰正常交易。电子商务发展的核心和关键问题是交易的安全性，只有在电子商务的安全问题解决之后，买卖双方才能平等、信任地进行交流。

（一）信息有效性

电子商务作为商务活动的一种形式，没有传统意义上签订合同等环节，其信息的有效性将直接关系到交易双方的经济利益和声誉。因此，要对网络故障、操作错误、应用程序错误、硬件故障、系统软件错误及计算机病毒所产生的潜在威胁加以控制和预防，以保证交易数据在确定的时刻、确定的地点是有效的。

（二）信息保密性

交易中的商务信息均有保密的要求。如信用卡的账号和用户名被人知悉，就可能被盗用，订货和付款的信息被竞争对手获悉，就可能丧失商机。因此，在电子商务的信息传播中一般均有加密的要求。

电子商务是建立在一个较为开放的网络环境上的，维护商业机密是电子商务全面推广应用的重要保障。因此，要预防非法的信息存取和信息在传输过程中被非法窃取。机密性一般通过加密技术对传输的信息进行加密处理来实现。加密技术解决了传送信息的保密问题，可分为对称加密和非对称加密。对称加密是一种传统的信息认证方法，通过信息交换的双方共同约定一个口令或一组密码，建立一个通信双方共享的密钥；非对称加密又称公开密钥加密，它使用一把公开发布的公钥和一把只能由生成密钥对的贸易方掌握的私钥来分别完成加密和解密操作。加密技术对用户的密码、口令、数字证书等重要信息加密，防止被盗取，而不需要对卖家的产品信息、买家的留言、评论等信息加密。从交易环节开始确保双方安全交易。

（三）交易者身份的确定性

由于电子商务交易系统的特殊性，交易双方互不相识，交易通常都是在虚拟的网络环境中进行的，所以对交易主体进行身份确认成了电子商务中十分重要的一环。对交易主体的身份进行鉴别，为身份的真实性提供保证，即交易双方能够在相互不见面的情况下确认对方的身份，类似于现实世界中的身份证或工商营业执照。鉴别服务将提供一种网络方式来验证其声明的正确性，一般都通过证书机构 CA 和数字证书来实现。方便而可靠地确认对方身份是交易的前提。

（四）不可抵赖性

由于商情的千变万化，交易一旦达成是不能被否认的，否则必然会损害一方的利益。例如，订购黄金，订货时金价较低，但收到订单后金价上涨了，如收单方能修改收到订单的实际时间，甚至否认收到订单的事实，则订货方就会蒙受损失。因此电子交易通信过程的各个环节都必须是不可否认的。

电子商务关系到贸易双方的商业交易，如何确定要进行交易的贸易方正是所期望的贸易伙伴是保证电子商务顺利进行的关键。在传统的纸面贸易中，贸易双方通过在交易合同、契约或贸易单据等书面文件上的手写签名或印章来鉴别贸易伙伴身份，确定合同、契约、单据的可靠性，并预防抵赖行为发生。这也就是人们常说的“白纸黑字”。在无纸化的电子商务方式下，通过手写签名和印章进行贸易方的鉴别是不可能的。因此，要在交易信息的传输过程中，为参与交易的个人、企业或国家提供可靠的标识。不可抵赖性可通过对发送的消息进行数字签名来获取。

（五）不可修改性

交易的文件是不可被修改的，如上例所举的订购黄金。供货单位在收到订单后，发现金价大幅上涨了，如其能改动文件内容，将订购数 1 吨改为 1 克，则可大幅受益，订货单位就会因此而蒙受损失。因此电子交易文件也要能做到不可修改，以保障交易的严肃和公正。

（六）交易的完整性

完整性包括信息、数据和交易的完整性。电子商务简化了商务过程，减少了人为的干预，同时也带来维护各方商业的信息完整、统一的问题。由于意外差错或欺诈行为，可能导致交易双方信息的差异。此外，数据传输过程中的信息丢失、信息重复或信息传送的次序差异也会导致各方信息的不同。信息的完整性将影响到各方的交易和经营策略，保持各方信息的完整性是电子商务应用的基础。因此，要预防对信息的随意生成、修改和删除，同时要防止数据传送过程中信息的丢失和重复并保证信息传送次序的统一、完整性，一般可通过提取信息的数据摘要方式来实现。

（七）身份认证

身份认证是指交易双方可以相互确认彼此的真实身份，确认对方就是本次交易中所称的真正交易方。这一过程为授权和审计所必需，也是实现授权、审计的访问控制过程运行的前提，是计算机网络安全系统不可缺少的组成部分。

电子商务安全问题的全面解决，必须从技术、管理、法律等几个方面全盘考虑，综合治理。法律法规是保障电子商务安全的前提条件，管理制度是电子商务系统安全运行的必要保证，技术方法是电子商务各种安全问题得以解决的重要手段。法律、技术和管理三者相辅相成，缺一不可，共同保证电子商务的可靠安全运行。

二、电子商务安全防范技术

由于电子商务活动所涉及的大量机密信息都必须通过网络传播，并且以电子数据的形式存储，所以要有完善的安全技术来保证电子商务交易的安全。目前，电子商务过程中主要采用的安全技术有加密技术、认证技术和安全认证协议。

（一）计算机网络安全技术

1. 防火墙

（1）防火墙的定义

防火墙是一个由软件和硬件设备组合而成的，在内联网和外联网之间、专用网与公共网之间的界面上构造的保护屏障，是一系列部件的组合，是不同网络或网络安全域之间信息的唯一出入口。

防火墙是一种形象的说法，在逻辑上，它是一个过滤器、限制器，还是一个智能分析器。在安全策略的指导下，在保证网络畅通的前提下，从逻辑上有效地隔离内部和外部网络之间的活动，尽可能保证内部网络的安全。图 9.1 所示为防火墙的逻辑位置。

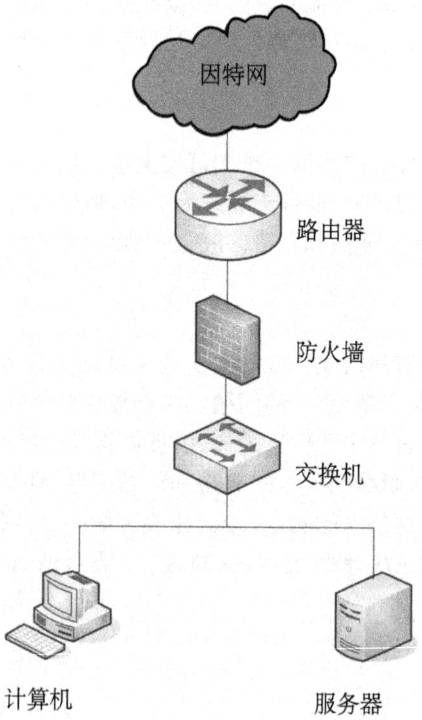

图 9.1　防火墙的逻辑位置

（2）防火墙的基本特性

① 内部网络和外部网络之间的所有网络数据流都必须经过防火墙。这是防火墙所处网络位置的特性，同时也是一个前提。因为只有当防火墙是内、外部网络之间通信的唯一通道时，才可以全面、有效地保护企业内部网络不受侵害。防火墙的一端连接企事业单位内部的局域网，而另一端则连接着因特网，所有的内、外部网络之间的通信都要经过防火墙。

② 只有符合安全策略的数据流才能通过防火墙。防火墙最基本的功能是确保网络流量的合法性，并在此前提下将网络的流量快速地从一条链路转发到另外的链路上去。

③ 防火墙自身应具有非常强的抗攻击免疫力。防火墙处于网络边缘，每时每刻都要面对黑客的入侵，这样就要求防火墙自身具有非常强的抗击入侵本领。要具有这么强的本领，防火墙操作系统本身是关键。只有自身具有完整信任关系的操作系统才可以谈论系统的安全性。

（3）防火墙的功能

① 保护易受攻击的服务。把防火墙看作检查点，所有进出的信息必须穿过它。防火墙为网络安全起到了把关作用，只允许授权的通信通过。防火墙能过滤那些不安全的服务，只有预先被允许的服务才能通过防火墙；防火墙强化了身份识别体系，防止用户的非法访问和非法用户的访问，从而降低受到非法攻击的风险性，大大增加了企业内联网的安全性。

② 可以强化网络安全策略。通过以防火墙为中心的安全方案配置，将所有安全软件（如密码、加密、身份认证、审计等）配置在防火墙上。与将网络安全问题分散到各个主机上相比，防火墙的集中安全管理更为经济。

③ 防止内部信息外泄。通过利用防火墙对内部网络的划分，可实现内联网重点网段的隔离，从而限制局部重点或敏感网络安全问题对全局网络造成的影响。

④ 对网络存取和访问进行监控审查。如果所有的访问都经过防火墙，那么，防火墙就能记录下这些访问并做出日志记录，同时也能提供网络使用情况的统计数据。当发生可疑动作时，防火墙能进行适当的报警，并提供网络是否受到监测和攻击的详细信息。

防火墙的功能是有限的。例如，防火墙不能防备病毒，不能对内部人员的攻击进行防范；当连接不通过防火墙时，防火墙也不能发挥作用。

情境小知识

防火墙的类型

1. 包过滤防火墙

包过滤型产品是防火墙的初级产品，主要是依赖于网络中的数据包的分发传输技术。在网络参考模型的7层协议中，在网络层数据都是以“包”的形式进行传输的，数据被分割成一定大小的数据包，每一个数据包中都会包含特定的信息，如数据的源地址、目标地址、TCP/UDP源端口和目标端口等。防火墙通过读取数据包中的地址信息来判断这些包是否来自可信任的安全站点，一旦发现来自危险站点的数据包，防火墙就会将这些包阻止。系统管理员可以根据实际情况灵活制定判断规则。

2. 应用网关防火墙

应用网关防火墙能够实现比包过滤防火墙更严格的安全策略。应用网关不依赖包过滤来管理因特网服务在防火墙系统中的进出，而是在网络应用层上建立协议过滤和转发功能。它针对特定的网络应用服务协议，使用指定的数据过滤逻辑，并在过滤的同时对数据包进行必要的分析、登记和统计，形成报告。

3. 屏蔽主机防火墙

屏蔽主机防火墙也叫主机过滤防火墙，由堡垒主机和包过滤路由器组成，所有的外部主机与一个堡垒主机相连接而不让它们与内部主机直接相连，通常在路由器上设立过滤规则，并使这个堡垒主机成为唯一可以从外部网络直接到达的主机，符合规则的数据包被传送到堡垒主机。堡垒主机的代理服务软件将允许通过的信息传输到受保护的内部网络，这就确保了内部网络不受未被授权的外部用户的攻击。

4. 屏蔽子网防火墙

屏蔽子网防火墙是在主机过滤结构中增加一个额外的安全层次而构成的。在内部网络和外部网络之间建立一个被隔离的子网，用两台过滤路由器将这一子网分别与内部网络和外部网络分开。增加的安全层次包括一台堡垒主机和一套路由器。两台路由器之间是一个被称为周边网络或参数网络的安全子网，也叫 DMZ（隔离区或非军事化区），使得内部网络和外部网络之间有了两层隔断。

2. 防病毒技术

计算机病毒的防治技术分为预防、检测、清除和免疫4个方面。

（1）病毒的预防技术

病毒的预防是指通过一定的技术手段防止病毒对系统进行传染和破坏。它通过自身常驻系统内存优先获得系统的控制权，监视和判断系统中是否存在病毒，进而进入系统内存阻止计算机病毒对磁盘的操作，以达到保护系统的目的。计算机病毒的预防技术包括磁盘引导区保护、加密可执行程序、读写控制技术和系统监控技术等。

（2）病毒的检测技术

在与病毒的对抗中，及早发现病毒很重要，早发现、早处置，可以减少损失。检测病毒的方法有特征代码法、校验和法、行为监测法等。

① 特征代码法。它的实现是采集已知病毒样本。病毒如果既感染.com文件，又感染.exe文件，对这种病毒要同时采集COM型病毒样本和EXE型病毒样本。打开被检测文件，在文件中搜索，检查文件中是否含有病毒数据库中的病毒特征代码。如果发现病毒特征代码，由于特征代码与病毒一一对应，所以可以断定被查文件中患有哪种病毒。

② 校验和法。计算正常文件内容的校验和，将该校验和写入文件中或写入其他文件中保存。在文件使用过程中，定期或在每次使用文件前，检查文件现在内容算出的校验和与原来保存的校验和是否一致，可以发现文件是否感染，这种方法称为校验和法。它既可发现已知病毒，又可发现未知病毒。

③ 行为监测法。它是指利用病毒的特有行为特征来监测病毒的方法。通过对病毒多年的观察、研究，有一些行为是病毒的共同行为，而且比较特殊。在正常程序中，这些行为比较罕见。在程序运行时监视其行为，如果发现了病毒行为立即报警。

（3）病毒的清除技术

计算机病毒的清除是计算机病毒检测的延伸，是在检测发现特定的病毒基础上，根据具体病毒的清除方法，在感染的程序中除去计算机病毒代码并恢复文件的原有结构信息。

（4）病毒的免疫技术

免疫是机体识别和排除抗原性异物的一种保护性功能。计算机病毒免疫可使计算机系统具有对计算机病毒的抵抗力而免遭其害。其方法包括物理免疫和逻辑免疫。物理免疫是指从硬件上采取措施，使计算机病毒无法实施感染，以取得信息安全；逻辑免疫是针对计算机病毒的作用机理，从计算机软件着手抵抗病毒侵犯的方法。

拓展案例

降低优盘的中毒概率

优盘能够在不同计算机间传输数据，由于其方便的特性，在我们的生活中被广泛应用。随着优盘、存储卡等移动存储设备的普及，优盘病毒早已泛滥成灾。因此，在优盘的使用过程中要养成良好的习惯，积极进行防范，降低中毒概率。

1. 关闭自动化播放功能

打开 Windows 窗口，选择“开始”|“运行”命令，输入 gpedit.msc，进入“组策略”，展开左窗格的“本地计算机策略\计算机配置\管理模板\系统”项，在右窗格的“设置”标题下，双击“关闭自动播放”进行设置。

2. 修改注册表禁止自动运行

打开 Windows 窗口，选择“开始”|“运行”命令，输入 regedit，找到下列注册表项：HKEY_CURRENT_USER\Software\Microsoft\Windows\CurrentVersion\Explorer\MountPoints2，选择 MountPoints2 选项，选择权限，针对该键值的访问权限进行限制，从而隔断病毒的入侵。

3. 打开优盘时请选择右键打开

不要直接双击优盘盘符。具体办法：最好右击优盘盘符选择“打开”命令，或者通过“资源管理器”窗口进入，因为双击会立刻激活病毒，这样做可以避免中毒。

4. 创建 Autorun.inf 文件夹

优盘病毒是利用 Autorun.inf 文件来传播的。操作办法：可以在所有磁盘中创建名为 Autorun.inf 的文件夹，如果有病毒侵入时，病毒就无法自动创建同名的 Autorun.inf 文件了，即使双击盘符也不会运行病毒，从而控制了优盘病毒的传播。

案例思考：你的优盘感染过病毒吗？是如何感染的？你知道如何防范吗？

（二）加密技术

加密技术是一种主动的信息安全防范措施，其原理是利用一定的加密算法，将明文转换成为无意义的密文，阻止非法用户理解原始数据，从而确保数据的保密性。在加密和解密的过程中，由加密者和解密者使用的加解密可变参数叫作密钥。

1. 基本概念

加密：用某种方法伪装数据以隐藏它原貌的过程。

解密：将密文转换成明文的过程。

明文：未被加密的消息，也叫原文。

密文：根据一定算法对明文加密后形成的消息。

密钥：是一种参数，是在明文转换为密文或将密文转换为明文的算法中输入的数据。密钥一般有两种，分别是加密密钥和解密密钥，分别用来完成加密和解密操作。

2. 对称密钥加密技术

对称密钥加密如图 9.2 所示。对称加密算法是一种隐藏数据含义的数据变换机制，该算法提供两个函数——数据加密和数据解密。之所以称它们是对称的，是因为消息发送方和接收方必须使用相同的密钥来加密和解密数据。对称加密依赖于强大的加密算法，即使对方知道部分明文，也很难破译，即加密算法能够抵抗已知明文类型的破译，对称密钥加密算法主要包括 DES、3DES、IDEA 等。

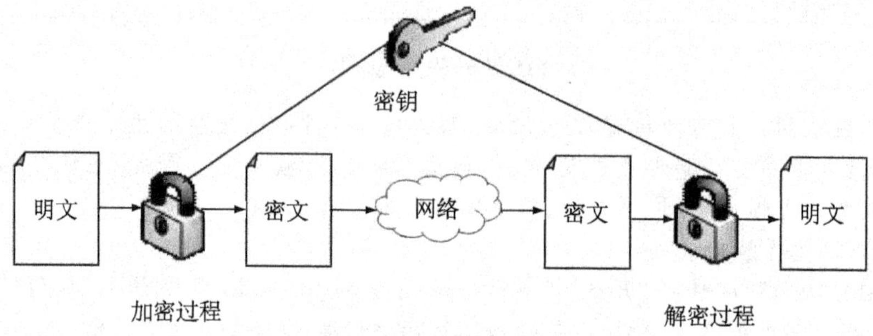

图 9.2　对称密钥加密

3. 非对称密钥加密技术

非对称密钥加密也叫公开密钥加密（见图 9.3），作为加密的密钥不同于作为解密的密钥，而且解密密钥不能根据加密密钥计算出来（至少在合理假定的长时间内）。之所以叫作公开密钥算法，是因为加密密钥能够公开，即陌生人可以用加密密钥加密信息，但只有用相应的解密密钥才能解密信息。

非对称加密算法需要两个密钥——公开密钥和私有密钥。公钥是对外公开的，任何符合条件的人都可以使用；私钥是保密的，只有持有者才有。公钥与私钥是一对，如果用公钥对数据进行加密，只有用对应的私钥才能解密；如果用私钥对数据进行加密，那么只有用对应的公钥才能解密。

典型的非对称加密体制算法主要有 RSA、ECC。其中，RSA 体制被认为是当前理论上最为成熟的一种公钥密码体制，是目前应用最为广泛的公钥系统。而 ECC，即椭圆曲线密码体制，其安全性依赖于椭圆曲线点群上离散对数问题的难解性。非对称密钥加密如图 9.3 所示。

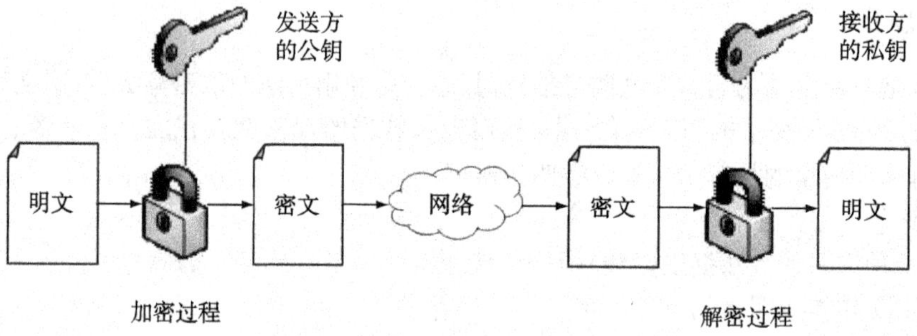

图 9.3　非对称密钥加密

对称加密算法的主要优点是加密和解密速度快、加密强度高，且算法公开，但其最大的缺点是实现密钥的秘密分发困难，在有大量用户的情况下密钥管理复杂，而且无法完成身份认证等功能，不便于应用在网络开放的环境中。

非对称加密算法的优点是能适应网络的开放性要求，密钥管理简单，并且可方便地实现数字签名和身份认证等功能，是目前电子商务等技术的核心基础。其缺点是算法复杂，加密数据的速度和效率较低。因此在实际应用中，通常将对称加密算法和非对称加密算法结合使用，利用DES或IDEA等对称加密算法来进行大容量数据的加密。而采用RSA等非对称加密算法来传递对称加密算法所使用的密钥，通过这种方法可以有效地提高加密的效率并能简化对密钥的管理。

拓展案例

对称密码与非对称密码的综合应用——数字信封

为了充分利用公钥密码和对称密钥算法的优点，克服其缺点，解决每次传送更换密钥的问题，产生了混合密码系统——数字信封技术（见图9.4）。数字信封既发挥了对称加密算法速度快、安全性好的优点，又发挥了非对称加密算法密钥管理方便的优点。在数字信封中，信息发送方采用对称密钥来加密信息内容，将此对称密钥用接收方的公开密钥来加密（这部分称为数字信封）之后，将它和加密后的信息一起发送给接收方，接收方先用相应的私有密钥打开数字信封，得到对称密钥，然后使用对称密钥解开加密信息，既保证了速度，又保证了数据的安全。数字信封技术如图9.4所示。

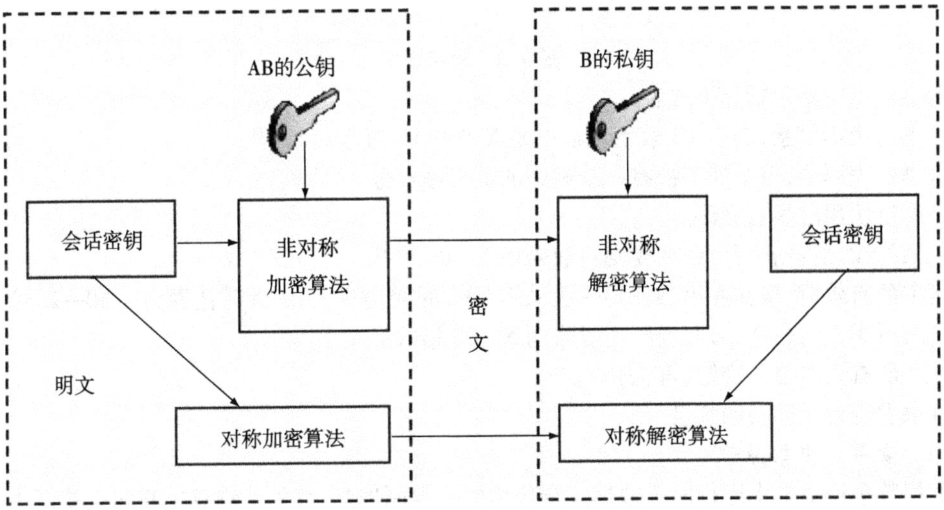

图9.4　数字信封技术

（三）数字证书

1. 数字证书的概念、原理

（1）数字证书的概念

数字证书也叫数字标识（digital certificate 或 digital ID），是一种应用广泛的信息安全技术，一般由权威公正的第三方机构即CA中心签发，主要用于网上安全交易的身份认证。通俗地讲，数字证书就是个人或单位在网络上的身份证。数字证书以密码学为基础，采用数字签名、数字信封、时间戳服务等技术，在因特网上建立安全有效的信任机制。

数字证书文件通常就是一个.cer文件，普遍采用ITUT X.509国际标准格式，其内容包含证书所有者的信息、公开密钥和证书颁发机构的签名等信息。在IE浏览器的菜单栏中选择“工具”|“Internet选项”命令，选择“内容”选项卡，单击“证书”按钮；然后在“个人”选项卡中选定某个数字证书，单击“查看”按扭，在“详细信息”选项卡中即可看到数字证书的主要内容，如图9.5所示。

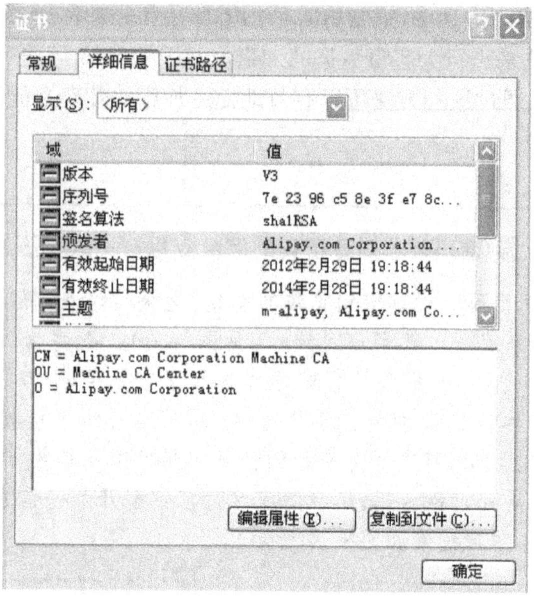

图 9.5　数字证书

数字证书主要包括以下内容。

证书的版本信息,图中 V3 表示该证书是 X.509 V3 版本。

证书的序列号,每个证书都有一个唯一的证书序列号。

证书所使用的签名算法。

证书的颁发机构名称,命名规则一般采用 X.500 格式。

证书的有效期,现在通用的证书一般采用 UTC 时间格式,它的计时范围为 1950—2049。

证书所有人的名称,命名规则一般采用 X.500 格式。

证书所有人的公开密钥(即公钥)。

证书发行者对证书的签名等。

(2) 数字证书的原理

利用数字证书技术进行网上数据安全传输的基本原理是:首先传输双方互相交换证书,验证彼此的身份;然后,发送方利用证书中的公钥和自己的私钥,对要传输的数据进行加密和签名,这样既可保证只有合法的用户才能解密数据,也可保证传输数据的真实性和不可否认性。

① 数据加密。数字证书技术利用一对互相匹配的密钥进行加密、解密。当你申请证书的时候,会得到一把私钥和一个数字证书(公钥)。其中公钥可以发给他人使用,而私钥应该保管好、不能泄露给其他人,否则别人将能用它以你的名义签名。

当你向对方发送一份保密文件时,需要使用对方的公钥对数据加密,朋友收到文件后,则使用自己的私钥解密。没有私钥,就不能解密文件,从而保证数据的安全保密性。这种加密是不可逆的,即使你已知明文、密文和公钥,也无法推导出私钥。

② 数字签名。另外,你也可以对文件进行数字签名,即用你的私钥对数据进行加密处理。由于私钥仅为你一个人拥有、别人是无法仿造的,所以经过你签名的文件一定是你自己签名发送的,而且未被篡改过。你可以右击某个文件,查看文件属性,假如没有有效的数字签名,那么你将无法得知该文件的来源,或者无法确保它在发行之后未被篡改过。

2. 数字证书的应用

(1) 个人身份证书

符合 X.509 标准的数字安全证书,证书中包含个人身份信息和个人的公钥,用于标识证书持有人的个人身份。数字安全证书和对应的私钥存储于 E-key 中,用于个人在网上进行合同签订、提交订单、输入审核、设置操作权限、支付等活动中标明身份。

(2) 单位数字证书

证书中包含企业信息和企业的公钥,用于标识证书持有企业的身份。数字安全证书和对应的私钥存储于 E-key 或 IC 卡中,可以用于企业在电子商务方面的对外活动,如合同签订、网上证券交易、交易支付等。

(3) E-mail 证书

通过 IE 或 Netscape 申请,用 IE 申请的证书存储于 Windows 的注册表中,用 Netscape 申请的存储于个人用户目录下的文件中,用于安全电子邮件或向需要客户验证的 Web 服务器(https 服务)表明身份。

(4) 应用服务器证书

证书中包含服务器信息和服务器的公钥,在网络通信中用于标识和验证服务器的身份。数字安全证书和对应的私钥存储于 E-key 中。服务器软件利用证书机制保证与其他服务器或客户端通信时双方身份的真实性、安全性、可信任度等。

(5) 代码签名证书

代码签名证书是 CA 中心签发给软件提供商的数字证书,包含软件提供商的身份信息、公钥及 CA 的签名。软件提供商使用代码签名证书对软件进行签名后放到因特网上,当用户在因特网上下载该软件时会得到提示,从而可以确信软件的来源,以及软件自签名后到下载前没有遭到修改或破坏。

拓展案例

生物认证技术

生物认证技术是利用人体生物特征进行身份认证的技术。生物识别系统对生物特征进行取样,提取其唯一的特征进行数字化处理,转换成数字代码,并将这些代码组成特征模板存放在数据库中。人们同识别系统交互进行身份认证时,识别系统获取其特征并与数据库中的特征模板进行对比和匹配,从而对身份进行认证。生物认证技术主要有以下几种。

1. 指纹识别技术

每个人的指纹都是唯一的,并且终生不变。将指纹和预先保存在数据库中的指纹采用指纹识别算法进行对比,便可验证其真实身份。

2. 视网膜识别技术

视网膜识别是采用红外线去捕捉视网膜的独有特征。视网膜识别的优点就在于它是一种极其固定的生物特征,因为它是"隐藏"的,故而不可能受到磨损、老化等影响;使用者也无须和设备进行直接的接触;同时它是一个最难欺骗的系统,因为视网膜不可见,故而不会被伪造。

3. 人脸识别技术

人脸识别技术是基于人的脸部特征,对输入的人脸图像或视频流,首先判断其中是否存在人脸,如果存在人脸,则进一步给出每个脸的位置、大小和各个主要面部器官的位置信息。依据这些信息,进一步提取每个人脸中所蕴含的身份特征,并将其与已知的人脸进行对比,从而识别每个人脸的身份。

案例思考:生物认证技术与数字认证技术的区别是什么?你还知道哪些生物识别技术和电子签名技术?

(四)数字时间戳

在合同中,日期和签名是同样重要的,在电子商务交易中,对交易文件的日期和时间采取的安全措施是在电子签名的交易文件上打上一个可信赖的时间戳。

数字时间戳服务(DTS)是网上安全服务项目,由专门的机构提供。时间戳(time-stamp)是一个经加密后形成的凭证文档,它包括3个部分。

① 需要加时间戳的文件的摘要(digest)。

② DTS 收到文件的日期和时间。

③ DTS 的数字签名。

时间戳产生的过程如下,如图9.6所示。

① 用户将需要加时间戳的文件用 Hash 编码加密形成摘要。

② 将该摘要发送到 DTS 上。

③ DTS 机构在原数字摘要上加上收到文件摘要的时间和日期,然后用 Hash 函数加密得到新的数字摘要。

④ DTS 机构用自己的私钥对新的数字摘要进行加密,产生数字时间戳发给用户。

⑤ 用户可以将收到的数字时间戳发送给自己的商业伙伴以证明信息的发送时间。

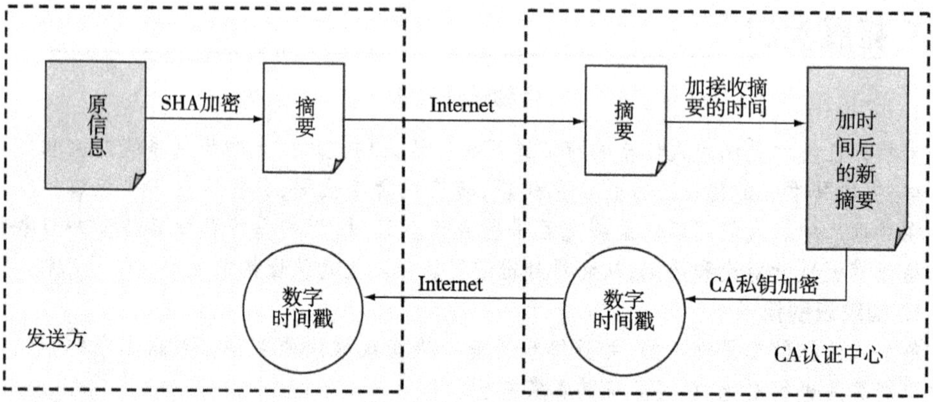

图9.6　数字时间戳原理

拓展案例

“时间戳”给网络作品盖上“出生证”

继深圳、广州之后，大连成为全国第三个开通知识产权保护TSA平台的城市。

当一位作者将自己创作的小说或博客文章放在网上发表后，一觉醒来，也许会惊讶地发现很多人正打着“绝对原创”的旗号在因特网上到处传播自己的作品。而真正的作者由于无法证明作品最早诞生于自己之手，“李逵”反成“李鬼”，甚至将著作权拱手让人。

随着因特网的发展，音乐、视频、设计等数字作品的原创之争显出愈演愈烈之势，面对网上肆意的转载和盗用，“如何证明我才是原创”这一问题正困扰着众多网络作家和设计师。日前，一种自助版权保护方式——“TSA（时间戳）版权保护系统”在大连市已正式开通服务，为自己的作品加盖“时间戳”成为版权保护的一种新手段。

1. 创作先后，时间戳说了算

时间戳是经加密后形成的具有法律效力的电子凭证，可以证明一份电子文件在某一个时间点的真实存在状态，是电子文件在时间、权属及内容完整性方面的证明。

时间戳开发者联合信用公司负责人王久双说，“时间戳”就是为电子文件提供了一张“出生时间证明”。而这个“出生时间”来源于我国唯一法定时间源——国家授时中心。

大连市版权保护协会李东平会长介绍说，任何个人或企业都可以使用时间戳保护自己的作品。当用户通过TSA版权保护系统递交登记的同时，系统会在第一时间为作品盖上一个时间戳，形成不可改动的时间记录。一旦对簿公堂，时间戳将成为重要证据。“今后如果有人盗用你的作品，你只要亮出时间戳，创作时间的先后一看便知。”

2. 盖个时间戳只需10元

今年5月，大连市版权保护协会开始为大连地区的个人和企业提供时间戳版权保护服务。这使大连继深圳和广州之后，成为全国第三个开通知识产权保护TSA平台的城市。

在大连市版权协会的网站上，用户按照提示进入TSA版权保护系统，轻点鼠标，完成几步简单的操作，短短几分钟就可以拥有一个属于这个作品的时间戳。加盖一个时间戳只需10元。申请者可以通过网上支付、银行或邮局汇款进行交费或充值。同时，用户也可通过时间戳序列号对自己已经加盖时间戳的作品进行查询。

据悉，为了更好地保护著作权人的合法权益，大连市版权保护协会已经在高新园区设立了办事机构，专门为园区内动漫、软件开发企业提供时间戳的登记及咨询服务。

3. 盖戳范围广泛安全

时间戳的应用范围十分广泛，它可以给文字、音频、视频、设计、代码等各类电子文件加盖“出生证明”。由于时间戳可以保障作品的私密性，所以还可对企业不愿公开的工程投标图纸、商业秘密、工业著作权进行保护。

用户申请时间戳时，通过因特网上传的仅仅是文件的“指纹”（Hash值），系统只是对文件的“指纹”进行时间戳签名，并不能浏览到文件的内容，从而保证了用户原始信息数据的保密性和安全性。

为了避免竞争对手“抄袭”、员工“跳槽”而引发的知识产权纠纷，众多企业及个人已开始运用时间戳保护自身权益。这些企业通过对软件代码、重要会议纪要、合同等电子文档及时加盖时间戳，证明企业在某一时刻已拥有什么样的电子文档。

4. 盗用零成本催生时间戳

目前，越来越多的作品都已实现了数字化。但是，作品数字化所导致的一个最大问题即是盗用零成本：抄袭者只需通过简单的复制、粘贴便可完成盗用。

王久双表示，在抄袭、未经许可非法使用等常见的版权纠纷案中，确认作品的创作完成时间是解决纠纷的关键，然而作者往往难以提供能够被法庭采信的证据。时间戳的设计初衷就是针对电子作品由于缺少完成时间的权威认定而在版权保护中缺乏有效依据的问题。使用时间戳来确认某篇文章、某段旋律是自己最先创作出来的，让创作者的成果从盖戳之时起就受到保护，为作品内容和创作时间提供一份可靠的证据。一旦发生纠纷，原创者便可以此为凭据理直气壮地为自己争取权益。

案例思考：网络盗版具有什么特点？时间戳是如何保护版权的？

资料来源：http://www.tsa.cn/info/171113_181904.vm.

（五）数字摘要

1. 数字摘要的概念

数字摘要技术（digital digest）也称为安全 Hash 编码法（Secure Hash Algorithm，SHA）。数字摘要技术用于对所要传输的数据进行运算生成信息摘要。它并不是一种加密机制，但却能产生信息的数字"指纹"；它的目的是确保数据没有被修改，保证信息的完整性不被破坏。

2. 数字摘要的基本原理

① 被发送文件用 SHA 编码加密产生 128 bit 的数字摘要。

② 发送方用自己的私用密钥对摘要加密，这就形成了数字签名。

③ 将原文和加密的摘要同时传给对方。

④ 对方用发送方的公共密钥对摘要解密，同时对收到的文件用 SHA 编码加密而产生又一摘要。

⑤ 将解密后的摘要和收到的文件与接收方重新加密产生的摘要相互对比。如果二者一致，则说明在传送过程中信息没有被破坏或篡改过；否则不然。

（六）数字签名

签名是保证文件或资料真实性的一种方法。在通信中通常用数字签名来模拟文件或资料中的亲笔签名。数字签名技术可以保证信息传递过程中信息的完整性，并提供信息发送者的身份认证，防止抵赖发生。

1. 数字签名的概念

数字签名，又称电子签名，是一种类似写在纸上的普通的物理签名，但是使用公钥加密领域的技术实现，用于鉴别数字信息的方法。一般采用 Hash 单向散列函数进行运算，是只有信息的发送者才能产生、别人无法伪造的一段数字串，这也是对信息的发送者发送信息真实性的一个有效证明。一套数字签名通常定义两种互补的运算，一种用于签名，另一种用于验证。

2. 数字签名的过程

1） 发送方使用安全单向散列函数（如 MD5 算法等）对要发送的信息进行运算，并形成信息摘要。

2） 发送方使用自己的私钥对生成的信息摘要进行加密，加密的结果即自己的数字签名。

3） 发送方把原文和经过签名的摘要发送给对方。

4） 接收方用与发送方相同的安全单向散列函数对收到的原文进行相同的操作，重新生成信息摘要；然后接收方使用发送方的公钥，利用相同的公钥算法解密收到的信息摘要。

5）接收方比较新生成的信息摘要和解密得到的信息摘要。如果二者相同，则说明信息未被篡改过，而且这个信息一定来自发送方；如果二者不同，则说明接收到的信息是不完整的，很可能被他人篡改过。

数字签名的过程如图9.7所示。

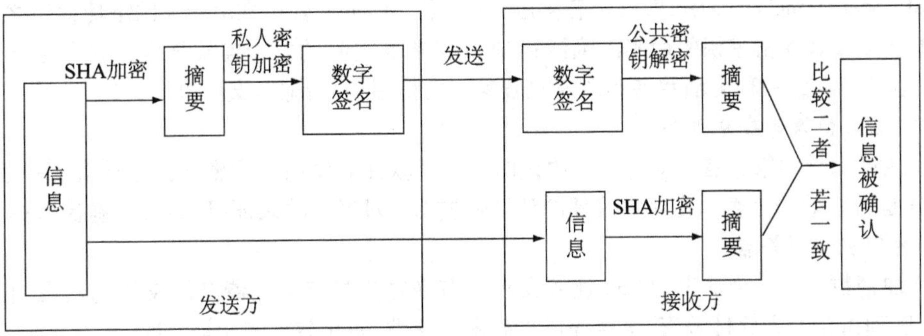

图9.7　数字签名的过程

3. 数字签名的功能

(1) 保证信息传输中的完整性

电子商务交易要保证信息在传输中不被篡改，否则信息的错误将对买卖双方都造成经济损失。数字签名采用安全单向散列函数的特点是如果两条信息的信息摘要相同，则它们的信息内容也相同。因此，可以通过比较发送前的信息摘要和接收后的信息摘要来判断信息在传输过程中是否被篡改过或改变过，从而验证信息传输的完整性。

(2) 对信源的身份认证

数字签名技术使用公钥加密算法，发送者使用自己的私钥对发送的信息进行加密，接收者可以通过发送者的公钥解密接收的信息。这样，买卖双方就可以通过数字签名完成身份的确认。

(3) 防止交易中抵赖行为的发生

当交易中出现抵赖行为时，接收者可以将接收到的密文呈现给第三方。由于该密文由发送者的私钥生成，其他任何人都没有这个私钥，也就不能生成这样的密文。这样第三方就可以通过发送者的公钥解密接收者呈送的密文。如果能正确解密，则可以确定这个密文确实是该发送者发送的，而发送者发生了抵赖行为。

情境小知识

数字签名的操作

首先用户可以下载或购买数字签名软件，然后安装在个人计算机上。在产生密钥对后，软件自动向外界传送公开密钥。由于公开密钥的存储需要，所以需通过认证机构（CA）来完成个人信息及其密钥的确定工作。用户在获取公开密钥时，首先向认证机构请求数字确认，等认证机构确认用户身份后，发出数字确认，同时认证机构向数据库发送确认信息。然后，用户使用私钥对所传信息签名，保证信息的完整性、真实性，同时也使得发送方无法否认信息的发送，之后发向接收方；接收方接收到信息后，使用该密钥确认数字签名，进入数据库检查用户确认信息的状况和可信度；最后向接收方返回用户确认状态信息。这样使用数字签名技术就可以保障系统的安全性了。

资料来源：王芸. 电子商务法规[M]. 北京：高等教育出版社，2005.

（七）SSL和SET协议

1. SSL协议——构建网络信息安全通道

(1) SSL协议概述

SSL(Secure Socket Layer,即安全套接层)协议是Netscape公司推出的在网络传输层之上提供一种基于RSA和保密密钥的用于浏览器和Web服务器之间的安全连接技术。它是国际上最早应用于电子商务的一种由消费者和商家双方参加的信用卡/借记卡支付协议。

(2) SSL协议的安全服务

① 认证用户和服务器。支持SSL协议的客户机软件能使用公钥密码技术检查服务器证书、公用ID是否有效和是否由在客户信任的认证机构CA列表内的认证机构发放,确保数据发送到正确的客户机和服务器。

② 加密数据。一个加密的SSL连接要求所有在客户机与服务器之间发送的信息由发送方软件加密和由接收方软件解密,这样提供了高度机密性,防止数据中途被窃取。

③ 维护数据的完整性,确保数据在传输过程中不被改变。

(3) SSL协议的工作流程

服务器认证阶段的流程如下。

1)客户端向服务器发送一个开始信息"Hello",以便开始一个新的会话连接。

2)服务器根据客户的信息确定是否需要生成新的主密钥,如果需要则服务器在响应客户的Hello信息时将包含生成主密钥所需的信息。

3)客户根据收到的服务器响应信息,产生一个主密钥,并用服务器的公开密钥加密后传给服务器。

4)服务器恢复该主密钥,并返回给客户一个用主密钥认证的信息,以此让客户认证服务器。

用户认证阶段主要完成对客户的认证。在此之前,服务器已经通过了客户认证。经认证的服务器发送一个提问给客户,客户则返回数字签名后的提问和其公开密钥,从而向服务器提供认证。SSL协议工作过程如图9.8所示。

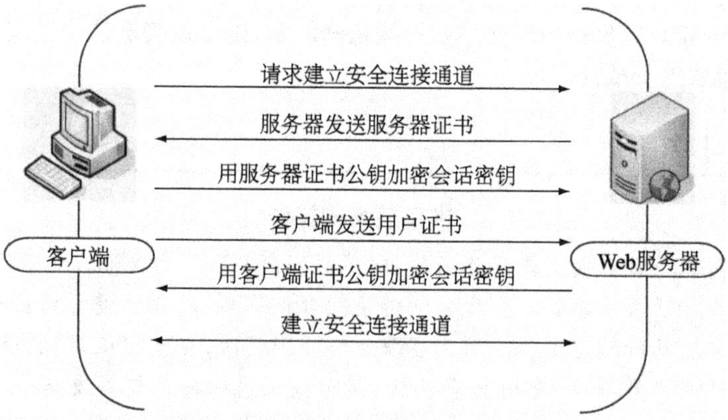

图9.8　SSL协议工作过程

从SSL协议所提供的服务及其工作流程可以看出,SSL协议运行的基础是商家对消费者信息保密的承诺,这就有利于商家而不利于消费者。在电子商务初级阶段,由于运作电子商务的企业大多是信誉较高的大公司,所以此问题还没有充分暴露出来。但随着电子商务的发展,各中小型企业也参与进来,这样在电子支付过程中的单一认证问题就越来越突出。虽然在SSL3.0中通过数字签名和数字证书可实现浏览器和Web服务器双方的身份验证,但是SSL协议仍存在一些问题。例如,只能提供交易中客户与服务器间的双方认证,在涉及多方的电子交易中,SSL协议并不能协调各方之间的安全传输和信任关系。在这种情况下,Visa和MasterCard两大信用卡组织制定了SET协议,为网上信用卡支付提供了全球性的标准。

2. SET协议

(1) SET协议概述

SET(Secure Electronic Transaction,即安全电子交易)协议是美国Visa和MasterCard两大信用卡组织等联合于1997年5月31日推出的用于电子商务的行业规范,其实质是一种应用在因特网上、以信用卡为基础的电子付款系统规范,目的是保证网络交易的安全。SET协议妥善地解决了信用卡在电子商务交易中的交易协议、信息保密、资料完整及身份认证等问题。SET协议已获得IETF标准的认可,是电子商务的发展方向。

SET支付系统主要由持卡人、商家、发卡行、收单行、支付网关、认证中心6个部分组成。对应的,基于SET协议的网上购物系统至少包括电子钱包软件、商家软件、支付网关软件和签发证书软件。

(2) SET提供的服务

SET协议为电子交易提供了许多保证安全的措施,能保证电子交易的保密性、数据完整性、交易的不可否认性和身份的合法性。SET协议可在以下几个方面为客户提供安全保障。

① 保证交易信息的保密性和完整性。SET协议采用了双重签名技术,对SET交易过程中消费者的支付信息和订单信息分别签名,使得商家看不到支付信息,只能接收到用户的订单信息;而金融机构看不到交易内容,只能接收到用户的支付信息和账户信息,从而充分保证了消费者账户和订单信息的安全性。

② 确保交易的不可否认性。SET协议的重点就是确保商家和客户的身份认证和交易行为的不可否认性。其理论基础就是不可否认机制,采用数字证书、数字签名、报文摘要等技术。

③ 确保商家和客户的合法性。SET协议使用数字证书对交易各方的合法性进行验证。通过数字证书的验证,可以确保交易中的商家和客户都是合法的、可信赖的。

(3) SET协议的工作流程

在SET协议介入之前,消费者通过因特网进行选货、下订单,并与商家联系,最终确定订单的相关情况、付款方式和签发付款指令。此时SET协议开始介入,进入以下几个阶段,如图9.9所示。

1) 支付初始化请求和响应阶段。当客户决定购买商家的商品并使用电子钱包支付时,商家服务器上的POS软件发报文给客户的浏览器电子钱包,电子钱包要求客户输入口令,然后与商家服务器交换“握手”信息,使客户和商家相互确认,即客户确认商家被授权可以接受信用卡,同时商家也确认客户是一个合法的持卡人。

2) 支付请求阶段。客户发出一个报文,包括订单和支付命令。在订单和支付命令中必须有客户的数字签名,同时利用双重签名技术保证商家看不到客户的账号信息。而位于商家开户行被称为支付网关的另外一个服务器可以处理支付命令中的信息。

3)授权请求阶段。商家收到订单后,POS软件组织一个授权请求报文,其中包括客户的支付命令,发送给支付网关。支付网关是一个因特网服务器,是连接因特网和银行内部网络的接口。授权请求报文通过支付网关到达收单银行后,收单银行再到发卡银行确认。

4)授权响应阶段。收单银行得到发卡银行的批准后,通过支付网关发给商家授权响应报文。

5）支付响应阶段。商家发送购买响应报文给客户，记录客户交易日志，以备查询。之后进行发货或提供服务，并通知收单银行将钱从消费者的账号转移到商店账号，或者通知发卡银行请求支付。

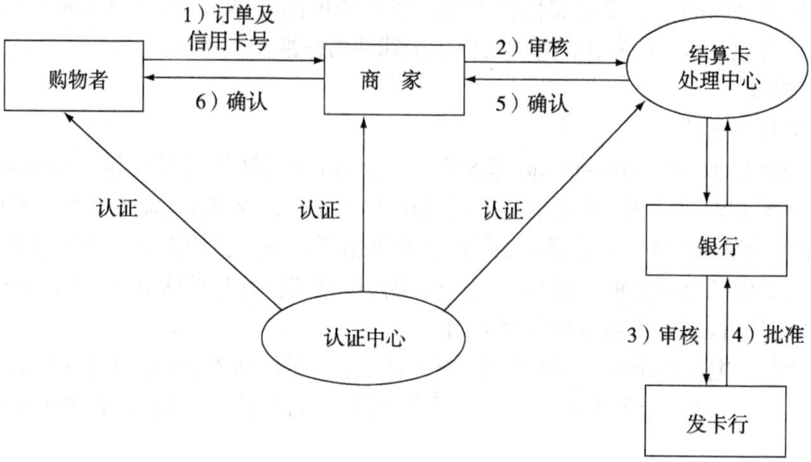

图 9.9　SET 安全协议的工作原理或工作流程

（4） SSL 协议与 SET 的比较

① SSL 协议的优缺点。SSL 协议是两层协议，建立在传输控制协议（TCP）之上、应用层之下，并且与上层应用协议无关，可为应用层协议如 HTTP、FTP、SMTP 等提供安全传输。通过将 HTTP 与 SSL 相结合，Web 服务器就可实现客户浏览器与服务器间的安全通信。因此，简便易行是 SSL 协议的最大优点。但与此同时，其缺点也是显而易见的。首先，在交易过程中，客户的信息先到达商家那里，这就导致客户资料的安全性无法保证；其次，SSL 协议只能保证资料传递过程的安全性，而传递过程是否有人截取则无法保证；再次，由于 SSL 协议的数据安全性是建立在 RSA 等算法上的，因此其系统安全性较差；最后，虽然 SSL 协议中也使用了数字签名来保证信息的安全，但是由于其不对应用层的消息进行数字签名，因此不能提供交易的不可否认性，这就造成了 SSL 协议在电子银行应用中的最大不足。

② SET 协议的优缺点。由于 SET 协议提供了消费者、商家和银行之间的双重身份认证，确保了交易数据的安全性、完整可靠性和交易的不可否认性，特别是保证不将消费者银行卡号暴露给商家等优点，因此它成为目前公认的信用卡网上交易的国际安全标准。但在实际应用中，SET 协议依然存在以下不足。

SET 协议中仍存在一些漏洞。例如，不可信的用户可能通过其他商家的帮助欺骗可信的商家在未支付的情况下得到商品；密钥存在被泄露的危险；存在冒充持卡人进行交易的隐患。

SET 协议的性能有待改进。例如，单纯支持信用卡；协议过于复杂，要求安装的软件包过多，处理速度慢，价格昂贵；由于该协议的每一个阶段都要进行多次数据加密解密、签名、证书验证等安全操作，因此协议的交易时间过长，不能满足实时交易要求。

SSL 协议和 SET 协议的比较如表 9.2 所示。

表9.2　SSL协议和SET协议的比较

项　目	SSL协议	SET协议
参与方	商家、客户、网上银行	商家、客户、网上银行、认证中心、支付网关
处理速度	简单，处理速度较快	非常复杂、庞大，处理速度慢
软件安装	已被浏览器和Web服务器内置，无须安装专门软件	客户端需安装专门的电子钱包软件，在商家服务器和银行网络上也需安装相应的软件
认证方面	只有商家的服务器需要认证，客户端认证则是有选择的	所有参与交易的成员（持卡人、商家、发卡行、收单行和支付网关）都必须申请数字证书进行身份识别
安全性	只对持卡人与商店端的信息交换进行加密保护，可以看作用于传输那部分的技术规范	规范了整个商务活动的流程，从持卡人到商家、到支付网关、到认证中心，以及信用卡结算中心之间的信息流走向和必须采用的加密、认证都制定了严密的标准
网络层协议位置	基于传输层的通用安全协议	位于应用层，对网络上其他各层也有涉及

拓展案例

其他安全交易标准

① 安全超文本传输协议（Secure HyperText Transfer Protocol，S-HTTP）。依靠密钥对的加密，保障Web站点间的交易信息传输的安全性。S-HTTP客户机和服务器能与某些加密信息格式标准相结合，不需要客户端公用密钥认证，支持对称密钥的操作模式。S-HTTP提供了完整且灵活的加密算法，敏感的数据信息不会以明文形式在网络上发送。S-HTTP支持端对端的安全事务通信，客户机可能首先启动安全传输，如可以用来支持已填表单的加密。

② 安全交易技术协议（Secure Transaction Technology，STT）。由Microsoft公司提出，STT将认证和解密在浏览器中分离开，用以提高安全控制能力。Microsoft将在Internet Explorer中采用这一技术。

③ HTTPS（Hyper Text Transfer Protocol Secure）将SSL/TLS加密和认证功能融入到HTTP协议里面，在信息传送前先通过SSL/TLS协议加密，收到的信息会先被浏览器解密，再显示出，从而保证网上交易时的安全。HTTPS广泛用在网上交易、支付、敏感信息下载（如电子邮件）等领域，如工行网上银行登录（https://mybank.icbc.com.cn/icbc/perbank/index.jsp）、QQ邮箱登录（https://mail.qq.com/）等，在浏览器的地址栏通常是以https开头的。

随着技术的不断发展，将有越来越多的新技术应用到电子商务的安全防范中。只要养成良好的操作习惯，电子商务的安全威胁就并不可怕。

三、电子商务安全管理

电子商务的安全管理，就是通过一个完整的综合保障体系来规避信息传输风险、信用风险、管理风险和法律风险，以保证网上交易的顺利进行。网上交易安全管理应采用综合防范的思路。一是技术方面的考虑，如防火墙、网络防毒、信息加密、身份认证、授权等技术，但必须明确，只有技术措施并不能完全保证网上交易的安全；二是必须加强监管，建立各种有关的合理制度，并加强严格监督，如建立交易的安全制度、交易安全的实时监控、提供实时改变安全策略的能力、对现有的安全系统漏洞的检查，以及安全教育等。安全管理是一项系统工程，不仅涉及企业的组织架构、信息技术、人员素质等各个方面，还牵涉法律和商业规则。

（一）建立信息安全管理体制

加强信息安全除了采取一定的安全技术措施以外，还要有完善的信息安全管理体系。

信息安全管理体系就是组织在整体或特定范围内建立的信息安全方针和目标，以及完成这些目标所用的方法和体系。它是直接管理活动的结果，表示为方针、原则、目标、方法、计划、活动、程序、过程和资源的集合。组织可以参照信息安全管理模型，按照先进的信息安全管理标准建立、组织完整的信息安全管理体系并实施与维持，达到动态、系统、全员参与、制度化、以预防为主的信息安全管理方式，用最低的成本，达到可接受的信息安全水平，从根本上保证业务的连续性。

建立信息安全管理体系首先要建立一个合理的信息安全管理框架，要从整体和全局的视角，从信息系统的所有层面进行整体安全建设，并从信息系统本身出发，通过建立资产清单，进行风险分析、需求分析和选择安全控制等步骤，建立安全体系并提出安全解决方案。其中包括，对从事网络营销和企业内部网络维护的人员进行重点安全管理，落实工作责任制；完善保密制度；为防止可能发生的安全问题或在问题发生后能为侦破工作提供监督数据，应当在企业内部建立跟踪制度；加强网络系统的日常管理和维护，建立合理的应急制度。当计算机网络、商务应用系统发生灾难性事件时，利用备份资料和其他技术手段迅速恢复系统，使损失减到最小。

（二）构建完善的信用安全管理体系

电子商务中的信用是指参与电子商务交易的成员或组织被他人信任的程度、守承诺的程度。电子商务中的信用问题是指电子商务交易过程中因缺乏一定的信任关系而导致电子商务的交易成本上升，使交易复杂化、混乱化，甚至无法正常进行。完整的信用管理体系应该包含信用信息采集系统、信用评价及查询系统、信用动态跟踪及反馈系统、信用保障系统等子系统。其中，信用信息的采集是体系运作的基础；信用评价及查询则是信用管理体系进行成果展示的窗口，以实现信用信息的公开、透明；信用跟踪及反馈系统的有效运作维持着整个信息管理体系的正常运行；而信用保障系统则在法规上为整个体系的运行提供引导及支撑。

（三）构建安全的法律保障体系

面对电子商务这种新型的贸易形式，我国目前尚无专门的法规可依，使得部分违法犯罪人员没有得到应有的惩罚。近几年来，国家加强了这方面的投入，在全国性的立法文件中，《中华人民共和国合同法》（以下简称《合同法》）的部分条款可以看作针对电子商务的立法。此外，广东省制定的《广东省电子交易管理条例》这个地方性的法规可以看作对加快我国电子商务立法的有益探索。《中华人民共和国电子签名法》（以下简称《电子签名法》）主要用于电子商务活动、电子政务等其他应用应该有新的适用法规。

便捷的电子商务在给企业带来机遇的同时，也使企业面临着各种安全风险。由于缺乏对电子商务信息安全管理体制的系统认识，很多企业把其电子商务信息安全作为一项技术工程来实施，而忽略了交易过程中各参与人员对安全的影响。本书分析了企业在电子商务安全管理体制方面存在的不足和原因，从安全防范意识、管理组织体系、信息安全技术策略、人员管理与培训、电子商务立法等方面提出了一些加强人员安全管理的建议。在企业走向电子商务时代途中，只有管理与技术并重，才能确保电子商务交易过程中企业信息的安全。

四、电子商务安全立法

拓展案例

2012 年 6 月 12 日，据中国电子商务研究中心相关负责人披露，由国家工商总局牵头发起的《网络商品交易及服务监管条例》的立法工作全面启动，并已列入国务院“二类立法”计划。这意味着我国首部电子商务监管立法已全面启动。

此前，在杭州低调召开的《网络商品交易及服务监管条例》立法工作方案研讨会上，国家工商总局有关官员指出，本次立法以《网络商品交易及有关服务行为管理暂行办法》（49 号令，俗称“网店新规”）为基础，全面拓展延伸，坚持发展优先、权利保护优先、自律优先，从市场准入、信用体系建设、消费维权、案件管辖、网上知识产权保护、新兴业态、跨境交易、网络不正当行为、秒杀等网络新兴行为九大方面落实条例。

据了解，虽然我国之前也出台过相关的电子商务法律法规，如《电子签名法》、《关于加快电子商务发展的若干意见》、《网络商品交易及有关服务行为管理暂行办法》、《关于促进网络购物健康发展的指导意见》、《网络游戏管理暂行办法》、《非金融机构支付服务管理办法》等，但都是局部的，有些只是部委规章，缺乏可操作性与全面性，我国尚未出台一部全面的电子商务监管法律法规。而本次立法明确列入2012 年度国务院“二类立法”计划，涵盖了电子商务市场中的 C2C 与 B2C 网络零售、O2O 网络团购消费、移动电子商务、虚拟商品交易、B2B 网络贸易、大宗商品电子交易、跨境电子商务（海外代购、小额外贸）等诸多细分领域，是我国目前针对电子商务交易监管层面的首次立法。其意义重大，不仅关系到广大网络消费者，而且涉及网络经营者、服务提供者、交易平台等市场主体的切身利益。

据悉，中国电子商务研究中心作为第三方专业电子商务研究机构，受国家工商总局委托，全程参与此次《网络商品交易及服务监管条例》立法调研与起草工作，并由中心主任曹磊研究员受邀出任立法起草小组副组长。

本次立法的焦点主要集中在网络经营主体（如淘宝网店）的准入与界定、对网络经营者是否征税、虚拟商品交易规范、跨境网络交易监管、平台经营者监管、网络促销规范、网络消费纠纷管辖权等方面。

资料来源：http://it. sohu. com/20120612/n345425540. shtml.

从上例可以看出，由于电子商务的蓬勃发展，国家对电子商务越来越重视，对于电子商务这样的新兴商务形式，已经从国家立法的角度进行规范。

（一）国际电子商务立法进程

1. 电子商务立法初期

早期的国际电子商务立法主要是围绕着 EDI 规则的制定展开的。20 世纪 80 年代，基于单证文本数据交换处理的EDI在国际贸易中已有较为广泛的运用。由于这种数据交换是在各个国家、各种网络和各类计算机设备之间进行的,因而订立通信协议和数据文本交换标准的问题就显得尤为重要。1979年,美国标准化委员会制定了ANSI/ASC/X·12标准,促进了北美大陆EDI的进程。1981年欧洲国家推出第一套网络贸易数据标准,即《贸易数据交换指导原则》(GTDI),为电子商务的研制和开发奠定了基础。

由于实施的标准不同,因此在ANSI/ASC/X·12和GTDI进行数据交换中遇到了较大麻烦。为此,联合国着手弥合两大标准的差异,建立世界统一的EDI标准。1990年3月,联合国正式推出了UN/EDIFACT标准,并被国际标准化组织正式接受为国际标准ISO9735。UN/EDIFACT标准的推出统一了世界贸易数据交换中的标准,使得利用电子技术在全球范围内开展商务活动有了可能。因此,UN/EDIFACT标准的诞生标志着国际电子商务的开始。此后,联合国又先后制定了《联合国行政商业运输电子数据交换规则》、《电子数据交换处理统一规则》(UNCID)等文件。1993年10月,联合国国际贸易法委员会电子交换工作组26届会议全面审议了《电子数据交换及贸易数据通讯有关手段法律方面的统一规则草案》,形成了国际EDI的法律基础。

电子商务发展的早期,由于受到网络技术发展的限制,国际电子商务立法只能局限于EDI标准和规则的制定上,其影响也是有限的。

2. 电子商务立法高速发展期

20世纪90年代初,互联网商业化和社会化的发展,从根本上改变了传统的产业结构和市场的运作方式,电子商务出现了前所未有的增长势头。联合国贸法会在EDI规则研究与发展的基础上,于1996年6月通过了《联合国国际贸易法委员会电子商务示范法》。这个示范法为各国立法人员提供了一整套国际上能够接受的电子商务规则。例如,如何消除以无纸方式交流重要法律信息的一系列法律障碍(其中包括这些信息的法律效力或合法性的不确定性),如何为电子商务创造一个更加安全的运作环境等。示范法也可用来解释妨碍电子商务的现有国际公约和其他国际机制。示范法的颁布为逐步解决电子商务的法律问题奠定了基础,为各国制定本国电子商务法规提供了框架和示范文本。

自1996年以来,在联合国《电子商务示范法》制定之后,一些国际组织与国家纷纷合作,制定了各种法律规范,形成了国际电子商务立法的高速发展期。

1986年开始的关贸总协定最终制定了《服务贸易总协定》。《服务贸易总协定》的谈判产生了一个《电信业附录》。这一附录的制定开始了全球范围内电信市场的开放。WTO建立后,立即开展了信息技术的谈判,并先后达成了《全球基础电信协议》、《信息技术协议(ITA)》、《开放全球金融服务市场协议》三大协议,这三大协议为电子商务和信息技术的稳步有序发展确立了新的法律基础。

随着电子商务的发展,现有的国际商务惯例已远远不能满足商业往来的需要。国际商会已于1997年11月6日通过《国际数字保证商务通则》(GUIDEC)。该通则试图平衡不同法律体系的原则,为电子商务提供指导性政策,并统一有关术语。国际商会目前正在制订的还有《电子贸易和结算规则》等交易规则。

1998年月10月,经济合作与发展组织(OECD)公布了3个重要文件:《OECD电子商务行动计划》、《有关国际组织和地区组织的报告:电子商务的活动和计划》、《工商界全球商务行动计划》,作为OECD发展电子商务的指导性文件。欧盟则于1997年提出《关于电子商务的欧洲建议》,1998年又发表了《欧盟电子签字法律框架指南》和《欧盟关于处理个人数据及其自由流动中保护个人的指令》(或称《欧盟隐私保护指令》),1999年发布了《数字签名统一规则草案》。这些地区性组织通过制定电子商务政策,努力协调内部关系,积极将其影响扩展到全球。

为了解决网络发展带来的种种法律问题，许多国家在立法上采取了措施。电子商务立法引起了各国政府的重视。许多国家开始制定综合性的法律以促进和规范电子商务的发展。一方面对原有法律进行修订和补充，另一方面针对电子商务产生的新问题制定新的法律。1995 年美国犹他州制定了世界上第一部《数字签名法》，随后英国、新加坡、泰国、德国等开展了这方面的立法。此后，各国针对电子商务的有关问题，如公司注册、税收、交易安全等都制定了一批单项法律和政策规则。截至 2000 年 9 月底，已经有 10 余个国家和地区通过了综合性的电子商务立法。

（二）我国立法进程

1999 年 3 月，九届人大二次会议颁布了新《合同法》，其中合同形式条款部分涉及数据电文这一新的电子交易形式。新《合同法》将合同的订立方式由传统意义上的书面形式扩充到数据电文形式，并明确了以数据电文形式订立合同的到达时间，此外还对电子商务合同的生效地点进行了规定。虽然新《合同法》的规定还不够细致与完善，但增加的“数据电文”条款，为电子商务立法奠定了良好的基础，对电子商务活动的开展具有积极的意义。

2000 年年初，在全国人大九届三次会议上，张仲礼提交了《关于制定我国“电子商务法”的议案》，将电子商务立法问题提上了议事日程。自此，我国电子商务立法发展到新的阶段，成为众所瞩目的问题。

2004 年 8 月，十届全国人大常委会十一次会议通过的《电子签名法》，是我国电子商务立法史上具有划时代意义的一部法律，标志着我国电子商务法制建设进入了一个新阶段，是电子商务发展的里程碑。这一法律的出台扫除了电子签名在电子商务及其他领域中应用的法律障碍，推动了我国电子商务的迅速发展。2005 年 3 月 31 日，国家密码管理局颁布了《电子认证服务密码管理办法》。2005 年 4 月 18 日，中国电子商务协会政策法律委员会组织有关企业起草《网上交易平台服务自律规范》并正式对外发布。2005 年 6 月，央行发布了《支付清算组织管理办法》（征求意见稿）。2005 年 10 月 26 日，中国人民银行发布了《电子支付指引（第一号）》，意在规范电子支付业务，规范支付风险，保证资金安全，维护银行及其客户在电子支付活动中的合法权益，促进电子支付业务健康发展。

2005 年 1 月 8 日，为贯彻落实党的十六大提出的信息化发展战略和十六届三中全会关于加快发展电子商务的要求，国务院办公厅发布了《关于加快电子商务发展的若干意见》。2010 年 5 月 31 日，国家工商行政管理总局制定并发布了《网络商品交易及有关服务行为管理暂行办法》。2010 年 6 月 24 日，商务部为进一步规范我国网络购物市场，发布了《关于促进网络购物健康发展的指导意见》。

2010 年 6 月 14 日，中国人民银行发布了《非金融机构支付服务管理办法》，旨在促进支付服务市场的健康发展，规范非金融机构的支付服务行为，防范支付风险并保护当事人的合法权益。此外，为规范支付机构客户备付金的管理，央行分别于 2011 年 11 月 4 日和 2012 年 1 月 5 日发布了《支付机构客户备付金存管暂行办法》和《支付机构互联网支付业务管理办法》。这些措施针对电子商务在线交易金额的日益膨胀起到了规范的作用，对电子商务在线交易和第三方交易平台良性发展起到了积极的推动作用。

2012 年 6 月，由国家工商总局发起《网络商品交易及服务监管条例》的立法工作全面启动，并已被列入国务院“二类立法”计划，涵盖了电子商务市场中的 C2C 与 B2C 网络零售、O2O 网络团购消费、移动电子商务、虚拟商品交易、B2B 网络贸易、大宗商品电子交易、跨境电子商务等诸多细分领域，是我国目前针对电子商务交易监管层面的首次立法。其意义重大，不仅关系到广大网络消费者，而且涉及网络经营者、服务提供者、交易平台等市场主体的切身利益，意味着我国首部电子商务监管立法已进入制订阶段。

电子商务立法涉及的范围比较广,需要政府部门及立法机关相互配合。《网络商品交易及服务监管条例》的制定和出台不仅可以填补我国在这一领域的空白,还将治理我国电子商务行业中存在的种种乱象,保障电子商务的健康发展。

技能训练

1. 登录网证通 NETCA 电子认证系统(http://testca.netca.net/),了解数字证书的申请流程。
2. 登录铁路服务中心网站(http://www.12306.cn/),熟悉并练习数字证书的添加。
3. 登录数字时间戳服务中心网站,了解数字时间戳的使用。
4. 申请、登录支付宝(https://www.alipay.com/),熟悉并练习支付宝数字证书的使用。
5. 登录支付宝(https://www.alipay.com/)和普通新闻网站,对比安全防范措施。
6. 对 Windows 系统进行安全设置。

学习情境十

电子商务法律法规

学习目标

知识目标

通过本学习情境的学习，了解电子商务带来了哪些新的法律问题；理解电子商务法律法规的特点；明确电子商务法律主体及权利义务关系；掌握电子商务对合同法、知识产权保护、隐私权、消费者权益、税收等带来的影响和相应的规定。

技能目标

能够分辨哪些是网络违法行为；合法从事电子商务活动；对网络侵权行为能够运用法律武器维护自身的合法权益。

情境任务一　电子商务法律法规是电子商务发展的保障

情境引例

1. 在某写字楼上班的高小姐发现了一个惊人的秘密。他们公司所有员工的 MSN 聊天记录都被公司的老板监控了。对此，高小姐不知如何是好，只能提醒自己以后在 MSN 上不能聊私人问题，甚至工作上的事情也要注意言辞，否则都可能被老板发现。

2. 百度刚宣布东渡日本，其日本的域名就被人抢注。这个案子中，百度被人注册的域名是“baidu.co.jp”。jp 代表日本，co 代表公司，加上 co 的 jp 域名，在日本比较流行。百度曾经找过域名拥有者想要回该域名，但双方没有谈拢。在无计可施之下，百度与域名拥有者打起了官司。

3. 2007 年，王女士在淘宝网看到了一套精致的碗碟，照片上的碗碟装饰有漂亮的图案，十分美观。王女士很快就订购了两套。但当快递公司送货上门时，她却发现买来的碗碟表面仅有几条简单的花纹，色彩单调，和照片大相径庭。于是王女士用网上商务沟通软件与远在上海的商家理论，却被告知照片上碗碟的图案是摆放的装饰品，商家认为自己并没有义务必要告知买家。多次交涉未果后，王女士只能给商家一个“差评”了。

4. 刘京胜 1995 年翻译出版了西班牙著名作家塞万提斯的名著《堂吉诃德》。2000 年 10 月，原告上网通过搜狐网站提供的搜索引擎搜索相关内容时偶然发现，通过被告搜狐网站与其他 3 个网站的链接，任何用户都可以全文浏览或下载 3 个版本的该译著；而原告从未授权或者许可包括搜狐在内的任何网站上载《堂吉诃德》一书。原告认为被告的行为严重侵犯了其著作权，因此向北京市第二中级人民法院提起民事诉讼。

5．一个刚上小学二年级的男童，在某购物网站以他父亲李某的身份证号码注册了客户信息，并且订购了一台价值1 000元的小型打印机。但是当该网站将货物送到李某家中时，曾经学过一些法律知识的李某却以“其子未满10周岁，是无民事行为能力人”为由，拒绝接收打印机并拒付货款。由此交易双方产生了纠纷。

思考：通过以上几个案例，你认为电子商务带来了哪些新的法律问题？

情境认知

一、电子商务带来了新的法律问题

电子商务是依托因特网兴起的一种全新商务模式，也是未来商务发展的一个必然趋势。这种在虚拟市场上构成的商务模式，与传统的商务活动存在很大的差别，其交易对象存在虚拟性和不可感知性，而且物流、资金流、信息流彻底分离的交易方式给现有的商务规范体系带来了技术、财务、交易安全等多方面的新的挑战，进而产生了针对传统商务制定的相关法律法规难以调整的新问题。其主要表现在以下几个方面。

（一）交易安全问题

在电子商务中普遍存在着各种安全隐患，如窃取信息、篡改信息、假冒、恶意破坏、信息保密性、交易者身份的确定及网络故障等，单纯依靠技术措施不能真正保障网络交易的安全。因此，加强安全立法，为电子商务发展提供一个安全的基础，同样是促进电子商务发展不可缺少的内容。

（二）在线交易主体及市场准入问题

网络是一个虚拟的商务环境，具有开放性的特点，任何人可以在不经登记的情况下利用网络传递信息，可以设立网站（主页）或设立在线商店或专卖店销售其生产或经销的商品。这样，哪些主体可以从事在线商务，如何规范在线商务行为等便成为电子商务法研究的问题。电子商务法的重要任务就是确保网上交易主体的真实存在，并具备从事相应网上交易的资质。

（三）电子合同问题

传统商务活动中可以通过签订纸面的合同，在对方失信不履约时作为证据。而在在线交易的情形下，所有当事人的意思表示均以电子化的形式传输、存储。电子合同与传统合同有很大的区别，仅就目前我国的《合同法》来说，虽对合同关系进行了一个较有普遍性的规定，也明确规定了签订合同可以采用数据电文的形式，但仍不能完全解决现代电子合同的有效性、成立时间和地点、合同证据等方面的复杂问题。

（四）电子签名问题

签名在商务活动中具有重要的作用，然而在电子商务环境下，资料都以电子化形式存在，通过传统的手段无法对电子文件进行签名，此时就需要通过电子签名的方式来进行签名，确认签署者身份。电子签名是一种电子技术，这种技术能否具有传统签名的作用，需要通过法律手段予以解决。

（五）虚拟财产保护问题

虚拟财产是指数字化、非物化的财产形式，包括网络游戏、电子邮件、网络寻呼等一系列信息类产品。但由于目前网络游戏盛行，虚拟财产在很大程度上就是指网络游戏空间存在的财物，包括游戏账号的等级、游戏货币、游戏人物拥有的各种装备等。在我国，网络上的虚拟财产并没有得到有效的保护，究其原因在于现行法律，如《中华人民共和国宪法》（以下简称《宪法》）和《中华人民共和国民法通则》（以下简称《民法通则》）只对公民的合法收入、储蓄、房屋和其他合法财产予以认可，并没有对虚拟财产的合法性做出明确规定。在《中华人民共和国消费者权益保护法》（以下简称《消费者权益保护法》）中，网民对虚拟财产的权利也不属于现有消费者权利中的任何一项，因此，出现了很多玩家在丢失财物后投诉无门的现象。其实网络虚拟财产已经不再完全"虚拟"，而是逐渐与现实社会的真实财产建立对应或换算关系，已经具备了现实社会中真实财产的价值，理应受到法律的保护。加快解决网络虚拟财产的合法性认定问题，制定保护网络虚拟财产的相关性法律法规也是电子商务立法需要探讨的问题。

（六）知识产权保护问题

从知识产权保护程序的角度看，电子商务中行为主体的难确定性、行为地点的难确定性及行为的跨时空、跨国界性给确定知识产权纠纷的司法管辖出了难题。网络中传输的数字信息包括各种文字、影像、声音、图形和软件等都属智力成果，侵权行为人完全可以通过互联网不经著作权人许可而以任何方式对这些数字信息进行复制、出版、发行、传播，从而构成互联网著作权侵权的主要形式。

（七）在线消费者保护问题

电子商务市场的虚拟性和开放性及网上购物的便捷性使消费者保护成为突出的问题，尤其是如何保障网上产品或广告信息的真实性、有效性，以及消费者信赖不实或无效信息发生交易的纠纷问题。在网络交易中，一旦出现质量问题，修理、退赔或其他方式的救济又很难，成为困扰电子商务发展的问题之一。寻求在电子商务环境下执行《消费者权益保护法》的方法和途径，制定网上消费者保护的特殊法律条文，既维护了消费者权益也保障了电子商务的健康发展。

（八）网上个人隐私保护问题

计算机和网络技术为人们获取、传递、复制信息提供了方便，加上网络的开放性、互动性，凡是进行在线消费（购物或接受信息服务）均需将个人资料留给商家，而对这些信息的再利用成为网络时代普遍的现象。如何规范商家的利用行为，保护消费者隐私权，就成为一个新问题。

（九）网上税收问题

作为一种商业活动，电子商务是应当纳税的，但从促进电子商务发展的角度，在一定时期内实行免税是很有必要的。从网络交易的客观实际来看，由于其逐步发展为全球范围内的交易，而且交易主体的真实性存在不确定性，并且交易金额的准确性很难保证，因此税收管理十分困难。

电子商务的发展会不断引发新的法律问题，不仅限于上述提到的。没有法律规范的电子商务是难以正常发展的，电子商务立法是推动电子商务发展的前提和保障。

拓展案例

网络玩家索赔无法可依

小吴玩某网游已经两年了,两个月前,他终于升到了32级道士,这意味着他的角色有了较高的战斗力,小吴着实为此高兴了几天。但没过多久小吴就发现,32级道士的道袍不见了,战斗力也因此大打折扣。而让小吴心疼的是,升成32级道士不但耗费了他许多时间,还为此花了不少钱,算上购买游戏点卡的费用和上网费,共花了1 000多元。小吴找到游戏运营商要求追查,得到的答复是先到公安机关报案,但公安部门却以找不到法律依据为由拒绝受理。

武汉3名男子在网上卖"兵器",收到买方"寄"来的游戏币3 000元"钱",不料还未下网,"钱"已被盗。他们怀疑是被接替其上网的两名男子所窃取,要求对方还"钱",遭到拒绝后遂报警。民警称,网络游戏中虚拟的"钱"不能等同于真正的钱,不受法律保护,遂对此类"盗窃案"拒绝立案侦查。

案例思考:通过这两个案例可以发现,"虚拟装备"、"游戏币"是网络环境下产生的一类新的虚拟财产,我国现有法律如《民法通则》、《消费者权益保护法》等均未对网络虚拟财产的保护予以明确规定。这一问题对电子商务发展将带来什么影响?应该怎么解决呢?

二、电子商务法的概念和特点

关于电子商务法的概念,就国内外的法律文件或论著来看,还没有人对此做出明确的权威性界定。一般来讲,电子商务法有广义和狭义两个概念。广义的电子商务法是指所有调整以数据电文方式(包括电传、电报、传真等)进行的商务活动的法律规范;而狭义的电子商务法是指调整通过计算机进行数据电文传递而进行的商务活动产生的商务关系的法律体系。

电子商务法是一个非常庞杂的法律体系,既涉及交易中的合同、支付、商品配送的操作规则、电子商务交易中的权利义务关系,又涉及交易的安全问题,还涉及现有民商法尚未涉及的特定领域的法律规范。总体来讲,电子商务法具有以下几个特点。

(一)国际性

国际性缘于电子商务法的调整对象具有跨地域、遍及全球的特点。计算机网络产生不久就迅速在全世界得到了快速发展,20世纪90年代以后,互联网的应用范围已具有了国际性。电子商务是一种世界范围的商务活动,不应以一国或几国的法律来规范,而应建立一种全球的电子商务法律框架,使全世界的电子商务活动受到统一的法律规范约束。

(二)技术性

电子商务是现代高科技的产物,需要通过互联网来进行。规范这种行为的电子商务法必然要适应这种特点。而传统的民商法中由于不具有技术性的特点,所以对电子商务中的技术问题,如电子签名、认证技术等束手无策,而电子商务法则对相关技术问题做出了合理的规定。在电子商务法中,许多法律规范都是直接或间接地由技术规范演变而成的。例如,一些国家将运用公开密钥体系生成的数字签名规定为安全的电子签名。这样就将有关公开密钥的技术规范转化成了法律要求,对当事人之间的交易形式和权利义务的行使有重要影响。

（三）安全性

安全问题是制约电子商务发展的主要原因之一，虽然电子商务给买卖双方提供了极大的便利，但电子商务的安全问题仍然让许多买方、卖方觉得不安。计算机及网络技术的发展使各行各业对计算机信息系统具有极强的依赖性，同时计算机“黑客”和计算机病毒也变得越来越猖獗，这给商家乃至整个社会都造成了极大损失。因此，电子商务法需以解决电子商务的安全问题为己任，通过对电子商务安全性问题进行规范，有效地打击和预防各种计算机犯罪行为，切实保证电子商务乃至整个计算机信息系统的安全运行。

（四）复杂性

由于电子商务是构建在高科技与互联网络技术之上的，由此产生的专业性、复杂性造成了电子商务的复杂性，从而也导致其相关法律的复杂性。因为，在电子商务交易中，当事人之间的交易需要第三方的协助才能完成，也就是需要网络服务商和认证机构等提供的服务来完成。此外，电子商务交易方式的隐蔽性也增加了电子商务法的复杂性。它要求多方位的法律调整，以及多学科知识的应用。

拓展案例

美欧酝酿筹建国际电子商务法

从整体看，全球电子商务未来发展潜力惊人，但法律监管尚存许多空白，尤其是如何规范跨国界网上交易，成为电子商务发展的严峻问题。美国和欧盟目前除加强内部立法外，还正在加强彼此的沟通，力求建立一种为世界广大国家和地区所接受的电子商务规则。

此间，《瞭望》新闻周刊曾刊登过的一篇文章提到，美国联邦贸易委员会近期发表的一份报告指出，如果不能够建立跨国界交易监管法规，国际电子商务的发展将受到影响，原因是网上消费者利益无法得到保障。保护网上消费者的关键是要保证网络骗子和地下交易的所有者无处可藏。联邦贸易委员会认为，如果世界各国政府联手制定统一的国家和国际消费者保护法，这个目标就能实现。

案例思考：电子商务活动是没有国界限制的，那么电子商务立法应该如何适应这一特点呢？

资料来源：http://news.xinhuanet.com/fortune/2002-05/15/content_394087.htm.

情境任务二　电子商务法的意义

情境引例

“呼吁制定电子商务法”成人大一号议案

上海代表团张仲礼代表提出的“呼吁制定电子商务法”议案成为九届全国人大三次会议第一号议案。

这份议案称，全球化信息浪潮正迅猛推进，电子商务作为一种更快捷、准确的交易形式，也在中国全面开展，目前急需为电子商务的发展创造适应的法律环境。

张仲礼说，信息产业是新的经济增长点，网络文化对经济和社会的影响越来越大。随着加入世贸，中国需要对这个领域加以重点关注，应建立安全便捷的电子付款系统的法律规范。

电子商务是一种在因特网上进行转账和商品买卖的方式，已在发达国家非常流行。到去年年底，中国因特网用户已超过890万。

思考：为什么电子商务立法得到高度关注？

资料来源：http://www.chinanews.com.cn//2000-03-06/26/20709.html.

情境认知

一、电子商务法的意义

电子商务的发展给现行法律带来了新的挑战，尽快在全球范围内营造良好的电子商务法律环境已受到有关国际组织和许多国家政府的高度重视，并制定了为数不少的调整电子商务活动的法律规范。例如，联合国贸易法委员会制定的《电子商务示范法》、《电子签字统一规则（草案）》，美国制定的《计算机反欺诈和滥用法》、《禁止电子偷窃法》、《因特网免税法》、《计算机安全法》，欧盟通过的《关于在远程合同订立中保护消费者权益的97/7/EC指令》、《关于电信业中个人数据处理和隐私权保护的97/66/EC指令》，新加坡制定的《电子交易法》，英国颁布的《数据保护法》等。

从1999年起，我国已颁布了一系列关于电子交易方面的法律规范。《中华人民共和国电信条例》、《关于维护互联网安全的决定》等系列法律规范的颁布，使我国互联网发展迈上了新台阶。《计算机信息网络因特网管理暂行规定》、《计算机信息网络因特网管理暂行规定的实施办法》、《计算机信息网络国际联网安全保护管理办法》、《计算机信息系统安全保护条例》、《互联网网络域名注册暂行管理办法》及其实施细则，这些法律规范的颁布主要在基础设施的基础上对电子商务的安全进行了保护。在2004年8月，十届全国人大常委会第十一次会议通过了《电子签名法》，并于2005年4月1日开始实施。

建立和完善电子商务立法，对促进电子商务的快速发展具有重要意义。通过立法的完善，能够明确电子商务主体的权利和义务关系，保障相应主体的合法权益，为电子商务的发展构建一个安全的法律环境，更好地促进电子商务的快速发展。

二、电子商务中的主体构成

电子商务的参与主体主要包括交易双方、网络、认证中心、银行、配送中心等。其构成如图10.1所示。

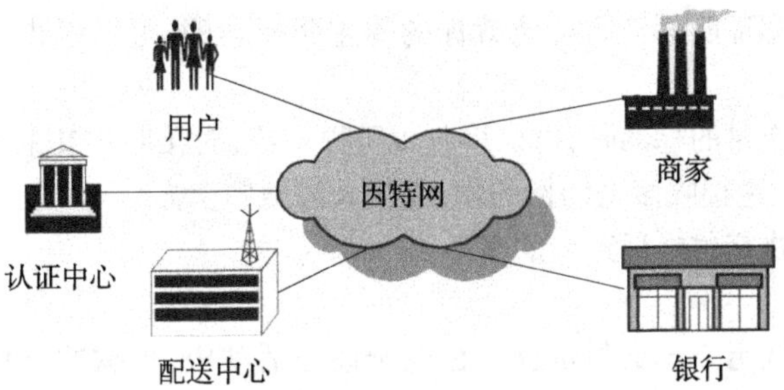

图 10.1　电子商务的基本组成

① 电子商务的交易者。即买卖双方，可以是企业，也可以是个人。用户可以通过网络参与交易，企业用户可以通过网络对企业进行管理，并发布产品信息，开展网络营销，进行网上交易。

② 认证中心。它是法律认可的权威认证机构，是承担网上安全电子交易认证服务、签发数字证书，并能确认用户身份的服务机构。

③ 配送中心。在电子商务中，尤其是实物商品的交易，需要通过物流配送完成，而配送中心则根据网上交易主体的要求，组织运送交易的货物，将货物送到消费者手中。

④ 网上银行。通过互联网进行传统银行业务，提供 24 小时金融服务，提供网上支付手段。

三、电子商务法参与主体的行为规范

通过电子商务立法，明确电子商务交易中买卖交易双方的权利和义务关系、电子认证中认证机构和认证用户的权利和义务关系、电子交易中银行和消费者的权利和义务关系，约束电子商务过程中所涉及的交易、认证、支付等环节的参与主体的行为，并对其合法权益予以保护，使电子商务活动能够在安全的法律环境下顺利开展。

（一）买卖交易双方的权利和义务

1. 卖方的权利和义务

（1）卖方的权利

① 卖方出卖属于其所有或有权处分的标的物。

② 卖方有知识产权的计算机软件、图纸等标的物的，卖方仍拥有该标的物的知识产权，法律及当事人另有约定的除外。

③ 卖方享有收取价款的权利。

④ 卖方享有标的物交付前产生的孳息。

（2）卖方的义务

① 按照合同的规定提交标的物及单据。一般合同中会对交付时间、地点、方式进行规定，如果合同中未做明确规定的，应按照有关合同法或国际公约的规定办理。

② 对标的物的权利承担担保义务，要保证自己对所出售的标的物享有合法的权利，承担保障标的物的权力不被第三人追索的义务，以保护买方的权益。

③ 对标的物的质量承担担保义务。如果货物质量不符合标准，卖方则需承担责任。

2. 买方的权利和义务

（1）买方的权利

① 卖方交付不符合质量要求的标的物致使买方不能实现合同目的的，买方可以拒绝接受标的物或解除合同。

② 买方有确切证据证明第三人可能就标的物主张权利的，可以终止支付相应的价款，但卖方提供适当担保的除外。

③ 买方对卖方多交付的标的物，可以接收也可以拒绝，对接收多交的部分，买方按照合同的价格支付价款。买方拒绝接收多交的标的物，应当及时通知卖方。

④ 买方享有标的物交付之后产生的孳息。

（2）买方的义务

① 按照网络交易规定方式支付价款。在电子商务活动中，价款的支付可以通过信用卡、智能卡、电子钱包或电子支付等方式，但应按照合同规定的时间和方式支付。

② 买方应按照合同规定的时间、地点和方式接收标的物。由买方自提标的物的，买方应在卖方通知的时间内到预定的地点提取；由卖方代为托运的，买方应按照承运人通知的期限提取；由卖方运送的，买方应做好接收标的物的准备，及时接收标的物。买方迟延接收时，应负迟延责任。

③ 买方接收货物后，应及时对货物进行验收。如果有验收有效期，则应在验收有效期内完成验收；如果没有有效期，则应在合理期限内完成验收工作。如果买方没有按时验收，事后又提出表面有瑕疵等问题，卖方不负责任。

另外，网络交易中心在电子商务中介交易中扮演着介绍者、促成者和组织者的角色。这一角色决定了交易中心既不是卖方，也不是买方，而是交易的中间人。它是按照法律的规定在买卖双方委托业务的范围内和具体要求下进行业务活动的。网络交易中心应当认真执行买卖双方委托的任务，并积极协助双方当事人成交。网络中心在进行介绍、联系活动时要诚实、公正、守信，不得弄虚作假、招摇撞骗，否则要承担赔偿损失等法律责任。网络交易中心必须在法律许可的范围内进行活动。网络交易中心经营的业务范围、物品的价格、收费标准等都应严格遵守国家的规定。法律规定的禁止流通物不得作为合同标的物。对显然无支付能力的当事人或尚未确知具有合法地位的法人，不得为其进行中介服务活动。

买卖双方之间各自因违约而产生的违约责任风险应由违约方承担，而不应由网络交易中心承担。因买卖双方的责任而产生的对社会第三方（包括广大消费者）的产品质量责任和其他经济（民事）、行政、刑事责任也概不应由网络交易中心承担。

（二）电子认证中的权利和义务

1. 电子认证机构的权利和义务

（1）认证机构的权利

认证机构有权要求用户提供正确的相关信息，有权随时检查用户认证证书的情况，有权要求用户赔偿因其提供错误、虚假信息或非法使用认证机制而造成的损失。

（2）认证机构的义务

认证机构应制定严格的认证操作规则；规定具体的操作要求；建立定期审查制度；制定信息控制规则，以确保信息安全。

2. 认证用户的权利和义务

认证用户有权检查证书本身的合法性、有效性，有权就认证机构造成的损失索赔。其义务在于合法使用认证机制，提供正确信息，妥善保管密码。

（三）电子支付中的权利和义务

1. 银行的权利和义务

（1）银行的权利

① 要求付款人或指令人支付所指令的资金，以及因支付产生的相关费用。

② 对于指令人发出的无法执行、不符合规定程序和要求的指令，银行有权要求指令人修改，或者拒绝执行支付指令。

（2）银行的义务

① 审查付款人或指令人指令的有效性。

② 按照指令人的指令完成资金支付。

③ 建立并遵守电子支付安全程序，对支付过程中的相关记录进行保留。

④ 就其本身或后手的违约行为向其前手和付款人承担法律责任。

2. 消费者的权利和义务

（1）消费者的权利

消费者有权要求银行按照指令的时间及时将指令的金额支付给指定的收款人，否则可以要求银行承担违约责任。

（2）消费者的义务

① 按照银行的程序，检查指令有无错误和歧义，并有义务进行修改。

② 在需要的情况下，不仅接受核对签名，而且在符合商业管理要求的情况下，接受认证机构的认证。

情境任务三　电子商务的几个法律问题

情境引例

当你正在外出时，面对一份公司急需你签署的文件，应该怎么做？当两家异地的公司，为了一个小合作而不需要当面签订合同，又如何才能快速解决这个问题呢？

2004年8月，顺天府超市通过因特网与电子签名，与联合利华公司签订了一笔促销合同，这是中国的第一份电子合同，给我们提供了一种很好的方式来解决上述问题。

思考：什么是电子合同，电子合同对合同法律制度有何冲击？

情境认知

一、电子合同

（一）电子合同概述

合同是指平等主体的自然人、法人、其他组织之间设立、变更、终止民事权利义务的协议。电子合同是合同中的一种，又称电子商务合同。从广义上讲，电子合同是指所有通过电子手段如电报、电传、传真、电子数据交换、电子邮件等缔结的合同。从狭义上讲，电子合同是指在网络空间通过电子方式（主要是数字技术）缔结的合同。

电子合同作为一种崭新的合同形式，与传统合同所包含的信息大体相同，即同样是对签订合同各方当事人的权利和义务做出确定的文件，但电子合同的签订过程和载体已不同于传统合同，其形式也发生了很大的变化。同时也引发了一系列的法律问题，从而使传统的法律制度，尤其是合同制度面临着严峻的挑战。

电子合同具有如下特征。

① 订立合同的双方或多方大多是互不见面的。所有的买方和卖方都是在虚拟市场上运作的，其信用依靠密码的辨认或认证机构的认证。

② 电子合同是以数据电文的形式订立的，与传统合同当事人面对面签订纸面的合同不同。

③ 表示合同生效的传统的签字盖章方式被数字签名取代。

④ 传统合同的生效地点一般为合同成立的地点；电子合同的生效地点为收件人的主营业地，没有主营业地的，其经常居住地为合同成立的地点。

⑤ 电子合同所依赖的电子数据具有易消失性和易改动性。

（二）电子合同的有效性

电子合同是电子商务环境下的一种新的合同形式，是以数据形式存在的，与传统合同相比具有易消失性和易改动性，所以需要通过法律手段承认电子合同的效力。

联合国国际贸易法委员会1996年指定的《电子商务示范法》第5条中规定，“不得仅仅因为信息是采取了数据电文便否认其法律效力、有效性或强制执行性”，同时在该法第十一条中规定，“就合同的订立而言，除非当事各方另有协议，一项要约及要约的承诺均可通过数据电文的手段表示。如使用了一项数据电文来订立合同，则不得仅仅以使用了数据电文为理由，而否定该合同的有效性或可执行性”。

我国在1999年3月15日全国人大通过的《合同法》中已经注意到了电子交易迅速发展对法律规范所提出的要求，在合同形式方面大胆地吸收了数据电文形式，并将之视为书面合同。《合同法》专门对数据电文做出了数条规定，承认了电子合同的法律地位。我国《合同法》第十条规定，“当事人订立合同，有书面形式、口头形式和其他形式”。我国《合同法》第十一条规定，“书面形式是指合同书、信件和数据电文（包括电报、电传、传真、电子数据交换和电子邮件）等可以有形地表现所载内容的形式”。这样，我国《合同法》实际上把电子合同纳入了书面形式之内。

（三）电子合同的订立

合同订立的过程是当事人使其意思表示一致的过程。在《合同法》上，这一过程分为要约和承诺两个阶段。订立电子合同与其他类型的合同一样，也是采取要约、承诺的方式，只是当事人是通过数据电文的传递来实现要约和承诺的。

要约是希望和他人订立合同的意思表示，称为发盘或发价。要约必须表达出订立合同的意愿，而且内容必须是具体、确定的，并且包括一经承诺合同即足以成立的各项基本条款。发出要约的人为要约人，接受要约的人为受要约人。

承诺是受要约人同意要约的意思表示。承诺必须是由受要约人向要约人在有效期限内做出的，而且承诺的内容应当与要约的内容一致。承诺通知到达要约人时生效。承诺一旦生效，双方的合同即告成立。

拓展案例

1.A.甲给乙发送了一份电子邮件:我方欲购买一批毛巾,请提供价目表和产品图样以供参考,如有合适产品,我方将派专员前往洽谈磋商。

B.甲给乙发送了一份电子邮件:我方欲购买你方编号为0256的毛巾1 000箱,价格以你方10月2日的报价为准,12月30前交货。

案例思考:以上A、B两个意思表示,哪一个是要约?

2.甲给乙发了一份要约,希望能以10元/件购买乙公司产品1万件,乙收到要约后给甲回复了一份电子邮件,表示希望能够将价格调整为12元/件。

案例思考:乙的回复是承诺还是一份新的要约?

（四）电子合同成立的时间和地点

我国《合同法》对电子合同的成立问题做出了较为明确的规定。根据该法第26条规定,“承诺通知到达要约人时生效”,“对于采用数据电文形式订立合同的,如果要约人制定特定计算机系统接收数据电文的,该数据电文进入该特定系统的时间,视为承诺到达时间;如果要约人未指定特定计算机系统的,该数据电文进入要约人的任何计算机系统的首次时间,视为承诺到达生效的时间”。

拓展案例

景荣实业有限公司已经注册了电子信箱(E-mail):“jrsy@ jrsy.com.cn”;衡阳木制品加工厂也注册了电子信箱(E-mail):“h－ymz@ online.sh.cn”。2013年3月5日上午,景荣实业有限公司给衡阳木制品加工厂发出要求购买其厂生产的办公家具的电子邮件一份,电子邮件中明确了以下内容。

① 需要办公桌8张,椅子16张。

② 要求在2013年3月12日之前将货送至景荣实业有限公司。

③ 总价格不高于15 000元。

电子邮件还对办公桌椅的尺寸、式样、颜色做了说明,并附了样图。

当天下午3时35分18秒,衡阳木制品加工厂也以电子邮件回复景荣实业有限公司,对景荣实业有限公司的要求全部认可。为对景荣实业有限公司负责起见,3月6日,衡阳木制品加工厂还专门派人到景荣实业有限公司做了确认,但双方都没有签署任何书面文件。

2013年3月11日,衡阳木制品加工厂将上述桌椅送至景荣实业有限公司。由于景荣实业有限公司已于3月10日以11 000元的价格购买了另一家工厂生产的办公桌椅,就以双方没有签署书面合同为由拒收了。双方协商不成,3月16日,衡阳木制品加工厂起诉至法院。庭审中,双方对用电子邮件方式买卖办公桌椅及衡阳木制品加工厂去人确认、3月11日送货上门等均无异议,4月15日法院判决衡阳木制品加工厂胜诉。

案例思考:景荣公司同衡阳木制品加工厂之间是通过什么形式来订立合同的?合同关系是否成立?

（五）电子合同中的格式条款

拓展案例

淘宝服务协议

最新修订日期:2014 年 4 月 11 日

欢迎您使用淘宝平台服务!

特别提示:

在使用淘宝平台服务之前,您应当认真阅读并遵守《淘宝服务协议》(以下简称“本协议”),请您务必审慎阅读、充分理解各条款内容,特别是免除或者限制责任的条款、争议解决和法律适用条款。免除或者限制责任的条款可能将以加粗字体显示,您应重点阅读。如您对协议有任何疑问的,应向淘宝客服咨询。

当您按照注册页面提示填写信息、阅读并同意本协议且完成全部注册程序后,或您按照激活页面提示填写信息、阅读并同意本协议且完成全部激活程序后,或您以其他淘宝允许的方式实际使用淘宝平台服务时,即表示您已充分阅读、理解并接受本协议的全部内容,并与淘宝平台达成协议。您承诺接受并遵守本协议的约定,届时您不应以未阅读本协议的内容或者未获得淘宝对您问询的解答等理由,主张本协议无效,或要求撤销本协议。

一、协议范围

1.本协议由您与淘宝平台的经营者共同缔结,本协议具有合同效力。

淘宝平台的经营者是指法律认可的经营淘宝平台网站的责任主体,淘宝平台网站包括但不限于淘宝网(域名为 taobao.com)、天猫(域名为 tmall.com)、一淘网(域名为 etao.com)、聚划算(域名为 ju.taobao.com)、阿里妈妈(alimama.com),本协议项下各淘宝平台的经营者可单称或合称为“淘宝”。有关淘宝平台经营者的信息请查看各淘宝平台首页底部公布的公司信息和证照信息。

2.除另行明确声明外,淘宝平台服务包含任何淘宝及其关联公司提供的基于互联网以及移动网的相关服务,且均受本协议约束。如果您不同意本协议的约定,您应立即停止注册/激活程序或停止使用淘宝平台服务。

案例思考:在网络上是否经常见到如淘宝服务协议一样的协议呢?它们有什么特点?这些协议是否都是有效的呢?

格式条款是当事人为了重复使用而预先拟定,并在订立合同时未与对方协商的条款。完全使用格式条款订立的合同称为格式合同。

格式条款具有这些特征:①由一方当事人预先拟定,此点表明,格式条款是由一方当事人事先拟定的,在拟定之时并未征求对方当事人的意见;②重复使用,重复使用包括适用对象的广泛性和适用时间的持久性,一般而言,格式条款的拟定是为了重复使用;③在订立合同时未与对方协商。此点强调了格式条款的附从性或定型化特征,即格式条款的特点在于订约时不容对方协商,要么接受,要么拒绝。

在通过网络进行的交易中,格式合同被更加广泛地使用,在 B2C 的方式中几乎无一例外地采用格式合同,网上商家往往会预先订立好格式合同,购买者只需单击“接受”或“拒绝”按钮就决定了该网上合同是否成立。

我国对格式条款的规制主要表现在《消费者权益保护法》、《合同法》和《民法通则》等法律规定中。这些法律规定对于规范电子格式合同同样是适用的。

我国《合同法》第三十九条规定："采用格式条款订立合同的，提供格式条款的一方应当遵循公平原则确定当事人之间的权利和义务，并采取合理的方式提请对方注意免除或者限制其责任的条款，按照对方的要求，对该条款予以说明。"《合同法》第四十一条规定："对格式条款的理解发生争议的，应当按照通常理解予以解释。对格式条款有两种以上解释的，应当做出不利于提供格式条款一方的解释。格式条款和非格式条款不一致的，应当采用非格式条款。"

《合同法》第五十二条规定："格式条款具有以下情形的，该条款无效：(一)一方以欺诈、胁迫的手段订立格式条款，损害国家利益；(二)恶意串通，损害国家、集体或第三者利益；(三)以合法形式掩盖非法目的的；(四)损害社会公共利益；(五)违反法律、行政法规中的强制性规定。"

同时第五十三条规定："合同中的下列免责条款无效：(一)造成对方人身伤害的；(二)因故意或者重大过失造成对方财产损失的。"

另外，在《消费者权益保护法》中第二十四条规定："经营者不得以格式合同、通知、声明、店堂告示等方式做出对消费者不公平、不合理的规定，或者减轻、免除其损害消费者合法权益应当承担的民事责任；格式合同、通知、声明、店堂告示等含有前款所列内容的，其内容无效。"

拓展案例

2000 年 6 月 30 日，美国总统克林顿正式签署了《电子签名法案》，这是美国历史上第一部联邦级的电子签名法。

在这次签署电子签名法案的仪式上，这位向来善于在公开场合"表演"的总统，不失时机地又露了一手。他首先以传统的方式，即用钢笔签下了自己的大名，接着拿起一张"智慧卡"，在扫描器上一扫，然后通过键盘输入了密码，也就是自家爱犬的名字 BUDDY，计算机屏幕上旋即出现了他的手写体"比尔·克林顿"，以及一向使用的国玺大印。

克林顿满脸喜色地说："想到美国人可以很快用上这样的卡，从事雇律师、申请抵押贷款等一切事情，这简直太棒了……再想象一下，如果 224 年前有这种卡的话，我们的开国元勋就用不着为了《独立宣言》，7 月 4 日从大老远赶到费城。他们通过电子邮件将签名发过去就成了。"

《电子签名法案》是网络时代的重大立法，它使电子签名和传统方式的亲笔签名具有同等法律效力，被看作是美国迈向电子商务时代的一个重要标志。

案例思考：什么是电子签名？为什么说《电子签名法案》对于发展电子商务具有巨大的推动作用？

资料来源：http://www.people.com.cn/GB/14576/28320/32776/32778/2421377.html.

二、电子签名

（一）电子签名的概念

许多国家的法律规定，交易的单证必须有签字予以确认才有效。根据《票据法》的规定，票据上必须有出票人的亲笔签名。按照通常原则，签字时签署人在文件上手书签写。采用电子商务进行交易，很难在电子文件或电子单证上亲自签字署名。为了克服这个障碍，各国法学家和电子专家都积极探索，于是电子签名就应运而生了。

电子签名包括生理签名（如指纹、声波纹、脑电波等生物特征签名）和数字签名。从广义的角度来讲，电子签名是指凡在电子通信中起到对当事人身份及当事人对信息内容确认作用的电子技术手段。狭义的电子签名仅指数字签名。电子签名的基本功能包括鉴定文件签署者的身份，表示文件签署者同意电子文件的内容及确保文件内容不被篡改。

（二）电子签名的立法

关于电子签名的法律效力在世界范围内基本上都已经得到了认同，许多国家或地区的法律规定，电子签名具有同书面签名同样的效力和执行力。例如，欧盟颁布的《关于建立欧盟共同电子签名法律框架的99/93EC指令》，简称《电子签名指令》；美国的《电子签名法案》；马来西亚颁布的《数字签名法》和日本制定的《电子签名与认证服务法》等，都对电子签名的法律地位进行了认可。

在联合国国际贸易法委员会的《电子商务示范法》里规定，“如法律要求要有一个人签字，则对于一项数据电文而言，倘若情况如下，即满足了该项要求：①使用了一种方法，鉴定了该人的身份，并且表明该人认可了数据电文内含的信息；②从所有各种情况看来，包括根据任何相关协议，所用方法是可靠的，对生成或传递数据电文的目的来说也是适当的”。

在我国，业内人士早在2000年就发出了关于电子签名立法的呼声。大量电子商务交易由于无法在电子文件、电子合同和电子签名等方面得到法律的有力支持而受到阻碍，进而成为我国电子商务发展的“瓶颈”问题。考虑到这些因素，2004年8月28日，十届全国人大常委会第十一次会议表决通过《电子签名法》，并于2005年4月1日正式实施。

我国《电子签名法》第十三条规定：“电子签名同时符合下列条件的，视为可靠的电子签名：（一）电子签名制作数据用于电子签名时，属于电子签名人专有；（二）签署时电子签名制作数据仅由电子签名人控制；（三）签署后对电子签名的任何改动能够被发现；（四）签署后对数据电文内容和形式的任何改动能够被发现。当事人也可以选择使用符合其约定的可靠条件的电子签名。”同时，第十四条规定：“可靠的电子签名与手写签名或盖章具有同等的法律效力”。

拓展案例

电子签名法判决，手机短信成借款证据

2004年1月，杨先生结识了女孩韩某。同年8月27日，韩某发短信给杨先生，向他借钱应急，短信中说：“我需要5 000，刚回北京做了眼睛手术，不能出门，你汇到我卡里。”杨先生随即将钱汇给了韩某。一个多星期后，杨先生再次收到韩某的借钱短信，于是又借给韩某6 000元。因都是短信来往，两次汇款杨先生都没有索要借据。此后，因韩某一直没提过借款的事，而且又再次向杨先生借款，杨先生产生了警惕，于是向韩某催要，但一直索要未果，于是起诉至海淀法院，要求韩某归还其11 000元钱，并提交了银行汇款单存单两张。但韩某却称这是杨先生归还以前欠她的欠款。

为此，庭审中，杨先生在向法院提交的证据中，除了两张银行汇款单存单外，还有自己使用的号码为1391166××××的飞利浦移动手机一部，其中记载了韩某发来的部分短信息内容，如"2004年8月27日15:05，那就借点资金援助吧"；"2004年8月27日15:13，你怎么这么实在！我需要5 000元，这个数不大也不小，另外我昨天刚回北京做了个眼睛手术，现在根本出不了门，都没法见人，你要是资助就得汇到我卡里！"等。后经法官核实，拨打杨先生提供的发送短信的手机号码后接听者是韩某本人。而韩某本人也承认，自己从2003年七八月份开始使用这个手机号码。

法院经审理认为，依据《最高人民法院关于民事诉讼证据的若干规定》中的关于承认的相关规定，号码为1391173××××的移动电话号码是由韩女士使用。依据2005年4月1日起施行的《电子签名法》中的规定，电子签名是指数据电文中以电子形式所含、所附用于识别签名人身份并表明签名人认可其中内容的数据。移动手机短信息即符合电子签名、数据电文的形式。杨先生提供的通过韩女士使用的号码发送的移动手机短信息内容中载明的款项往来金额、时间与中国工商银行个人业务凭证中体现的杨先生给韩女士汇款的金额、时间相符，且移动手机短信息内容也载明了韩女士偿还借款的意思表示，两份证据之间相互印证，可以认定韩女士向杨先生借款的事实。据此，杨先生所提供的手机短信息可以认定为是真实有效的证据，可以证明事实真相，法院对此予以采纳，对杨先生要求韩女士偿还借款的诉讼请求予以支持。

案例思考：手机短信作为借款证据要符合什么条件？

资料来源：http://www.jxtvu.com.cn.

三、电子商务知识产权保护

拓展案例

外婆家18万元高价买回域名

经过35轮竞价，网络域名"waipojia（外婆家）"昨天终于"回家"了。为此，浙江外婆家餐饮有限公司在拍卖会上开出了18万元的高价，是起拍价的12倍。

浙江外婆家餐饮有限公司负责人吴国平说："这次拍卖我们志在必得，无论对方出什么价位，我们都会往上加。"还说："2005年，我们就知道域名被别人抢注了，我们很需要这个域名，所以一定要拿回来。去年，我们还从北方一个商标公司买回了'外婆家'的商标所有权，总共花费了110万元。加上域名，我们在商标等问题上的花费已经超过130万元，这是一笔昂贵的学费。现在，我们已经吸取了教训，进行了调整。新开的'指福门'，我们就已经进行相应的注册。我想，我们的'学费'也能为浙商们买到一些经验：尽早为企业的发展做好法律上的打算。"

案例思考：你觉得企业为什么会花巨资把域名买回来。你觉得把别人的商标抢注为自己的域名是否合理。

资料来源：http://leisure.hangzhou.com.cn/20080102/ca1436566.htm.

知识产权是指公民或法人等主体依据法律的规定,对其从事智力创作或创新活动所产生的知识产品所享有的专有权利,又称为智力成果权、无形财产权。迄今为止,主要的知识产权仍然是版权、专利权和商标权。电子商务产生以后,对传统的知识产权制度带来了诸多挑战,而域名作为一种新生的事物,已经被人们认识到了其具有的商业价值。尽管到现在为止,人们并没有广泛地承认域名是一种知识产权,但考虑到其商业价值,很多国家的司法实践也把知识产权的某些保护方法运用到了域名。

(一) 域名的保护

1. 域名的商业价值

在互联网上有千百万台主机,为了区分这些主机,人们给每台主机都分配了一个专门的地址,称为 IP 地址。IP 地址是由 4 部分数字组成的,要记住那么多枯燥的数字串显然是非常困难的,为此,人们研究出了域名。域名是字符化的互联网地址,是与 IP 地址对应的、容易记忆和识别的字符串。

尽管域名是为了解决网络计算机地址问题而产生的,但域名的重要性在企业竞争中是不容忽视的。它是商业竞争和网络营销中重要的策略性资源,也是一种有限的资源,是企业无形资产的一部分。企业应对域名充分重视并切实保护,否则将对自身利益产生不利影响。

在实践中企业往往以其商标作为域名,因为这样的域名具有商标的潜在功能。如果企业所使用的域名与自己的商标一致,客户就可以十分容易地找到域名所有者和商标权人。域名就像网络空间的商标,潜藏着巨大的商业价值和广告效应。对于域名的法律保护,现也多以商标制度为基础,即域名注册人将其域名注册为商标,或者将商标注册为域名,以防他人侵权。在实践中,人们也倾向于将域名与商标联系起来保护。

2. 我国关于域名的保护

1997 年5 月30 日中国国务院信息化工作领导办公室颁布的《中国互联网络域名注册暂行管理办法》、《中国互联网络域名注册实施细则》是目前中国域名管理与保护的基本法律依据。

另外,为适应域名纠纷审判实践的需要,北京市高级人民法院于 2000 年 8 月出台了《关于审理因域名注册、使用而引起的知识产权民事纠纷案件的若干指导意见》;2001 年 6 月 26 日,最高人民法院颁布了《关于审理涉及计算机网络域名民事纠纷案件适用法律若干问题的解释》,该解释对域名纠纷案件的案由、受理条件和管辖,域名注册、使用等行为构成侵权的条件,对行为人恶意,以及对案件中商标驰名事实的认定等都做出了规定。

在《关于审理涉及计算机网络域名民事纠纷案件适用法律若干问题的解释》中明确规定了行为人注册、使用域名行为构成侵权或不正当竞争的 4 个要件:①原告请求保护的民事权益合法有效;②被告域名或其主要部分构成对原告驰名商标的复制、模仿、翻译或音译;或者与原告的注册商标、域名等相同或近似,足以造成相关公众的误认;③被告无注册、使用的正当理由;④被告具有恶意。该解释同时列举了 4 种最为常见的恶意情形:①为商业目的将他人驰名商标注册为域名;②为商业目的注册、使用与原告的注册商标、域名等相同或近似的域名,故意造成与原告提供的产品、服务或原告网站的混淆,误导网络用户访问其网站或其他在线站点;③曾要约高价出售、出租或以其他方式转让这个域名获取不正当利益;④注册域名后自己不使用也未准备使用,而有意阻止权利人注册这个域名。另外,对于被告举证证明在纠纷发生之前其所持有的域名已经获得一定的知名度,且能与原告的注册商标、域名等相区别,或者具有其他情形足以证明其不具有恶意的,法院可以不认定被告具有恶意。根据该解释,法院认定域名注册、使用等行为构成侵权或不正当竞争的,可以判令被告停止侵权、注销域名,或者依原告的请求判令由原告注册使用这个域名;给权利人造成实际损害的,可以判令被告赔偿损失。

（二）商标权

拓展案例

广东科龙(容声)集团有限公司是大型企业集团，Kelon 是该企业集团使用多年，并在 20 余类商品上获准登记的商标。1997 年 9 月，广东科龙(容声)集团有限公司在向中国互联网信息中心申请以 Kelon 注册商标作为域名登记时，发现企业名称与中文"科龙"毫不相干的广东永安制衣厂已经抢先注册了这个域名。

1997 年 12 月的一天下午，广东省新会市的一个自称为吴某的打来的电话令何东无法平静："我已经在中国互联网络信息中心用 Kelon 注册了域名，如果认为这个域名对贵公司有价值，我可以把它转让给你们。但是，我希望拿到的转让费是 100 万元！"几番交涉，价钱降到了 5 万元。

对于自己登记注册、使用了多年的商标忽然成了别人的域名，科龙集团经过一番权衡和向有关人士咨询，将一纸诉状递到了 Kelon 域名注册地所属辖区法院——北京海淀区人民法院，把吴某送上了被告席。

在法院审理期间，被告慑于法律威力，主动向中国互联网信息中心提出申请，要求注销其注册的 kelon.com.cn 域名，并将注册证书交回。法院裁定广东永安制衣厂注册"Kelon"域名的行为系以合法形式掩盖非法目的的无效民事行为。

案例思考：永安制衣厂抢注 Kelon，并高价转让，是否属于恶意注册？注册是否属于无效行为？

案例来源：宋文宫. 电子商务概论[M]. 2 版. 北京：高等教育出版社，2008.

商标是指经营者在其商品或服务上使用的，由文字、图形、字母、数字、三维标志和颜色组合，以及上述各要素的组合构成的标志。商标权是指商标注册人对其注册商标享有的权利。商标权在我国是通过注册取得的，并遵循"先申请"原则。

电子商务的发展，给商标的法律保护带来了新的问题。首先，电子商务给《商标法》增加了新的客体，即动画商标。由于现在的互联网采取了多媒体技术，动画信息可以在网络上传输，因此，许多网站将跳动的动画作为自己在网络这个虚拟世界的商标，以吸引更多的访问者。动画作为商标这一事物的出现，需要通过法律手段对其认可。其次，出现了一些新的商标侵权行为。①商标的恶意注册，即恶意注册他人的商标作为自己网站的域名，一种是注册以后不用，注册目的是通过转让其注册的域名而牟利；另一种是注册后使用，从事不正当竞争活动，利用他人商标的知名度提高自己网站的访问率。②网上搜索引擎引起的隐形商标侵权纠纷。这种商标纠纷的特征是某个网主将这个人的商标埋置在自己网页的源代码中，这样虽然用户不能在该网页上直接看到他人的商标，但是当用户使用网上搜索引擎查找这个商标时，该网页就会位居搜索结果的前列，这种商标侵权行为非常隐蔽。

（三）著作权

拓展案例

当你在广阔的网络环境下寻找你喜欢的音乐，并享受免费音乐下载带来的乐趣时，你有没有想过，那些提供免费音乐下载的网站是否侵犯了音乐人的著作权？

1. 著作权

著作权也称版权,是指作者对其创作的文学、艺术和科学技术作品所享有的专有权利。著作权是公民、法人依法享有的一种民事权利,属于无形财产权。所称的作品包括下列形式创作的文学、艺术和自然科学、社会科学、工程技术等作品:①文字作品;②口述作品;③音乐、戏剧、曲艺、舞蹈作品;④美术、摄影作品;⑤电影、电视、录像作品;⑥工程设计、产品设计图纸及其说明;⑦地图、示意图等图形作品;⑧计算机软件;⑨法律、行政法规规定的其他作品。

传统的作品附着于一定的有形媒体上,表现得实实在在;而互联网可以将任何作品通过数字转换成二进制数码进行存储和传播,如计算机软件、数据库、多媒体等。一件作品可以在极短的时间内传遍全球,这对著作权的保护带来了严重的威胁。目前世界上已经将计算机软件纳入著作权中,给软件提供了更加及时和完善的法律保护。而对于数据库的特别权利保护我国目前尚未有一个系统、完整的立法。

2. 网络环境下著作权侵权的类型

网络上的著作权侵权有3种类型。

① 上载。上载有两种形式,一是将传统作品数字化后上载到网上,二是将本身就是数字化形式的作品直接上载到网上。

② 转载。这是指未经著作权人许可,擅自将其网络作品在网络上转载,其实是网络间的复制、传输。

③ 下载。它是指未经著作权人许可,擅自将发表在网上的作品下载并发表在报刊上,或者存储在存储器上或打印在纸介质上。

3. 网络著作权的相关立法保护

我国关于著作权保护的相关立法主要有《中华人民共和国著作权法》(以下简称《著作权法》)、《宪法》、《民法通则》等法律中有关著作权的法规条例。2001年修订后的《著作权法》将计算机软件列入了保护范围。2000年最高人民法院公布了《关于审理涉及计算机网络著作权纠纷案件适用法律若干问题的解释》,2003年又对该解释进行了修改,修改后的解释将“在线盗版”的犯罪行为明确定性为侵犯著作权罪。同时在该解释中,还明确了网络著作权保护的原则:一是网络转载使用作品,可以不征得作者同意,但必须依法支付转载稿费,表明出处;二是网络转载使用作品的范围,不仅限于网络作品,还可以包括报刊、期刊作品;三是确定故意提供侵害网络著作权的方法、技术的行为也属侵权行为;四是网络著作权诉讼也可申请诉前停止侵害、财产保全、证据保全。

我国《著作权法》及其实施条例对于作品的存在实施及载体并没有具体的规定。该法第十条第十二项规定:“著作权包括信息网络传播权,即以有线或无线方式向公众提供作品,使公众可以在其个人选定的时间和地点获得作品。因此,网络作品只要符合著作权法规定的要求,网络著作权的法律保护应当适用著作权法的规定。网络作品的作者和传统作品的作者一样,对自己的作品享有专有权。没有经过著作权人的许可,任何人不得使用其作品,包括将其作品上网公开发表和上网传播等。”

拓展案例

王蒙等六作家诉世纪互联通讯技术有限公司案

《坚硬的稀粥》、《漫长的路》、《白罂粟》、《预约死亡》、《一地鸡毛》分别为作家王蒙、张洁、张抗抗、毕淑敏、刘震云所创作的文学作品，《黑骏马》和《北方的河》为张承志所创作的文学作品。1998年4月，世纪互联通讯技术有限公司（以下简称世纪互联公司）成立灵波小组，并在其网站上建立了“小说一族”栏目，在该栏目中刊载了王蒙等6位作家的上述作品。1999年5月31日，王蒙等6位作家以世纪互联公司侵犯著作权为由，分别向北京市海淀区人民法院起诉。

原告王蒙等6位作家分别诉称，原告为上述作品的著作权人。被告未经许可，在其网站上传播使用了原告的作品，侵犯了原告对其作品享有的使用权和获得报酬权，请求法院判令世纪互联公司停止侵权行为，公开赔礼道歉，分别赔偿原告的经济损失。

一审判决被告败诉，并对原告进行赔偿道歉并停止使用原告的作品。世纪互联公司不服，向北京市中级人民法院提起上诉。二审结果还是上诉人败诉维持原判。

案例思考：为什么世纪互联通讯技术有限公司败诉？

资料来源：http://www.ndcnc.gov.cn/datalib/2002/Prejudication/DL/DL－70804.

四、隐私权

拓展案例

搜人网敲响个人信息安全警钟

“花一元钱就能查到别人的电话、住址和经历”。一家名为Ucloo的网站公开推出“搜人”服务。

打开Ucloo网站的首页，可以看到一个很温情的宣言——让世界不再失去联络。这家网站号称是全球最大的中文搜人引擎，拥有9 000万详细个人信息，网站的目的是“帮助你方便快捷地寻找想找到的人”。可是在很多网民眼中，它推行的业务却是对个人隐私赤裸裸的侵犯。“这完全是个暴露个人隐私的网站，简直就像被人扒光了衣服，一丝不挂地晾在大街上。”

这个网站在网民中引起了极大争议，也引发了对个人信息泄露的恐慌。但这家网站声称，其所有资料都来源于互联网上的公开信息，即网民在无意间“主动”泄露的个人信息。在不堪各方压力的情况下，该网站的发言人正式表示，将个人信息中的地址部分删除。有专家指出，我国消费者的个人信息安全意识亟待提高。

资料来源：中国改革报，2006－1－14（001）.

看到这个例子，你是否开始思考自己是否遇到过个人信息通过网络泄露出去的事情？例如，电话号码、邮箱地址……你觉得这些信息是隐私的吗？“一提到隐私，人们通常想到的就是一个人不可告人的秘密，如做了什么坏事，或者有什么缺陷，或者是什么丑事。”你认同这种观点吗？

（一）隐私权的含义

隐私权是指自然人享有的，私人生活安宁与私人生活信息依法受到保护，不受他人侵扰、窒息、使用、披露和公开的权利。它包括几层含义：第一，隐私权的主体只能是自然人；第二，隐私权的内容包括私人生活安宁和私人生活信息；第三，侵害隐私权的方式通常包括侵扰自然人的生活安宁，探听自然人的私生活秘密，或在知悉他人隐私后，向他人披露公开或者未经许可即使用。

（二）网络侵犯隐私权状况

追究网络隐私权被侵犯的因素，主要是由网络的特性所决定的。因特网作为全球媒介不分国界，具有开放的属性，在相应的软件开发出来以后，就能够很容易地搜集和存储相关信息。从行为上来看，目前，侵犯网络隐私权主要表现在以下几个方面。

1. 通过网络宣扬、公开或转让他人隐私

指未经授权在网络上宣扬、公开或转让他人或自己和他人之间的隐私。

2. 未经授权进入他人系统搜集资料或打扰他人安宁，截获或复制、篡改他人正在传递的电子信息

① 黑客攻击。他们通过非授权的登录（如让“特洛伊木马”程序打着后门程序的幌子进入你的计算机）等各种技术手段攻击他人计算机系统，窃取和篡改网络用户的私人信息，而被侵权者很少能发现黑客身份，从而引发了个人数据隐私权保护的法律问题。

② 专门的网络窥探业务。大批专门从事网上调查业务的公司进行窥探业务非法获取、利用他人隐私。

③ 垃圾邮件泛滥。网络公司为获取广告和经济效益，通过各种途径得到用户个人信息后将用户资料大量泄露给广告商，而后者则通过跟踪程序或发放电子邮件广告的形式来“关注”用户行踪。

（三）我国隐私权的法律保护

从目前我国隐私权保护的立法来看，我国法律对隐私权的保护没有形成一个完整的体系，其依据仅是《宪法》所确立的保护公民人身权的基本原则和《民法通则》中所规定的个别条款及一些相关法律规定，但规定相对比较分散，也很单薄。

关于我国网络隐私权的法律保护，我国《宪法》第三十八条规定：“中华人民共和国公民的人格尊严不受侵犯。禁止用任何方法对公民进行侮辱、诈骗和诬告陷害。”我国《民法通则》第一百条规定：“公民享有肖像权，未经本人同意，不得以获利为目的使用公民的肖像。”第一百零一条规定：“公民、法人享有名誉权，公民的人格尊严受到法律保护，禁止用侮辱、诽谤等方式损害公民、法人的名誉。”1997 年 12 月 8 日国务院信息化工作领导小组审定通过的《计算机信息网络国际联网管理暂行规定实施办法》第十八条规定：“不得在网络上散发恶意信息，冒用他人名义发出信息，侵犯他人隐私。”1997 年 12 月 30 日公安部发布施行的《计算机信息网络国际联网安全保护管理办法》第七条规定：“用户的通信自由和通信秘密受法律保护。任何单位和个人不得违反法律规定，利用国际联网侵犯用户的通信自由和通信秘密。”2000 年 10 月 8 日信息产业部第 4 次部务会议通过的《互联网电子公告服务管理办法》第十二条规定：“电子公告服务提供者应当对上网用户的个人信息保密，未经上网用户同意不得向他人泄露，但法律另有规定的除外。”可见，在我国，现阶段还没有关于网络隐私权比较成形的法律，仅是在一些部门规章中有所涉及。因此，目前加强我国对网络隐私权的法律保护迫在眉睫。

五、消费者权益保护

拓展案例

市民王小姐是一名网购达人，同事们经常请她帮忙从网上买东西。2009 年 1 月份，王小姐从某商家处购买了一批化妆品，并约定使用快递 3 ~5 天内到货。但半个月过去了，货还是没有踪影。查看物流记录，王小姐发现是商家延迟了发货时间。由于这些化妆品大部分是帮别人买的，王小姐最终没有选择退货。

"花快递的钱用平邮的速度不算什么。"王小姐说，她的一位朋友在网上购买了一款品牌手机，比在实体店买便宜了二三百元。到货后，却发现没有发票，向商家咨询时，商家称网上购物一般都是不给发票的，如果坚持要的话必须加钱。使用一段时间后，手机质量问题不断，但商家只同意把手机送到广东维修，就是不肯退货。由于没有发票，现在只能保修了，每次都需要几十元的邮费。王小姐的朋友最后只好自认倒霉。

网上购物存在着很多明显不规范的地方，如有的网店销售保健品时明显地夸大功效；一些"进口食品"其实是本地所产；部分电子产品名为"行货"实为"水货"……但因为找不到销售地址、见不到销售人员，消费者只要付了钱，维权又谈何容易。

资料来源：中安在线 – 安徽新闻，2009 年 03 月 13 日.

通过案例，我们发现网上购物中有很多侵犯消费者合法权益的现象，你在网上购物时有没有遇到类似的情况？又是如何解决的呢？

（一）消费者享有的权益

消费者权益是指消费者在有偿获得商品或接受服务时，以及在以后的一定时期内依法享有的权益。消费者权益是在一定社会经济关系下适应经济运行的客观需要赋予商品最终使用者享有的权利。我国《消费者权益保护法》里规定了消费者享有安全保障权、知悉真情权、自主选择权、公平交易权、依法求偿权、结社权、求教获知权、受尊重权、监督批评权等权利。在现代市场经济中，国家依照社会经济运行的需要和市场上消费者的主体地位，制定明确的立法，这就使消费者权益不仅是一种公共约定和公认的规范，还得到了国家法律的确认和保护。

（二）电子商务对消费者权益的影响

在电子商务中，由于交易方式和交易环境发生了变化，网络消费者相对于传统消费者其权益更容易受到损害。电子商务对消费者权益的影响具体体现在以下几个方面。

1. 消费者的知情权受到影响

消费者的知情权是消费者在购买或使用商品和服务时获取有关商品和服务的信息资料、了解商品和服务的有关知识和内容的权利。由于电子商务是在虚拟化的网络环境中进行的商务活动，所以消费者完全依赖于经营者在网上提供的商品的相关信息决定是否购买。但一些不良商家往往在网络上提供不完整的商品信息，比较常见的遗漏信息有产品产地、生产日期、保质期、有效期、产品检验合格证明等。甚至一些不良商家提供虚假信息，如夸大产品的性能和功效、以次充好、虚报价格、虚假服务承诺、漫无边际地夸大产品用途等，侵犯了消费者的知情权，

2. 对消费者的安全权带来威胁

交易活动中的安全问题包括两个方面：一是财产安全；二是信息安全。在电子商务中，消费者往往要通过电子支付方式完成交易，网上支付信息被经营者或银行搜集后无意或有意泄露给第三者，甚至被冒用；不法分子盗窃或非法破解账号密码导致电子货币被盗、丢失；信用卡欺诈；支付系统被非法入侵或病毒攻击等，给消费者财产安全带来侵害。互联网技术使得对个人信息的搜索、获取和整合能力快速发展，网络信息安全问题随之凸现，消费者在进行电子商务交易过程中，大量的私人信息和数据等被网络信息服务系统搜集、储存、传输，消费者的信息安全不可避免地受到威胁。例如，网络经营者为追求利润和利益，使用甚至买卖消费者个人信息；有的经营者未经消费者同意就利用消费者的个人信息进行商业活动。

3. 消费者的损害求偿权受到影响

损害求偿权是消费者利益受损时所享有的一种救济权。在网络环境中，交易主体与交易过程都是虚拟化的，消费者在网上购得商品后出现问题往往求助无门，因无法得知经营者的真实身份或经营者位处其他地区而无法或不便寻求救济。而且过高的诉讼成本、举证困难、网络交易纠纷的管辖权与法律适用的不确定也导致消费者的求偿权难以实现。

4. 对消费者公平交易权的侵害

与传统商务方式相比，电子商务中格式合同被更加广泛地使用。由于电子格式合同的条款已经由商家事先拟定，消费者没有磋商的机会，所以只有两种选择——接受或拒绝。经营者经常利用其优越的经济地位对合同上的危险及负担做不合理的分配。这种格式条款直接造成双方当事人地位的不平等，必然会对消费者的公平交易权造成侵犯。

电子商务对消费者权益保护提出了新的挑战，网络消费者的权益能否得到保护，是影响消费者参与电子商务活动的重要因素，因此，必须通过立法的方式保护消费者的合法权益。

（三）电子商务中消费者权益保护的相关法律

1997 年，经济合作与发展组织（OECD）的消费者政策委员会就指出了电子商务中消费者保护的重要性，并在 1998 年通过了《关于消费者保护的部长级宣言》、《关于全球网络中的隐私权保护的部长级宣言》；2000 年，美国两院通过《电子签名法案》，从联邦法的高度确定电子商务中的消费者权益保护原则；欧盟于 1997 年颁布了《欧盟关于远距离合同中消费者权益保护指令》，其宗旨是在欧盟范围内协调有关在利用远距离通信技术订立合同的过程中涉及的消费者权益保护的法律问题。

我国的《消费者权益保护法》是消费者权益保护问题可参照的基本法律，其中的法律规定为电子商务领域的消费者权益保护提供了基本的法律规则，但是不够完善，不能适应电子商务迅速发展所要求的对消费者权益保护的迫切需要。其他的法律中，如《民法通则》、《合同法》、《广告法》、《计算机信息网络国际联网管理暂行规定》、《计算机信息网络国际联网安全保护管理办法》等，虽然也涉及一些相关的规定，但内容一般比较简单，规定较为分散。因此，加强消费者权益保护的相关立法，是一项刻不容缓的工作，应针对现有法律规定散乱的状态，统一进行立法规范。

2013 年 10 月 25 日，全国人大常委会表决通过了关于修改《消费者权益保护法》的决定。这是我国全国人大常委会对实施近 20 年的《消费者权益保护法》的首次大修。该次修法主要从 4 方面完善消费者权益保护制度，如强化经营者义务、规范网络购物等新的消费方式、建立消费公益诉讼制度等。此次修法赋予消费者网购“后悔权”，规定消费者通过网络等方式购买产品可“七日内无理由退货”。新修改后的《消费者权益保护法》促进了我国网购和电子商务的健康、快速发展。此次《消费者权益保护法》的修订规模和对消费者保护的力度是非常大的，加重了卖家和平台的义务与责任,可极大地提升我国消费者保护的力度和水平。

情境小知识

网上交易“电子证据”可维权

商务部发布2007年第19号文件《关于网上交易的指导意见(暂行)》,我市业内人士表示,这标志着网上交易或将有规可循。

据悉,从2002年到2006年,全国网络购物总额在全国消费品销售总额中所占的比重增长了14倍。上网购物的人数由500万增长到超过3 000万,在4个上网的人当中,就有一个在网上买过东西。

如今网上交易发展速度快,社会潜力大,但交易方在了解对方真实身份、信用情况、履约能力等方面有一定难度,存在一定的违约和欺诈风险。商务部出台此文件规范网上交易行为,维护网上交易参与方的合法权益,显得非常及时。

《关于网上交易的指导意见(暂行)》,提醒广大消费者网络交易存在风险,在使用网上交易之前要尽可能多方面地了解对方的真实身份,并注意保存网上交易记录。文件规定:“交易各方可以自行保存各类交易记录,以作为纠纷处理时的证据。大宗商品、贵重商品与重要服务的交易,可以生成必要的书面文件或采取其他合理措施留存交易记录。”这就意味着,我们的QQ、MSN聊天记录、电子邮件、文本文档传输等,均可作为交易证据保存,但前提是必须先经过指定机构的认定。多位业内人士在接受采访时表示,这说明国家开始认可QQ、MSN等电子证据。

文件还对网上交易的服务提供者做了有关的行为规范,如“网上支付服务的提供者应根据网上交易的特点,采取合理措施保障交易资金的安全,保障使用人的身份信息和账号信息的安全”和“服务提供者应特别注意保存网上交易的各类记录和资料,采取相应的技术手段保证上述资料的完整性、准确性和安全性”等。这些条例实际上是给网上交易的平台服务者和辅助服务提供者念了道“紧箍咒”。

资料来源:http://hzrb.hz66.com/hzrb/html/2007-04/13/content_5475525.htm.

六、电子商务的税收

拓展案例

张某于2013年6—12月,以一家公司的名义在互联网上买卖婴儿用品,采用不开具发票、不记账,也不向税务机关申报纳税的方式,偷逃国家税款共计11万余元,上海普陀区法院依据偷税罪对其做出判决,处以张某有期徒刑2年,缓刑2年,罚金6万元,公司处罚金10万元。由于这是一起有关网上交易的逃税案,所以迅速引起了网上交易从业者、专家、学者的广泛关注,甚至有不少个人卖家担心会殃及池鱼。

案例思考:你认为网上交易对税收带来了哪些影响?如何解决网上征税困难的问题?

（一）税收的基本知识

1. 税收的概念

税收是国家为实现其职能，凭借政治权力，按照法律规定，通过税收工具强制地、无偿地参与国民收入和社会产品的分配和再分配取得财政收入的一种形式。

2. 税收的特点

税收与其他分配方式相比，具有强制性、无偿性和固定性的特征。

（1）税收的强制性

税收的强制性是指税收是国家以社会管理者的身份，凭借政权力量，依据政治权力，通过颁布法律或政令强制征收的。负有纳税义务的主体，都必须严格按照国家的相关税收法律规定按时缴纳相应税款，否则就要受到法律的制裁。

（2）税收的无偿性

税收的无偿性是指通过征税，社会集团和社会成员的一部分收入转归国家所有，国家不向纳税人支付任何报酬或代价。

（3）税收的固定性

税收的固定性是指税收是按照国家法令规定的标准征收的，即纳税人、课税对象、税目、税率、计价办法和期限等，都是税收法令预先规定了的。

税收的3个基本特征是统一的整体。其中，强制性是实现税收无偿征收的强有力保证，无偿性是税收本质的体现，固定性是强制性和无偿性的必然要求。

3. 税法

税法即税收法律制度，是调整税收关系的法律规范的总称，是国家法律的重要组成部分。它是以宪法为依据，调整国家与社会成员在征、纳税上的权利与义务关系，维护社会经济秩序和税收秩序，保障国家利益和纳税人合法权益的一种法律规范，是国家税务机关及一切纳税单位和个人依法征税的行为规则。

（二）电子商务对税收的影响

电子商务是在虚拟环境下进行的一种新的商务活动方式，交易参与者具有流动性的特点，交易主体、交易地点等确定起来相对困难，而且交易中所涉及的相关票据都以电子形式存在，这些特点必然在一定程度上对现行税收制度带来影响。

1. 纳税主体难以确定

纳税人身份判定的问题，就是税务机关应能正确判定其管辖范围内的纳税人及交易活动，这种判定是以实际的物理存在为基础的，因此在传统商务活动中，商品是通过有固定场所的公司来经营的，所以判定纳税人身份并不困难。但是，电子商务是在没有固定场所、开放的虚拟网络环境中进行的，通过互联网进行交易的双方可以隐匿姓名、居住地等，企业可以轻而易举地改变经营地点，这样通过传统的常设机构来判定纳税主体就出现了困难。

2. 课税对象和纳税环节难以确定

互联网使很多传统的有形商品可以通过无形的数字形式提供，比如传统的书籍就可以通过网络直接下载获得信息。而税法对有形商品的销售、劳务的提供和无形资产的使用都有所区分，规定了不同的征税规定。但是，由于电子商务改变了产品固有的形式，所以导致征税对象的性质变得模糊不清了。例如，一本书通过网络以电子形式出售，在对其征税过程中，应该将交易所得视为销售所得、劳务所得还是特许权使用费？此时，就会因为不知该运用何种税种而无从下手，使得课税对象和纳税环节难以确定。

3. 税收管辖问题

税收管辖权的范围一般来说是指一个主权国家的政治权力所能达到的范围。目前，世界各国实行的税收管辖原则并不统一，有的实行地域税收管辖权，有的实行居民税收管辖权，也有地域税收管辖权和居民税收管辖权合并实行。企业利用互联网开展贸易活动时，商品被谁买卖也很难认定，而且很难确定活动者的国籍和登录者的准确地址，无法确定经营者所在地或经济活动的发生地，加之互联网的出现使得服务也突破了地域的限制，使商品和劳务的交易活动与特定地点的联系弱化，经营者之间的网上交易不再有任何地域界限，使得确定由哪一个国家或地区行使哪一种税收管辖权进行征税变得非常困难。

4. 国际避税现象严重

由于互联网的高流动性和隐蔽性的特点，使电子商务交易的双方都能够轻易地隐匿住所或进行匿名交易。另外，企业还可以在互联网上轻易地改变站点，因而任何一个企业只要拥有计算机和相关通信线路，就可以选择在一个免税或低税国设立站点而轻易避税。同时，电子商务进一步促进跨国企业集团内部功能的一体化，母公司能更轻易、更方便地将产品的开发、销售、筹资等成本费用以网上交易的形式分散到各国的子公司，更灵活地调整影响关联公司产品成本的各种费用和因素来转移关联公司的利润，掩盖价格、成本、利润间的正常关系。

5. 税收稽查问题

在传统贸易方式下，税务当局可以根据非居民企业会计账簿、合同、票据等资料确定企业的营业额及利润，可以从银行获取有关核实纳税人纳税申报表真实性的信息。为此，各国税法普遍规定纳税人必须如实记账并保存账簿、记账凭证及其他与纳税有关的资料，以便税务机关进行检查。传统上，这些记录用书面形式保存。然而，由于电子信息技术的运用，在互联网的环境下，订购、支付，甚至数字化产品的交付都可通过网络进行，无纸化程度越来越高，订单、买卖双方的合同、作为销售凭证的各种票据都以电子形式存在。而电子格式的票据在修改的时候很容易，而且不会留下痕迹，这样就给税务机关进行税收稽查带来了难度。

随着电子商务的快速发展，电子商务的税收问题也将更加突出。我们应密切关注电子商务的发展态势及其对税收的影响，尽早提出应对电子商务的税收政策和管理措施。在税收政策的制定上应当借鉴国外经验，加大国际交流力度，并结合我国实际，确定我国电子商务的税收原则，并加大税收征管科研投入力度，建立专门的电子商务税务登记制度，通过完善法律规定解决电子商务的税收问题。

情境小知识

电子商务的税收政策

1. 美国的“电子商务税收”政策

美国是电子商务的发源地，也是世界上第一个对此做出政策反应的国家。美国财政部于1996年发表了《全球化电子商务的几个税收政策问题》的报告，提出以下税收政策：①税收中性原则，不能由于征税而使网上交易产生扭曲；②各国在运用现有的国际税收原则上，要尽可能达成一致，对于现行国际税收原则不够明确的方面需做适当补充；③对网上交易网开一面不开征新税，即不对网上交易开征消费税或增值税；④从自身利益出发，强化居民税收管辖权等。1998年10月，美国国会通过《互联网免税法案》，对网上贸易给予3年的免税期，并成立电子商务顾问委员会专门研究国际、联邦、州和地方的电子商务税收问题。该委员会于2000年3月20日、21日在达拉斯召开第四次会议,建议国会将电子商务免税期延长到2006年。

2. 加拿大的电子商务税收政策

加拿大有关电子商务的征税规定,要看不同的征税条目和不同税收地区的特别规定。加拿大对于不易确认来源的所得和网站是否属于常设机构,主要以电子商务的货物劳务销售者居住地为征税依据,或者视非独立服务器为常设机构。当进行电子商务时,由于不易确定货物提供地、合约签订地、付款地等,所以必须分辨非居住者公司是否在加拿大从事营业活动。加拿大对电子商务征税政策所持的原则为:①政府应避免制定不适当的法令或限制措施妨碍电子商务的发展;②加强国际合作,制定有利于电子商务发展的政策以促进网络交易;③注重公平,对电子商务与非电子商务交易功能相同的纳税人,征税要一致,不能因交易形态的不同而有所差别。

3. 欧盟的电子商务税收政策

1998年,欧洲委员会就确立对电子商务征收间接税的准则问题迈出了第一步。委员会对因特网"通信"采用的税收原则是:①除致力于推行现行的增值税外,不开征新税;②从增值税意义上讲,电子传输被认为是提供服务;③现行增值税的立法必须遵循和确保税收中性原则;④因特网税收法规必须易于遵从并与商业经营相适应;⑤应确定互联网税收的征收效率,以及将可能实行无纸化的电子发票。

电子商务的快速发展及对传统商业规范的冲击,需要法律的规范,但不可能有了法才发展电子商务。电子商务法律的形成、发展和完善,必须经过一个渐进的过程。

技能训练

1. 查询我国《合同法》中关于电子数据的相关规定。

2. 了解我国《电子签名法》中关于电子签名的相关规定。

3. 调查周围的同学和朋友,了解他们在接受网络服务或从事电子商务活动中都遇到过哪些法律问题?

4. 上网查询《2013—2014年度中国电子商务法律报告》,这是国内首部针对电子商务的法律报告,报告全面囊括了B2B、网络购物、网络团购、互联网金融、物流快递、移动电子商务、O2O、海外代购等电子商务各细分领域,对出现的典型事件进行分析解读,通过阅读该报告,谈谈你得到哪些收获。

参考文献

[1] 王冀鲁. 网络技术基础与因特网应用[M]. 北京:清华大学出版社,2009.

[2] 刘力,范生万,汪伟. 电子商务网络技术基础[M]. 北京:中国科学技术大学出版社,2006.

[3] 张亮. 网站优化——通过提高 Web 可用性构建用户满意的网站[M]. 北京:电子工业出版社,2007.

[4] 陈雪飞. 电子商务[M]. 北京:中国财政经济出版社,2007.

[5] 廉文娟. 网络操作系统[M]. 北京:北京邮电大学出版社,2008.

[6] 罗超理,封宏观,杨强. 管理信息系统原理与应用[M]. 北京:清华大学出版社,2008.

[7] 陈京民. 数据仓库与数据挖掘技术[M]. 北京:电子工业出版社,2007.

[8] 埃弗雷姆・特班,戴维・金,丹尼斯・维兰. 电子商务:管理视角[M]. 4 版. 北京:机械工业出版社,2007.

[9] 杨坚争,杨立钒. 电子商务基础与实务[M]. 西安:西安电子科技大学出版社,2006.

[10] 兵勇. 电子商务案例分析[M]. 北京:高等教育出版社,2008.

[11] 胡启亮. 电子商务与网络营销[M]. 北京:机械工业出版社,2009.

[12] 陈月波,潘明风. 网络营销与案例评析[M]. 北京:中国财政经济出版社,2008.

[13] 陈峥嵘. 网络营销项目化教程[M]. 北京:机械工业出版社,2012.

[14] 王志瑛. 网络营销[M]. 北京:科学出版社,2008.

[15] 成倞媛. 网络营销[M]. 成都:西南财经大学出版社,2007.

[16] 方玲玉. 网络营销实务[M]. 长沙:湖南大学出版社,2010.

[17] 梁春晶. 网络营销[M]. 北京:机械工业出版社,2011.

[18] 凌守兴,王利锋. 网络营销实务[M]. 北京:北京大学出版社,2009.

[19] 陈墨. 网络营销应该这样做[M]. 北京:机械工业出版社,2011.

[20] 陈孟建. 网络营销理论与实务[M]. 杭州:浙江大学出版社,2013.

[21] 陈月波. 电子支付与网上金融[M]. 北京:中国财政经济出版社,2009.

[22] 王芸. 电子商务法规[M]. 北京:高等教育出版社,2005.

[23] 王中元. 电子商务法规[M]. 北京:中国人民大学出版社,2010.

[24] 闵敏,吴凌娇,王莉. 电子商务实用基础[M]. 北京:机械工业出版社,2008.

[25] 纪琳. 网上支付与结算[M]. 北京:机械工业出版社,2009.

[26] 韩晓平. 电子商务法律法规[M]. 北京:机械工业出版社,2008.

[27] 宋林林. 电子商务网站建设[M]. 大连:大连理工出版社,2003.

[28] 王忠诚. 电子商务安全[M]. 北京:机械工业出版社,2005.

[29] 秦成德. 电子商务法律与实务[M]. 北京:人民邮电出版社,2008.

[30] 李山赓. 现代物流概论[M]. 北京:北京理工大学出版社,2012.

[31] 张润彤,周建勤. 电子商务物流管理[M]. 大连:东北财经大学出版社,2008.

[32] 张铎. 电子商务物流管理案例评析[M]. 北京:高等教育出版社,2010.

[33] 埃弗雷姆・特班. 电子商务:管理视角[M]. 5 版. 北京:机械工业出版社,2010.

尊敬的老师：

您好。

请您认真、完全地填写以下表格的内容(务必填写每一项)，索取相关图书的教学资源。

教学资源索取表

书　名				作 者 名	
姓　名		所在学校			
职　称		职　务		讲授课程	
联系方式	电话：		E-mail：		
地址(含邮编)					
贵校已购本教材的数量(本)					
所需教学资源					
系/院主任姓名					

系/院主任：＿＿＿＿＿＿＿＿(签字)

(系/院办公室公章)

20＿＿年＿＿月＿＿日

注意：

① 本配套教学资源仅向购买了相关教材的学校老师免费提供。

② 请任课老师认真填写以上信息，并**请系/院加盖公章**，然后传真到(010)80115555转718438上索取配套教学资源。也可将加盖公章的文件扫描后，发送到fservice@126.com上索取教学资源。

電子工業出版社
PUBLISHING HOUSE OF ELECTRONICS INDUSTRY

反侵权盗版声明

举报电话：(010)88254396；(010)88258888
传　　真：(010)88254397
E-mail　：dbqq@phei.com.cn
通信地址：北京市万寿路173信箱
　　　　　电子工业出版社总编办公室
邮　　编：100036

反侵权盗版声明

[illegible]